퇴계 사상의
신학적 이해

이화
지식
총서 01

퇴계 사상의
신학적 이해

양명수 지음

이화여자대학교출판부

■ 여는 말

내가 퇴계 이황(退溪 李滉, 1501-1570)의 사상을 연구하게 된 것은 우리 조상들의 삶의 방식에 대한 민족문화적인 관심, 그리고 한국 교회가 인문주의 영성을 수용하지 않으면 성숙해지기 어렵겠다고 하는 신학적 관심에서 비롯됐다. 퇴계 사상은 우리 민족이 추구한 높은 수준의 인문주의 영성을 보여준다. 사실, 젊은 시절에 나는 사회 정의 문제에 골몰하면서 주로 서양 사상에 관심을 가졌었다. 대학원에서 공부한 신학은 서구 철학과 밀접히 연관돼 있었다. 프랑스 유학 중에도 현재의 서구 사회를 가능하게 한 서구 사상의 핵심을 이해하고자 했다. 서구 철학과 그리스교의 어떤 특징이 서구의 발전된 사회 정의 이론이나 민주주의를 생산했는지 알아내고 싶었다. 그 공부는 지금도 계속되고 있고 내 생각의 한 축을 이루고 있다.

그런데 나이 마흔이 되면서 조상들의 유산에 마음이 쏠렸다. 뭔가 민족 의식이라고 할 만한 것이 청년 시절부터 있었지만, 우리나라의 자연주의 미학과 문화 유산에 관심이 간 것은 마흔이 되면서부터다. 청년 시절의 격동기를 지나 교수 생활을 비교적 한가했던 대전에서 시작한 까닭도 있었을 것이다. 수업 후에는 학교 뒷산을 타고 가서 노인들과 어울려 활을 쏘았다. 국궁은 양궁과 달라서 하늘을 향해 화살을 쏘는데, 과녁을 맞히는 방식이 허허로운 가운데 실질을 찾는 우리의 감각과 통한다. 푸른 소나무 숲 위로 펼쳐진 푸른 하늘을 바라보며 활시위를 당기는 맛은 여름날 시원한 대청에 앉아 빈 마당을 내다보는 기분과 같다고 해야 할까.

그러다가 마흔 다섯이 돼서야 중국 철학사를 읽기 시작했고, 조선의 사단칠정(四端七情) 논쟁에 관한 책을 정독했다. 매우 흥미로웠는데, 동아시아의 철학도 서양 철학과 문제 의식이 비슷했기 때문이다. 동서양은 매우 다른 것 같지만 인문주의자들 사이에는 유사한 점이 많다. 문제 의식은 비슷하고 해결 방식에서 길이 달라진다고 해야 할 것 같다. 돌이켜보면 그때 내가 조선의 사단칠정 논쟁을 재미있게 읽었던 것은 그 전에 칸트를 공부했기 때문인 것 같다. 칸트와 아우구스티누스는 나의 신학 공부의 출발점이었는데, 각각 서구 인문주의와 서구 그리스도교를 대표하는 학자들이다. 심성론의 측면에서, 다시 말하면 인간의 본성과 마음의 주재를 말하는 측면에서 퇴계 선생은 칸트와 아우구스티누스의 중간쯤이라고 할 수 있다.

『국역 퇴계전서』를 통해 퇴계의 사상을 전반적으로 검토하면서 내가 느낀 인상은 첫째, 생각의 전개가 매우 정밀하다는 것이다. 칸트의 『실천이성비판』을 공부하면서 느꼈던 서구 학자들의 치밀한 논리에 뒤지지 않는 논리가 퇴계 선생의 글들 속에 주옥처럼 전개되고 있었다. 다만 서구 인문주의자들과 달리 퇴계는 마음을 말할 때 의지보다는 정을 가지고 말했다. 퇴계가 인간의 의지를 매우 부패한 것으로 봤기 때문에 일어나는 현상이다. 인문주의자로서 기본적으로 성선설을 바탕으로 하고 있음에도 불구하고 인간의 악의 성향을 매우 깊게 인식한 사람이 퇴계다. 인간의 마음과 본성 문제를 다루는 퇴계의 논리는 서구 사상과 비교할 때 그 특징이 잘 드러난다.

둘째, 퇴계 선생이 매우 보편적인 문제를 다루고 있다는 점이다. 플라톤이나 아리스토텔레스, 그리고 공자와 맹자는 모두 인간에게 희망을 두고 인간의 주재를 확립하려고 한 인문주의자들이다. 신과 자연을 벗어나 인간을 세상의 주인으로 세우려는 것이었다. 종교를 비신화화하고 종교로부터 벗어나 인간의 시대를 연 것이다. 인간의 주재를 확립하기 위해 그들은 인간의 마음에 집중했다. 그리스 철학에서는 숨을 뜻하던 프시케(Psychē)란 말이 마음이란 뜻으로 바뀌고, 감각을 지배하는 인간 내면의 이성 능력을 생각하기 시작했다. 그리고 동아시아에서 공자와 맹자는 마음이 본래 가지고 있는 선한 능력, 곧 본성을 말하기 시작했다. 그래서 내 마음이 내 마음을 통제하는 자기 수양을 통해 세상의 주재자가 되고자 했다. 퇴계가 고봉(高峯)과의 논쟁에서 치열하게 리발(理發)을 말한 것도 마음의 주재를 확보하기 위한 것이었다.

셋째, 퇴계 사상이 매우 종교적이라는 점을 알 수 있었다. 그 점은 대체로 서구의 관념론 전통과 유사한 모습을 띤다. 결국 악의 문제와 관련된 것인데, 관념론 전통은 순수한 선을 추구하기 때문에 세상의 악과 인간의 악의 성향에 대해 심각하게 느낀다. 그러면 선의 실현에서 우주적 힘의 도움을 받고자 하고, 그것이 형이상학 출현의 배경이 된다. 성리학 자체가 그런 뜻에서 출현했지만 퇴계 선생의 경우에는 우주의 바탕이 되는 선한 힘의 활동성을 유별나게 강조하는 면이 있다. 조선에서부터 오늘날까지도 논쟁이 많은 부분인 리(理)의 능동성이 그 문제다. 하나님을 능동인(能動因)으로 보는 신학자의 눈으로 보면 퇴계 선생이 하고자 한 말이 잘 이해된다. 이론적으로는 리(理)와 기(氣)

가 분리될 수 없지만, 도덕 실천을 위해서는 리가 기에서 독립된 초월적 실체가 돼 나를 움직이는 것처럼 느껴지고, 더 나아가면 기로 이뤄진 우주 전체가 리에 의해서 움직여지는 것으로 보인다. 퇴계 선생은 그 점에서 리를 살아 있는 실체처럼 말한 것이다. 그러나 그렇게 되면 그리스도교 신학에 가까워지는 것 아닌가?

그리스도교의 하나님은 퇴계의 리와 달리 도덕 실천에서뿐 아니라 이론적으로도 독립된 인격적 실체로 믿어진다. 그래서 그리스도교는 신에 대한 이론, 곧 교리와 도그마를 가지고 있다. 이 책 뒷부분에서 나는 아퀴나스 신학을 통해 퇴계의 리와 그리스도교 하나님의 차이점을 보여주려고 했다. 아퀴나스 신학은 서구의 중세 신학으로서 동아시아의 중세 형이상학인 성리학과 유사하면서 동시에 차이점을 갖기 때문에 서로 비교하기가 좋다. 아퀴나스의 중세 신학은 서구 형이상학 구도 안에서 이뤄지는 인간의 도덕적 자기 완성을 신의 뜻으로 생각했다. 그런 점에서 동아시아의 형이상학인 성리학과 공통된 점이 많다. 사고 체계와 논리와 사용하는 언어가 비슷하다. 무엇보다도 마테오 리치라고 하는 예수회 선교사가 16세기 당시 중국의 성리학을 아퀴나스 신학과 비교하며 그리스도교를 변증하는 책을 썼다. 물론 그는 성리학보다 선진(先秦) 유학에서 그리스도교 신앙과 연결될 지점을 찾았지만, 내가 볼 때 오히려 성리학이 서구의 중세 신학과 철학적 바탕이 비슷하면서 분명한 차이도 드러낸다. 『천주실의(天主實義)』는 조선에도 소개돼 우리나라 유학자들이 천주교를 접하고 받아들이는 데 중요한 역할을 했다. 그런 점에서 아퀴나스 신학을 검토하는 것은 의미가 있기 때문에 이 책의 뒷부분에서 다뤘다.

그리스도교의 하나님은 초월적인 독립된 실체로서 우주의 생성 변화와 인간 마음의 변화를 주도한다. 그것은 단지 도덕 실천을 위해 노력하는 자에게 해당되는 믿음의 세계가 아니라 교리적으로 받아들여지는 세계다. 의(義)를 실천하고 참 인간됨을 이루기 위해 수양하는 자에게 펼쳐지는 희망과 믿음의 세계는 주관적이다. 그러나 그리스도교의 하나님은 객관적으로, 그리고 교리적으로 만물의 주권자요 구원자로 믿어지고 전도의 대상이 된다. 도덕 실천은 그 다음이다. 오직 순수한 선을 실현하려고 애쓰는 실천의 장에서 리의 주재를 말하는 퇴계와 다른 점이 거기에 있다. 그 점에서 퇴계는 칸트에 가깝고 그리스도교와는 멀다.

그러나 퇴계의 리는 칸트의 도덕법과 다른 차원을 가지고 있다. 리는 천명(天命)이지만 동시에 덕스러운 마음이기도 하다. 우리 형편을 일일이 살피는 마음은 아니지만, 한 인간의 마음을 초월한 우주적 마음이다. 그래서 퇴계는 자연적 섭리를 말하고 대세(大勢)를 말할 수 있었다. 리가 천명으로서 주관하는 것이라면 칸트처럼 도덕법과 이념이 내 마음을 주재한다고 할 수 있고, 그렇게 되면 퇴계의 리발은 칸트의 자율적 주체로 이해할 수 있다. 그러나, 리는 천명일 뿐 아니라 어진 마음이기도 하며 작용(用)을 가진 형이상학적 실체(體)다. 퇴계는 체용론(體用論)을 통해서 리의 초월과 내재를 강조하고자 했다. 심성론에서 시작된 리의 능동성은 우주론과 인식론에 이르면서 그 정도를 더해 간다. 리가 그 초월적 실체로서의 됨됨이를 더해 간다는 말이다. 그렇게 되면 퇴계의 사상은 종교성을 강하게 띠게 되고 신학에 근접하는 모습을 보인다.

이 책에서 나는 조선 시대 내내 논쟁거리가 된 리발(理發)과 리동(理動), 그리고 리도(理到)에 이르는 퇴계 사상의 핵심을 분석했다. 각각 인간론, 우주론 그리고 인식론에 해당하는 주제들이다. 현대의 한국 유학자들 사이에서도 꾸준히 논의되고 있는 주제인데, 서구 사상을 공부한 사람의 눈에 보이는 것이 있고, 더구나 신학을 공부한 사람으로서 퇴계 사상의 핵심을 드러내는 데 나름대로 할 일이 있는 것 같다. 조선 후기에 그리스도교를 받아들인 기호 남인들은 퇴계 학파였고, 실제로 그들은 퇴계의 사상이 그리스도교 신앙과 이어진다는 생각을 하고 있었다. 그렇다면 신학자로서 퇴계를 공부하는 것은 우리나라 인문주의와 그리스도교 영성을 잇는 작업을 위해 중요하지 않을 수 없다. 초대 그리스도교의 영성이 플라톤과 아리스토텔레스의 인문주의와 결합해서 보편적 진리를 선포하는 고등종교로서의 형태를 갖췄듯이, 오늘날 한국의 그리스도교가 미신이 되는 것을 막고 고등종교로서의 모습을 갖추기 위해 우리가 지니고 있던 퇴계 인문주의를 활용할 수 있을 것이다.

물론 성리학은 너무 내면의 자기 수양에만 신경을 쓰고 인간 생활의 구조 악에 대한 고찰이 약했다. 그러다 보니까 인간 사회의 권력 관계에 대한 비판적 시각이 약했다. 퇴계의 사상도 일종의 관념론으로서 순수한 선의 세계를 추구하다 보니까 이해 관계의 충돌이 일어나는 현실에 필요한 사회 정의 이론을 발전시키지 못했다. 또 성리학은 지나치게 예(禮)를 강조함으로써, 도덕 규범의 변화와 함께 일어나는 사회 변화에 주도적으로 대처하는 데 실패했다. 정치철학적으로도 왕도정치만 고집함으로써 수직적 위계질서에서 벗어나지 못하고, 다양한 정치 체제의 실험을 봉쇄했다. 지난날 조선 유학의 단점에 대해서 우리는 잘 알고 있다. 그러나 유학이 모두 의미가 없는 것은 아니다. 퇴계의 성리학은 우리나라에서 발전된 세계적 수준의 인문학으로서 신학을 위한 귀한 자산이다. 한국의 기독교가 기복 신앙을 넘어 자기 수양의 영성을 마련하는 데 퇴계 사상은 큰 도움을 줄 것이다. 종교가 물질주의가 되지 않으려면 인문주의 영성이 필요하다. 더구나 자연주의적 인문주의인 퇴계 사상은 서구 주도의 문명관을 수정하고 자연친화적인 영성을 형성하는 데도 도움을 줄 수 있다.

이 책은 퇴계의 글을 분석하며 퇴계 선생이 말하고자 한 바를 밝히는 데 주력했다. 인간론과 우주론과 인식론에서 논쟁의 대상이 된 퇴계의 주장을 분석하고 그 의미를 밝혔다. 필요한 대로 서양 사상과 비교함으로써 퇴계 사상이 지닌 보편적인 의미를 보이려고 했으며, 동시에 서구 철학이나 신학과 어떤 차이가 있는지도 밝히려고 했다. 그리하여 퇴계 사상과 성리학이 동서양의 사상사에서 차지하는 위치를 가늠하고자 했다.

1장은 사단칠정론에 대한 것인데, 퇴계와 고봉의 차이가 인간의 악의 성향에 대한 견해의 차이에서 비롯된 것임을 밝혔다. 2장은 칸트의 실천이성 분석을 통해 퇴계의 리발을 이해하는 글로서, 결국 리의 능동성이 도덕 실천에서 마음의 주재를 확보하기 위한 방편임을 밝힌다. 3장은 태극생양의(太極生兩儀)라고 하는 유학의 우주발생론을 해석하면서 퇴계가 리의 초월성과 능동성을 강조하려고 한 의미를 생각한다. 4장은 진리 인식론에 해당하는 글로서 인식에서 리의 능동성이 어떤 의미를 지니는지 밝혔다. 5장은 마테오 리치의 『천주실의』를 분석한 글로서 성리학과 그리스도교의 차이를 짚어본 것이다. 6장은 아퀴나스 신학과 성리학을 비교해, 서구의 중세 신학과 한국의 중세 인문주의의 차이를 밝힌 글이다.

내가 있는 곳에서 행주산성이 보이고, 그 너머로는 겸재 정선이 말년에 현감으로 있던 양천 고을이 있다. 겸재의 그림을 보며 옛 한양의 정취와 고요한 한강의 여유로운 풍광을 즐긴다. 겸재는 자연주의적 인문주의인 성리학의 세계관으로 우리 땅의 풍류를 그려냈다. 조상들의 사상을 다시 귀하게 여기며 그 진수를 받아들이고 싶다. 그들이 추구한 맑은 마음과 바른 세상은 한국의 미학과 정치학과 신학을 위한 자산이다. 다만, 중세의 사상을 오늘날 다시 살리려면 치밀하고 성의 있는 재해석이 필요하다. 인류의 사상사 전체에서 성리학이 차지하는 위치를 알고, 이미 우리의 일상을 지배하는 서양 사상과 비교해서 장단점을 짚어야 한다. 몫을 놓고 다투는 치열한 삶의 현장에 필요한 사회정의론과 권력 비판은 세상의 죄를 말한 서구의 그리스도교 문화권에서 발달했다. 퇴계의 사상과 서구의 기독교 사상을 어떻게 양립시킬 것인지, 앞으로 여러 각도에서 연구가 필요하다. 부족하나마 지금까지 연구하고 발표한 것을 책으로 내놓는다.

지난 여름날 강가에 누워 이 책의 출판에 대해 의견을 나누고 조언해준 교토의 한형모 박사에게 고맙다는 인사를 전한다.

2016년 정초에

한뫼재에서 양명수

■ 차례

제1장

사단칠정(四端七情) 논쟁: 인간 본성론

퇴계(退溪 李滉)와 고봉(高峯 奇大升) 사이의 사단칠정 논쟁은 단순히 사변적인 논쟁이 아니라 수양의 방법과 실천을 염두에 둔 논쟁이다. 그리고 그 속에는 인간관과 세계관의 차이가 엿보인다. 대개 퇴계는 인간 현실의 악을 주의 깊게 보고 있으며 따라서 좀 더 종교적 측면을 보이고, 고봉은 좀 더 낙관적이고 인간적인 면모를 보인다고 할 수 있다. 물론 퇴계도 현실 개혁을 염두에 둔 유학의 인문주의 정신에 충실한 사람이다. 그의 종교적이고 관념적인 철학의 성격은, 현실 개혁을 위해서라도 좀 더 내면의 순선(純善)을 다져야 한다는 생각에서 비롯된 것이라고 할 수 있다. 고봉 역시 도학(道學)의 연장선에 있는 사람이요 리(理)와 기(氣)를 하나로 보지 않는 성리학자로서, 관념적 성격을 완전히 배제하기 어려울 것이다. 그러나 사단칠정 논쟁에서 드러난 것은, 고봉의 생각은 현실 속에서도 선을 이룰 수 있다는 것이요, 퇴계의 경우에는 마음으로나마 현실로부터 거리를 두는 태도가 없이는 현실의 악을 제대로 읽어내기 어렵다는 쪽으로 귀결된다. 현실의 악을 깊이 느낄수록 선을 실현하는 일은 더욱 치열하고 때로는 종교적인 색깔을 띨 수 있다. 물론 서양의 그리스도교와 달리, 두 사람의 생각은 성선설(性善說)을 바탕으로 이상 사회 건설의 토대를 내면의 자기 수양에서 찾는 점에서 같은 모습을 지니고 있다. 그리고 세상을 넘어선 초월적 실체의 개념을 인정하지 않고 그 자리에 자연의 섭리를 둔 점에서 그들의 형이상학은 자연친화적인 면을 지닌다. 성리학(性理學)은 일종의 내재주의(內在主義)인데, 헤겔(Georg W.F. Hegel)과 달리 인간을 중심으로 하는 역사 내재주의가 아니라 인간과 자연의 생명 현상을 축으로 한 내재주의라는 점에서 서양과 차이를 보인다.

1. 사단칠정론의 문제 의식: 악의 문제

사단칠정론은 사단(四端)과 칠정(七情)을 각각 리(理)와 기(氣)에 배치한 퇴계의 생각을 고봉이 반박하면서 발생한 것이다. 논의의 과정을 통해 처음 주장들이 조금 수정되고 일치된 듯했으나, 같은 말이라도 서로 가리켜 말한 바가 끝내 다른 상태에서 끝났다고 보는 것이 옳을 것이다.

고봉이 논쟁 말미에 가서 사단과 칠정을 각각 리발(理發)과 기발(氣發)로 보는 퇴계의 견해를 수용하는 듯 보이지만 그 내용은 사뭇 다르다. 결국 같은 리발(理發)을 말하더라도 퇴계와 고봉은 서로 가리켜 말하는 바가 다른 것이다. 고봉의 확고한 기본 견해는 사단은 칠정의 일

부분이라는 것이다. 칠정이 발해 중절(中節)한 것을 사단이라고 보기 때문에 칠정과 사단을 리와 기에 나눠 배치할 수 없다고 본다. 그는 처음부터 "기가 자연 발현한 것이 곧 리의 본체가 발한 것"이라고 하기도 하고, 나중에는 "기가 리를 따라 발하여 조금도 거리낌이 없는 것이라면 이것이 리의 발(發)이다."[1]라고 함으로써 리기호발(理氣互發)을 부정하고 리의 실현을 전적으로 기의 조절에 의존했다. 그는 퇴계의 리발이 자칫 무정의(無情意), 무계탁(無計度), 무조작(無造作)인 리에 어떤 운동력을 부여할 우려가 있다고 보고, 운동력은 오로지 기에 있다고 하는 성리학의 기본 명제를 해치지 않는 선에서 논의를 전개했다. 리가 기를 타고 움직인다고 볼 때 고봉으로서는 리기공발(理氣供發)을 말할 수 있을지언정 리기호발을 따를 수는 없었다. 흔히 성발위정(性發爲情)이라고 할 때의 발(發)은 본성이 스스로 발하는 운동을 말하는 것이 아니라 체(體)에서 용(用)이 되는 현상을 가리키는 말일 뿐이다.[2] 본연지성(本然之性)과 기질지성(氣質之性)의 구분에서도 고봉은 둘을 서로 대치되는 것으로 보지 않고 현실 속으로 들어온 본연의 성품이 기질의 성품이라고 본다. 그렇다면 어차피 본성이라는 것이 인간과 만물 속의 본성을 말하고자 하는 것이니, 현실 인간의 본성을 말하자면 본연의 성품보다는 기질의 성품을 말해야 한다. 기질의 성이란 만물이 생긴 이후의 본연지성이니 말이다.

그런데, 사단칠정론에서 드러난 퇴계의 문제 의식은 인간의 현실이

1 "氣之順理而發 無一毫有碍者, 便是理之發", 『국역 퇴계전서』 5권(서울: 퇴계학연구원, 2003), p.200(앞으로는 5, 200으로 표기한다). 『退溪先生文集』 17권, 5판(앞으로는 17, 5로 표기한다).

2 윤사순, 『퇴계철학의 연구』(서울: 고려대학교출판부, 1993), p.86.

상당히 악에 젖어 있음을 먼저 알고 그 가운데서도 선을 실현할 방도를 찾는 데 있는 것 같다. 그리하여 선 자체에 어떤 활력을 주어서 인간 세상의 부조리와 악함에도 불구하고 선의 실현을 이론적으로 확보하고 그에 따른 실천의 방법을 제시하려고 하는 것으로 보인다. 사실 이 문제는 주희(朱熹, 朱子)와 그의 송나라 선배들에게로까지 거슬러 올라가는 문제이며, 더 멀리는 맹자(孟子)에게로 거슬러 올라간다. 말하자면 맹자가 한 일은 인간이 본래 선하다는 것을 확립함으로써 인문주의를 열었다면, 선 자체에 활력을 주는 일은 과제로 남겼다고 할 수 있겠다. 주희는 공맹(孔孟) 이래의 인간의 주체성을 지키면서도 우주론의 구도를 끌고 들어와 선의 힘이 섭리(攝理)하고 있음을 확립하려고 했다.

성즉리(性卽理)란 맹자 이래로 중시해 온 인간 본성(本性)의 문제를 우주 생명의 운행 원리인 리(理)로 풀겠다는 것이다. 그것은 선(善)의 실현을 우주적 섭리 안에 두려는 것이다. 플라톤(Platon) 이후 서양 인문주의에서도 같은 문제 의식을 가졌고, 스토아학파의 로고스 이론이나 아우구스티누스(Augustinus)와 토마스 아퀴나스(Thomas Aquinas)의 그리스도교 신학도 모두 같은 관심에 근거를 두고 있다. 다만 서양은 동양보다 악을 더욱 심각하게 보았고 그 결과 신학적인 구도를 형성했다고 할 수 있다. 인간과 인간 세상의 악을 매우 심각하게 보면 악을 독자적인 세력으로 인식하게 되고 때로는 우주적 세력으로 묘사하기도 한다. 선의 승리를 위해서는 그런 거대한 악의 힘을 능가하는 힘을 가진 전능하고 선한 초월자가 필요하게 된다. 그리스도교의 하나님은 선이 전능한 힘을 가짐으로써 활성화돼 살아 있는 인격신이 된 것이다. 그리스도교 신학의 배경에는 그런 악의 문제가 자리를 잡고 있었다. 그러나 동양의 유학은 삶에 대해 좀 더 낙관적이었으며 악의 힘을 그렇게 높이 평가하지 않았다. 인간 밖의 우주적 세력으로서의 악이란 것을 인정하지 않았을 뿐더러, 인간의 악함이라는 것도 인간의 선한 능력에 맞설 수 있는 정도가 되지 못한다. 그것은 퇴계나 고봉에게도 마찬가지다. 선에 활력을 주는 일에서 서구 그리스도교는 선한 초월자의 주권을 내세웠지만, 성리학에서는 만물을 초월해 있는 어떤 실체로서의 선한 존재를 인정할 필요가 없었다. 그리고 주희로서는 선의 섭리를 말하는 데서 더 나아가 선을 활성화시킬 것인지 그 문제를 분명하게 할 필요가 없었다.

그렇지만 사단칠정 논쟁에서 드러난 대로, 퇴계는 인간 본성의 순수함을 찾고 그 선함의 실현을 분명하게 확립하는 데 큰 관심이 있었다. 주희보다 더 나아가 사단과 칠정을 구분하려 하고, 리와 기를 구분하는 데 더 중점을 둔 까닭도 거기에 있다. 퇴계가 그처럼 순수한 선의 실현을 확보하려고 한 것은 거꾸로 그가 인간 현실에서 악을 심각하게 느꼈기 때문으로 보인다. 악이 인간 본성의 일부를 이루고 있지 않을까 하는 정도였다고 할 수 있다. 주희도 그랬지만 퇴계는 인간의 불선(不善)의 뿌리가 깊음을 보고 있었고, 본연의 본성과 다른 기질의 본성을 인정하고 있었다. 물론 "군자는 기질의 본성을 본성으로 보지 않는다."고 한 장재(張載)의 말이 있듯이, 퇴계 역시 두 개의 본성을 말하더라도 결국 본연의 성품만이 본성이다. 그럼에도 불구하고 그는 고봉과 달리 기질의 성품이라는 개념을 통해 본연의 성품과 대결할 만한 강한 악의 성향을 표현하려고 했던 것 같다. 그것은 자칫 사람을 선하게 보는 유학의 기본 정신 또는 그런 인간관에 바탕을 둔 내성외왕(內聖外王)의 기본 정치 철학을 뒤흔들어 놓을 수도 있다. 바로 그 때문에 인간의 내면에서 악을 이기는 문제가 퇴계에게는 중요한 문제가 됐던 것이다. 다시 말해서 퇴계의 문제 의식은, 도대체 '뿌리 깊은' 악의 기질이 있는 것 같은 인간을 두고 어떻게 하면 선한 본성의 실현을 원리적으로 확립할 수 있느냐는 문제다.

그 문제는 이미 맹자와 주희에게서 해결된 문제가 아니라 퇴계가 겪고 있는 현재의 문제였다. 알고 보면 맹자의 성선설도 인간의 만만치 않은 악함을 보면서 역설적으로 인간의 본래적 선함을 설득해 인간으로 하여금 포기하지 않고 스스로 선을 이루고 선한 세상의 주인이 되도록 해주는 데 그 의미가 있었다. 고자(告子)와의 논쟁에서 성(性)이 생(生)이 아니라고 한 것이 그 점을 말해준다. 본래의 재질(才質)이 성(性)이요, 생의 본능이 생(生)이다. 퇴계에게서 이것은 세상에 나면서 타고난 본성과 그 이후에 살면서 뿌리 내린 성품의 문제다.[3] 어떻든 맹자 이후 주희 역시 악의 문제를 앞에 놓고, 맹자를 넘어서는 새로운 이론을 확립할 필요를 느꼈고, 그래서 나온 것이 성(性)을 리(理)로 푸는 성리학인 것이다. 인문주의자들은 악한 세상 한가운데서 선한 세상의 실현을 꿈꾼 사람들이고, 인간에게 궁극적인 희망을 둔 사람들이다.

---

3 "태어나던 시초에 바로 이러한 이치를 타고났기 때문에 이것은 곧 하늘이 주신 것(有生之初 卽稟此理 是乃天之所與也)"이라는 말은 주희가 인(仁)을 두고 한 말이다. 『국역 퇴계전서』 7, 82. 『退溪先生文集』 2 5, 7. 「鄭子中與奇明彦論學 有不合 以書來問 考訂前言以答如左」. 태어난 이후 갖게 된 품성은 퇴계에게서 기질지성의 문제다. "후세에 와서 정자, 장자 등 여러분이 나온 뒤에 부득이 기질지성이란 의론이 생겼지만, 이 역시 자신의 장점을 내세우기 위해 이론을 세운 것이 아니라 가리켜 말한 바가 사람이 태어난 뒤에 있었으므로 그것을 순수한 본연의 성으로 칭할 수 없었기 때문입니다(至於後世程張諸子之出 然後不得已而有氣質之性之論 亦非求多而立異也 所指而言者在乎稟生之後 則又不得純以本然之性)." 이는 생(生)을 꾸리느라고 생긴 성품이 생(生)을 부여받을 때 부여받은 본연의 성품과는 달라서 따로 하나의 성(性)의 이름을 매겼다는 얘기다.

그 희망을 이론적으로 확립하고 사람들을 설득하기 위해, 주희의 도덕 형이상학은 인간의 내면의 선의 완성을 돕는 방편으로 우주 차원의 선의 힘을 끌고 들어온 것이다. 도덕 당위를 존재의 구조에서 끌어냄으로써, 당위가 무거운 부담이 아니라 자연적 섭리 안에서 이뤄지는 것이요, 내가 원래 원하던 것임을 보이려는 것이다. 악한 세상, 그리고 그런 세상을 만드는 인간의 악함이란 언제나 군자들의 탄식의 대상이면서 철학적 사유의 근본적인 문제 의식으로 자리 잡고 있다. 그런 악한 세상 한가운데서 어떻게 선의 실현 가능성을 확보할 것인가?

퇴계는 맹자나 주희 뒤를 이어 다시 자기의 경험을 바탕으로 그 문제 앞에 섰고, 문제를 해결하는 방식이 고봉과의 사단칠정 논쟁을 통해 드러난 셈이다. 퇴계가 볼 때 고봉은 선을 인간 현실에서 제대로 확립하기 어려웠다. 그것은 악이 뭔지를 제대로 모른다는 말과 같다. 다시 말해서 고봉이 인간 현실을 너무 낙관적으로 보고 있다는 얘기다. 퇴계가 사단과 칠정을 리와 기에 나눠 배치한 것은, 리와 기가 개념상 분리될 수 없음을 몰라서가 아니라, 기를 섞어서 말하면 선을 실현하기가 어렵다고 생각했기 때문이다.

여기서 기를 보는 관점의 차이가 드러나는데 그것은 곧 현실 세계를 보는 관점의 차이다. 성리학에서 기란 이념이나 잠재력을 현실화하는 힘이요, 또는 그 힘이 만든 현실을 가리키는 면이 있다. 고봉은 그런 기의 기본 개념에 충실하게 논쟁을 전개했다. 유학은 인간 현실을 중시하는 학문이고 그런 점에서 보면 기를 리와 분리하는 듯한 것은 매우 위험하다. 그러나 다른 한편으로 애초에 주희와 그의 선배들이 기라는 개념을 들어 쓸 때, 그것은 악의 가능성을 지칭하는 것이기도 하다. 부여받은 잠재적 재질인 본성 또는 리는 선하지만, 그것이 날마다의 현실에서 실현되는 것은 또 다른 문제다. 그 실현된 현실을 설명하는 개념이 기이고, 그러한 실현에는 악이 생길 수 있다. 선이 가능하다는 것(the potential)과 실제로 현실이 선하냐(the actual)는 것은 다르다. 그 현실의 악함을 설명하기 위한 개념이 기다. 물론 악은 필연(必然)은 아니다. 그러므로 기란 악의 가능성일 뿐 기화(氣化)한다고 해서 반드시 악이 발생하라는 법은 결코 없다. 만일 기의 활동이 반드시 악을 낳는다면 세상은 악할 수밖에 없게 된다. 그런 절대적 비관주의는 동서양을 막론하고 인문주의와 양립할 수 없다. 바뀔 것 같지 않은 악의 힘을 느끼지만 세상이 본래 그렇지는 않다고 믿으려는 것이 인문주의(人文主義)요, 그 본래의 선을 이론적으로 확립하는 것이 인문주의의 과제이기 때문이다. 여하튼 기에는 현실화 또는 생명을 부여한다는 가치 중립적인 의미와 악의 가능성이라는 도덕적 의미가 같이 들어 있다. 기는 리를 실현하면서 동시에 가릴 수 있다. 쉽게 말해서, 현실은 이상대로 굴러가지 않을 수 있다는 말이다. 이 점은 고봉도 동의하는 바다.

그러나 퇴계는 기가 일으키는, 다시 말해서 현실에서 발생하는 악의 가능성을 거의 악의 필연성으로 본 것 같다. 물론 앞에서도 말했듯이 악의 필연성이란 용납할 수 없는 개념이지만 칸트(Immanuel Kant)처럼 주관적 필요성으로 이해하면 된다.[4] 다시 말하면 기가 반드시 악을 만드는 것이 아니라, 현실에서 살아가는 인간이 물욕에 '사로잡혀' 살

4 I. Kant, 『이성의 한계 안에서의 종교』, 신옥희 옮김(서울: 이화여자대학교출판부, 1984), p.42. 악의 주관적 필연성이란 칸트의 용어로 말하자면 사람에게 책임을 물을 수 있는 악에의 자연적 성향이다. 자연적 성향이라는 점에서 필연성이고, 그 필연성은 인간이 본래 악한 자질을 부여받지 않았는데 현실 속에서 인간이 스스로 자초한 것이라는 점에서 주관적인 것이다. 인간 본성의 악함은 사람의 유(類) 개념에서 도출되는 것이 아니라 경험상 그렇게 말할 수밖에 없다는 말도 같은 얘기다.

아가고 있다는 것이다. 그 물욕이 기의 요소이니, 결국은 사람 마음이 문제인 것이다. 사람이 물욕을 거의 벗어나지 못하고 있다고 본다면 악의 필연성을 말할 것이요, 그러나 문제는 물질이 아니라 사람의 마음에 있다는 점을 본다면 그 필연성은 주관적이다. 이론적으로 말하자면 벗어날 수 있는 필연성이니, 엄밀히 말하면 필연성이라 할 수 없는 그런 필연성이다. 그래서 악의 주관적 필연성이라는 말을 퇴계의 견해로 사용할 수 있을 것이다. 퇴계가 도덕 감정인 사단과 일상적 생활 감정인 칠정을 나눠 리와 기에 배치하고 리와 기가 일물(一物)이 아님을 강조하는 것이나, 그래야 결국 천리(天理)와 인욕(人欲)을 혼동하지 않는다고 한 점 역시, 인간은 일상적으로 자기 욕심 속에 빠져서 살아가고 있음을 암시하는 것이다.

사실 그의 인간관은 왕양명(王陽明)에 대한 비판에서도 찾아볼 수 있다. 왕양명은 인간의 선의 성향에 대해 확신을 가지고 있었고, 그러한 인간관을 바탕으로 심즉리(心卽理)와 지행합일(知行合一)을 주장했다. 그러나 퇴계는 다르다. 그 역시 인간의 본래적 선함을 확신하고 있었으나 만만치 않은 악의 성향을 들여다보았다. 그는 도덕과 무관한 쾌락의 세계에서는 지행합일이 이뤄지나 도덕적 선에서는 지행합일이 이뤄지지 않는다고 보았다.

> 사람의 마음 중에 형기(形氣)에서 나온 것은 배우지 않아도 저절로 알고 힘쓰지 않아도 저절로 능하여, 좋아하고 미워하는 마음이 있는 곳에 표리(表裏)가 같다. 그러므로 잠깐 호색(好色)을 보면 곧 아름다움을 알아 마음에 진실로 좋아하며, 잠깐 악취(惡臭)를 맡으면 곧 그 악함을 알아 마음에 실제로 싫어하니, 이는 비록 행(行)이 지(知)에 붙어 있다 하더라도 될 것이

다. 그러나 의리(義理)에 있어서는 그렇지 않다. 배우지 않으면 알지 못하고 힘쓰지 않으면 능하지 못하여, 밖에 행하는 것이 반드시 내면에 성실한 것은 아니다. 그러므로 선을 보고도 선인 줄을 알지 못하는 자가 있으며, 선임을 알고도 마음에 좋아하지 않는 자가 있으니, 선을 본 때에 이미 스스로 선을 좋아한다고 이르는 것이 되겠는가? 불선(不善)을 보고도 미워할 줄을 알지 못하는 자가 있으며, 악임을 알고도 미워하지 않는 자가 있으니, 악을 알았을 때에 이미 미워한다고 말하는 것이 되겠는가?[5]

퇴계의 이런 생각은 사람이 선을 알지도 못하고 행하지도 못한다는 바울(Paul Paulos)이나 아우구스티누스의 그리스도교 신학과 표현이 비슷하다. 물론 퇴계는 기본적으로 맹자의 성선설을 따르고 있지만, 그럼에도 불구하고 퇴계의 학문이 인간의 악이 만만치 않음을 염두에 두고 있음을 알 수 있다. 그처럼 심각한 악에 대한 인식이 퇴계의 학문을 독특하고 치밀하게 만들었다고 볼 수 있다.

인간이 원래 악해서 그런 것이 아니라 약해서 그런 것이든 어떻든 인간 현실이 돌아가는 꼴은 참담하다. 그렇다면 퇴계에게서 기라는 개념은 악의 가능성 정도로 볼 수 없으며, 가치 중립적인 우주의 구성 요소로 기 개념을 사용하고 넘어가는 것은 더욱 안 된다. 그 점이 고봉과

5 "蓋人之心 發於形기者 則不學而自知 不勉而自能 好惡所在 表裏如一 故才見好色 卽知其好而心誠好之 才聞惡臭 卽知其惡而心實惡之 雖曰行寓於之猶之可也 至於義理卽不然也 不學卽不知 不勉卽不能 其行於外者未必誠於內 故見善而不知善者有之 知善而心不好者有之 謂之見善時已自好可乎 見不善而不知惡者有之 知惡而心不惡者有知 謂之知惡時已自惡可乎", 『국역 퇴계전서』 10, 44. 『退溪先生文集』 41, 27. 「傳習錄論辯」 여기서 "선을 보고도 선인 줄을 알지 못하는 자가 있으며…"라고 했지만, 그런 자가 간혹 있다는 것이 아니라 일반적인 현상을 가리키는 것으로 봐야 한다. 그래야 왕양명의 지행합일(知行合一)에 대한 이론적 견제가 된다.

다른 점이다. 고봉처럼 기와 리가 나눠질 수 없음을 강조하면 사람이 도달해야 할 선의 세계 곧 순수한 리의 세계를 확립할 수 없다. 그것은 악이 얼마나 강한지 모르는 것이고 결국 악에 저항하는 힘을 약화시킬 수 있다. 물론 여기서 악이란 무엇보다도 인간 자신의 인욕이다. 세상이 악하지만 결국 문제의 해결은 각자의 인욕을 제어하는 데서 찾아야 하며, 그래서 악에 대한 인식의 차이는 수양 방법의 차이를 낳는다. 유학은 어디까지나 자기를 위한 학문(爲己之學)으로서, 남을 탓하고 세상의 구조 악을 파헤치기보다는 자신의 내면에 집중했던 것이다. 그러나 악을 기로 설명할 때는 인욕의 원인이 또한 경쟁 속에서 살아야 하는 세상 현실에 있다는 점을 암시하고 있다.

사단칠정론의 핵심이 악의 문제에 있다는 것, 퇴계가 리발과 기발을 나눠 설명한 것이 결국 악에 대항하기 위한 길을 제시한 것이라는 점은, 퇴계가 고봉에 보낸 편지 속의 비유를 통해서도 알 수 있다. 인욕을 제거하기 위해, 퇴계 자신은 적과 싸우기보다는 적이 못 오도록 경계하고 실력을 쌓는 것에 우선순위를 두고 적이 오면 단번에 소탕하는 길을 취한 반면에, 고봉은 처음부터 사방에서 강한 적과 마주치며 기운을 소진하고 마침내는 화전(和戰)을 같이 쓰는 데 이르는 길을 취한 것이라고 설명한다.[6] 고봉의 생각대로 리의 실현을 기의 조절에 의존케 하면, 그것은 현실의 악의 힘을 낮춰보는 것이요 결국 악과 타협하며 사는 길을 취한다는 말이다.

인간의 타락, 그것을 퇴계는 리가 기에 타재(墮在)한 기질의 성품에서 찾으려고 했고, 기질지성에서 발한 칠정으로 표현하려고 한 것 같

6 『국역 퇴계전서』 5, 190. 『退溪先生文集』, 「答奇明彦, 論四端七情第二書」, 「別紙」 16, 48.

다.[7] 칠정이란 인간의 일상적 생활 감정인데, 퇴계는 그것을 리가 아닌 기에 배치했다. 사실 칠정이란 희로애구애오욕(喜怒哀懼愛惡欲)을 가리키지만 일곱 개의 숫자가 중요한 것이 아니라, 인간이 살면서 이런 저런 사태에 부딪혀 느끼는 감정을 모두 망라한 것으로 암암리에 약속되어 있는 것이다. 고봉이 볼 때 사단도 정(情)으로 지칭되는 한 반드시 칠정에 속하는 것으로 볼 수밖에 없다. 그러나 퇴계는 사단의 정을 일상적 감정과는 다른 것으로 보려고 한 것 같다. 그는 맹자 이래 인간 심성에 들어 있는 본래적 선함의 증거로 분류돼온 사단의 정을 칠정과는 다른 부류로서 리에 속하는 것으로 분류했다. 그 다른 부류라는 것을 퇴계는 소종래(所從來)의 차이로 표현한다. 사단과 칠정이 생겨나오는 뿌리가 다르다는 것이다. 리와 기의 불상리 불상잡(不相離不相雜)의 원칙으로 볼 때, 사단칠정을 리와 기에 나눠 배치하는 것은 매우 거친 이론 작업으로 보이지만, 소종래의 차이로 보면 둘은 분명히 갈린다는 것이 퇴계의 주장이다. 그렇게 해서 퇴계는 인간의 본래적 선함을 이론적으로 확보하려고 했다. 현실의 악을 심각하게 느끼는 퇴계로서는, 현실에 발을 딛고 있는 유학자로서 기를 완전히 떼어버리고 인간의 도덕 감정을 말할 수 없지만, 적어도 기가 주도하지 않는 영역을 인간 안에서 찾아 악의 오염을 막고 순선을 확보하려고 한 것이다. 그리고 그 선의 힘으로 악을 이기려고 한 것이다.

---

7 칠정이 단순히 도덕과 무관한 감정이 아니라 이미 부도덕한 감정으로 분류된다고 분명히 밝힌 학자들은 다음과 같다. 목영해, 「퇴계와 Kant 도덕관의 교육론적 탐색」, 『퇴계학보』 제66집(서울: 퇴계학연구원, 1990), pp.18-19. 이승환, 「퇴계 미발설 리청」, 『퇴계학보』 제116집(서울: 퇴계학연구원, 2004), p.99. 한형조, 『주희에서 정약용으로』(서울: 세계사, 2002), p.131.

2. 두 종류의 정(情)과 리(理)와 기(氣)

정과 의지, 그리고 마음의 문제

퇴계와 고봉은 인간의 도덕적 가능성과 현실을 놓고 벌인 논쟁에서 정을 가지고 말했다. 사단도 정이고 칠정도 정이다. 왜 정을 가지고 말했을까?

칸트는 선한 의지만이 선이라고 함으로써 도덕이 인간의 의지의 문제임을 분명하게 했다. 심지어 신학자 아우구스티누스도 의지를 문제의 중심에 놓고, 회심(回心)을 의지의 전환으로 이해했으며 감정까지도 의지에서 발생하는 것으로 보려고 했다. 그것은 서양의 철학은 물론 신학까지도 인간의 주체성과 책임을 상당히 강조하려고 했음을 암시한다. 그들은 인간의 자유 의지를 중시하면서 악의 발생을 자유 의지의 왜곡으로 설명했다. 그리스도교 신학에서는 태초의 인간 곧 본래의 인간이 선을 행할 수도 있고 악을 행할 수도 있는 가능성을 가지고 있었다고 본다. 서구 그리스도교의 인간관은 그런 선택의 자유 의지에서 출발한다. 그런데 분명한 것은 칸트나 그리스도교 신학이나 본래의 인간이라고 해서 그 속에 선한 덕의 알맹이[8]를 가지고 태어난다고 생

8 정약용(丁若鏞)이 성리학의 성(性)을 비판하며 쓴 표현이다. 성리학은 덕이 마음속에 이미 주어져 있다고 본다. 그러나 "성은 물건이 있는 것이 아니고 다만 마음속에 갖추어진 바의 이치일 뿐입니다(蓋性非有物 只是心中所具之理).", 『국역 퇴계전서』 7, 311. 『退溪先生文集』 29, 5. 「答金而精」)라고도 생각했다. 리는 마음 밖의 우주 보편적인 것이란 점에서 어떤 실체처럼 여겨지기도 하고, 그래서 상제(上帝)를 대하듯 하는 면이 있지만, 다른 한편으로 존재론적 실체일 수 없는 면이 있다. 마음속에 있는 리인 성(性)도 마찬가지다. 그래서 성리학에서의 인간은 선의 주체이지만, 동시에 리를 주체처럼 표현하는 변증법적 긴장이 있다.

각지 않는다는 점이다. 처음부터 덕은 인간이 이룩할 것으로 남아 있다. 선을 의지의 문제로 보는 것은 그런 인간관과 관련이 있다.

반면에 퇴계와 고봉이 정을 놓고 말하는 것은 의지를 정에 예속적인 것으로 보는 동양의 철학 구도와 관련이 있는 것 같다. 그것은 특히 도덕적인 선의 생산에서 의지를 강조하지 않는 문제와 연결된다. 의지보다는 마음(心)을 말하고, 그 마음의 발현인 정에 의지는 종속돼 있다.

의지란 개념은 바라는 것, 곧 욕구를 실현하기 위해 마음을 먹고 쓰는 능력을 가리킨다.[9] 정은 나도 모르게 저절로 발생하지만, 의지는 내가 마음을 이리저리 먹고 쓰는 것이기 때문에, 인간의 주체성을 말하려면 의지를 가지고 말해야 한다. 서양의 인문주의는 선과 악이 모두 인간의 의지에 의해 발생하는 것으로 본다. 그래야 인간이 가치 창조의 주체가 되고 권위의 중심이 되기 때문이다. 물론 악을 운명으로 보지 않고 인간의 책임으로 보는 것은 동서양을 막론하고 인문주의 사상의 중요한 공통점이다. 그리스도교가 창세기의 선악과 신화를 통해 세상의 고통과 불행이라는 악이 계명에 대한 인간의 불복종이라는 도덕적인 악에서 비롯됐다고 보는 것은 그리스도교가 인문주의 전통에서 단절되지 않았음을 의미한다. 그러나 타락한 이후 인간은 그 죄가 깊어서 선이 무엇인지 모르고 선을 행하지도 못하며, 하나님의 은총이 있어야 무지와 무능을 벗어날 수 있다고 본다. 선한 하나님을 믿고 그 하나

9 퇴계는 주희의 말을 인용한다. "지(志)는 마음의 지향해 가는 바가 한결같이 곧게 나가는 것이고, 의(意)는 지(志)가 경영하여 왕래하는 것이니 또한 이와 같은 것을 주장한 것이다(志是心之所之一直去底 意又是志之經營往來底亦主張要恁地).", 『국역 퇴계전서』 7, 324. 『退溪先生文集』 29, 14. 「答金而精」. 또 의(意)는 지(志)의 다리(脚)와 같다고도 했다. 그러므로 지(志)는 행위 대상을 지향해 마음을 먹는 것이요, 의(意)는 천리나 인욕에 따라 마음을 써서 행위를 낳는 능력임을 알 수 있다.

님의 선한 역사(役事)에 동참하는 것을 통해서만 선을 만들 수 있다고 본다. 그래서 서양의 그리스도교는 악은 인간의 의지의 산물이고 선은 하나님의 은총이라는 도식을 취한다. 선에서 인간의 의지가 주된 역할을 하지 못하므로 그리스도교는 종교성을 띠면서 인문주의와 거리를 둔다. 칸트의 경우에는 그런 종교적인 윤리 기반을 극복하고 새로운 윤리의 토대를 놓은 책『윤리 형이상학 정초』에서 선과 악이 모두 인간의 의지에 달렸다고 함으로써 근대적 인문주의를 열었다. 그가 말한 윤리의 새로운 정초란 아리스토텔레스(Aristoteles) 윤리를 극복하는 것이지만 동시에 실천 이성에 기반을 두지 않은 그리스도교 윤리를 극복하는 것이기도 했다.

그렇다면 퇴계는 어떤가? 퇴계는 도덕에서 마음의 주재(主宰)를 말하되, 그것을 의지의 역할로 보지 않았다. 마음의 주재를 말하는 점에서 그는 서구 그리스도교와 다르고 인문주의 전통에 서 있다. 그러나 그 마음을 의지로 말하지 않은 점에서 그는 칸트적인 인문주의와 달리 종교성을 띠고 있다. 마음에서 의지를 중시하지 않은 것은 그가 마음의 본체(體)를 인정하고 있으며 그 본체의 발현에서 선을 찾았기 때문이다. 그 점에서 그는 칸트와도 다르고 서구 그리스도교와도 다르다. 물론 그는 의지가 선악의 발생을 주장하는 측면을 말하고 있다. "의(意)가 마음의 발(發)함이 되어 또 그 정을 끼고 좌지우지하여 혹은 공정한 천리(天理)에 따르기도 하고, 혹은 사사로운 인간의 욕망을 따르기도 하는 것이다. 선과 악의 구분이 이로 말미암아 결정되므로 이것이 이른바 의(意)의 기미(機微)가 선과 악으로 나누어지는 것이다."[10]

10 『국역 퇴계전서』 13, 210. 『退溪先生文集』 8, 17. 「天命圖說」.

천리를 행위 준칙으로 삼을 것인지 인욕을 행위 준칙으로 삼을 것인지 준칙을 정하는 능력이 의지다.[11] 그렇지만 전체적으로 보아서 선의 발생에서 퇴계가 중요하게 쓰는 용어는 마음이지 의지가 아니다.

그것은 퇴계가 의지로 말미암은 선악의 기미가 있기 이전의 순선(純善)의 발생을 본래적인 선으로 생각하기 때문이다. 마음의 본성은 순선의 덕으로써 마음의 본체를 이루고 있다. 용(用)이란 체(體)의 발현이다. 체(體)에서 흘러나가는 것이 용(用)이기 때문에 용에 무게를 두기보다는 상수원인 본체를 맑게 하는 데 더 비중을 둔다. 그러므로 일부러 마음을 먹고 쓰기보다는 오히려 마음을 비워 마음의 본체가 자연 발현하도록 하는 것이 낫다. 칸트는 인간에게서 선을 이룰 수 있는 가능성을 봤지만, 퇴계의 성리학에서는 선의 현실이 이미 인간 속에 주어져 있다. 사람이 할 일은 그 잠재적 현실이 현실적 현실이 되도록 하는 일이다. 그것은 의지의 결단으로 이뤄지기보다는 마음을 비움으로써 이뤄진다. 마음을 비우는 문제는 경(敬)이라는 수양 방법과 관련된 것으로, 마음의 본체인 리가 주도하도록 마음을 다하는 것이다. 마음의 본체인 리가 주도하면 마음이 주재하는 것이다. 사람이 인위적으로 무엇을 어떻게 할지 마음먹고 마음을 쓰는 차원은 최대한 축소된다.

물론 경(敬)이란 정(靜)뿐 아니라 동(動)에도 통하는 것으로, 마음씀씀이를 성찰하는 것 역시 중요하다. 마음을 비우는 문제뿐 아니라 마음을 바르게 하는 일도 중요하다. 바른 마음만이 활달하게 주재할 수

11 의지의 역할은 칸트 식으로 말하면 행위 준칙을 결정하는 것으로 설명한다. 같은 생각으로는 목영해, 위의 글, p.20 참조. 칸트에게서 준칙을 결정한다는 것은 행위 대상과의 관계에서 양심의 도덕 법칙을 따를 것인지 아니면 자기애를 따를 것인지 행위 원칙을 정하는 것을 말한다. 그러므로 의지는 어떤 원칙에 따라 행위를 낳아 마음먹은 것을 실현하는 능력이다. 칸트에게서는 거기서 선과 악이 결정되며 그것이 전부다.

있고, 바른 마음을 위해서는 마음씀씀이를 올곧게 해야 한다. 거기에는 의지의 역할이 중요하다. 거기에는 이렇게 말한다. "마음은 천군(天君)이요, 의(義)는 마음이 발한 것입니다. 먼저 그 발하는 것을 진실되게 하면, 한 가지 진실됨이 만 가지 거짓을 녹여 없애어 천군을 바르게 하기에 충분한 것입니다. 그렇게 되면 백체(百體)가 천군의 명령에 따라 행하는 바가 실(實)이 아님이 없을 것입니다."[12] 그러므로 마음을 바르게 하는 데 의지 곧 마음씀씀이가 중요하다. 맹자가 호연지기(浩然之氣)를 위한 집의(集義)를 말했듯이 바른 마음가짐과 마음씀씀이가 축적되면 그것이 바른 마음을 만들고, 그렇게 만들어진 바른 마음이 신체의 모든 욕구 곧 인욕을 통제해 대의(大義)를 이룰 수 있다는 말이다. 그러나 여기서도 도덕을 위해 강조되는 것은 마음이지 의지가 아니다. 결국은 마음이 천군이요 도덕의 주재자다. 마음이 직접 인욕을 누르도록 하는 것이며, 그 마음의 형성을 위해서 의지가 봉사해야 하는 것이다. 만사에 일일이 대응하는 의지보다 마음을 중시하는 것은 퇴계의 말대로 만사를 하나로 보고 하나된 마음으로 만사에 대응하려는 것이다. 그렇게 하면 마음이 외물(外物)에 끌려가지 않고 주재하며 대응할 수 있기 때문이다. 경(敬)의 주일불이(主一不二)란 결국은 기가 의지를 움직이지 못하게 하려는 것이니,[13] 마음이 주재한다거나 리가 주재한다는 것은 모두 외물에 쏠리지 않고 응하는 것을 가리킨다.

그 경우에 중요해지는 것은 존심 양성(存心養性)이다. 마음을 붙들

12 "心爲天君而意其發也 先誠其所發 則一誠足以消萬僞 以正其天君 則白體從令而所踐無非實矣", 『국역 퇴계전서』 3, 71. 『退溪先生文集』 6, 44. 「戊辰六條疏」.

13 "所以有此病者 殆居敬之功未至 故心不能宰物 氣有以動志而然耳 若使主一不二臨事接物之際 眞心現前卓然而不可亂 則又安有此患哉", 『국역 퇴계전서』 7, 318. 『退溪先生文集』 29, 11.

고 그 본체를 기르는 것이다. 이것은 의지를 강조한 칸트 같은 사람에게는 보이지 않는 모습이다. 마음을 붙든다(存心)는 표현은 마음 안에 이미 도덕의 본체가 있음을 전제로 한 것이고, 성(性)을 기른다는 것(養性)은 마음속의 본체인 도(道)의 유행 발현(流行發現)을 통해 도덕 문제를 해결하려는 것이다. 사실 퇴계가 말하는 성찰의 문제, 곧 마음 씀씀이를 살펴서 바른 마음을 갖게 하는 문제는 칸트 같은 서양 인문주의자에게도 중요한 도덕적 목표였다. 바른 행위를 넘어 바른 사람이 되는 문제다. 바른 마음을 갖고 있으면, 의무의 표상 외에 다른 동기를 필요로 하지 않는 사람이 되는 것이요, 퇴계 식으로 말하면 언제나 인욕이 아닌 천리를 따르는 사람이 되는 것이다. 그런데 마음 또는 심성이란 준칙을 선택하는 의지에 의해 형성되는 것이다.[14] 퇴계가 말한 대로 의(意)를 바르게 해서 마음을 바르게 하는 것과 같다. 그러나 이기심에 끌리는 악의 성향을 지닌 인간으로서는 점차적인 마음의 개선이 불가능하고 심성의 혁명이 필요하다고 칸트는 본다.[15] 그러니까, 마음 씀씀이를 바르게 해서 바른 마음을 갖는 것은 힘들다는 말이다. 퇴계 역시 같은 생각일 것이다. 그는 인욕이 얼마나 강한지 알고 있었으며, 그래서 앞에서 본대로 인욕에 대항하는 방식으로 인욕과 싸우는 방식을 어리석다고 보고 고봉의 이론을 반박했던 것이다. 그래서 중요해지는 것이 마음의 본체를 존양하는 것이다. 그런 본체론이 없는 칸트로서는 심성의 혁명을 위해 다시 의지 문제로 돌아가고 이성 종교의 문제로 돌아가지만, 퇴계는 마음속의 체를 존양하는 수양의 문제로 돌아가는 것이다. 발하는 것이 진실되면 마음이 진실된다는 명제는 궁극적

14 I. Kant, 『이성의 한계 안에서의 종교』, p.32.

15 같은 책, p.63.

으로는 마음이 진실되면 발하는 것이 진실된다는 명제로 돌아가는 것이다. 의지의 문제는 의지로 해결되는 것이 아니라 마음에 본래 주어진 덕을 발휘하는 문제로 해결되는 것이다.

그것은 퇴계가 일상적인 삶에서 인간의 의지 행사가 인욕에 기울어져 있다고 보았음을 반증한다. 사람이 바르게 행하려고 마음먹어도 마음먹은 대로 되지 않는 것이 현실이다. 그러면 선악의 문제에서 의지는 그리 중요하게 부각되지 않는다. 물론 그는 그리스도교만큼 강하게 의지의 타락을 말하지는 않았으며 그래서 신학 쪽으로 빠지지 않는다. 그러나 다른 한편으로 퇴계는 의(意)가 선악(善惡)의 기미가 된다는 점을 밝히면서 동시에 그런 의지를 성(城)에 가둘 것을 요청한다.[16] 의지의 자유란 결국 천리를 따를 것인지 인욕을 따를 것인지를 선택할 수 있는 자유다. 그런데 그런 의지를 가두라는 것은, 일상적으로 인간의 의지가 자유롭지 못하고 늘 인욕에 치우쳐 있다고 퇴계가 생각하기 때문으로 보인다. 그리스도교 신학에서는 그것을 노예 의지(奴隷意志)라고 하는데, 퇴계는 유학의 성인관(聖人觀)과 성선설 때문에 신학적인 노예 의지론까지 갈 수 없지만 인간의 의지의 타락을 심각하게 보고 있음은 분명하다. 그가 선악이 갈라지기 이전의 상태, 곧 순선(純善)의 상태를 중시한 것도 이 때문이다. 그것은 마치 그리스도교에서 선과 악 너머의 선을 찾는 것과 같으며, 인간의 악을 심각하게 느낄 때 종교적인 경향을 띠게 된다는 점에서 같다. 퇴계는 사단을 통해 순선의 발현을 말하고 있는데, 그 순선의 발현이란 인간의 의지가 개입되지 않은 채, 마치 선의 리 또는 본성이 스스로 발현 대상을 찾아 자기 실현을 하

16 "朱子云防意如城", 『국역 퇴계전서』 7, 324. 『退溪先生文集』 29, 5. 「答金而精」.

는 구도로 설명이 될 수 있다. 그래서 의지와 정이 모두 마음이 발한 것이지만 특별히 정을 성발(性發)이라고 하고 의지는 심발(心發)이라고 구분한다.[17] 정도 마음이 발한 것이지만 특별히 성발이라고 구분짓는 데에는, 우주의 보편 이치가 마음의 본체를 이루고 있는 본성의 자연스러운 발현이, 마음을 일일이 먹고 쓰는 일보다 도덕의 실현에 더 중요하다고 보는 관점이 반영돼 있다. 의도하지 않아도 자연스럽게 저절로 발생하는 것은 정이니 퇴계의 도덕론에서 정이 의지보다 두드러지는 까닭이 거기에 있다. 물론 여기서의 정은 생활 감정이 아니라 순선의 정을 가리킨다. 순선(純善)의 도덕성은 정의 발현에서 이미 결정된다. 선이 결정되는 지점이 의지가 아니라 정이다. 정이 발현해서 행위까지 가는 데는 의지의 개입이 없을 수 없으나, 그때의 의지는 선악을 결정하는 가치의 주재자 역할을 하는 것이 아니라, 오로지 정을 타고 발한 선에 구체적 내용을 정해주는 도구 역할에 그칠 것이다.[18] 그래서, 정과 의지는 모두 마음의 용(用)에 해당하지만, 정이 마음의 용을 대표한다.[19]

퇴계의 사상에서 선악 문제를 두고 인간의 주체성에 대해 말하는 것은 두 갈래 길이 있을 듯하다. 하나는 본연(本然)의 성(性) 곧 본성이 사단의 정으로 발해 나오는 경우다. 이 성발(性發)의 경우에도 퇴계는 마음이 주재자가 되고 있음을 분명히 하고 있다. "본성이 마음에 갖추

17 "大抵情意二字 先儒以性發心發 分別言之 旣已明白無可疑處", 『국역 퇴계전서』 9, 98. 『退溪先生文集』 36, 15. 「答李宏仲問目」.

18 "정(情)의 발한 것을 인하여 경영(經營)하고 계탁(計度)하여 이와 같이 할 것을 주장하기도 하고 저와 같이 할 것을 주장하기도 하고 하는 것은 의(意)입니다.", 『국역 퇴계전서』 9, 99. 『退溪先生文集』 36, 15. 「答李宏仲問目」.

19 "정(情)은 의(意)의 뼈대이다. 지(志)와 의(意)는 모두 정에 속하니, 정이란 말이 비교적 광범위하다.", 『주자어류』, 이주행 외 옮김(서울: 소나무, 2001), 5-89, p.273.

어져 있으나 스스로 발하여 스스로 작용하지 못하고, 그 주재(主宰)와 운용은 실로 마음에 있어서, 그 마음(心)을 기다려서 발하니 그러므로 본성이 먼저 움직인다고 할 수 없고, 마음은 본성으로 말미암아 움직이니 그러므로 마음이 먼저 움직인다고 할 수 없습니다."[20]라고 함으로써 성이 발하는 데 주재자는 마음임을 분명히 밝히고 있다. 그러나 "마음은 본성으로 '말미암아' 움직이니 그러므로 마음이 먼저 움직인다고 할 수 없습니다."고 한 말은 어떻게 처리할 것인가? 퇴계는 이렇게 말한다. "대체로 움직이는 원인이 곧 본성이라면 마음이 어찌 그 움직임을 오로지 주재할 수 있습니까?"[21] 그러므로 마음이 주재하지만 또한 성(性) 또는 리(理)가 주재한다. 퇴계의 이학(理學)이 초월적 실체를 인정하지 않는 한, 주재는 사람의 마음의 몫이요, 이학은 심학(心學)이다. 그러나 여전히 성즉리(性卽理)를 말하고 있는 한, 퇴계의 심학은 리(理)의 주재를 말할 가능성을 품고 있다고 해야 할 것이다. 리에 활력을 주는 문제는 거기서 발생한다. 어떻든 마음의 주재와 리의 주재는 변증법적 긴장 관계에 있다. 그것은 사람의 마음이 부패했을 때 선의 발현을 위해 마음을 죽일 필요가 있을 때 생기는 종교적 현상이다. 물론 그리스도교와 달리 여전히 마음의 주재가 핵심이다. 그러나 리의 주재가 같이 따라다님으로써 종교성을 띤다. 그러므로 선의 실현에는 마음을 말하고 정을 말하며 의지는 거기에 종속된다.

주체성을 말할 수 있는 또 하나의 경우는, 칠정의 감정이 발한 이후

---

20 "性具於心而不能自發而自做 其主宰運用在於心 以其待心而發 故不可謂性先動也 以其由性而動 故不可謂心先動也", 『국역 퇴계전서』 7, 311. 『退溪先生文集』 29, 5. 「答金而精」.

21 "夫所以動者是性卽心豈能專其動也", 『국역 퇴계전서』 7, 314. 『退溪先生文集』 29, 7. 「答金而精」.

에 천리(天理)를 따를 것인지 인욕(人欲)을 따를 것인지 마음의 방향을 결정하고 주장하는 의지다. 이때는 마음의 주재자로서 의지가 부각된다. 의지가 선악을 결정하는 중요한 역할을 한다. 그러나 퇴계에게서 마음의 주재라면 사단의 정이 발해 의지를 움직이는 경우에 해당한다. 왜냐하면 뒤에 보는 대로 칠정은 중절(中節)을 기대하기 상당히 어려운 정으로 보기 때문이다. 퇴계는 기의 조절로 인한 중절보다는 전혀 다른 혈맥을 타고 발생하는 선, 곧 리에서 발한 사단에 더 비중을 둔다. 기발일도설(氣發一途說)을 주장하는 율곡이나 우암 송시열(尤庵 宋時烈)은 의지(意志)의 작용에 따라 결정되는 중절과 불중절(不中節)을 중시하지만, 퇴계는 의지의 작용이 없는 상태에서 발휘되는 순선(純善)을 더 중시한다. 이처럼 의지의 역할이 약해지는 것은 종교성을 띠는 퇴계 사상의 모습 가운데 하나다.

퇴계의 사상이 종교성을 띠고 있지만 신학으로 가지 않는 까닭 중에 하나는 자연과의 연대성 때문이다. 그 점에서도 의지보다 정이 강조되는 까닭을 찾을 수 있다. 고봉과 퇴계가 정을 중심으로 논의를 전개했다는 것은 유학에서 말하는 인간의 주체성이 서양의 인문주의나 그리스도교와는 다른 차원에 서 있음을 암시한다. 유학도 공맹 이래 인간이 주재하는 인문(人文)의 세계를 말하려고 한 것이지만, 서양의 인간중심주의와는 다르다. 정호(程顥)가 인(仁)을 감수성(感受性)으로 푼 데서 드러나듯이, 동양적 상상력의 근원에는 사람과 자연을 포함한 만물과의 교감이 늘 들어 있다. 그리스도교 경전인 성서에서 초월적 신의 선함을 말했다면 유학의 경전인 주역(周易)에서는 자연의 덕을 칭송했다. 그것이 성리학에서는 맹자의 네 가지 덕으로 재해석돼 인간 안의 덕은 곧 자연의 덕인 것으로 내재적 형이상학을 정립했다. 마음

속의 본체(體)를 인정하는 데에는 그처럼 인간 내면의 덕과 자연의 덕이 일치한다는 전제가 있었다. 그러면서 자연스레 발휘되는 덕이 도덕의 핵심이 된다. 마음속에서 자연스레 나오는 것은 의지가 아니라 정이니, 도덕성 문제에서 정이 강조된다. 그리고 사단의 정이 나올 때 인간은 가장 주체적이다. 저절로 발휘되는 덕이란 칸트의 표현대로 하면 자유와 자연의 일치다. 다만 칸트에게서는 그 일치가 장차 이뤄질 희망 사항이지만, 덕이 이미 우리 안에 있다고 보는 성리학자들로서는 언제든 순간적으로 이뤄질 수 있는 우리의 도덕적 능력 가운데 하나다.

성리학의 도덕론에서 정이 의지보다 두드러지는 까닭은 선의 발생을 마음의 본체에 근원하는 것으로 보는 구도에 있다. 악의 경우도 마찬가지다. 성리학자들은 사단의 정은 살리고 희로애락(喜怒哀樂)과 같은 감정은 가능하면 절제하려고 했다. 감정은 변하기 쉽고 감각에 의존하므로 진리에서 거리가 멀다고 보았기 때문이다. 감정이란 지나치거나 모자라기 쉽고, 쉽게 사람의 마음과 의지를 휘둘러 생각 없이 행동하게 만든다. 거기에 악의 발생이 있다. 선의 경우에만 자연스레 이뤄지는 것을 중시한 것이 아니라 악의 경우에도 자연스레 이뤄지는 악에 주목했다. 칠정이 생긴 다음에 의지의 결단에 따라 선과 악이 결정된다면 악의 문제에서 의지가 강조될 것이다. 그러나 퇴계에게서 칠정이란 이미 왜곡된 의지가 축적돼 생긴 기질의 성(氣質之性)에서 나와 거의 악을 만드는 감정이라고 보는 것 같다.[22] 기질지성(氣質之性)도

22 천명도설(天命圖說)에서 칠정을 본연의 본성(本然之性)과 달리 기질(氣質)에서 나온 것이라고 하고 사악(邪惡)에 흐르기 쉽다고 한다. 『국역 퇴계전서』 13, 209. 『退溪先生文集』 8, 16. 「天命圖說」. 이 견해는 사단칠정 논쟁이나 『성학십도(聖學十圖)』까지 그대로 유지되는 것으로 봐야 할 것이다.

일종의 본성이므로, 거기서 나오는 칠정도 자연스레 생겨나는 것이며, 칠정이 발휘된 다음에 선악(善惡)을 결정하는 의지가 작용하기를 기대하기는 어렵다. 퇴계가 사단칠정 논쟁에서 칠정의 중절보다는 사단의 발현에 더 비중을 둔 것도 그 때문인 것 같다. 칠정이라는 생활 감정은 사람을 지나치거나 모자라는 과불급(過不及)으로 쉽사리 끌고가서 악에 휩싸이게 한다. 정이란 저절로 나오는 것이니 저절로 나오는 악한 정을 일일이 감시해 선을 이루기는 어렵고, 저절로 나오는 선한 정을 키워 선을 이루는 것이 낫다. 여하튼 선의 발생뿐 아니라 악의 발생에서도 퇴계는 의지보다 정을 가지고 논하는데, 그것은 그 본성론 때문이기도 하고 자연스레 이뤄지는 선악에 주목했기 때문이기도 하다. 결과적으로 의지는 정이 발하는 데 따라 움직인다고 할 수 있다. 현실에서 볼 때 의지의 주장(主張)은 선과 악을 결정하는 주체로서의 주장이기보다는 이미 발한 정에서 결정된 선악을 따라 그것의 도구가 되는 것이다. 주재가 아니라 도구다. 칠정의 경우에, 정이 발할 때 이미 악으로 기울어 있고 의지는 이미 발한 정의 도구 역할을 한다. 그러므로 문제의 해결은 의지의 결단에 있기보다는 방심(放心)을 거두고 마음의 본체를 보존하고 기르는 데 있다. 칠정과 의지의 문제는 뒤에 다시 논의하기로 하겠다.

도덕에서 리(理)와 기(氣)의 문제

퇴계는 어떻게 사단과 칠정을 각각 리와 기에 나눠 배치할 수 있었을까? 퇴계가 서로 서로 대립시킨 사단과 칠정이라고 하는 인간의 주관적 감정을 리와 기라고 하는 객관적인 존재 구성 요소에 나눠 배치하는 것이 무슨 의미가 있을까? 결론부터 말하자면, 선과 악에서 어떤 객관적 요소의 중요성을 강조할 필요가 있기 때문인 것 같다. 주관을 객관으로 설명하면, 모든 것이 인간의 마음에 달렸다고 보는 심학으로서의 위상이 위태롭게 될 수 있다. 그러나 다른 한편으로는 선과 악의 근원을 좀 더 분명하게 밝힐 수 있는 장점이 있다. 기가 곧 악일 수는 없다. 악이란 인간의 물욕(物慾)에 있으며 그런 점에서 악의 원인은 사람의 마음이지만, 사람이 물욕에 사로잡히는 까닭은 남을 이기고 살아남아야 하는 현실 때문이다. 바로 그 생명 세계의 일상적 현실이 기요, 사람이 그런 현실에 속하는 한 악이란 거의 피할 수 없는 것이 된다. 악으로 흐르기 쉬운 칠정을 기에 배치하면, 그처럼 악의 원인으로 주관적인 인간의 물욕과 한 인간이 처한 객관적인 생존 경쟁의 현실을 같이 지적할 수 있다. 한편 선 역시 인간의 마음에 달린 것이지만, 사단을 리가 주도하는 것으로 설명함으로써 선의 실현에서 겸허함을 유지할 수 있다. 한편으로는, 산다는 것 자체가 욕심을 부리고 남을 공격하지 않으면 안 되는 현실이 있다. 현실이라는 객관 세계(퇴계는 세[勢]라고 표현했다)와 욕심을 부리는 주관이 서로 영향을 미쳐서 악순환(惡循環)된다. 그것이 퇴계가 본 기와 칠정의 세계다. 그런 세상 한가운데서 의리(義理)에 따라 사는 건 쉽지 않다. 하늘의 도움을 받아야 한다. 그런 세상에서 혹시 생겨나는 순수한 마음은 내 마음이라도 마치 내 마음 같지 않다. 그것이 사단이라는 주관적 정이 리라는 천지의 마음 곧 객관 원리로 설명되는 까닭이다.

인문주의 사유의 시작은 앞에서 말했듯이 악한 현실 속에서 희망을 찾는 데 있다. 성리학은 우주 형성의 구조를 사실적이고 과학적으로 설명하려는 학문이 아니고, 맹자가 확립한 인간 속의 덕이 현실 세계에 구현되도록 이론적으로 설득하려는 의도를 지니고 있었다. 다시 말해서 존재론적인 구도를 통해 선의 필연적인 실현을 확보함으로써 세상에 희망을 주고 인간의 자기 수양에 도움을 주려고 했던 것이다. 퇴계는 왕양명(王陽明)을 비판하며, 성리학에서 객관적인 사물의 이치를 찾는 까닭은 "본심의 작용(用)을 통달하게 하기 위한 것"[23]이라고 주장한다. 성리학에서 객관적 리를 말하는 까닭은 사람의 마음씀씀이가 도에 맞도록 돕기 위한 데 있음을 알 수 있다. 마땅히 해야 할 바의 소당연(所當然)을 그렇게 해야 하는 까닭 또는 그렇게 되는 바의 소이연(所以然)에서 끌어내려고 하는 것은, 어차피 하늘의 뜻에 따라 도덕적으로 세상이 굴러가게 돼 있으니 도덕적으로 살라고 하는 식의 논리를 펴려는 것이다.[24] 서양 철학으로 말하면 존재(存在, Sein)에서 당위(當爲, Sollen)를 끌어내는 것이고, 그리스도교 신학의 용어로 하면 서술법(敍述法)에서 명령법(命令法)이 생겨나는 것이다. 그리스도교에서는 섭리가 하나님이라는 초월자의 의지를 가리키고, 성리학에서는 자연의 생명 현상에 들어 있는 존재 구조라는 점에서 서로 다르지만, 모든 존재자를 관통하는 어떤 섭리와 존재 구조로 도덕 당위를 뒷받침하려고 한 점에서는 같다. 그러한 존재론적 구도는, 도덕적 성취를 통한 인간의 자유의 실현이 인간 자신의 약함으로 중대한 한계에 부딪혔다고 판단될 때 등장한다. 다시 말하면 인간의 악함을 심각하게 느낄 때 선의 실현을 돕는 방편으로 생긴 신념의 언어가 형이상학이고 존재론이다. 그

---

23 "講學窮理 正所以明本心之體 達本心之用", 『국역 퇴계전서』 10, 42. 『退溪先生文集』 41, 25. 「傳習錄論辯」.

24 소이연(所以然)과 소당연(所當然)의 불일치는 개별 사안에서는 수없이 벌어진다. 그러나 전체적으로 보면 그런 일이 없다는 것이 퇴계의 생각이다. 참고: 윤사순, 「존재와 당위에 관한 퇴계의 일치시」, 『퇴계 이황』(서울: 예문서원, 2005), p.330.

리스도교는 인간이 본래의 선함을 잃었다고 보고 선의 실현을 선한 초월자의 역사로 이해한다. 거기서 인생의 의미는 그 초월자의 역사에 동참하는 데 있다. 거기에는 초월자와 피조물의 넘을 수 없는 거리가 전제되고, 그것이 천지 창조와 관련해서는 유출설(流出說)에 반대하고 무로부터의 창조(creatio ex nihilo)를 말하는 쪽으로 간다. 하나님이 세상을 낳은 것이 아니라 만들었다.

성리학의 리(理) 개념도 비슷한 역할을 한다. 문제의 해결을 맹자 이래의 인간 본성 곧 성(性)이라는 개념에만 맡겨 놓지 않고, 그 성(性)을 객관적 우주 원리인 리에 연결함으로써 주관의 약함과 악함을 이길 수 있는 개념 장치를 마련한 것이다. 리는 물론 모든 선의 근원이 되는 선이다. 그처럼 형이상(形而上)의 개념인 리가 등장한 것은 성리학이 인간 현실의 악을 거의 피할 수 없는 것으로 심각하게 여겼음을 의미한다. 거기서 리는 기에 대립하고 초월한다. 물론 성리학은 궁극적으로 인간의 도덕 능력을 믿는 인문주의요, 그러므로 리와 기의 관계는 우주론으로는 서로 대립하는 대대(對待)가 아니라 잉태해 낳는 인잉(因仍)의 관계다. 리가 기를 낳는다. 또는 리에서 기가 생겨난다. 거기서 리와 기는 체(體)와 용(用)으로 연속적이다. 태극은 세상 밖의 초월자가 아니라 기의 현실 사물에 일태극(一太極)으로 내재한다. 그래서 퇴계는 하늘과 인간이 본래 다르지 않다고 한다. 그러나 도덕 현실로 보면 리나 태극은 기와 대립된다. 천지의 마음과 사람의 마음이 천리와 인욕으로 대립되고, 도심과 인심으로 대립된다. 앞에서 말했듯이 기는 생동하는 생명의 세계이면서 생존 경쟁이 치열한 현실 세계다. 삶은 살아남는 문제가 됐고, 살아남는 것은 곧 남을 이겨야 하는 문제가 됐기 때문에, 가치 중립적인 기의 개념은 생존 경쟁에서 생기는 악을 설명하는 개념이 된다. 생존 경쟁의 현실에서 인간은 물욕에 사로잡혀 있다. 꼭 그러라는 법은 없지만 현실적으로 그것을 피할 수 있는 사람은 거의 없다고 보면 된다. 기를 리에 대립하는 개념으로 쓰는 데는 그런 현실적이고 실천론적인 의미가 있다. 삶의 현실 그리고 그 속에서 생겨난 인간의 물욕, 그 두 가지가 모두 기로 설명되기 때문이다.

성리학에서는 리와 기를 연속적으로 보는 관점과 함께 리와 기를 대립적으로 보는 관점이 변증법적으로 긴장을 이루고 있다.[25] 고봉과 퇴계의 논쟁도 거기서 비롯된 것이다. 고봉이 여전히 리와 기의 연속성과 리의 내재를 강조했다면, 퇴계는 도덕 문제에서 리와 기의 대립을 강조하고 리의 초월성을 강조하고 있다. 고봉처럼 리를 기에 내재한 것으로 보고 말면 나름대로 낙관적인 결론이 나지만, 퇴계의 경우에는 리와 기의 대립만으로는 문제가 해결되지 않는다. 그것은 자칫 선악의 영원한 대결이라는 비관주의가 될 수 있다. 그래서 리는 기에 대립하

25 이 문제는 퇴계가 문제 삼은 태극생양의(太極生兩儀) 문제와도 관련이 있다. 태극생양의는 리가 기를 낳는 유출설(流出說)의 견해인데, 리가 기를 낳는다는 것 자체가 이미 리가 기보다 우월함을 전제한다. 왜냐하면 원래 기의 발생의 원인은 기에 있는 것이지 다른 원인을 필요로 하지 않기 때문이다. 그러므로 리에서 기가 나왔다는 것은 이미 리기 대립의 도덕적 의미를 내포한 것이다. 그것은 선과 악의 싸움을 염두에 두면서, 세상이 선한 데서 생겼다고 함으로써 악한 현실에도 불구하고 본래 선함을 설득하려는 것이다. 그런데 리가 기를 낳았다고 하면 리와 기가 같은 종류의 것이 될 수 있게 된다. 그리스도교에서는 하나님이 세상을 만들었다고 한다. 그것은 그리스도교가 세상과 인간의 죄를 몹시 심각하게 보고 세상으로부터 거리를 두는 하나님을 통해 선의 승리를 보장받으려고 하는 것이다. 다만 성부가 성자를 낳았다고 함으로써 삼위일체 내에서 성부와 성자는 같은 본질임을 말하고 있다. 퇴계가 생(生)자를 문제 삼은 것은 정확히 삼위일체 논쟁의 문제 의식과 같다. 그는 세상 현실과 다른 리가 기에 대립적이면서 동시에 그것을 초월해 있는 존재임을 분명히 하기 위해 리에 체(體)와 용(用)을 인정한 것이다. 다시 말해서 기본적으로 리와 기의 유출설적인 구도 안에서 리의 초월성을 분명히 확립하려고 한 것이다. 이 문제는 다음 장에서 고찰할 것이다.

면서 동시에 기를 넘어선 힘을 지니고 있어야 한다. 퇴계의 리가 초월성을 띠는 이유는 거기에 있다. 기란 이론으로는 악의 가능성이지만, 실천의 장에서는 단순히 악의 가능성이 아니라 철저히 악의 현실이라고 퇴계는 보는 것 같다. 퇴계는 이론적 모순에도 불구하고 자신의 현실 경험을 바탕삼아 기를 악 쪽으로 끌어당겨 도덕론을 전개한다. 그래야 현실 문제를 풀 수 있는 현실적인 이론이 된다고 믿었던 듯하다. 그는 그만큼 현실의 악을 심각하게 느꼈던 것이다. 퇴계는, "기가 발하는 바가 본래는 선하다 하더라도 악으로 흐르기 쉽다."고 하고, 현실 속에서 "기는 강하고 리는 약하다"고 말하는데,[26] 그것은 악의 경향성이 세상과 인간을 강하게 휘어잡고 있음을 의미한다.

그렇게 볼 때 리와 기의 형이상학은 도덕적 관심의 반영이다. 악을 느끼고, 그 악의 책임이 인간 자신에게 있다고 보며, 그 악을 이겨서 선과 자유를 이뤄야 한다는 당위에서 등장한 것이 형이상학이다. 그래서 퇴계는 소이연(所以然)과 소당연(所當然) 가운데 결국 중요한 것은 소당연이라고 한다.[27] 칸트에게서 신 존재에 대한 믿음은 도덕적 선을 이루고자 하는 실천이성의 요청이듯이 말이다. 도덕적 관심이 형이상학을 낳는다. 그러므로 리와 기에 관한 우주론적이고 형이상학적인 말들은 도덕적 실천과 자기 수양의 각도에서 이해해야 한다. 칸트의 말대로 신 존재에 대한 믿음은 도덕의 완성을 바라고 행복을 바라는 희망에서 생긴 것이다. 희망이 믿음을 낳고, 도덕적 근원을 지닌 개념들이

---

26 "夫四者之所以易爲心病者 正緣氣之所發 雖本善而易流於惡故然", "理弱强氣", 『국역 퇴계전서』 5, 176과 5, 161. 『退溪先生文集』16, 37과 16, 22.「答奇明彦 論四端七情第二書」.

27 "窮極論之 當然者 爲理之說 爲長", 『국역 퇴계전서』 7, 82. 『退溪先生文集』 25, 8. 「鄭子中與奇明彦論學 有不合 以書來問 考訂前言以答如左」.

사실을 서술하는 듯한 객관적 언어로 쓰이는 것이다. 형이상(形而上)의 세계가 형이하(形而下)의 세계의 근원이고 원동력인 것처럼 얘기된다. 소이연(所以然)의 서술 구조에서 소당연(所當然)의 의무가 생겨난 것으로 말한다. 그러나 유학은 "인간과 사물이 생겨난 이후(稟生之後)부터 천지운화(天地運化)의 근원을 미루어나가는 것"[28]이라면, 형이상은 형이하로부터 추론된 것이다. 세상과 인간의 도덕적 문제를 해결하기 위한 근원을 찾은 것이다. 그러므로 그 언어들은 모두 도덕적 관심으로 재해석해서 읽어야 한다. 퇴계의 형이상학은 어디까지나 도덕 형이상학이요, 이학(理學)은 심학(心學)과의 긴장 관계에서만 그 의미를 지닌다.

사물이 있기 전에 그 이치가 먼저 있다는 것은 세상이 이치대로 돌아가니 그 이치대로 살라고 권면하는 것이다. 태극이 음양을 낳고 음양이 오행을 낳아 세상이 생겨나는 우주발생론은 악에서 구원받고자 하는 실존적 관심의 반영이다. 그리스도교 신학에서 창조론은 구원론에서 생긴 것으로 보는 것과 같은 맥락이다. 마찬가지로, '기가 없을 때도 리가 있었다'는 우주론적 표현은 도덕적인 의미를 지닌 것으로, 악이 뿌리 깊지만 선이 더 근원적임을 말하는 것이다. 리의 선재(先在)란 선의 근원성과 궁극성을 말하며, 현실의 악을 이겨야 하고 이길 수 있다는 신념의 표현인 것이다. 칸트의 말대로 하면, 이길 수 있기 때문에 이겨야 한다는 당위가 있는 것이다. 그 '이길 수 있음'을 칸트는 모두 인간의 도덕적 결단의 책임으로 돌리지만, 성리학에서는 소이연의 존재 구조를 통해 설득하려고 한다. 그때 리는 악을 이겨야 한다는 당위

28 "自人物稟生之後而推天地運化之原", 『국역 퇴계전서』 10, 14. 『退溪先生文集』, 41, 6. 「天命圖說後叙」.

명령이면서 동시에 결국 이길 수 있고 이기고 만다는 필연의 신념을 담고 있는 개념이다. 당연(當然)과 능연(能然)과 필연(必然)이 모두 리 개념 안에서 하나로 통일돼 있으며, 그 리가 자연(自然)의 원리가 되면서 섭리(攝理)의 형이상학이 되는 것이다.[29]

이학(理學)은 인욕(人欲)이라는 말로 표현되는 악의 성향을 경험한 심학(心學)의 문제를 해결하기 위한 것이며, 그런 퇴계에게서 리와 기는 도덕적으로 대치되는 의미로 사용된다. 순선의 리와 대치되는 기는 악의 성향을 표현하는 개념일 수밖에 없다. 그래서 '리로써 기를 제어하라'[30]고 한다. 고봉이 리와 기의 불상리(不相離)를 강조했다면 퇴계는 불상잡(不相雜)을 강조했는데, 그것은 리와 기의 도덕적 대치 상황을 염두에 둔 것이다. 리는 천리(天理)의 순선이요, 기는 인욕(人欲)의 악이다. 고봉과 달리 기를 단순히 악의 가능성이 아니라 악의 성향을 표현하는 개념으로 봤기 때문에 리와 기를 대립적으로 볼 수 있었던 것이다. 그리고 그 때문에 또한 순수한 리(純理)에서 발한 사단과 기를 겸한(兼氣) 칠정을 대립적으로 볼 수 있었다. 물론 처음에 사단을 순리를 따라 발한 것으로 보고, 칠정을 기를 겸한 것으로 본 퇴계의 견해는 고봉과의 논쟁을 통해 나중에는, 사단을 리가 발하고 기는 거기에 따르는 리발이기수지(理發而氣隨之)로 보고, 칠정은 기가 발하고 리가 거기에 올라타는 기발이리승지(氣發而理乘之)로 정리한다. 그러나 퇴계의 기본적인 강조점은 변하지 않았다. 겸기(兼氣)라는 말은 리와 기가 같

29 『국역 퇴계전서』 7, 82. 『退溪先生文集』 25, 8. 「鄭子中與奇明彥論學 有不合 以書來問 考訂前言以答如左」.

30 "惟氣發故云忿怒而觀理 是乃以理抑氣之謂也", 『국역 퇴계전서』 5, 176. 『退溪先生文集』 1 6, 37. 「答奇明彥 論四端七情第二書」.

이 있다는 표현이지만, 리는 약하고 기는 강한 현실을 염두에 둔 상징어이므로 결국 악을 설명하는 언어다. 기발이리승지 역시 기가 주도하고 리는 기를 통제하지 못하고 실려 가는 형국을 표현한 상징어이므로, 역시 악의 산출 구조를 설명하는 것이다.

인간의 욕심으로 얼룩진 세상살이로부터 순수한 선의 실천을 확보하려고 하는 것이 퇴계의 사단칠정론의 관심이다. 그것을 위해 그는 주관적 감정인 인욕의 칠정과 인의(仁義)의 사단을 객관적 우주 구성 요소인 리와 기에 나눠 배치했다. 그럼으로써 선을 실현하기 위한 수양에 도움을 주고자 했다. 주관의 문제를 객관적 요소로 설명함으로써, 좀 더 문제를 분명하게 드러내고 해결 방법도 제시할 수 있었을 것이다. 칠정을 기의 주도로 봄으로써 삶의 일상적 현실에서 인간이 얼마나 악으로 기울어져 있는지 적나라하게 보이고 악에 제대로 대처하도록 했으며, 사단을 리의 주도로 봄으로써 인욕을 인욕과 싸워 없애려 하기보다 천지의 마음을 모심으로 인욕을 물리칠 수 있는 방법을 제시할 수 있었다.

3. 악의 문제와 칠정

퇴계는 분명히 사단의 정과 칠정의 정을 구분해서 다른 것으로 보고자 했다. 다시 말하면 칠정 중에서 중절한 것을 사단으로 보지 않았다는 말이다. 그는 칠정에서 중절한 맹자와 순(舜)과 공자(孔子)의 감정의 선함이 사단과 같다고 함으로 고봉에 동조하는 듯했지만, 역시 그것은 기가 리를 따라 발한 것이라고 함으로써, 리가 발한 사단과는 다른 것임을 거듭해서 분명하게 짚고 넘어간다.[31] 두 종류의 정의 구분은 그가 두 개의 본성을 말하고 두 종류의 선을 구분해서 말하는 것과 연관이 있다. 그것이 퇴계를 더욱 정밀한 도덕 이론의 창시자로 만들기도 하고, 더욱 심오하며 종교적으로 만드는 까닭이다. 고봉은 논쟁 끝에 정리하며 쓴 총론(總論)에서 처음 주장으로부터 후퇴해서 퇴계를 따라 칠정과 사단의 뜻이 다르다고 하지만 퇴계와는 끝내 다른 견해를 가졌다고 보는 것이 옳다. 고봉은 사단과 칠정이 생겨나오는 근원, 곧 소종래(所從來)의 차이를 인정했다기보다는 교육적 효과 때문에 사단을 리가 발한 것이라 한 것이다.

칠정과 의지의 문제

퇴계가 사단과 칠정을 서로 다른 종류의 정으로 구분한 까닭에는 인간에게 이미 주어진 어떤 도덕적 능력이 있음을 설득하기 위해서다. 이미 주어졌다는 것은 퇴계의 용어로 하면 하늘로부터 받아 타고난 것이요, 칸트의 용어로 하면 선험적 차원을 가리킨다.[32] 일상의 부도덕성에도 불구하고 인간은 본래 선하다고 믿을 때, 그 본래적 선함을 선험

31 『국역 퇴계전서』 5, 175, 그리고 5, 201. 『退溪先生文集』 16, 36. 「論四端七情第二書」 그리고 17, 6. 「論四端七情第三書」.

32 뚜웨이밍 교수도 퇴계가 사단을 선험적인 것으로 보고, 칠정을 경험적인 것으로 보려고 했다고 본다. 참조: Tu Wei Ming, "Yi T'oegye's Perception of Human Nature: A preliminary Inquiry into the Four-Seven Debate in Korean Neo-Confucianism" in *The Rise of Neo-Confucianism in Korea*, W. Theodore de Bary and Jaehyun Kim ed.(N.Y.: Columbia University), p.268 이하. 이것은 칸트적인 이해인데 그럴듯하다. 그렇다면 칠정은 중절해도 선험적 정(情)인 사단과는 근본적으로 다르게 된다. 사단은 누구에게나 있는 것이지만 칠정의 중절은 매우 고도의 자기 수양이 있어야 한다.

(先驗)의 영역으로 돌리는 것이다. 일상적으로 경험되는 부도덕성, 그것을 퇴계는 칠정이라는 개념을 가지고 표현하고자 한 것 같다. 인문주의는 악의 책임을 인간에게 돌려야 성립할 수 있고, 인간에게 악의 책임을 물으려면 동서양을 막론하고 인간이 마음을 잘못 먹은 문제를 따져야 하며, 그것은 저절로 우러나는 정의 문제이기보다는 의지의 문제다.[33] 의지의 문제는 선의 발생보다는 특히 악의 발생에서 강조된다. 앞에서 보았듯이 선의 발생이란 본체의 자연스러운 발현으로 설명되기 때문이다. 우주적 보편 원리인 리를 선의 원천으로 보는 성리학으로서는 인간의 마음씀씀이보다 리의 발현에 더 강조점을 두게 된다. 그렇다면 악은 원래 존재론적 구도에 없는 것인데 인간의 잘못으로 생긴 것이어야 한다. 그 잘못은 마음의 본체(體)가 아니라 마음의 작용(用)에 돌려져야 할 것이고, 작용 중에서도 저절로 발휘되는 정보다는 마음을 먹고 마음을 쓰는 의지에 돌려져야 한다.

그것은 선한 우주적 힘을 설정해서 악을 이기려는 그리스도교에서도 마찬가지다. 그리스도교에서도 선은 하나님의 역사요 악은 인간의 타락의 결과다. 인간의 타락은 마음의 타락인데 성리학과 달리 마음의 본체를 인정치 않는다. 그리하여 의지의 타락이 곧 마음의 타락이다. 그래서 선을 위해서는 종교적 은총이 강조되고 인문주의 요소가 약해진다. 여하튼 그처럼 악의 문제가 성리학에서도 인간의 의지로 설명될 수밖에 없다면, 퇴계가 칠정이라는 정을 가지고 악에 흐르기 쉬운 성향을 말하는 까닭은 무엇인가?

결론부터 말하자면 그 정에 묵은 의지가 개입되어 있다고 봐야 할

---

33 같은 생각으로는 금장태, 『한국 유학의 심설』(서울: 서울대학교출판부, 2003), p.49 참조.

것이다. 악의 성향이란 정과 묵은 의지가 결합된 상태다. 이론적으로는 정이 나온 후 의지가 그 정을 좌우로 이끌어 선악이 결정되지만, 현실에서는 축적된 의지가 칠정을 만들어내는 것이다. 그런 점에서 퇴계가 칠정의 뿌리라고 보는 기질지성(氣質之性)은 묵은 의지의 축적이라고 해야 할 것이다. 그런 점에서 인간의 기질지성은 본래의 본성(性)이 아니라 획득된 것인데 마치 본성의 일부처럼 된 악의 성향이라고 해야 할 것이다.

기쁘고 슬프고 좋아하고 싫어하는 등의 감정은 사람이 살아가면서 자연스럽게 우러나오는 감정들이다. 그것은 도덕 감정이라고 할 수 없지만 그렇다고 부도덕한 것이라고도 할 수 없을 것처럼 보인다. 가치중립적인 정서요, 인간사와 자연 사물에 부딪혀 마음속에서부터 생겨나는 것이다. 마음속으로부터 나와 존재 전체를 사로잡는다. 삶의 현상과 관련된 자연스러운 정서라는 점, 억지로 마음을 먹어 되는 것이 아니라 마음속에서 우러나오는 것이라는 점, 그리고 온몸을 사로잡는다는 점 등이 이른바 칠정이라는 감정의 특징이다. 온몸을 사로잡는 특징 때문에 인문주의자들은 될 수 있는 대로 감정을 절제하고 잘 드러내려고 하지 않았다. 감정은 인간의 주체성을 형성하는 마음의 다른 요소들 곧 의지나 생각을 거치지 않고 발생하면서 그 요소들을 굴복시킨다. 인문주의자들은 인간의 주재를 세우고자 한 사람들이고, 그래야 쉽게 일어나는 인간의 악의 성향을 제어할 수 있다고 믿은 사람들인데, 그 문제는 바로 사람의 주재를 비껴서 발생하는 감정을 다스리는 문제로 연결된다. 생각하지 않고 주재하지 않은 상태에서 발생하는 것을 몹시 경계하는 것이다.

이것은 동서양을 막론하고 인문주의자들이 모두 의식을 중요하게 여기는 문제와 관련이 있다. 자기도 모르게 발생하는 것을 최대한 없애고 자신의 의식 속에서 가능한대로 주체적 통제 하에 발생하도록 하는 것이니, 성리학자들이 왜 감정 표시를 잘 안 하고 엄숙한 표정을 지었는지, 그리고 칸트가 왜 감정을 병적(pathologisch)이라는 표현을 쓰며 평가절하했는지 알 만하다. 그러나 감정이란 삶의 현상과 관련돼 자연스레 우러나는 것들이므로 너무 억제하다 보면 생동감 있는 삶을 약화시킬 수도 있다. 그것은 칸트든 퇴계든 인문주의자들이 언제나 안고 있는 부담이다.

그러나 정이 '마음속에서' 우러난다는 것은 무슨 의미일까? 우러난다는 것은 자연스레 저절로 발생하므로 억지로 되는 것이 아니라는 말이다. 의지적으로 되지 않는다는 것이다. 그러나 칠정은 습관적으로 인욕에 기울어 발휘되는 정이요, 습관이란 잘못된 의지의 행사가 축적된 것 아닐까? 칠정이 발하는 출처를 두고 퇴계는 첫 편지에서 "외물이 사람의 형기에 접촉하여 마음이 움직여 환경에 따라나오는 것"[34]이라고 한다. 그러나 고봉이 정이(程伊)의 호학론(好學論)의 구절[35]을 들어 "정이 밖에 드러나는 것이 환경(境)에 따라 나오는 것 같지만 사실은 속(中)에서부터 나오는 것"[36]이라고 반박한다. 그리고 퇴계는 고봉의 반박을 받아들여 칠정도 속에서 나오는 것임을 두 번째 편지에서 인정했다.[37] 그러나 첫째 편지에서도 퇴계는 칠정이 '마음에서 움직여(動於

34 "外物觸其形而動於中緣境而出焉", 『국역 퇴계전서』 5, 146. 『退溪先生文集』 16, 9. 「答奇明彦 論四端七情第一書」.

35 "外物觸其形而動於中矣 其中動而七情出焉", 『고봉집』 3, 240(광주: 고봉학술원, 2002), 『高峯集』 第三輯, 「兩先生四七理氣往復書」 1, 15.

36 "情雖緣境實由中出." 위와 같은 곳.

37 『국역 퇴계전서』 5, 164. 『退溪先生文集』 16, 25. 「答奇明彦 論四端七情第二書」.

中)' 나오는 것임을 이미 말했다. 그러나 호학론의 구절에서 정이(程伊)는 칠정이 결과적으로 마음이 움직여 나오는 것이라는 점을 다시 반복해 강조했다면, 퇴계는 외물(外物) 또는 바깥을 강조해, 칠정이 마음 바깥의 주도로 이뤄지는 것임을 말하고자 한 것으로 보인다. 칠정 역시 마음속에서 나오는 것이지만 바깥 사물의 강한 영향 하에서 이뤄지는 것임을 말하는 것이다. 그러나 고봉의 지적을 받고 칠정의 생산 과정에 바깥 사물만 있는 것이 아니라 마음의 움직임도 같이 참여하는 것임을 다시 분명하게 밝힌 셈이다. 여기서 외물(外物)이란 부딪히는 인간사(人間事)의 상황과 감각에 들어오는 물체를 뜻하는 것으로 볼 수 있다. 상(喪)을 당하거나 반가운 친구를 만났을 때 또는 빈 들판을 보며 인간은 마음에서 슬프거나 기쁘거나 쓸쓸한 정이 솟아난다. 외물이 접촉하는 형기(形氣)란 인간의 감각기관을 가리킨다고 보면 될 것이다. 감각기관은 외물과 속마음을 연결해 주는 중간 통로다. 외물과 형기와 마음의 세 부분이 감정의 탄생에 참여하는데, 이때 만일 정이나 고봉처럼 마음의 작용을 강조한다면 감정도 인간의 주체적 참여가 있음을 주장하게 된다. 마음도 없는데 공연히 그런 감정이 일어나는 것이 아니라는 말이다. 그렇지만, 마음이 있어서 일어나는 감정이 마음먹고 일으키는 감정은 아니다. 정의 발생에는 사단에서나 칠정에서나 주장하는 의지의 작용이 끼어들 틈이 없다. 그러나 어느 경우에도 마음도 없이 또는 마음의 주도함이 없이 외물에 의해서 일어나는 것은 아니다.[38] 퇴계와 고봉은 그 점에서 일치한다. 그럼에도 불구하고 퇴계

38 퇴계는 사단과 칠정의 모든 정이 마음이 주재가 돼 일어나는 것으로 본다. 『국역 퇴계전서』 13, 209. 『退溪先生文集』 8, 17. 「天命圖說」. 그러나 칠정이 정말 마음이 주재가 돼 일어나는 것이냐는 문제는 별개의 문제다. 다시 말해서 사단과 칠정의 마음의 주재는 그

가 칠정을 말하는 과정에 정이의 문장과 다른 문장을 구사하며 강조한 부분은 바깥 사물에 있다. 칠정의 발생에는 뭔가 바깥 사물이 중요한 역할을 한다는 것이다. 그렇다면 칠정은 마음에서 생겨나는 것이되 바깥 사물의 영향을 짙게 받은 마음에서 생겨나는 것이라고 할 수 있다.

바깥 사물의 영향을 받은 마음이란 어떤 마음일까? 칠정이 감정인 한 저절로 나오는 것이지만, 마음이 개입돼 있다. 만일 그 마음이 의지가 아니라면 마음먹고 정을 만들어내는 것은 아니다. 저절로 나오는 것이라면 마음먹은 대로 나오는 것이어서는 안 된다. 다시 말해, 마음 없이 나오는 것은 아니지만 마음먹고 만들어내는 것도 아니다. 그러나 의지가 개입하지 않은 정이라면 그것이 악에 빠지기 쉽다고 해도 사람의 책임이 아니지 않은가? 인문주의에서 악이란 처음부터 주어진 것이 아니라 결국 인간이 마음을 잘못 먹어 생기는 것이고, 잘못 먹는 마음이란 곧 의지다. 악을 단순히 삶의 조건 탓으로 돌리면 악은 운명이 된다. 물론 퇴계는 칠정이 악으로 흐르기 쉽다고 했을 뿐 악이라고 단정하지는 않았지만, 악의 성향 자체도 운명이어서는 안 된다. 악은 인간의 책임이어야 인문주의가 성립한다. 그러므로 단순히 기질의 조건에서 나오기 때문에 칠정이 악에 흐르기 쉽다고 말하는 것은 의미가 없다. 기질은 가치 중립적인 삶의 조건이지만 기질의 성(氣質之性)은 주

질이 다르다. 한편 서양 학자들도 감각 또는 감각과 연결된 감정이 인간 영혼의 주도하에 발생하는 것임을 주장했다. 바늘에 찔려 손가락이 아플 때, 그 고통의 느낌은 바늘이 만든 것이 아니라, 고통을 느낌으로써 빨리 상처를 치료해 삶을 지속하려고 하는 인간 영혼이 만드는 것이라고 푼다. 실제로 상처를 입었는데도 고통을 모르면 과다 출혈로 자기도 모르게 죽을 수 있다. 고통의 원인은 밖에 있는 것으로 생각하지만, 내 몸을 살리기 위한 내 마음의 작용이라는 것이다. 이런 식의 주장은 이미 서양에서 아우구스티누스 같은 신학자가 감각적 인식을 설명하며 시도했다. 인간의 주체성을 확립하려는 의도와 관련이 있다.

어진 조건이 아니라 인위적으로 획득된 것이다. 칠정의 소종래(所從來)가 기질의 성이라면, 그 기질의 성이 인간의 의지의 산물이어야 한다. 퇴계 역시 악의 기미(機微)를 의지에서 찾지 않았는가.

칠정이 마음먹은 대로 나오는 것은 아니지만, 그러나 인간이 이미 잘못 마음먹은 결과가 아니라면, 칠정을 악에 기운 것으로 말하는 것은 별 의미가 없다. 그래서 고봉은 성발위정(性發爲情)을 상기시켰다. 모든 정은 본성(性)에서 나오는 것이다. 그러니 사단뿐 아니라 칠정의 출처도 본성(性)이다. 이 문제는 고봉의 첫 편지부터 거론됐다가 퇴계의 첫 편지에 대한 반론에서 분명히 지적된다. 칠정을 가리켜 고봉은 "속에 이치가 없이 외물이 우연히 서로 감동하는 것이 아니라"[39]고 한다. 퇴계가 칠정의 생산에서 마음보다 외물을 더 강조한 데 따른 반박이다. 칠정이 바깥 사물과 인간의 감각기관이 서로 감응해서 나오는 것이 아니라 마음에서 나오는 것이요, 그 마음이란 마음속의 리라는 말이다. 고봉의 반박에 대해서 퇴계도 "칠정이 리와 관계없이 외물이 우연히 서로 모여 감동하는 것이라고는 생각지 않습니다."[40]라고 한다. 그러니까 칠정을 낳는 마음은 성발위정의 성(性)을 가리키는 것으로 볼 수 있다. 칠정에도 어떤 모양으로든 리가 개입한다는 것이다. 칠정도 리 없이 일어나는 것이 아니요, 사단도 외물에 감응해 일어나니 기 없이 일어나는 것이 아니다. 그래서 퇴계는 "사단은 리가 발해 기가 따르고, 칠정은 기가 발해 리가 타는 것"이라고 정리했고, 이것이 퇴계의 최

---

39 "非其中間 本無是理 而外物之來 偶相湊着而感動也", 『고봉집』 3, 169. 『高峯集』 第三輯 「四七理氣往復書」, 상편, 1, 15.

40 "滉亦非謂七情 不干於理 外物偶相湊著而感動也", 『국역 퇴계전서』 5, 170. 『退溪先生文集』 16, 31. 「答奇明彦 論四端七情第二書」.

종 견해가 된다.

이처럼 칠정이 속마음에서 나오는 것이라고 하고, 그 속마음이 성(性)이요 리(理)라고 할 때, 성과 리는 모두 선한 것인데 어떻게 퇴계는 사단의 순선(純善)을 따로 말하고, 칠정은 기에 속한 것으로 분류할 수 있을까? 고봉이 이해하지 못하는 부분도 그것이다. 그러나 퇴계는 칠정을 사단과 다른 감정으로 보는 자기 생각을 결코 바꾸지 않았는데, 그것은 칠정을 낳는 성(性)이 사단을 낳는 성(性)과 다르다고 보기 때문이다. 그리고 칠정을 낳는 기질의 성(性)을 천성(天性)이 왜곡된 채 본성처럼 된 것으로 보았다. 그것은 악의 성향을 가리키며, 그래서 기질의 성에서 나온 칠정이 악에 흐르기 쉽다고 한 것이다. 그렇다면 그 왜곡이라는 것이 곧 의지의 작용이 아닐까? 오래 왜곡된 의지가 천성을 뒤틀리게 해놓고, 그 뒤틀린 천성이 산출하는 감정이니 본성처럼 자연스레 나오지만 이미 왜곡된 자연스러움이 아닐까? 그래서 퇴계는 칠정을 현실적으로 악에 기운 것으로 보고 거기에 인간의 책임을 생각했을 것이다. 물론 퇴계는 악의 문제를 정면으로 다루기보다 선의 확장으로 악의 문제를 해결하려고 한 것 같다. 그러므로 인간의 책임의 문제나 왜곡된 의지의 문제가 크게 부각되지 않았다. 그러나 선한 세상을 꿈꾸는 인문주의 자체가 성립하려면 악이란 의지의 준칙 선택이 잘못돼 발생한 것이어야 한다. 처음부터 악이 운명이라면 비관주의에 빠지고 인문주의가 성립하지 않는다. 그러므로 퇴계의 칠정 논의에는 의지의 문제도 포함된 것으로 봐야 한다. 천리보다 인욕을 택한 의지의 선택이 반복돼 습관적으로 자연스럽게 나오는 정이 칠정이다. 외물의 영향을 받은 마음이 칠정을 낸다는 것도 그 말이다. 인욕을 준칙으로 택한 의지는 천리를 떠나 외물에 의해 움직이는 의지다. 한편, 칠정과 다른 차원에서 자연스레 우러나는 감정이 있으니 그것이 사단이요, 사단이야말로 우리 의지에서 나오는 것이 아니라는 점에서 자연스러운 것이다. 그렇다면 두 종류의 감정과 함께 두 종류의 자연스러움이 있는 셈이다.

마음속에서 나오는 칠정, 그 마음속이라는 것이 성(性)이라면 퇴계로서는 기질의 성(性)이다. 기질지성(氣質之性)은 본연지성(本然之性)과 이론적으로는 꼭 대립되지 않지만, 실천적으로는 그리고 현실적으로는 대립된다. 기질지성은 음양(氣)과 오행(質)이 갖춰지고 개체(私)가 형성되면서 생겨나는 성(性)이다. 그것은 개인이 살려고 하는 천성이요, 사심이 개입돼 본성처럼 된 것이다. 그런 점에서 단순히 사심 없는 본연의 본성과 인잉(因仍)의 관계가 아니라, 소종래(所從來)가 다른 것이다. 우리는 사단과 칠정의 소종래뿐 아니라 본래의 본성과 본성처럼 된 기질의 성품과의 소종래의 차이를 말할 수 있는 데, 전자는 생명을 내는 하늘이 부여한 것이요, 후자는 개체가 험한 세상에서 살아남으려는 욕구에서 생긴 것이라고 할 수 있다. 사단과 칠정의 소종래의 차이는 결국 인간의 본성과 기질의 성향의 소종래의 차이에 근거한다고 할 수 있을 것이다. 본연지성이 인의예지(仁義禮智)로써 생명을 내고 살리는 생의(生意)라면 기질의 성향은 자신이 살려는 생의라고 봐야 할 것이다. 둘 다 천리(天理)요 천성이라고 해야 할 것이고, 그런 점에서 서로 대립될 까닭이 없다. 이론적으로는 본연지성과 기질지성은 대대(對待)가 아니다. 그러나 퇴계는 그 둘을 사단과 칠정처럼 대대의 관계에 놓는데, 기질지성이 단순히 살려고 하는 천성에 그치는 것이 아니라 인간의 악의 성향을 나타낸다고 보는 것 같다. 악의 성향으로서의 기질지성은 이미 또 하나의 본성처럼 돼서 외물에 대한 반응으로 정을 산출하니 그것이 악에 기운 칠정이다. 그러나 그 본성은 오래된 나쁜 습관에 의해 굳어진 것이다. 구습(舊習)의 문제는 이미 정호(程顥)가 말했고, 그것을 퇴계도 알고 있었을 것이다. 원래의 천성에 왜곡된 인간의 마음씀씀이, 곧 왜곡된 의지가 오래 쌓여 습관으로 돼서 본성처럼 굳어진 것이다.[41] 그것은 자연스레 흘러나오지만, 그 자연은 본연의 자연이 아니다. 인간 사회 속에서 살다 보니 만들어진 자연스러움이다. 서양의 신학자 아우구스티누스가 '제2의 자연' 또는 제2의 본성이라고 말한 것이 이것이요, 맹자나 칸트가 경계한 것도 바로 이 자연이다.

퇴계는 처음에 칠정을 가리켜 선악이 미정(未定)이라고 했다가 개본(改本)에서 "본래는 선하지만 악에 흐르기가 쉽다."고 했다. 이 말의 강조점은 악에 흐르기 쉽다는 데 있다. 악의 성향을 표현한 것이다. 그러나 본래 선하다고 꼬리를 달아놓은 것은, 앞에서 말한 대로 생명 현상 또는 살려는 의지(生意)와 관계가 있을 것이다. 그 점을 좀 더 자세히 살펴봄으로써 우리는 칠정을 악에 기운 것으로 보는 퇴계의 견해를 이해하고자 한다.

인욕에서 나오는 칠정

성리학에서 선(善)이란 주역(周易)에 나오는 일음일양의 도(一陰一陽之道)의 문제로 돌아간다. 음양이 서로 교차하고 어울리는 것은 낳고 살고 살리는 생명(生命)의 문제와 관련이 있다. 선을 나타내는 대표

41 "사사로운 의(意)가 많아질 때는 마음도 거기에 이끌립니다(到私意盛時 心也隨去).", 『주자어류』, 5-84, p.272. 이 말 역시 왜곡된 의지의 축적이 이루는 효과를 의미하고 있다.

적인 덕목이 인(仁)인데, 그 인(仁) 역시 생의(生意)와 관련이 있다. 사단을 낳는 본연의 성(性)은 만물을 낳고 살리는 마음과 관련이 있다. 사람은 본래 남을 살리는 마음을 가지고 있고, 인의예지(仁義禮智)란 그런 마음을 대변하는 덕목이다. 그러나 현실에서 개인은 우선 자기가 살고 봐야 하는 문제에 부딪힌다. 퇴계는 사람의 마음(人心)이 신체상의 사유(私有)와 관련이 있다고 보는데,[42] 우선 내가 먹고 살아야 한다. 자기가 먹고 살고자 하는 마음이 인심이요, 거기서 생긴 감정이 칠정이라는 말이다. 우리가 앞에서 칠정을 살아가면서 느끼는 생활감정이라고 정의한 것도 그 뜻이다. 먹고 살아야 하는 생활이 사람으로 하여금 자신의 이득에 관심을 갖게 만든다. 기질의 성향과 인심과 칠정은 만물을 살리려고 하기보다는 우선 자기가 살려고 하는 관심에서 생긴 것이다. 살려고 하는 것은 본래 선한 것이다. 그러나 현실에서는 자기가 살려는 마음이 자기부터 살려는 마음으로 바뀐다. 자기부터 살려고 하는 것은 이미 타자의 공격에 대한 방어를 전제로 한 것이고, 결국 남을 이기고 자기가 우선 살아야 하는 이기심(利己心)으로 간다. 자기가 살려는 마음(desire)은 천리(天理)이지만 자기 위주로 살려는 마음은 자연스러운 욕구를 벗어나 의지가 개입된 것으로 인욕(人欲)이다.

그런 욕망이 인간의 희로애락의 감정에 반영돼 있다고 할 수 있다. 이미 주희도 일반 사람의 희로애락은 사사로이 사용하려는 인욕에 차 있는 것이라고 했다.[43] 인간의 감정 곧 칠정에 자기 위주의 생존 전략

---

42 人心之名 已與道心相對而立 乃屬自家體段上私有底…", 『국역 퇴계전서』 9, 169. 『退溪先生文集』 37, 26. 「答李平叔」.

43 "衆人之喜怒, 自私而用之, 人欲之盛也", 『주희집』 67-21, 이승환, 「퇴계 미발설 리청」,

이 들어 있다는 말이다. 그런 점에서 칠정은 저절로 나오는 것 같아도 이미 지략(智略)이 들어 있고 사려(思慮)와 의지가 들어 있는 것이다. 그것이 오래 묵어 습관이 되고 본능이 돼 반사적으로 나오는 것이다. 물론 언뜻 볼 때 희로애락은 가치 중립적이라고 할 수 있고, 퇴계가 처음에 '선악이 미정'이라고 말한 것도 그런 의미를 지니고 있다. 그러나 고봉의 지적을 받고 본래 선하다고 한 까닭은 희로애락의 감정도 천성에서 나온 것이요, 살려고 하는 생명 현상과 관련이 있기 때문이다. 그러나 그 본래의 모습에서 한참 벗어나 자기부터 살려고 하는 인욕이 칠정을 만들어낸다고 보면 된다. 퇴계는 칠정이 "급히 내달아 제어하기 어렵고' '쉽게 발하고 억제하기 어렵다"[44]고 했다. 악에 빠지기 쉬운 경향성이 일상적인 생활 감정을 좌우한다.

"외물이 옴에 쉽게 감응돼 먼저 움직이는 것이 형기(形氣)만한 것이 없는데, 이 일곱 가지는 그 묘맥"[45]이라고 한 말도 그 뜻이다. 외부 현상에 대해 첫 번째로 반응을 보이는 것은 리가 아니라 형기다. 형기를 신체의 감각기관으로 보면 그것은 일단 인간의 자연스러운 생명의 기관이라고 할 수 있는데, 감각기관의 작용은 생리적 필요에 의한 것이

『퇴계학보』(퇴계학연구소, 2004) 제116집, p.100에서 재인용. 정이는 말하기를 "사람들의 정에는 각기 가리운 바가 있어서 도에 이르기 어려우니, 환난거리는 사사로이 지략을 쓰는 데 있다."고 했다. 주희와 정호의 견해를 바탕으로 이승환 교수는 이렇게 말한다. "'정'은 감각적 지각을 통하여 외부의 정보가 입력되는 순간 즉각적으로 발출되는 희로애락의 감정을 말한다. 이러한 감정들은 주체의 대상에 대한 선호도(pro-attitude)나 꺼려함(protective attitude)을 바탕에 깔고 있고, 나아가서는 외부 대상으로부터 주체 자신을 방어하거나 경계하기 위한 예비적 전략의 의미를 깔고 있다." 참조: 같은 글, p.99.

44 『국역 퇴계전서』 5, 176. 『退溪先生文集』 16, 37. 「答奇明彦 論四端七情第二書」.

45 "外物之來 易感而先動者 莫如形氣 而七者其苗脈也", 『국역 퇴계전서』 5, 146. 『退溪先生文集』 16, 9. 「答奇明彦 論四端七情第一書」.

요, 그것은 도덕적 선은 아니지만 악도 아니다. 보기에 따라서는 생명과 관련된 천성이요 그런 점에서 본래 선한 것이다. 퇴계도 형기에서 생겨나는 인심은 성인(聖人)도 피할 수 없다고 했다. 그러나 문제는 인심이 인욕으로 흐르기 쉽다는 점에 있다. 원칙적으로 인심이 곧 인욕은 아니므로 인심에서 나오는 칠정은 본래 선하다. 그러나 성인이 아닌 일반 사람의 경우에 인심은 곧 인욕이다.[46] 이미 모든 사람의 욕망은 지나친 상태다. 공자는 군자는 배부르기 위해 먹지 않는다고 했지만 사람들은 '몸'을 생각지 않고 '맘'껏 먹으려고 한다. 맘껏 먹으려는 그 마음은 이미 인욕으로 바뀐 인심이다. 그래서 도심(道心)을 가지지 않으면 구원의 길이 없다.[47] 퇴계는 칠정과 사단의 대립을 인심과 도심의 관계로 본다. 그러므로 퇴계가 말할 때 '외물의 자극에 의해 먼저 움직이는 형기'라는 개념은 이미 도덕적 가치 판단이 들어간 개념으로서 이기심의 본능이 움직이는 마음을 가리킨다. 외부 자극에 천리보다 인욕이 먼저 움직인다. 그러니 일상생활에서 사물을 당해 일반 감정은 지나치거나 모자라는 과불급(過不及)의 악에 빠져 있으며 그것이 칠정이다. 물론 노력하면 그런 감정들이 중절(中節)할 수도 있고 그때 그것은 본래의 천리가 드러나는 효과를 낳을 수 있다. 고봉의 질문을 받고, 중절한 칠정이 사단과 같은 선이라고 퇴계가 말하는 까닭도 거기에 있다. 그러나 그것은 몹시 어려운 일이다. 퇴계는 중절한 칠정의 예를 고

---

46 유학에서 성인의 경우는, 도의 완성이 인간에 의해서 이뤄지는 것이지 다른 초월적 은총이 필요한 것이 아니라는 점을 말함으로써, 유학이 그리스도교 신학과 달리 인문주의에 머무르도록 하는 역할을 하는 것으로 보인다. 유학이 보편 담론이 되려면 중인(衆人) 곧 일반 사람들의 경우가 유학 이론의 초점이라고 봐야 할 것이다.

47 『국역 퇴계전서』 9, 169. 『退溪先生文集』 37, 26. 「答李平叔」. 인심은 이미 한쪽에 떨어져 있어 도심의 명령을 듣고서야 하나가 될 수 있다고 퇴계는 말한다.

봉을 따라 성인이라고 불리는 공자나 순(舜)이나 맹자를 들어 설명한다. 그리고 보통 사람들의 경우에는 기가 가지런하지 못해서 악으로 흐른다고 말한다. 그리고 칠정은 "하나라도 잘 살피지 않으면 마음이 바름을 얻지 못한다."[48]고 하니, 저절로 일어나는 감정을 어떻게 일일이 살펴 중심을 잡을 수 있겠는가. 칠정은 한쪽에 쏠린 채 사람을 사로잡아 판단력을 흐리게 만든다. 그런 감각적인 정으로부터 해방을 추구하고자 하는 것이 퇴계 같은 도학자들의 공통된 관심이었다고 할 수 있다.

결국 칠정의 문제는 그 안에 이기심이 들어 있다는 데 있다. 살려고 하는 욕구가 자기부터 살려고 하고 남을 공격하려고 하는 의지로 바뀌었다. 장재(張載)는 기질(氣質)을 설명하면서, 기(氣)가 활동해서 사물을 생산하면 기질이 되는데, 기질은 다른 사물과 대치된 상태를 전제로 하고 있으므로 적대감을 갖는다고 했다. 그래서 기질의 성(氣質之性)을 공격해서 취하고자 하는 성향(攻取之性)으로 설명한다. 사람은 본래 악하지 않지만, 이 세상에서 살려면 어떻게든 경쟁에서 이겨 살아남아야 하기 때문에 공격성을 띠게 됐다.[49] 말하자면 남이 공격적이어서 나는 방어를 위해 공격성을 띤다. 일상생활에서 자연스레 발휘되어 나오는 감정은 그런 공격성 또는 이기심과 관련된 것이다. 어느 정도의 이기심이란 험한 세상에서 살려고 하는 생존 전략과 관련이 있다. 그래서 그것은 본성처럼 들어와 의지를 지배하는 감정을 산출한다. 퇴계

48 "一有之而不能察 則心已不得其正矣", 『국역 퇴계전서』 5, 160. 『退溪先生文集』 16, 21. 「答奇明彦 論四端七情第二書」.

49 고봉도 나중에 총론에서 이런 견해에 근접한다. 『고봉집』 3, 304. 『高峯集』 第三輯, 「兩先生四七理氣往復書」 2, 25. 「四端七情總論」. 그러나 고봉이 기질지성이나 칠정에 대한 자신의 본래 생각을 바꾼 것은 아니다.

는 보광(輔廣)의 말, "이심(利心)은 사람에게 본래 없는 것이나 단지 자기가 있고 상대가 있어 피차 상호의 갖은 형체로 인해 문득 생겨나오게 된다."를 인용하면서 이렇게 말한다.

> 그 상호간에 갖고 있는 형체로 말미암아 일일마다 모두 자기에게만 좋게 하려고 할 뿐, 다시 그 사리(事理)의 어떠함을 계교(計較)할 겨를조차 갖지 않는 것이 바로 이심(利心)입니다. 만일 좋은 여색(女色)을 좋아하는 경우라면 단지 욕심(欲心)이라고 말할 뿐이지, 이심(利心)이라고는 말할 수 없습니다.[50]

남과 사이에서 자기에게 유리하게 하려는 이기심이 인간의 모든 생활 감정에 들어 있다. 좋은 여색을 좋아하는 것은 천성이요 탓할 수 없는 것이지만, 남을 의식하면 이기심이 생겨나게 된다. 그러므로 희로애락은 가치 중립적인 것이 아니고 이기심으로 인해 왜곡돼 있는 감정이다. 일상적 감정은 과불급(過不及)에 빠져 있고, 그처럼 지나친 감정은 알고 보면 이기적 자아를 놓지 못한 문제와 관련이 있다. 그렇게 해서 전혀 도덕과 무관해 보이는 기쁨과 슬픔이라는 감정도 도덕적 문제가 된다. 그래서 슬퍼해야 할 때 슬퍼하고 기뻐해야 할 때 기뻐하라는 식의 감정에 대한 명령이 가능해진다. 인간의 왜곡된 의지는 삶과 관련된 칠정을 왜곡시켰다. 그런 점에서 칠정은 본성이나 천성에서 저절로 나오는 정이 아니라, 인간의 의지가 개입된 정이다. 칠정이 인욕에서 나온다고 할 때 인욕은 본연의 자연스러운 생의(生意)가 아니라, 이

50 "由其相形而事事都要好於己 復不暇計如何 此卽利心也 若好好色之心 只當言欲心 不可言利心", 『국역 퇴계전서』 9, 82. 『退溪先生文集』 36, 5. 「李宏中問目」.

기심(利己心)에 의해 왜곡돼 자기만 살려는 의지다. 칠정은 왜곡된 의지가 낳은 정이요, 왜곡된 의지가 축적돼 생긴 심성에서 흘러나오는 정이라고 할 수 있다. 그렇게 발생한 정은 의지를 부린다. 선악을 선택하는 의지의 작용은 거의 불가능하다. 그러므로 인욕에 '사로잡힌 채' 발생하는 것이 칠정이다. 이론적으로는 인심에서 나온 칠정을 가지고 의지가 인욕을 따를 것인지 천리를 따를 것인지 결정하는 것이지만, 현실에서는 칠정이 발할 때 이미 인욕이 들어 있어 악으로 기울어 있다.

그처럼 희로애락의 감정을 순선(純善)의 사단과 대립시키며 악의 발생과 관련해서 생각하는 퇴계의 사고 방식에는 선 아니면 악이라는 구도가 자리 잡고 있는 것 같다. 가치 중립적인 탈도덕의 지대는 없다. 그는 사단과 칠정을 두고 "정의 발함은 기에 위주(爲主)하기도 하고 혹 리에 위주하기도 합니다. '기'의 발한 것은 칠정이 바로 그것이요 '리'의 발한 것은 사단이 바로 그것입니다."라고 분명히 말한다.[51] 그러므로 사람의 마음의 움직임은 리가 주(主)가 되든지 기가 주가 되든지 둘 중의 하나이며, "기와 리는 서로 이기고 지고 하여 기가 거칠어 이기면 리가 지고 리가 달(達)하여 이기면 기가 순(順)한 것"[52]이다. 기 위주가 되는 것은 기가 거칠어 리를 이기는 것이니 악이요, 리 위주가 되는 것은 리가 이겨 기가 순해지는 것이니 선이다. 그러니 리 위주로 나오는 사단은 선이요, 기 위주로 나오는 칠정은 악이다. 인간의 정이란 사단 아니면 칠정이요, 선 아니면 악이다. 도덕적이든지 부도덕하든지 둘 중

51 "情之發 惑主於氣 惑主於理 氣之發 七情是也 理之發 四端是也", 『국역 퇴계전서』 9, 76. 『退溪先生文集』 36, 6. 「李宏中問目」.

52 이 말은 이굉중(李宏中)의 말인데 퇴계가 옳다고 답했다. "氣與理 相爲勝負 氣麤而騰卽理負 理達而勝卽氣順也", 『국역 퇴계전서』 9, 83. 『退溪先生文集』 36, 6. 「李宏中問目」.

의 하나이지 도덕적 중립 지대는 없다.[53] 그래서 퇴계는 희로우구(喜怒憂懼)의 정은 마음의 병통이요 마음속에 두어서는 안 되는 것이라고 할 수 있었다.[54]

물론 칠정도 리 위주가 될 때가 있다. 칠정의 중절이 그것이고, 고봉은 처음부터 그것을 리발(理發)로 보려고 했다. 그러나 퇴계가 볼 때 기본적으로 칠정이란 기 위주로 발하는 것이니, 기발이리승지(氣發而理乘之)라고 기 위주로 정리했다. 그러므로 칠정의 중절은 퇴계에게 그렇게 중요한 것이 아니었던 것 같다. 앞에서 얘기한대로 칠정의 중절이란 성인에게나 해당되는 것이라고 생각했기 때문으로 보인다. 그리고 칠정의 중절에서 주(主)가 되는 천성은 자기가 살려는 생리적인 것이요, 사단에서 주가 되는 천리 곧 만물을 살리는 이치와 서로 다르다. 퇴계의 관심은 도덕의 실현에 관심이 있어서 칠정의 중절보다 사단의 확충에 관심이 있었던 것 같다.

이처럼 삶의 모든 부분을 도덕과 연관시켜 보는 시각은 인간의 타락이 심각해서 마음에서 나가는 것이 왜곡돼 있다고 볼 때 가능한 사고방식이다. 방심(放心)하고 있으면 자기도 모르게 모든 마음씀씀이와 마음의 흐름이 인욕과 이기심에 사로잡혀 돌아간다는 것이다. 그런 생각은 상당히 금욕적이고 절제하는 삶의 태도를 낳는다. 사실 칠정의 중절을 곧 사단으로 보는 고봉의 견해는 삶이 그렇게 타락해 있다고 보지 않는 셈이다. 어쩌면 인의예지보다는 살려는 욕구가 천리일 것이

---

53 주희는 40세에 이르러 삶에서 도덕과 무관한 영역이 없다고 생각했다. 김기현, 「퇴계의 이발설이 갖는 의의에 대한 검토」, 『철학』 60집(서울: 한국철학회,1999), p.17. 퇴계 역시 같은 생각을 한 것 같다.

54 "…喜怒憂懼之不可有諸心下說心之病 使人知病而下藥耳…", 『국역 퇴계전서』 5, 176. 『退溪先生文集』16, 36. 「答奇明彦 論四端七情第二書」.

다. 발생론적으로 보면, 생명을 꾸려가면서 발생하는 기쁘고 슬픈 칠정의 감정이 사단이라는 도덕 감정보다 더 근원적이요 천성일 것이다. 그런 점에서 칠정은 본래 도덕과 무관한 선이라고 할 수 있다. 그런 칠정의 영역 안에서 선과 악을 생각하면, 도덕과 무관한 영역의 선을 인정하기 때문에 금욕적이기보다는 풍류스럽다고 할 수 있다. 생명을 둘러싼 욕구를 일단 긍정하고 들어가기 때문이다. 고봉의 태도가 그렇다. 그는 끝까지 칠정이 선이며 불중절(不中節)할 때만 악이라고 하는 원칙론의 자리에 서는데, 칠정이 악에 흐르기 쉽다는 점을 강조하는 퇴계와 다르다. 퇴계가 볼 때 칠정은 이미 이기심의 욕정이 반영돼 있는 감정이다. 그러므로 심미적(審美的)인 풍류(風流)의 세계 또는 도덕과 무관한 자연미(自然美)의 세계도 먼저 방심을 거두고 인욕을 물리친 뒤에야 제대로 드러나는 것이라고 할 수 있다. 진정한 풍류는 도덕심 안에서만 가능하다. 사단이라는 정이 발휘되지 않은 곳은 중립 지대가 아니라 칠정이라는 과잉 감정 곧 악이 발생되는 지점이다. 사단 아니면 칠정이요, 선 아니면 악이다. 거기서 수양의 중점은 사단의 확충에 두게 된다. 그러한 퇴계의 구도에 따르면 사단이라는 도덕 감정은 도덕을 산출할 뿐 아니라, 칠정의 중절도 함께 가져오는 것으로 볼 수 있다. 다시 말해서, 인의예지의 덕이 충만할 때 몸도 자연스럽고 활기찬 생명력을 갖게 된다는 것이다.

순선(純善)과 선악(善惡)의 선

그러므로 사람이 본래 선한 도덕심을 가지고 있음을 말하기 위해서는 또 다른 자연스러운 정을 말해야 하고, 그것을 퇴계는 사단이라고 본다. 칠정에도 선을 말할 수 있기는 하나 순선을 말하기는 어렵다. 본연지성의 순선 곧 악이 없는 선이라는 것이 고봉에게는 실천상의 논리적 요청일 뿐 현실이 아니요, 현실에서는 기질지성이 있을 뿐이고 선과 악이 서로 대하고 있을 뿐이다. 그러나 퇴계로서는 선악이 갈려 대립하는 차원보다 높은 순선은 도덕 감정의 현실이다. 그러므로 퇴계는 고봉이 염려한 대로 두 가지의 선을 말한다고 보는 것이 옳을 것이다. 악에 대한 선 곧 상대적인 선악을 초월한 절대적인 선, 곧 순선이 그것이다.

칠정의 중절도 선이지만 그것은 늘 불중절의 악과 비교해서 생긴 선이요, 비교적 선한 것이지 사단의 순선에 비길 수는 없다고 할 수 있다. 칠정의 중절은 우선 그 내용이 사단과는 다르다고 봐야 할 것이다. 칠정의 중절은 배가 너무 부르도록 먹지 않는 것이요, 슬퍼할 때 슬퍼하고 기뻐할 때 기뻐하는 것이요, 그러므로 몸의 생리적 리듬에 충실한 정이요, 자연 생명의 흐름과 일치하는 것이라고 할 수 있다.[55] 사단이란 인의예지와 연결되는 것으로 자기 몸의 리듬에 충실한 것이 아니라, 남을 돌보고 옳고 그름을 가리는 도덕 감정이다. 사단이나 칠정의 중절이나 모두 천리에 맞지만 그 내용이 다르다. 칠정이란 기본적으로 자기 몸을 중심으로 한 것이요, 사단은 공동체를 염두에 둔 정신세계의 감정이다.[56] 사단은 순간적으로 기가 작용하지 않아 본연의 성(性)이

55 비슷한 견해로는 김기현, 「퇴계의 사단칠정론」, 『四端七情論』, 민족과사상연구회 편(서울: 서광사, 1992), p.37 참조.

56 칠정의 중절과 사단이 다르다고 보는 견해로는 전두하, 「퇴계와 관련시켜 본 고봉 인성론」, 『아세아연구』 49호(서울: 고려대학교 아세아문제연구소, 1973), p.159. 이상은, 「사칠논변과 대설 인설의 의의」, 『퇴계 이황』, 윤사순 편저(서울: 예문서원, 2005), pp.267-270 참조.

곧장 이뤄지는 것으로[57] 원칙적으로 누구에게나 있는 것이요, 다만 수양을 통해 늘 측은지심(惻隱之心)을 마음에 가득하게 채우는 과제가 남아 있다. 그러나 칠정의 중절이란 문화로부터 이탈해서 자연 속에 살든지, 그렇지 않을 경우 이미 남과 경쟁하는 데서 생기는 도덕적 당위 속에 살아가는 문명의 세계 속에서 자기 몸의 소리에 충실하게 반응하는 것은 소극적 덕목으로 보일 수 있다. 노자(老子)의 세계를 무책임한 것으로 지탄했던 퇴계, 그리고 사단과 칠정의 소종래(所從來)를 다르게 보고 도덕의 실현에 관심이 있었던 퇴계로서는 칠정의 중절은 사단과는 다른 종류의 선으로 보일 수 있을 것이다. 그리고 사단의 선이야말로 진짜 선이요, 칠정의 선은 그보다 낮은 선으로 보였을 것이다.

고봉의 염려스러운 표현대로라면, 기에서 발한 선과 리에서 발한 선이 다르다.[58] 전자의 선과 악은 칠정에 속한 것이고, 후자의 순선(純善)은 칠정과 구분되는 자연스러운 정 곧 사단이라는 정에 속한 것이다. 사단은 이 세상에 살면서 습관이 돼 자연스러운 것이 아니라, 이미 인간에게 주어져 있는 덕이 자연스레 발휘되는 것이다. 칠정도 자연스레 솟아나지만 그 자연스러움은 현실 세계에 대한 반응이 굳어진 것이고, 사단이라는 정은 현실 세계 이전의 이념이 인간에게 부여돼 솟아나는 것이므로 자연스러운 것이다. 칠정의 자연스러움을 결정하는 것은 오랜 세월 축적된 경험이고, 사단의 자연스러움을 결정하는 것은 선험적이고 보편적인 덕목이다. 사단은 칠정과 경쟁적으로 발휘되는 정이고,

---

57 "盖性之乍發 氣不用事 本然之善 得以直遂者." 이것은 고봉도 인정하는 바다. 그러나 물론 고봉은 이것을 칠정이 발해 중절하는 것으로 말한다. 『고봉집』 3, 226. 『高峯集』 第三輯, 「兩先生四七理氣往復書」, 1, 1.

58 『고봉집』 3, 235. 『高峯集』 第三輯, 「兩先生四七理氣往復書」, 1, 10.

고차원이지만 현실적으로는 칠정과 대립돼 있는 감정이다. 그것이 퇴계의 생각이다. 그러므로 자기 수양은 가능한 한 칠정을 억제하고 사단을 확충하는 것이 좋다. 그때에 칠정도 중절된 상태의 본래적인 선함이 드러날 것이다.

그렇게 볼 때 사단에도 불중절이 있다는 고봉의 주장은 퇴계가 보면 개념 모순이다. 부끄러워하지 않아도 되는 것을 공연히 부끄러워하고, 옳고 그름을 가릴 문제가 아닌데 공연히 옳고 그름을 가리는 경우를 들어 고봉은 사단의 불중절을 말한다.[59] 고봉의 질문은 도덕적 중립 지대에 공연히 도덕심이 관여하는 경우를 가리킨다. 이것은 부끄러운 줄 모르거나 옳고 그름을 가릴 줄 모르는 경우가 아니므로 분명히 악이라고 할 수 없는 경우다. 그러면서 동시에 수오지심(羞惡之心)과 시비지심(是非之心)과 관련된 것이므로 사단의 문제로 보인다. 고봉이 든 예는 사단의 정이 아무 때나 튀어나오는 색다른 악을 말하는 것으로 보인다. 그러나 퇴계는 당연히 사단에는 선만 있을 뿐이라고 한다. "사람들이 수오해서는 안 될 것을 수오하고, 시비해서는 안 될 것을 시비하는 것은 모두 어두운 기질이 그렇게 하는 것"[60]이라고 한다. 그러므로 고봉이 지적한 경우는 이미 사단의 범주에서 벗어난 것이다. 사단의 불중절은 개념 모순이다. '순수한 천리에서 발하는' 사단을 벗어난 감정은 기발(氣發)인 칠정의 몫으로 돌아간다. 예를 들자면 보통 사람의 인정(人情)이 발해 절도(節度)에 맞지 않는 것을 측은지심(惻隱之心)의 과잉으로 생각하면 안 된다. 퇴계의 논리대로 하면 사단의 측은지심과

59 『고봉집』 3, 250. 『高峯集』 第三輯, 「兩先生四七理氣往復書」, 1, 25.

60 "夫人羞惡其所不當羞惡 是非其所不當是非 皆其氣昏使然…", 『국역 퇴계전서』 5, 181. 『退溪先生文集』 16, 40. 「答奇明彦 論四端七情第二書」 後論.

일상적 인정(人情)은 소종래가 다르고, 리가 발한 측은지심은 언제나 시중(時中)의 효과를 낳는다. 알고 보면 고봉의 질문에는 도덕적 중립 지대가 있다는 전제가 깔려 있고, 사단을 칠정의 하나로 보는 전제가 깔려 있다. 퇴계로서는 그런 중립 지대가 없다. 사단이 발휘되지 않는 부분은 이미 어떤 모양으로든 일상의 칠정이라는 왜곡된 감정이 작용하고 있어 악에 기울어 있다. 또는 생의(生意)가 약화돼 있다. 프로이트(Sigmund Freud) 식으로 말하면 공격 본능 또는 죽음의 본능이 자리 잡고 있다. 그러므로 사단이 적용되지 않을 부분이란 없다. 사단의 적용은 아무 때나 도덕 규범을 들이대는 율법주의(律法主義)를 가리키는 것이 아니라, 천지의 본래의 활기찬 마음을 회복해서 싱싱한 삶을 사는 것을 의미한다. 그런 점에서 사단은 전쟁터에서 싸우는 장수처럼 쉬지 말고 활동해야 하는 것이다. 늘 깨어 있음(常惺惺)을 강조하는 까닭도 거기에 있다.

인문주의자들은 사람이 한 마음으로 악한 짓을 하지는 못한다고 본다. 악한 짓을 할 때도 선한 마음이 완전히 없어진 것은 아니요, 그래서 두 마음의 싸움이 있다. 부끄러움을 모르고 살아가는 사람들이 많고, 약자를 측은해하기는커녕 개인의 야심을 위해 잔인하기 이를 데 없는 것이 이 세상이지만, 아무리 잔인한 자에게도 선한 마음이 있다고 믿는 것이 인문주의다. 인간의 마음 안에서 선과 악은 언제나 대립하고 있다. 결국 퇴계가 말한 사단과 칠정이라는 두 종류의 정은 모든 인간에게서 도덕 감정과 부도덕한 감정이 서로 대립된 세계를 이루고 있음을 전제로 하고 있다. 다만 그 부도덕한 감정이라는 것도 살기 위해서 나온 것이요, 그런 점에서 원래는 악한 것이 아니었다는 점까지도 지적해야 퇴계의 의도와 맞을 것이다.

나는 퇴계가 현실 세계의 악을 심각하게 봤다고 생각한다. 악의 원인으로 퇴계는 기습(氣習)과 물욕(物慾)과 세상사의 견제를 지적했다.[61] 개인의 물욕 곧 인욕이 거친 세상을 만들고 그 거친 세상에서 살다보니 살기 위해서라도 욕심을 부려야 한다. 그런 악순환의 반복은 습관을 낳고 오랜 세월 굳어져 하나의 본성처럼 됐다. 그것이 바로 퇴계가 말한 기질지성이다. 그리고 칠정이란 그런 기질의 성에서 발해 악에 기울어 있는 정이다. 기질의 성은 이론상으로는 꼭 본연의 성과 대립되는 것이 아니나, 현실에서는 결과적으로 악과 선의 뿌리로 갈린다. 퇴계의 현실 인식과 실천적 관점은 언뜻 보기에 모순돼 보이는 이론을 만들어냈다. 그의 사상의 종교적이고 관념적인 특징은 현실의 악함을 그대로 통찰하고 이론에 반영하는 현실주의 시각에서 나온 것이라고 할 수 있다.

이론상 리와 기는 연속적이며 대립적이 아니다. 그러나 현실 속의 선의 실천을 위해서 퇴계는 기를 리와 대립적인 것으로 보았다. 선(善)인 리와 대립된 기는 악의 범주에 속할 수밖에 없다. 기를 리에 대립시킴으로써 퇴계는 인간 세상의 뿌리 깊은 악을 표현할 수 있었다. 필연적 악은 아니지만 적어도 악의 성향이다. 악이 인간 밖의 실체가 아니요, 또한 인간이 본래 선하다고 믿는 한, 악이란 잘못된 습관으로 굳어진 인간의 악의 성향에서 나오는 것이다.

퇴계는 리와 기를 대립적으로 놓고 사단과 칠정이라는 주관적 감정

61 "細思作輟之患 亦不過氣習之偏 物累之弊 世故之掣三者而已", 『국역 퇴계전서』 5, 202. 『退溪先生文集』 17, 6. 「答奇明彦」 癸亥.

을 리와 기라는 객관적 우주 구성 요소에 분속했다. 또는 리 위주와 기 위주로 나눠 봤다. 그럼으로써 퇴계는 칠정을 악 성향의 감정으로 봤다. 악의 성향이란 기질의 성과 칠정의 합작품이다. 이론적으로 칠정은 본래 선하다. 그렇지 않으면 살려고 하는 욕구 자체가 악한 것이 되고 만다. 그러나 퇴계가 보는 현실에서 살려는 욕구는 이기심으로 변해 있으며, 따라서 살려는 욕구에서 나오는 칠정은 악으로 흐르기 쉽고 악에 기울어 있다. 이론상으로 칠정은 마음먹기에 따라, 곧 의지의 행사에 따라 천리를 따라갈 수도 있고 인욕을 따라갈 수도 있다. 그러나 현실에서 칠정이란 이미 인욕 또는 이기심의 전략적 감정이다. 주희는 외물에 쏠린 마음을 가리켜 기가 의지를 움직인 것이라고 하는데, 그렇다면 칠정은 기가 의지를 움직여 나온 것이다. 기가 의지를 움직여 나왔다는 것은, 외물에 쏠린 인욕에서 나온 것이라는 말도 되고, 기습 또는 기질의 성에서 나온 것이라는 말도 되고, 세상사의 견제 때문에 나온 것이라는 말도 된다. 그래서 진정한 마음의 주재를 잃은 것이다.

그래서 퇴계는 칠정의 중절보다는 소종래(所從來)가 다른 사단을 확충하는 데서 문제의 해결을 찾았다. 일상적 생활 감정이 타락해 있다고 판단했기 때문이다. 그처럼 인간과 인간 현실의 악을 심각하게 받아들인 결과 그는 삶의 모든 부분을 사단이라는 도덕 감정이 미쳐야 할 영역으로 보았다. 선 아니면 악이라고 판단한 것이요, 가치 중립 지대를 두지 않은 것이다. 선악의 분기점은 리가 기를 이기는 데 있다. 그 싸움의 주재는 의지로 표현되지 않는다. 현실에서 의지는 그리 자유롭지 못하고, 인욕에 사로잡혀 있다고 해야 할 것이다. 그러므로 리가 기를 이기는 것은 칠정이 발한 다음에 의지가 인욕을 버리고 천리를 준칙으로 삼는 단계를 가리키는 것이 아니다. 퇴계의 희망은 마음의 본체에 있다. 마음의 본체는 인(仁)한 덕이요, 인한 본성에서 저절로 나오는 사단의 정을 생각한다. 그 리에서 나오는 순선이 발휘되는 것이 선이고, 기에서 나오는 칠정의 선악은 모두 치우쳐 악의 범주에 있는 것이다. 고봉과 달리 퇴계에게서 순선은 논리적 요청에 따른 전제가 아니라 현실에서 발휘되는 도덕성이다.

그 모든 것은 퇴계의 사상이 얼마나 종교적인지를 보여준다. 종교에서는 일반적으로 말하는 선과 악의 구분을 부질없는 것으로 보고, 그 너머의 선을 찾기 때문이다. 물론 리는 마음속에 있기 때문에 퇴계 사상의 종교성은 내면 성찰의 종교성에 그칠 뿐 예배의 대상이 아니다. 리의 주재란 마음의 주재다. 그럼에도 불구하고 리의 주재라는 표현이 마음의 주재와 변증법적 긴장 관계에 놓여 있다. 그 모든 것이 인간과 인간 세상의 악을 심각하게 느낀 결과다.

제2장

리발(理發): 도덕 행위의 주체 문제

퇴계가 고봉과 논쟁하는 과정에 말한 리발(理發)은 그 동안 퇴계학의 독창성으로 여겨지기도 했고, 리(理)의 무위(無爲) 원칙을 어긴 것으로 율곡 학파의 비판의 대상이 되기도 했다. 오늘날의 학자들은 대체로 퇴계의 리발(理發), 리동(理動), 리도(理到)를 퇴계의 독창적 견해로 인정하는데 그 이유는 서로 다르다. 주희에 비해 심학이 더 강화됐다는 점에서 독창적이라고 보기도 하고, 어떤 학자들은 오히려 퇴계가 리의 실재성을 믿고 인간의 주재를 제약하는 종교적 경향을 띠고 있다는 점에서 리발에 들어 있는 퇴계 사상의 독창성을 보기도 한다.

나는 여기서 퇴계의 사단칠정론(四端七情論)을 칸트(Immanuel Kant)의 동기론(動機論)에 비춰 설명해 보려고 한다. 비교를 통해 퇴계의 학설이 얼마나 정밀한지를 알 수 있다. 그리고, 칠정(七情)이란 악의 성향을 가리키는 감성적 감정이며, 사단(四端)은 성명(性命)에서 나온 이성적 감정이라고 정리할 수 있다. 그리고 퇴계의 리발에 보인 리의 능동성에 대해 새로운 시각을 가질 수 있다. 칸트에게서 도덕법도 능동적인 것으로 표현되는 것은 사람이 악의 성향에 빠져 있음을 고려해서 나온 표현이다. 칸트처럼 이해하면 퇴계의 리발의 능동성이란 도덕명령에 '사로잡힌' 마음을 표현한 것으로 볼 수 있다. 그러나 물론 퇴계와 칸트는 우주론의 유무(有無)에서 다르다. 퇴계의 리는 칸트와 달리 주관 이성에 그치지 않고 우주적 이성이요 객관 이성이기도 하다. 그러므로 리발의 리에 직접적 동정과 능동성을 부여할 가능성이 없지 않다.[1]

퇴계의 리는 마음속의 리다. 모든 것을 마음의 문제로 보는 인문주의가 퇴계 사상의 기초임을 밝히기 위해서는 리발을 칸트의 도덕법의 움직임처럼 보는 것이 도움이 된다. 그러나 동시에 퇴계가 사람 밖의 객관적 리를 인정하는 한, 칸트와 다른 종교성이 퇴계에게 없을 수 없고, 그 면에서는 퇴계의 리발에서 우주적 리의 자발적 주재를 읽어낼 수도 있을 것 같다. 칸트가 의지를 강조하는 것과 달리 퇴계는 마음의 본체를 얘기하고 경(敬)을 통한 미발(未發) 공부를 강조하는 것도 그 점을 뒷받침한다. 그렇게 되면 상당히 종교성을 띠는데, 물론 퇴계의 종교성이 그리스도교처럼 초월자의 활동을 믿는 것은 아니다. 그래서 퇴계의 사상은 여전히 인문주의 안에서 이해되는 것이다.

---

1 윤사순, 「퇴계의 성선관」, 『퇴계학보』 45집(서울: 퇴계학연구소, 1985), pp.37-38. 윤교수는 리발을 리가 직접 발출하는 것이 아니라 기에 의한 발현을 생각한 것이라고 본다. 그러면서도 리발을 말할 때 퇴계가 그 의중에 리의 자발을 생각했을 것이라고 한다. 이런 모호한 견해는 한편으로는 기존 성리학의 구도 안에서 퇴계를 이해해야 하고, 그러나 다른 한편으로 리동(理動)과 리도(理到)를 말하는 퇴계의 독특성을 고려해서 이해해야 하는 이중 과제가 있기 때문에 발생하는 것으로 보인다.

1. 소종래(所從來)의 차이: 두 가지 사로잡힌 마음

퇴계는 칠정도 "환경(境)에 따라서 나오는 것이지만 사실은 속(中)에서부터 나오는 것"[2]이라는 고봉의 주장을 수용했다. 그는 이미 사단칠정을 논한 첫 편지에서 "외물이 사람의 형기(形氣)에 접촉하여 마음(中)이 움직여 환경에 따라나오는 것"[3]이라고 했으므로 고봉의 반박을 받아들이지 못할 이유가 없었다. 그리고 또한 칠정을 가리켜 고봉은 "속에 본래 리가 없는데 외물이 와서 우연히 서로 부딪혀 감동되는 것은 아닙니다."[4]라고 했는데, 퇴계는 그 주장 역시 받아들인다. 그리하여 "나도 칠정이 리와 관계없이 외물이 우연히 서로 모여 감동하는 것이라고는 생각지 않습니다."[5]라고 한다. 그리고는 칠정을 "기(氣)가 발하여 리가 타는 것(氣發而理乘之)"이라고 정리한다. 사단에 대해서도 고봉의 반박을 받아들여 "사단이 외물에 감응하여 움직이는 것은 진실로 칠정과 다르지 않다."[6]고 한다. 그러면서 사단을 "리가 발하여 기가 따른다(理發而氣乘之)."고 정리한다. 사단과 칠정을 리와 기로 표현한 퇴계의 이 최종 정리는 고봉의 지적을 받아들여 사단과 칠정 모두 외

---

2 "情雖緣境實由中出", 『고봉집』 3집(광주: 고봉학술원, 2002), p.240(앞으로는 3, 240으로 표시한다). 『高峯集』 第三輯 「兩先生四七理氣往復書」, 상편 15판(앞으로는 1, 15로 표시한다).

3 "外物觸其形而動於中緣境而出焉", 『국역 퇴계전서』(서울: 퇴계학연구원, 2003) 5, 146. 『退溪先生文集』 16, 9. 「答奇明彦 論四端七情第一書」.

4 "非中無是理外物偶相感動", 『고봉집』 3, 241. 『高峯集』 第三輯, 「兩先生四七理氣往復書」 1, 15.

5 "滉亦非謂七情不干於理外物偶相湊著而感動也", 『국역 퇴계전서』 5, 170. 『退溪先生文集』 16, 31. 「答奇明彦 論四端七情第二書」.

6 "四端感物而動固不異於七情", 『국역 퇴계전서』 5, 170. 『退溪先生文集』 16, 31. 「答奇明彦 論四端七情第二書」.

물에 감응해서 움직이는 것이며 마음에서 우러나오는 것임을 보여주려는 도식이다. 그러나 물론 퇴계는 사단은 리에 그리고 칠정은 기에 분속할 수 있다는 주장을 일관되게 유지하고 있다. 고봉은 퇴계의 최초 견해를 좀 더 정밀하게 정립하는 데 도움을 주었지만 퇴계의 기본 생각이 바뀐 것은 아니다. 퇴계는 주희가 딱 한번 『주자어류(朱子語類)』에서 말한 "사단은 리의 발(發)이요 칠정은 기의 발"이라는 문장을 발견하고 자기 주장에 자신감을 가진 듯하나, 퇴계의 생각은 처음부터 정립돼 있었다. 그리고는 고봉과 논쟁을 통해 좀 더 명확하게 자신의 주장을 제시할 수 있게 된 것이다.

퇴계가 논쟁에서 일관되게 주장한 것은 사단과 칠정이 그 소종래(所從來)가 다르다는 것이다. "발하는 데 각각 그 혈맥이 있고, 그 이름에 모두 가리키는 바가 있기 때문에 그 주된 바에 따라 리와 기에 분속할 수 있습니다."[7] 사단과 칠정이 각각 다른 혈맥을 따라 발한다는 것이 곧 소종래가 다르다는 것이다. 두 정이 나오는 근원이 다르다는 말이다. 주된 바가 다르다는 것은 사단에서는 리가 주(主)가 되고, 칠정에서는 기가 주가 된다는 것인데, 여기서 '주가 된다(爲主)'는 것을 주도한다는 뜻으로 볼 수 있을 것이다. 다시 말해서, 리가 주도해서 사단이 되고 기가 주도해서 칠정이 된다는 것이다.

결국 소종래의 차이란 발하는 혈맥이 다르다는 것과 주도하는 주체가 서로 다른 문제로 귀결된다. 그리고 두 문제는 같은 문제일 것이다. 사단은 리가 주도해서 생겨나는 그 혈맥을 따라나오는 것이요, 칠정은 기가 주도하는 혈맥을 따라나오는 것이다. 그런데, 칠정은 물론이고

---

7 『국역 퇴계전서』 5, 170과 5, 168. 『退溪先生文集』 16, 31과 16, 29. 「答奇明彦 論四端七情第二書」.

사단도 외물에 감응해서 움직이는 것이라고 했다. 바로 그 때문에 고봉이나 후에 율곡도 오직 기발(氣發)만 있을 뿐이라고 생각했던 것이다. 그러나 퇴계는 사단이 외물의 감응에 의해서 생기는 것이라고 하면서도 왜 리발이라고 생각했을까? 그렇다면 외물의 감응이 의미하는 것은 무엇일까? 그것은 사단이든 칠정이든 현실의 물사(物事)에 부딪혀 생겨나는 정이라는 말이다. 고봉은 그 예로, 우물에 빠진 아이를 봐야 측은히 여기는 마음이 생기는 것 아니냐고 했다. 퇴계는 물론 그것을 인정한다. 도덕 감정 역시 밖과 무관하게 속에서만 생겨나오는 것이 아니다. 인(仁)의 덕이 품생(稟生) 이전의 근원적인 마음이라고 하지만, 사람의 도덕심 곧 사단이란 현실에 부딪혀 생기는 것이다. 인이라는 우주의 덕이 사람의 마음속에서 발휘돼 나오도록 하는 계기가 되는 것은 밖의 사물이요 사태다. 외감내응(外感內應)이니 바깥 사물과 사태를 매개로 마음의 본체가 발해 작용한다. 따라서 퇴계는 사단도 외물(外物)에 감응(感應)돼 생긴다고 표현했고, 그래서 기(氣)가 따른다고 한 것이다.

이처럼 외물과 기가 내면과 리의 발휘에 결정적 계기가 된다는 것은 성리학이 바깥 세계로부터 고립된 내면 세계를 생각하지 않는 학문임을 말해준다. 모든 인문학은 세상에서 어떻게 살 것인가, 만사에 어떻게 응할 것인가를 고민하는 학문이다. 내면의 세계를 강조하고 때로는 감각적 세계로부터의 초월을 말하고 선험적 세계를 말하는 것은 알고 보면 바깥 세계의 문제에 잘 대처하기 위해서다. 바깥에 끌려가지 않고, "안에 주재가 되어 밖에 응하기(主於內應於外)" 위해서다. 성리학은 현실 문제를 떠나 마음의 자유를 찾는 학문이 아니다. 그 점은 퇴계도 여러 곳에서 밝히고, 그런 관점이 그의 이론에 반영된다. 마음을 기르지 않고 본성만 알면 된다는 주장에 크게 반대하거나,[8] 수양의 방법에서도 심지(心地)의 공부를 위주로 하는 것에 반대하고 밖에서 제제해 중(中)을 기르는 것을 중시하는 것,[9] 그리고 미발(未發)에도 동(動)의 기미가 있다는 것이나, 정(靜)을 적연(寂然)으로 보지 않는 것 등은 모두 퇴계의 형이상학이 외부의 실체를 인정하고 현실에 뿌리를 내려 세상을 바르게 하기 위한 것임을 말해준다. 그 점은 모든 성리학자의 공통된 관심이다. 그러나 현실을 보는 시각의 차이에 따라 해결 방식에도 학자들마다 조금씩 정도의 차이가 발생한다. 고봉과 퇴계의 논쟁도 바로 그러한 정도의 차이를 반영하고 있다.

여하튼 그 점에서 외물의 감응은 사단의 발휘에도 불가피하지만, 그것이 도덕 감정의 발생에 주도적인 역할을 한다고 할 수는 없다. 외감내응(外感內應)이지만 그때 외부와 내면의 관계는 사단과 칠정의 경우에 서로 다르다. 다시 말해, 외물이 주도적인 역할을 하느냐 내면이 주도적인 역할을 하느냐에 따라 칠정과 사단이 갈린다고 할 수 있다. 칠정은 처음부터 생리적 필요에 의해 바깥을 지향하고 있고, 사단은 그 정의 발휘가 바깥과의 접촉에서 이뤄지지만 생리적 필요가 생기기 전에 하늘에서 부여받은 마음이다. 물론 칠정의 경우에도, 외물이 주도적인 역할을 한다고 해서 외물이 속마음의 참여 없이 스스로 칠정을 만들어내는 것은 아니다. 앞에서 봤듯이 칠정 역시 마음에서 나오는 것이다. 그러므로 외물이 주도한다는 것은 '외물에 강하게 영향을 받은 마음'이 주도하는 것이다. 모든 것은 마음의 문제다. 퇴계가 칠정을 가리켜 말한 기발리승(氣發理乘)은 외물에 대한 관심에 사로잡힌 마음이

8 『국역 퇴계전서』 5, 234. 『退溪先生文集』 17, 30. 「答友人論學書今奉奇明彦」.
9 『국역 퇴계전서』 5, 143. 『退溪先生文集』 16, 6. 「答奇明彦」.

만들어내는 감정을 표현하는 것이고, 사단을 가리켜 말한 리발기수(理發氣隨)는 외물에 사로잡히지 않고 내면의 도리에 사로잡힌 마음이 만들어내는 정이라고 할 수 있다. 마음의 주재를 강조하면 '만들어내는' 정이라는 표현까지 쓸 수 있지만, 그것이 정이라는 점에서는 억지로 생겨날 수 없고 오히려 저절로 나온다고 해야 할 것이다. 그러나 중요한 것은 저절로 나와도 '마음도 없이' 나올 수 없다는 점이다. 사단이나 칠정이나 저절로 나오는 것이지만 알고 보면 마음의 주재가 있다. 물론 그 주재의 모습은 다르고, 칠정의 경우에는 실제로는 마음의 주재를 잃은 상태라는 것이 퇴계의 견해로 봐야 한다.[10] 그러나 모든 것이 마음에서 나오는 것이라는 점에서 주재라는 표현을 쓸 수 있고, 퇴계도 「천명도설(天命圖說)」에서 사단과 칠정이 모두 마음의 주재로 이뤄지는 것으로 말한다.[11]

그러나 그 마음은 '사로잡힌 마음'이다. 그래서 마음의 문제인 사단과 칠정을 리나 기로 나눠 설명할 수 있는 것이요, 그래서 리발과 기발이라는 표현이 나올 수 있는 것이다. 퇴계가 심성론을 이기론(理氣論)으로 푸는 것은, 순수한 선은 도리에 사로잡힌 마음에서만 가능하고, 그렇지 않으면 결국은 현실의 지나친 세속적 욕정에 사로잡힌 채 살아간다는 생각 때문인 것 같다. 사단과 칠정의 소종래의 차이란 리에 '사로잡힌' 마음이 외물에 감응돼 나오느냐, 아니면 외물에 '사로잡힌' 마

10 예를 들어, 마음에 근심이 있는 것은 "마음이 사물을 주재하지 못하여 기(氣)가 뜻을 움직이게 하여 그러할 뿐이다(心不能宰物氣有以動志而然耳)."라는 주희의 말을 퇴계가 인용하고 있다. 참조: 『국역 퇴계전서』 7, 318. 『退溪先生文集』 29, 11. 「答金而精」, 기(氣)가 마음을 움직이는 것이 바로 퇴계가 말하는 칠정이니, 칠정은 마음이 사물을 주재하지 못하고 감각적 사물이 마음을 주재하는 것이라 할 수 있다.

11 『국역 퇴계전서』 13, 209. 『退溪先生文集』 8, 17. 「天命圖說」.

음이 외물에 감응돼서 나오느냐는 문제다. 전자는 리가 주도하는 것이요, 후자는 외물이나 형기 곧 기가 주도하는 것이다. 사람은 흔히 물욕에 사로잡혀 있는데, 도리에 사로잡혀야 도덕심이 발생한다. 물욕은 끊임없이 마음을 건드려 강하고, 도리는 물욕에 가려 약하다. 그것이 인간의 일상적 상태다. 리에 사로잡히는 것, 그것이야 말로 마음의 주재성이 크게 발휘되는 것이요, 외물에 사로잡히는 것은 마음이 그 주재력을 잃은 상태다. 퇴계는 주희의 말을 빌려, 선과 악이 갈리는 것은 마음이 주재하느냐 못하느냐에 달린 것이라고 보고, 마음이 주재하지 못하고 정이 스스로 움직이는 것이 문제라고 지적한다. 천리(天理)에 사로잡혀 복종하는 마음은 주재하는 마음이요, 인욕에 사로잡힌 마음은 주재하지 못하는 마음이다.[12] 천리는 결국 내 마음속의 명령이고 외물은 바깥 사물이니, 리에 복종하는 것은 내가 나에게 복종하는 것이요, 외부 사물에 끌려가는 것과는 다르다. 전자는 퇴계가 말하는 리발이요, 후자는 기발이다. 리발로 설명되는 사단은 외부 사물의 계기를 타고 발해지지만 외물이 주도적인 역할을 하는 것은 아니다.

퇴계가 그토록 일관되게 주장한 소종래의 차이를 좀 더 이해하기 위해 우리는 칸트의 『실천이성비판』의 도움을 받으려고 한다. 퇴계가 말

12 퇴계는 다음과 같이 주희의 설을 인용해 자기 주장을 하고 있다. "희(熹)는 생각하건대 물(物)에 감(感)하는 것은 심(心)이고 동(動)하는 것은 정(情)인데 정은 성(性)에 근본하여 마음에 주재(主宰)되니 마음이 주재를 한다면 그 움직임이 절도에 맞지 않음이 없습니다. 어찌 인욕(人欲)이 있을 수 있겠습니까. 오직 마음이 주재하지 못하고 정(情)이 스스로 움직이기 때문에 그래서 인욕으로 흘러서 매양 그 올바름을 얻지 못하는 것입니다. 그러한 즉 천리, 인욕의 판가름과 중절, 부중절의 나눠지는 것이 오직 마음이 주재를 하느냐 주재를 하지 못하느냐에 달려 있을 뿐이며 정이 그 어떤 잘못을 일으킬 수 있음이 아니라는 것이 또한 이미 분명합니다." 『국역 퇴계전서』 9, 78. 『退溪先生文集』 36, 2. 「答李宏仲問目」.

하는 기가 주도하는 마음과 리가 주도하는 마음은 칸트가 『실천이성비판』에서 분석한 동기의 문제를 연상시킨다. 칸트는 순수한 선을 찾기 위해 의지의 주관적 규정 근거를 찾는 동기 문제를 분석한다. 겉으로 보이는 행위를 넘어, 어떤 속마음에서 행위를 하게 됐는지를 분석한 것이다. 그 결과 그는 순수하게 도덕법에 의해 규정된 마음에서 나오는 행위만 선하다는 결론을 내린다. 이득을 찾으려는 마음에서 나오거나 그런 마음이 섞여서 나오는 행위는 겉으로 볼 때 도덕 규범에 어긋나지 않아도, 순수하지 못해서 도덕적으로 악하다. 그것은 알고 보면 물질 요소가 동기에 들어온 것이다. 퇴계가 말하려는 소종래의 차이란 칸트가 말하는 동기의 차이로 해석될 수 있다. 동기란 의지의 주관적 규정 근거이며, 결국 무엇이 마음을 움직여 도덕 행위를 낳느냐는 문제다.[13] 칸트에게서 마음을 움직인다는 것은 결국 의지를 움직이는 것이다.[14]

퇴계는 사단과 칠정 모두 정을 가지고 말했는데, 그것이 칸트의 의지 규정의 문제와 어떻게 관련이 될까? 의지를 끌고가는 것은 정이라는 것을 칸트도 알았다. 퇴계가 의지는 정을 끼고 활동한다고 말한 것과 같다.[15] 칸트는 두 가지의 정을 구분하고 있는데, 하나는 순수한 이성의 법에서 생긴 정이요, 다른 하나는 감성의 세계 곧 바깥의 사물 세계가 주도해 마음을 움직여 생긴 정, 다시 말해서 이득에 대한 관심에서 나온 정이다. 이기심 또는 칸트가 잘 쓰는 용어인 자기 사랑의 마음이란 생존을 위해 바깥 사물을 확보하려는 마음이라는 점에서 외물에

---

13 I. Kant, 『실천이성비판』, 백종현 옮김(서울: 아카넷, 2004), p.168.

14 같은 책, p.166.

15 "… 의(意)가 마음의 발함이 되어 그 '정'을 끼고 좌지우지하여 혹은 공정한 천리에 따르기도 하고, 혹은 사사로운 인간의 욕망을 따르기도 하는 것이다." 『국역 퇴계전서』 13, 210. 『退溪先生文集』 8, 17. 18. 「天命圖說」.

의해 주도된 마음이다. 두 가지 마음이 대립되고 있으니, 하나는 도덕 법칙에 대한 존중심이요, 다른 하나는 자기 행복의 관심에서 비롯된 물질 의존적인 마음이다. 칸트는 두 마음이 '전혀 다른 원천'[16]을 지닌다고 말한다. 퇴계가 말한 '소종래의 차이'와 똑같은 말을 칸트가 사용한다.

하나는 이성(理性)의 정을 만들고 다른 하나는 감성(感性)의 정이다. 퇴계의 사단과 칠정도 이성적인 정과 감성적인 정으로 구분할 수 있다. 퇴계가 사단칠정론에서 구분하는 리(理)와 기(氣)는 칸트의 도덕철학에 나오는 예지의 세계와 감성의 세계의 구도와 닮았다.

사실 칸트가 인간 내면의 동기까지 분석해 들어간 것은, 겉으로 도덕적으로 보이는 행위에도 부패한 인간의 마음이 들어 있음을 봤기 때문이다. 그가 순수 이성을 통해 순수한 선을 찾아간 것은, 그만큼 위장된 선을 봤기 때문이고, 흔히 선하다고 하는 것 속의 악을 심각하게 느꼈기 때문이다. 그 결과 동기에 감성과 물질 요소가 들어가는 것을 배제하고 경험적 판단이 제거된 채 순수하게 양심에 주어진 도덕 법칙에 근거해서 행위하는 것만을 선으로 보았다. 그것은 퇴계가 선의 생산 과정에서 기의 주도권을 배제하려고 한 것과 같다. 한편 칸트는 마치 도덕 법칙이 주도해서 도덕을 산출해내는 것처럼 말하는데, 그것은 퇴계의 리발과 통하는 점이 있다. 퇴계가 리발을 말하고 나중에 다른 곳에서 리에 체(體)와 용(用)을 인정한 것은 선(善)에 활동력을 부여해 선의 필연적 실현을 확보하려는 것이다. 그럼으로써 그는 맹자가 확보한 인간의 본래적 선함과 주희가 확보하고자 한 선의 실현 문제를 발전시

16 I. Kant, 『실천이성비판』, p.189.

켜 이론화하는 독창성을 보일 수 있었다. 리발의 논리에 따르면 마치 리 자체가 자기를 실현하는 것처럼 보이는데, 그런 표현 역시 칸트가 이성의 법을 중심으로 펼쳐놓은 표현 방식과 같다. 퇴계의 리발이나 칸트의 도덕 법칙의 자기 실현은 모두 인간으로 하여금 자기가 실현한 도덕성 앞에서 마치 자기가 하는 것이 아닌 것처럼 보이게 함으로 겸허하게 만드는 요소를 지니고 있다. 순수한 선을 실현하는 과정에 사람이 스스로 도덕적이라고 생각하는 순간, 교만의 악에 빠지기 때문이다. 그러므로 퇴계나 칸트는 아주 조심스럽게 선의 실현을 추적해 들어가 그 길을 제시한 사람들이요, 그 조심스러움이 이론의 정밀함을 낳고, 어떤 경건함까지 띠게 되는 것이다. 물론 퇴계의 사상이 엄숙한 종교성을 띠는 이유는 선을 실체처럼 보는 데 있다.[17] 다시 말해 퇴계의 리는 칸트의 이성과 달리 사람 밖의 차원을 지니고 있다. 그 점에서 퇴계의 사상은 칸트의 순수선험 철학과 차이가 있지만, 퇴계의 형이상학도 도덕 형이상학으로서 결국 인간의 마음이 이룩하는 선을 찾으려고 한 점에서, 칸트의 순수 실천이성 비판은 순수한 선의 발현에 관심이 있었던 퇴계의 사단칠정론의 의미를 밝히는 데 많은 도움을 준다.

2. 칸트의 동기론과 퇴계의 기발리승(氣發理乘)과 리발기수(理發氣隨)

먼저 칸트가 말하는 감성적 감정이라는 것이 어떻게 의지를 규정하

17 윤사순 교수는 퇴계의 리발은 리의 사실적인 실재를 전제로 한 주장이라고 본다. 윤사순, 『퇴계철학의 연구』(서울: 고려대학교출판부, 1993), p.132.

고 그것이 퇴계의 칠정을 설명하는 도식, 곧 기발리승(氣發理乘)을 이해하는 데 어떤 도움을 주는지 살펴보자.

칸트는 쾌와 불쾌, 또는 즐거움과 고통이라는 감정이 인간의 의지를 규정하는 일상적 근거가 된다고 본다. 이 감정은 즐거운 것은 하고 고통스러운 것은 피하도록 유도하는 감정이다. 즐거움과 고통이란 자연세계에 속한 인간이 본능적으로 일으키는 감정이며, 자신의 행복을 찾으려는 욕망과 관련된 것이다.[18] 인간은 유한한 존재로서 외부 사물의 충족을 통해 만족감을 얻으며, 쾌나 불쾌라는 감정은 그처럼 삶의 필요를 충족시켜 자신의 행복을 얻으려는 욕구에서 생겨난 주관적 감정이다.[19] 그 주관적 감정이 의지를 규정해서 반사적 행위를 이끌어낸다. 그 감정은 필요를 채우는 바깥 사물에 연관돼 그 대상 사물에 붙들려 있는 감정이니,[20] 결국 쾌의 감정이 행위를 이끄는 것은 외물이 의지를 규정한다고 할 수 있다. 그리고 칸트가 '질료적 규정 근거'라고 부르는 것은 결국 바깥 물질에 대한 관심이 의지를 규정하는 것을 가리키는데, 그러한 질료적 규정 근거가 인간의 일상적 행위를 이끈다.[21] 자기에게 득이 되면 하고 득이 되지 않으면 하지 않으려고 하는 이 법칙은 세상에서 먹고 살아야 하고 남과 대결해서 살아남아야 하는 일상적인 인간의 생존 법칙으로서 칸트는 그것을 자연 법칙이라고 부른다.[22]

---

18 I. Kant, 『실천이성비판』, p.74.

19 칸트는 쾌나 불쾌를 삶의 욕구와 연관시켜 설명한다. 참조: 위의 책, p.47 각주. 또 쾌와 불쾌를 일상적 욕구를 충족하며 살아가는 문제와 관련해서 말한다. 같은 책, p.197.

20 같은 책, p.94.

21 같은 책, p.74. 쾌란 바라는 것을 얻어내는 표상이다. 같은 책, p.67.

22 칸트가 말하는 자연 법칙은 물고 물리는 생존 경쟁이 있는 자연세계의 법칙을 가리키는 것으로, 인간의 일상적인 삶을 묘사하는 것으로 쓰인다. 성리학에서는 자연 생명의 세계가 인의예지의 덕을 통해 운영된다고 본다. 칸트의 자연관은 서구적 자연관을 나타내는

그 같은 자연 법칙을 따르는 마음은 퇴계의 용어로는 인심(人心)인데, 다만 인심을 말할 때 이미 인욕(人欲)과 동일시해서 말한다고 보면 된다. 인심과 인욕의 문제는 칸트에게서는 경향성과 성향의 문제다. 배가 고프면 밥에 끌리고, 피곤하면 자고 싶은 것은 생의 필요를 충족시키는 자연적 욕구로서 인간은 그처럼 감각적 경향성(Neigung)을 지니고 있다. 그러나, 그런 경향성이 부도덕한 것일 경우 인간은 양심의 명령에 따라 욕구를 이기려고 한다. 그러나 그렇게 할 때에도 동기가 순수하지 않고 다른 계산이 들어갈 경우에 칸트는 불순하다고 본다. 인간의 마음씀씀이는 불순한 쪽으로 기울어 있다고 보는데, 그것을 악의 성향(Hange)이라고 부른다. 사실 퇴계도 사단과 칠정을 대립으로 말하고 그것을 도심(道心)과 인심(人心)의 구분과 동일하게 보는 것은, 이미 인심이 인욕으로 얼룩져 있는 상태임을 전제로 한 것이다.[23] 칸트는 이 자연 법칙에 의지가 종속되느냐 아니면 자연 법칙이 의지에 종

것으로서, 퇴계의 자연과는 다르다. 퇴계의 용어로 하면 인욕을 따라 움직이는 기습(氣習)이 칸트의 자연 법칙과 유사하다고 할 수 있다.

23 참조: 『국역 퇴계전서』 9, 168-169. 『退溪先生文集』 37, 26. 「答李平叔」. 퇴계는 인심이 도심과 대립되는 용어로 사용되는 것은 인심이 신체상의 사유에 속하는 것을 의미하고, 그것은 인심이 이미 한쪽으로 떨어져 있음을 의미하는 것이라고 함으로써(人心之名, 已與道心相對而立 乃屬自家體段上私有底 蓋既曰私有 則已落在一邊了), 일반인들의 경우에 인심은 곧 인욕에 떨어져 있음을 암시하고 있다. 또한 『국역 퇴계전서』 9, 293. 『退溪先生文集』 40, 9. 「答審姪問目」 참조. 물론 인심과 인욕을 완전히 동일하게 보면, 그리스도교적인 타락설에 빠지게 되고, 도심은 사람의 마음이 아닌 하나님이라는 초월적 실체의 마음이 된다. 그것은 퇴계의 견해라고 할 수 없다. 그러므로 퇴계가 인심과 도심을 대립으로 보면서도 인심을 인욕과 동일시하지 않는 『심경부주』의 내용을 정주학과 일치하는 것으로 본 것(김종석, 『퇴계학의 이해』(서울: 일송 미디어, 2001), pp.79-81)은 이해할 수 없는 일이 아니다. 다만 퇴계는 인심이 인욕으로 흐르기 쉽다는 점을 강조했고, 성인이 아닌 일반인들의 경우에는 인심이 인욕으로 흐른다는 점에 바탕을 두고 사유를 전개한 것 같다.

속되느냐에 따라 도덕과 부도덕이 갈린다고 본다.[24] 그것은 결국 인간의 자연적 욕구의 대상 곧 바깥 사물이 의지를 규정하는 원인이 되느냐 아니면 오히려 인간의 순수한 의지가 행위 대상을 결정하는 원인이 되느냐 하는 원인성의 문제다.

우리는 칸트가 말하는 쾌와 불쾌가 퇴계의 칠정의 의미를 잘 설명해준다고 본다. 퇴계가 칠정을 가리켜 말한 기발(氣發)이란 칸트가 말한 대로 바깥 사물 곧 외물이 의지를 규정하는 근거가 되고 행위의 원인이 되는 것을 가리킨다. 외물이 사람의 마음을 사로잡은 경우다. 그렇다면 기발리승(氣發理乘)에 들어 있는 리(理)란 무엇인가? 외물에 사로잡히는 것도 모두 살려고 하는 것이라는 점을 가리킨다고 보면 된다. 성리학에서 리는 궁극적으로 생의(生意)이기 때문이다. 다만 그 삶의 욕구가 소유욕이나 남을 이기려는 욕구가 되면, 리가 기를 주도하지 못하고 기의 움직임에 실려 간다고 할 수 있다. 그것이 퇴계가 칠정을 가리켜 말한 기발리승(氣發理乘)의 리승(理乘)이다. 기발리승의 리를 그처럼 생의로 볼 수도 있고, 또는 인의예지의 덕으로 볼 수도 있다. 퇴계가 성발위정(性發爲情)의 공식에 따라 칠정도 성발(性發)이므로 인욕에 빠져도 금수처럼 되지는 않는다고 했는데, 그렇다면 기발인 칠정에도 오상(五常)의 덕이 묻어 있다는 뜻으로 리승(理乘)을 해석할 수도 있다. 그렇다고 칠정에서 그 오덕이 주도적인 역할을 하는 것은 아니니, 퇴계가 예로 든 승마(乘馬)의 경우로 기발리승을 풀자면, 달리는 말에 올라탄 사람이 말을 마음대로 조종하지 못하고 말이 가는 대로 딸려가는 모습이라고 할 수 있다.

---

24 I. Kant, 『실천이성비판』, p.113.

칸트에게서 의지 규정의 문제는 경향성과 쾌, 불쾌의 감정, 그리고 의지의 관계를 잘 봐야 한다. 바깥 사물이 의지를 규정하는 것은 경향성을 통해 일상생활에서 거의 습관적으로 일어나는 일이요, 거기에는 쾌와 불쾌의 감정이 중요한 역할을 한다.

칸트는 도덕을 위해 자기 행복의 원리를 가장 경계하는데, 자기 보존과 번영의 관심에서 비롯된 행복의 원리라는 것은 인간에게 자연스럽게 자리 잡고 있는 주관적인 행동원이다. 그것은 이기심으로 연결되고 이 이기심이 인간에게는 하나의 성향으로 자리 잡고 있다고 본다. 성향이란 인간의 욕구가 어떤 쪽으로 기울어져 있는 것을 가리키는데, 칸트에게서는 감각적인 것을 통한 자기 행복 추구로 기울어져 있는 것을 가리킨다. 칸트는 인간의 일상적 욕구가 자기 행복을 추구하는 마음, 곧 이기심을 만족시키는 방향으로 기울어져 있다고 본다. 그리고 그처럼 기울어진 욕구가 자연스럽게 의지를 규정한다. 다시 말해서, 도덕법보다는 감각적인 것에 기우는 '자연적 성향'[25]이 습관적으로 의지를 규정하는 것이 바로 악의 성향이다.[26] 그러한 악의 성향은 물질적 필요에서 나왔다고 칸트는 본다. 물론 정신적 행복도 있지만 그것은 인간의 의지를 규정하는 원인인 동기의 역할을 하지 못한다. 무엇 때문에 무엇을 위해서 행위하느냐고 할 때, 결국은 감성 세계 곧 물질적

---

25 I. Kant, 『이성의 한계 안에서의 종교』, 신옥희 옮김(서울: 이화여자대학교출판부), p.38. "성향이란 개념은 모든 행위에 앞서는 선택 의지의 규정 근거이며 그 자체로는 아직 행위가 아닌 것으로 이해된다." 같은 책, p.40.

26 "욕구 능력의 감각에 대한 의존성을 일컬어 경향성이라고 하며, 경향성은 그러므로 항상 필요를 실증한다." I. Kant, 『윤리형이상학 정초』, 백종현 옮김(서울: 아카넷, 2005), p.117. 경향성 자체가 악한 것은 아니다. 감각에 끌리는 경향성이 부도덕한 것일 때만 악한 것이다. 그런데, 감각적 경향성이 도덕법과 부딪힐 경우에, 순수하게 도덕적 동기에서 행동하지 못한다. 그것을 가리켜 칸트는 악의 성향이라고 말한다.

이득을 위해서 하든지 아니면 도덕 법칙 그 자체를 위해서 하든지 둘 중의 하나라고 보는 것이다. 정신적 만족감은 도덕에 뒤따라 올 수는 있지만 그것이 도덕 행위를 결정하는 중요한 요소로 다뤄지지는 않는다. 그런데 이기심에서 나온 그러한 경향성 뒤에는 감정이 있다. 그 감정이 쾌와 불쾌 또는 즐거움과 괴로움이라고 하는 주관적 감정이다.[27] 그런데, 인간이 타고난 악의 자연적 성향 곧 도덕법보다도 자신의 이득을 챙기려는 성향이 필연적으로 의지를 규정하는 것은 아니다. 칸트는 악의 성향을 말하며 그리스도교 신학처럼 인간의 부패를 심각하게 보지만, 그 부패로 말미암아 인간이 선을 행할 수 없다고 보지는 않는다. 인간에게 여전히 도덕법을 동기로 삼고 순수한 선을 이룰 가능성이 있다.[28]

그래서 칸트는 퇴계처럼 인문주의자다. 그러나 현실적으로 악의 성향이 습관적으로 의지를 규정하고 있다는 점을 칸트는 지적하는데, 칠정을 곧 기(氣)로 분속한 퇴계 역시 같은 견해를 지녔던 것으로 보인다. 그런데 악의 성향(*propensio*, Hange)이란 여전히 극복할 수 있는 것이다. 악의 성향을 없앨 수는 없지만 거슬러 행위할 수는 있

---

27 I. Kant, 『실천이성비판』, p.149. "쾌적한 것은 오로지 이런저런 감관에만 타당한, 한낱 주관적인 원인들로부터 말미암은 감각에 의해서만 의지에 영향을 미치는 것으로, 모든 사람에게 타당한 이성의 원인인 것이 아니다", I. Kant, 『윤리형이상학 정초』, p.117.

28 목영해의 논문, 「퇴계와 Kant 도덕관의 교육론적 탐색」, 『퇴계학보』(서울: 퇴계학연구원, 1990) 제66집은 칸트와 퇴계의 도덕론의 유사성을 이해하는 데 도움을 준다. 그러나 칸트가 도덕적 완성을 신의 구원에 의지했다는 견해, 그래서 도덕에서 인간의 주체성이 약화된다는 주장은 잘못인 것 같다. 칸트가 퇴계와 달리 도덕의 완성을 이승에서 가능한 것으로 보지 않았고, 그 점에서 유학의 성인관과 다르지만, 칸트가 도덕의 완성을 신의 구원에 의지한 것은 아니다. 도덕의 완성은 희망으로 남아 있고, 그런 점에서 영혼 불멸이라는 것이 실천의 각도에서 믿어진다는 것일 뿐, 완성의 문제에 신이 개입하는 것은 아니다. 영혼 불멸이나 신의 존재는 실천이성의 연장에서 요청되는 희망의 세계일 뿐, 도덕 실현에 개입하는 그리스도교적인 하나님과는 거리가 멀다.

다. 그처럼 인간의 뿌리 깊은 악과 자유로운 선의 실현 사이에서 중요한 역할을 하는 것이 감정이다. 악의 성향이 그대로 발휘되는 데 중요한 역할을 하는 것은 쾌와 불쾌의 감정이요, 악의 성향에도 불구하고 선을 이룰 수 있도록 의지를 이끄는 역할을 하는 것이 도덕법에 대한 외경심이라는 이성 감정이다. 쾌와 불쾌의 감정은 앞에서 말한 대로 삶의 필요와 소유욕을 채우기 위한 것으로서 실용적인 관심과 연결된 감정이다. 괴로운 것은 피하고 입맛에 맞는 것은 하도록 이끄는 감정이다. 이 감정은 의지를 움직여 도덕 법칙이 아닌 자연 법칙에 따라 행하도록 한다. 인간의 이기적인 성향 곧 왜곡된 의지의 활동은 이 감정을 타고 운동한다. 그리고 그것이 우리의 일상적인 상태다. 어떤 사태에 부딪혀 도덕 법칙에 앞서 자연 법칙이 우리 안에서 활동한다.[29]

> 제일 먼저 우리에게 다가오는 것은 욕구 능력의 질료—희망의 대상이든 공포의 대상이든, 어쨌든 경향성의 대상들—이고, 정념적으로 규정받을 수 있는 우리 자아는—이런 자아는 그 준칙들로 말미암아 보편적 수립에 전혀 적합하지 않음에도 불구하고, 그럼에도 마치 우리의 전 자아를 형성하는 양—, 자기 요구들을 앞장세우고 그리고 제일의 근원적인 것으로 관철시키려고 애쓰는 것이 우리 자연 본성의 성질이다.[30]

우리 마음은 우리의 욕구에 의해 쉽게 규정된다. 그것은 욕구의 대상, 곧 바깥 물질의 세계가 어떤 감정을 일으켜 우리 의지를 규정함을

29 I. Kant, 『실천이성비판』, p.169.
30 같은 책, p.171.

가리킨다. 그 감정은 마치 그것이 가장 근원적인 것인 양 우리 자신을 통째로 사로잡는다는 것이 칸트의 통찰이다. 이것은 "외물에 감응해서 먼저 움직이는 것이 형기(形氣)"[31]라고 하는 퇴계의 말을 연상시킨다. 여기서 형기란 감각기관을 가리키는 것으로 볼 수 있고, 맹자가 말한 눈과 귀(耳目之官)요, 그것은 대체(大體)인 마음(心之官)과 대립되는 소체(小體)를 가리킨다고 할 수 있다. 결국 퇴계가 한 말은, 인간에게는 천리보다는 인욕 곧 이기적인 욕망이 먼저 의지를 규정한다는 뜻이 된다. 칠정이 그 묘맥이라면, 결국 칠정에서 일어나는 일이 바로 그처럼 천리보다는 이기적인 의지 규정이라는 말이다. 칸트가 인간의 자연 본성의 감성적 성벽[32]에서 나오는 일반적 감정이 일상에서 일차적으로 인간의 마음을 규정하는 것을 통찰해냈는데, 퇴계가 칠정의 생산 과정에 대한 설명을 통해서 말하고자 한 것도 그와 같은 감성이 만들어내는 악의 산출 과정이다. 칸트에게서 감성 자체가 악이 아니라 감성에 끌려 도덕 법칙의 규정 능력을 회피하는 인간의 마음이 악이듯이, 퇴계에게서도 기나 물질이 악이 아니라 그 기의 세계가 의지 규정의 원인 곧 소종래가 되는 것이 문제다. 퇴계가 말하는 소종래란 칸트가 말하는 의지 규정의 원인 또는 근거를 가리키는 것이고, 칸트 역시 의지를 규정하는 데 감정이 중요한 역할을 한다고 보았다. 그래서 인간의 필요에 의한 욕구가 물적인 대상과 만나 일으키는 감정이 있고, 그러한 욕구와 무관하게 도덕 법칙 앞에서 느끼는 감정이 있다고 봤다. 모두 인간의 속마음이 일으키는 감정이지만 전자의 경우에는 마음 밖의 물

---

31 "外物之來 易感而先動者 莫如形氣", 『국역 퇴계전서』 5, 146. 『退溪先生文集』 16, 9. 「答奇明彦 論四端七情第一書」.

32 I. Kant, 『실천이성비판』, p.171.

질이 주도하는 것이고 후자의 경우에는 마음속의 이성 법칙이 주도하는 것이다. 퇴계가 칠정을 기발로 보고 사단을 리발로 본 것은 칸트의 동기론으로 설명하면 칠정은 외물이 동기가 되고 사단은 내면의 리가 동기가 되는 것이다.

이성의 내적 능력보다는 바깥 사물에 의존해서 의지가 발생하는 경향성이 인간에게 있다고 칸트는 보았고, 그 경향성을 뒷받침하는 것을 쾌와 불쾌 또는 즐거움과 고통이라는 감정으로 말했다. 그것은 감성적 '충동'이 되어 본능으로 자리 잡고 있다. 그러니까 평소에는 그 감정이 반사적으로 판단과 행위를 주도한다. 하고 싶은 것과 하고 싶지 않은 것이 그렇게 결정된다. 다시 말해 감정이 의지로 하여금 행위 대상을 결정하게 만든다는 것이다. 그 감정은 '주관적이면서 경험적'이다. 무엇이 자기 행복에 도움이 될지 안 될지는 매우 주관적이고, 또한 그것은 수없이 많은 경험의 축적이 있은 후에 알 것이기 때문이다. 그것이 개인 당사자의 경험이든 아니면 부모를 통해 사회로부터 전수된 경험이든 또는 요즘 말하는 대로 오랜 세월 전대(前代)의 경험이 유전 형질에 본능으로 각인된 것이든 말이다. 다시 말해서 경험적이라는 것은 외물과 부딪혀 생긴 것이라는 말인데, 살면서 이런저런 사태를 겪으면서 생긴 것이라는 의미를 담고 있다. 쾌와 불쾌 또는 즐거움과 고통의 감정이란 단순히 찌르면 아프고 먹으면 배부른 데서 생기는 감정이 아니라, 어떻게 하는 것이 자기에도 이득이 되는지 경험이 축적된 감정으로서 행위 대상을 결정할 의지를 이끄는 지침이 된다. 칸트가 쾌와 불쾌를 '처세'를 위한 감정이라고 부르는 까닭도 거기에 있다.[33] 그런 점

33 같은 책, p.185.

에서, 쾌와 불쾌의 감정에는 살려는 의지와 사려가 들어 있다고 볼 수 있다. 앞에서는 경향성 뒤에 감정이 있다고 했지만, 알고 보면 감정 뒤에는 살려는 의지가 있는 셈이다. 살려는 의지는 현실에서 남을 이기려는 의지로 바뀌어 있다. 칸트가 말하는 악의 성향이란 남을 이기고 자기만 살려고 하는 의지가 축적돼 본성처럼 된 것이다.[34] 타자를 염두에 두고 어떻게든 경쟁 관계 속에서 이겨 살아남으려는 자기 중심의 의지가 개입된 것이 인간의 악의 성향이요, 그것은 순수한 선과는 거리가 먼 처세에서 나온 것이요, 그런 의미에서 부패한 상태다. 그리고 그것이 자연 법칙이 됐다. 그처럼 부패한 의지가 산출하는 감정이 감성적 감정이라고 할 수 있다. 칸트가 도덕 세계를 감성의 세계와 철저하게 구분하려고 한 까닭도 거기에 있다. 감정이 그처럼 의지의 산물이라면 일상적 감정에도 인간의 책임을 물을 수 있고, 또 순수한 감정을 명령할 수도 있다. 그러나 그것은 모두 도덕 감정을 통해야 해결되는 문제다. 다시 말해 타락한 의지를 극복하는 것도 또다시 의지의 문제다.

여하튼 살려는 의지가 감정을 내고 그 감정이 다시 의지를 규정하고 종속시키고 이끌어 성향을 만들어 거의 본능적으로 자기 행복을 위한 행위가 나오게 만든다. 그런 점에서 칸트가 쾌와 불쾌라는 감정을 통해 말하려는 것이 퇴계가 칠정이라는 개념을 가지고 말하려는 것을 잘 보여준다. 퇴계의 칠정은 단순한 감정이 아니라 자기가 우선 살려고 하는 자기 중심의 생존 의지가 들어 있는 감정이다.[35] 퇴계가 기질(氣

---

34 악의 성향은 "인간이 스스로 자기 자신에게 초래한 것"이다. I. Kant, 『이성의 한계 안에서의 종교』, p.37.

35 이승환, 「퇴계 미발설 리청」, 『퇴계학보』 제116집(퇴계학연구소, 2004), p.99에서 이렇

質)의 성(性)에서 칠정이 나온다고 한 말이 그 점을 말해준다. 퇴계는 인심(人心)이 사(私)가 생기면서 생긴 것이라고 했는데,[36] 사(私)가 생기면서 생기는 것이 또한 장재(張載)가 말한 공취지성(攻取之性)인 것을 고려하면, 칠정이란 그와 같은 자기 중심의 이기적 감정이라고 할 수 있다. 퇴계가 칠정을 리가 아닌 기의 세계에 분속한 까닭도 거기에 있다. 칸트의 도덕 철학에서는 이기심에서 나온 경험적 감정인 쾌와 불쾌라는 감정이 의지를 규정해서 거의 본능적으로 이기적인 행위를 이끌어내듯, 퇴계의 사상에서는 자기를 위해 사사로이 이용할 줄 아는 자사용지(自私用知)의 전략[37]이 들어 있는 칠정이 의지를 종속시켜 과불급의 악을 만들어낸다.

칠정과 칸트의 쾌 불쾌의 감정을 같이 놓고 보는 것은 성리학자들에게도 그리 낯설지 않을 것이다. 이미 우암 송시열은 칠정을 오(惡)와 욕(欲)으로 압축해서 보고 있다.[38] 이것은 칠정이란 결국 싫어하고 좋아하는 욕구와 관련이 있음을 말한다. 그것은 행위 대상을 결정하는 의지와 매우 밀접히 연관된 감정이다. 다만 칸트나 퇴계의 경우에는 이 욕구에 이미 자사용지(自私用知)로 인한 왜곡된 의지가 개입돼 있는 것으로 보는 반면에, 우암은 이 욕구를 가치 중립적인 것으로 본다. 그래서 욕구는 생리적 욕구를 따라 인욕이 될 수도 있고 선을 실

게 말한다. "이러한 감정들(희로애락)은 주체의 대상에 대한 선호도(pro-attitude)나 꺼려함(protective attitude)을 바탕에 깔고 있고, 나아가서는 외부 대상으로부터 주체 자신을 방어하거나 경계하기 위한 예비적 전략의 의미를 깔고 있다."

36 주 22 참조.

37 주희가 희로애락의 감정을 인욕에 찬 감정이라고 말하면서 사용한 용어다. "衆人之喜怒, 自私而用之, 人欲之盛也", 『주희집』 67-21, 이승환, 위의 글, p.100에서 재인용.

38 『宋子大全』 권113, 書, 答朴景初(尙賢), 丁巳 13. 참조: 김문준, 「한국 도학사상의 선악관」, 『동양철학연구』 제17집(서울: 동양철학연구회, 1997), p.202.

현하려는 본성의 욕구(性之欲)도 될 수 있다고 본다. 악하게 될 수도 있고 선하게 될 수도 있다는 말이다. 그처럼 선악이 갈리는 것은 욕구의 방향을 정하는 의지 때문이다.[39] 그러니까 우암 송시열은 인간의 일반적 감정이라는 것이 어떤 욕구의 반영이라는 점을 분명히 한 셈이다. 그리고 선과 악을 결정하는 것은 천성의 욕구의 방향을 결정하는 의지라고 하는 점을 분명히 하고 있다. 그러나 우암은 우리의 일상적 의지가 선도 될 수 있고 악도 만들 수 있다고 하는 원칙을 언급했을 뿐인데, 그것은 퇴계와 달리 고봉이나 율곡처럼 현실에 대해 좀 더 낙관적인 견해를 가졌기 때문이라고 볼 수 있다. 그는 인간의 의지가 매우 타락해서 일상적 감정의 기반을 이루는 욕구 속에 이미 오래 왜곡된 의지가 어떤 성향을 이루고 있다는 쪽으로 논리를 전개하지 않는다. 물론 우암 역시 인심을 이루는 오(惡)와 욕(欲)이 쉽게 부정적 의미의 인욕으로 흐를 수 있음을 지적하지 않은 것은 아니다. 여하튼 우암이 칠정을 압축해서 말한 오와 욕은 칸트의 쾌·불쾌와 상당히 근접하는 개념이다. 이미 성리학자들이 칠정을 살려는 욕구 또는 전략적 의지와 관련해서 생각했다는 사실은 칸트의 감성적 감정에 관한 분석이 퇴계의 칠정을 이해하는 데 상당히 도움이 될 수 있다는 것을 보여준다.[40]

퇴계가 말하는 사단은 칸트의 동기론에 비춰 어떤 의미를 가지는가? 사단의 경우에 외물에 감응해서 일어나지만, 외물이 의지를 규정하는 근거와 원인이 되는 것은 아니며 리(理)의 내적인 능력이 의지를

39 김문준, 같은 글, p.207.

40 유명종은 칠정을 쾌와 불쾌의 일반 감정으로 본다. 유명종, 『퇴계와 율곡의 철학』(부산: 동아대학교출판부, 1987), p.181.

규정한다. 리발기수(理發氣隨)란 보편적 우주 생명의 원리인 리가 직접 행위 대상을 결정하는 것을 표현하는 말이다. 리에는 우주의 보편적 생명 원리라는 의미도 있지만 천명(天命)이라는 도덕 명령의 의미도 있는데, 리발은 칸트 식으로 말하면 바로 그 천명 곧 정언명령으로서의 리가 의지를 끌고가는 것이다. 그처럼 천명으로서의 리가 의지 규정의 근거가 되고 행위의 원인이 되는 것이 칸트가 말하는 자율로서의 자유다. 정언명령인 도덕 법칙 자체가 동기가 돼 마음을 움직이는 것이다. 그때 행위의 대상 세계 곧 사물의 세계와 관련된 행위 내용은 그 리에 종속돼 리의 주도권을 따라 발생하는 것이니, 퇴계의 리발이기수지(理發而氣隨之)에서 '기가 따른다(氣隨)'는 말이 그 뜻이다. 칸트는 행위 대상을 결정하는 능력이 실천이성에 이미 주어져 있다고 하는데, 그것은 도덕 법칙이 의지를 규정해 행위 대상을 정한다는 말이다. 의지와 행위 대상을 결정하는 원인이 양심의 정언명령이다. 퇴계의 리발기수는 그처럼 리가 기의 행로를 결정한다는 의미로 해석될 수 있다. 기가 따라붙은 것은 불가피하지만 리가 기를 주도하면 바로 그것이 자유요 도덕이다. 리가 기를 주도하는 것은 실천의 영역에서 리발로 표현되지만 우주발생론에서는 리가 기를 낳는 것(理生)과 관련해서도 논의될 수 있다. 그러나 우주발생론은 도덕론에 바탕을 두고 있으니, 퇴계가 리에 능동성을 주어 말하는 듯한 리동(理動), 리도(理到)는 그 상상력의 기반을 리발에 두고 있을 것이다.[41] 여하튼 퇴계는 "기가 자연

---

41 시기적으로도 퇴계가 리발을 말한 것은 리동이나 리도를 말한 것보다 앞선다. 그러나 더욱 중요한 것은 원리적으로 볼 때 우주발생론이나 인식론은 모두 도덕적 신념의 반영이라는 점이다. 그런 점에서 선악의 실현을 놓고 논쟁한 리발의 문제가 가장 중심이 된다. 그리스도교 신학에서도 창조론이나 계시론은 모두 선의 실현 가능성에 대한 어떤 관점에 기반을 두고 생겨난 것이다. 인간이 너무 타락해서 선을 실현할 수 없고 하나님의 인

히 발현하는 것이 바로 리의 본체가 그러한 것"[42]이라는 고봉의 견해를 첫 편지에서는 반대했다가 개본(改本)에서 수용하는데,[43] 이것은 기가 주도함이 없이 리에 종속돼 결정될 때 기가 가장 자연스럽게 발현되는 것이라고 퇴계가 해석했기 때문인 것 같다. 다시 말해 리발기수(理發氣隨)할 때의 기(氣)가 가장 자연스러운 본래 모습의 기라는 말이다. 본래 모습의 기란 생명력이니, 기가 리에 종속될 때 사람은 가장 활기(活氣)차다는 것이요, 다시 말해서 순수하게 도덕적일 때 인간은 가장 생명력이 충만해진다는 얘기다.

그런데 리발기수(理發氣隨)는 사단이라는 정의 발생 원리다. 퇴계는 사단이라는 정을 통해 도덕을 설명한다. 다시 말해 사단이라는 도덕감정을 통해 리가 기를 규정하는 도덕이 발생한다. 그 의미는 칸트의 동기론을 통해 이해할 수 있다. 원래 칸트에게서 도덕성은 도덕 법칙이 의지를 직접 규정하는 것이요, 그것은 일단 어떤 감정의 매개 없이도 일어나는 것으로 설명된다.[44] 일단 도덕 법칙 역시 "의지에 대한 도덕 법칙의 영향을 촉진하는 감정"[45]을 불러일으킨다고 설명한다. 법칙에 대한 외경심이라는 감정이 바로 그것인데, 그 외경심에 힘입어 도덕

도함으로만 선을 행할 수 있다는 것이 바울이나 아우구스티누스가 마련한 그리스도교 신학의 출발점이요 핵심인 것이다. 그런 점에서 도덕론적 리발설이 우주론적 리동설에 영향을 주었다고 보는 이동희의 견해가 옳게 보인다. 이동희, 「화이트헤드의 형이상학적 신관에서 본 퇴계의 독특한 이 관념, 존리설」, 『퇴계학보』 116집(서울: 퇴계학연구원, 2004), p.113.

42 "氣之自然發見乃理之本體然也", 『고봉집』 3, 227. 『高峯集』 第三輯, 「兩先生四七理氣往復書」, 1, 2.

43 『국역 퇴계전서』, 5, 163. 『退溪先生文集』 16, 25. 「答奇明彦 論四端七情第二書」.

44 I. Kant, 『실천이성비판』, p.166.

45 같은 책, 173.

법칙은 주관적 규정 근거가 된다. 그러나 그것은 일체의 감성적 충동을 배제한 것이요, "모든 감성적 조건으로부터 자유로운"[46] 것으로서 말하자면 감정 아닌 감정이요, "단적으로 이성에 의해 생긴 것"[47]으로서 이성적 감정(rational feeling)이라는 모순된 말로 표현될 수밖에 없다. 성리학자들은 감정에 대해 엄격하면서 절제하길 원했고 동시에 다른 근원을 가진 정을 찾았으니, 사단이란 리(理)와 성(性)이 만들어내는 정으로서, 칸트가 말하는 대로 일체의 감정적 충동을 배제하고 이성에서 나오는 정이다. 퇴계가 말하는 사단은 칠정과는 그 소종래가 철저하게 다른 이성적 감정이라고 부를 수 있을 것이다. 정호(程顥)가 말한 대로 "정은 만사를 따르지만 무정하다(情順萬事而無情)"고 한 무정의 정(無情의 情)이다.[48]

칸트의 이성 감정은 "경험적 근원을 갖지 않고 선험적으로 인식되는 …감정"[49]이다. 퇴계가 사단으로부터 철저하게 기(氣)의 요소를 배제하려는 것은 칸트가 도덕 감정을 감성 조건에서 자유로운 선험적인 것으로 보려는 것과 같다. 퇴계에서의 기는 외물의 소유를 통한 자사용지(自私用知)의 전략과 관련된 것이고, 칸트의 경험적 감정 역시 이기심으로 귀결되는 자기 행복의 욕망에서 생겨난 감정이기 때문이다. 경험적 감정, 곧 쾌와 불쾌는 무엇이 자기 행복에 도움이 될지 축적된 경험에서 나오는 것이라는 점에서 주관적이다. 물론 사람들이 바라는 것이 대개 비슷하다는 점에서 경험적 감정은 인간의 일반적 법칙을 만들

46 같은 곳.

47 같은 책, 175.

48 몽배원, 「퇴계의 심의 경지설과 그 현대적 의의」, 『퇴계학보』 제87집(서울: 퇴계학연구원, 1995), p.133.

49 I. Kant, 『실천이성비판』, p.170.

어낼 수 있다. 다시 말해 일반 사람들의 행위 법칙이 대개 자기 행복의 원리에서 나와 비슷한 양상을 띤다는 말이다. 그러나 칸트는 일반 법칙과 보편 법칙을 구분한다. 인간의 도덕적 의무란 객관적이고 필연적인 것이어서 보편 법칙을 만들지만, 삶의 필요에서 나온 법칙은 그것이 아무리 많은 사람이 실천하고 일반적인 삶의 법칙이 돼도 경험상 따르는 것일 뿐 결국 주관성을 벗어나지 못하며, "충고하지만 명령하지는 못한다."[50] 그러므로 인간의 도덕 행위를 낳는 명령이란 선험적이어야 하며 경험적인 것이어서는 안 된다. 퇴계가 사단을 그토록 칠정과는 소종래가 다른 것으로 보려고 하는 데에는 천명으로서의 성(性) 또는 리(理)라는 것은 삶 속에서 경험하는 것과 무관하게 하늘로부터 선험적으로 우리에게 명령하는 것임을 말한다고 볼 수 있다. 그리고 그 선험 명령을 따를 때만 순전한 선이 실현된다고 보는 것이다.

3. 리발(理發)과 칸트의 실천이성

고봉은 세 번째 편지에서 퇴계의 리기호발설(理氣互發說)에 따르면 "리는 정과 의지가 있고 계탁(計度)이 있고 조작(造作)이 있다."고 비판한다.[51] 리발을 통해 퇴계가 시도한 것은 선에 활동력을 부여하는 일인데, 그것은 주희 형이상학의 원래 의도와도 크게 다른 것은 아니다.[52]

---

50 같은 책, p.99.

51 『고봉집』 3, 299. 『高峯集』 第三輯, 「兩先生四七理氣往復書」 2, 21.

52 퇴계 이전의 유학자들이 리발이나 리동에 대해서 말했다는 것은 놀라운 일이 아니다. 그러나 물론 그 사실이 퇴계사상의 독창성을 없애는 것도 아니다. 참조: 홍원식, 「퇴계학 그 존재를 다시 묻는다」, 『오늘의 동양사상』 제10호(서울: 예문동양사상연구원),

주희가 선진 유학에 없던 형이상학을 들고 나온 것 자체가 우주적인 선의 힘을 빌려 인간의 도덕적 선의 실현을 확보하려고 한 것이기 때문이다. 당연을 필연이나 능연(能然)과 연관시켜 생각하고, 당연을 자연에서 끌어내려는 것이 그것이다. 소이연(所以然)을 설명하기를, 신하가 임금을 두려운 마음으로 섬겨야 하는 것은 "하늘의 이치가 그렇게 하게 하는 것이다."[53]라고 한다면, '그렇게 하게 하는 것'은 만물의 능동인으로서 만물을 이리저리 움직이고 주관하는 자로 해석될 수 있고, 그런 주관자는 사물을 초월해서 사물 밖에서 작용하는 것으로 생각될 수도 있다.[54] 그리하면 자칫 기의 세계를 벗어난 초월적 실체를 인정하는 것처럼 보일 우려가 있기 때문에, 주희로서는 리에 활동력을 부여하는 데까지 나가지 않았던 것 같다. 리가 마음을 쓰는 초월자가 되면 크게 섭리할 뿐 아니라 개별 사항에 계시하고 간섭하게도 된다. 다시 말해 그리스도교의 신처럼 보편적인 인격신을 말하는 쪽으로 가게 된다. 그것은 성리학에서 크게 벗어나는 일이다. 그런 이유 때문에, 주희가 리동(理動)을 말했지만 리의 자발적 능동성을 말하는 것은 아니고, 다만 기를 타고 움직이는 리를 말하는데서 그친다.[55] 그러나 초월적 실체임을 인정하지 않고도 리를 능동적으로 표현할 수 있는 가능성

---

pp.27-29.

53 "天理使之然", 『국역 퇴계전서』, 7, 81. 『退溪先生文集』 25, 7. 「鄭子中與奇明彦論學 有不合 以書來問 考訂前言以答如左」.

54 마테오 리치는 성리학의 소이연 개념을 빌어 그리스도교의 천주를 설명하는 과정에, 천주를 능동인(能動因)과 목적인(目的因)으로 보고, 이 둘은 사물을 초월한 신의 능력으로 본다. 마테오 리치, 『천주실의』, 송영배 외 옮김(서울: 서울대학교출판부, 1999), p.60.

55 그래서 퇴계가 인용하는 주희의 '理有動靜 故氣有動靜'은 동정(動靜)의 리가 있다는 뜻이지 리가 동정한다는 뜻은 아니다. 참조: 김영식, 「퇴계의 이기관과 신유학 전통상에서의 그 위치」, 『퇴계학보』 81집(서울: 퇴계학연구원, 1994), p.80.

이 있으니, 그것을 우리는 칸트의 도덕 이론에서 발견할 수 있다. 그리고 퇴계의 리발도 칸트처럼 보면 실천이성의 활동으로 볼 수 있다. 리발을 심학의 범위 안에서 해석할 수 있다는 말이다.

이것은 순수한 선이 발생할 때 도덕법이 직접 의지를 규정하는 문제다. 칸트가 볼 때 인간 행위의 일반 법칙은 쾌(快)나 불쾌(不快)의 감정이 먼저 있고 그 감정을 따라 형성되지만, 도덕법에 대한 외경심이라는 감정은 다르다. 도덕 법칙과 의지의 결단 사이에 외경심이라는 감정이 미리 있어서 의지의 결단을 유도하는 것이 아니다. 도덕 감정은 도덕 법칙에 앞서 있는 것이 아니라 도덕 법칙이 일으키는 정이다.[56] 그런 점에서 도덕 법칙이 '직접' 의지를 규정하는 근거가 된다고 할 수 있다. 마찬가지로 퇴계가 사단의 리발(理發氣隨)을 통해 말하려는 것도, 리가 직접 의지를 규정하는 것을 말하려는 것이다. 다시 말해서 사단이란 천리가 일으키는 정이요, 사단이라는 정을 통해 의지를 움직여 도덕 행위를 낳는 것은 천리가 직접 의지를 규정하는 것이다.

리나 도덕법이 직접 의지를 규정한다면 두 가지 문제가 발생한다. 하나는 사람이 주재(主宰)하는 것이 아니라 마치 리가 주재하는 것처럼 표현되는 문제다. 다른 하나는, 만일 리가 주재한다면 보편의 리가 어떻게 다양한 개별 상황에서 그때그때 중절하는 행위를 낳을 수 있느냐는 문제다.

---

56 "법칙에 의한 의지의 직접적 규정 및 그 규정에 대한 의식을 일컬어 외경이라고 하며, 그렇기 때문에 이 외경은 법칙의 주관에 대한 작용 결과로 보이는 것이지, 법칙의 원인으로 보이지는 않는다.", I. Kant, 『윤리형이상학 정초』, p.93.

리발과 마음의 주재

첫 번째 문제와 관련해서 칸트에게도 비슷한 문제 의식이 있다. 도덕법에 대한 외경심이라는 도덕 감정은 일체의 성향을 단절하면서 생긴다. 그러므로 도덕 감정은 쾌와 불쾌라고 하는 일상적 생활 감정에 대한 대항 감정으로서의 의미를 지닌다.[57] 대항 감정이므로 실천이성을 방해할 감성적 경향성을 가지지 않은 신에게는 외경심이라는 감정이 없다.[58] 퇴계 역시 도심(道心)은 인심(人心) 사이에 나타나는 것이라고 함으로써 도심이라는 것이 인심에 대립하는 것임을 말하는데,[59] 그것은 사단이 칠정에 대한 대항 감정임을 암시하는 것으로 볼 수 있다. 퇴계에게서 사단과 칠정은 각각 도심과 인심으로 해석되기 때문이다. 그런데, 그 대항 감정은 일상적 생활 감정에 대항해서 생긴 것이 아니라 선험적으로 주어지는 것으로 본다. 그 감정이 선험적이라는 것은 경험적으로는 설명할 수 없는 어떤 무조건적인 의지의 규정 근거가 있음을 말하려는 것이다. 여기서 칸트는 인간이 생활 욕구와 함께 도덕법칙을 따르려는 욕구가 있다는 식으로 설명하지 않고,[60] 오히려 도덕

---

57 참조. I. Kant, 『실천이성비판』, pp.168-170.

58 같은 책, p.174.

59 "도심 역시 인심 사이에 여러 가지로 나타나고 있어 사실은 그 둘이 서로 힘이 되기도 하고 서로 발생하기도 하므로, 판연히 두 가지 형태의 물건이라고 할 수는 없는 것이지요(道心雜出於人心之間 實相資相發 而不可謂判然爲二物也).", 『국역 퇴계전서』, 9, 267. 『退溪先生文集』 39, 23 「答洪胖」. 도심과 인심이 서로 발생한다는 것은 인심과 함께만 도심이 발하는 것이라는 뜻이고, 그것은 도심의 성립은 인욕으로 빠진 인심에 대항하는 데 있음을 뜻한다.

60 "어떻게 법칙이 그 자체만으로 그리고 직접적으로 의지의 규정 근거일 수 있는가, 이것은 인간 이성으로서는 풀 수 없는 문제요… 그러므로 우리는, 그로부터 도덕 법칙이 자기 안에서 동기를 제공하는 그 근거를 선험적으로 제시해야 하는 것이 아니라, 오히려

법칙 쪽에서 그것을 따르도록 사람의 마음에 겸허와 외경심이라는 감정을 불러일으키는 것으로 설명한다. 그리고 사람은 마치 그 도덕법에 복종하는 신하인 것처럼 말한다.

> 우리는… 우리에게 존경하도록 제시된 윤리 왕국의 법칙을 수립하는 일원이기는 하지만, 그러나 우리는 그 왕국의 신민이지 군주가 아니다. 피조물인 우리의 낮은 지위에 대한 오해와 자만이 신성한 법칙의 위엄을 거부함은 이미, 설령 그 법칙의 문자는 성취된다 하더라도, 정신상으로는 그 법칙을 배반한 것이다.[61]

도덕법은 원래 누가 내게 제시한 것이 아니라 나의 실천이성, 곧 내 양심의 명령이다. 내가 내게 명령하는 것이지 신이나 외부 존재가 내게 명령하는 것이 아니다. 그런 점에서 개인은 보편적인 도덕 법칙을 수립하는 입법자다. 그러나 그 양심의 법은 내가 만들었기보다는 내게 주어진 것이다. 우리는 도덕법이 지배하는 윤리 왕국에서 도덕법의 신하다. 더구나 인간은 자기 행복을 추구하며 이득이 되는 것을 좇아 마련된 일반적인 삶의 법칙을 따라 살아가는 존재다. 순수하기에는 인간은 너무나 허약하고, 그런 인간에게 복종을 요구하는 도덕법은 여전히 "마음 안에 자연스러운 거부감을 일으키고 겁에 질리게 할 것"[62]이다. 온전한 도덕성이란 일상생활 속에서는 매우 낯선 차원이며, 도덕법은

도덕 법칙이 그러한 동기인 한에서, 그 동기는 우리 마음에 무슨 영향을 미치는가를 선험적으로 제시해야만 한다.", 『실천이성비판』, p.168.

61 같은 책, pp.186, 187.

62 같은 책, p.193.

마치 내 마음의 명령이 아닌 것으로 보인다. 그런 상황에서 사람은 "자기 사랑의 요구를 물리침으로써 이제 홀로 영향력을 갖는 법칙에게 권위를 부여"[63]해야 한다. 도덕법의 위엄을 자신에게 돌리는 일은 자만이요 교만일 뿐이다. 권위를 도덕법에 돌림으로써만 도덕법을 실천할 수 있다. 그것은 마치 내가 도덕법을 실천하는 것이 아니라 도덕법에 이끌려 도덕법이 실천되는 것으로 느껴진다. 거기서 나의 공은 없다. 그래서 칸트는 이성의 법이 선을 "명령하고 또한 실제로 이끌어낸다."[64]고 말한다. 그런 점에서 칸트는 사람이 윤리왕국의 신민이라고 한 것이다. 선의 실현에서 주도권이 내게 있지 않고 도덕법에 있는 것처럼 말한다.

퇴계의 리발도 천명(天命)이라는 도덕법이 선을 명령하고 실제로 이끌어내는 측면을 가리킨다고 할 수 있다. 리가 사단으로 발현돼 인간의 도덕 판단과 행위를 이끈다. 정을 통해 의지를 규정한다. 그런데 그처럼 도덕법이 주체가 되고 목적이 돼 선을 실현하는 듯한 표현들이 사람의 주체성을 배제한 것인가? 그렇지 않다. 칸트의 경우에 결국 도덕 법칙은 인간 내면의 원리요 실천이성의 법칙이고, 거기에 대한 복종이라는 것도 이성의 자기 동의다.[65] 인간 안의 이성이 명령하고 이성이 거기에 복종하는 것이다. 칸트의 이성은 인간 내면의 능력이기 때문에 결국 도덕법의 명령과 복종이 모두 인간 내면에서 일어나는 것이다. 그럼에도 불구하고 일상적으로 인간은 자기 이기심에 의해 움직이기 때문에 마치 도덕 법칙이 따로 활동력을 가지고 도덕을 산출하는 듯한

63 같은 책, p.194.

64 같은 책, p.183.

65 같은 곳.

표현이 사용되는 것이요, 그것은 도덕적 실천이 마치 나에 의해서 이뤄지는 것이 아닌 것처럼 느낌으로써 끝까지 겸허한 자세로 남아 있을 수 있게 하는 것이다.

선이 의지 이전에 주어져 있지 않고 오로지 선한 의지만이 선이라고 한 칸트마저도 인간의 악의 성향을 고려해서 선험적 도덕법에 활동력을 부여한 듯한 표현을 사용한다면, 마음의 본체를 말하는 퇴계의 도덕형이상학에서 리에게 활동력을 부여하는 일은 훨씬 이해하기 쉬운 일이다. 퇴계의 리발기수(理發氣隨)는 겉으로 볼 때 인간의 주체성을 최대한 줄여놓고 도덕법인 천명(天命)이 자기 발현을 하는 구도다. 그것은 천명에 사로잡힌 마음을 표현하는 것이요, 그 천명도 마음의 명령이니 실제로는 마음의 주재를 말하는 것이다. 리발(理發)이란 도덕 명령이 직접 의지를 규정하는 동기가 되는 것을 가리키는 것이요, 그것은 칸트가 말한 대로 인간 내면 이성의 자기 동의다. 내가 명령하고 내가 거기에 복종하는 것이다. 퇴계로서는 리발이야말로 마음의 주재를 가장 분명하게 정립하는 길이다. 그것은 기발(氣發)에 대항하는 것으로서, 사물에 사로잡힌 정에 끌려가지 않고 천명에 사로잡힘으로써 만사에 주체적으로 대응하는 가장 자유로운 상태인 것이다.

리(理)가 사단을 통해 직접 의지를 규정하는 문제와 관련해서, 퇴계가 측은히 여기는 마음(惻隱之心)을 두고 한 말이 참조가 된다. 측은지심이 생겨 아이를 건지는데 "교제를 드리려 하거나 명예를 요구하거나 그 소리를 애처롭게 여겨서라면, 이것은 마음이 주재하지 못하여 그 올바름을 상실한 것입니다."라고 퇴계는 말한다.[66] 다른 동기가 들어오면

66 "內交要譽惡其聲 心不宰而失其正也", 『국역 퇴계전서』, 9, 78. 『退溪先生文集』 36, 2. 「李宏中問目」.

안 되고 오직 선험적인 덕의 발용인 측은지심의 정이 직접 의지를 규제해서 행위를 창출해야 순수한 선이라는 것이다. 아이를 건져 나중에 무슨 이득을 보려고 한다면 그 동기가 이미 순수하지 못하고, 다른 마음이 끼어든 것이다. 말하자면 다른 의지가 끼어든 것이다. 심지어 애처로워서 아이를 건져도 안 된다. 측은지심은 이성적 감정이지만 애처로움은 칠정에 속하는 것으로서 감성적 감정이다. 퇴계가 이처럼 다른 감정이 끼어들어도 순수하지 못하다고 하는 것은, 칠정에는 자사용지(自私用知) 곧 사사로운 마음이 끼어 있다고 판단했기 때문일 것이다. 그것은 어떤 감성도 배제한 채 의무에서 나오는 행위여야 도덕적이라고 하는 칸트의 도덕 이론을 연상시킨다.[67] 결국 측은지심에서 곧바로 행위가 나가야 하는 것이요, 거기에 다른 마음(意)이나 다른 생각(思)이나 다른 감정이 끼어들어서는 안 된다. 그리고 그때에야 마음이 주재하는 것이라는 말이다. 그리고 그때에야 도덕적 행위를 자기 공으로 돌리지 않아 자만을 피할 수 있다. 그러니까 리 또는 본연의 성(性)이 발해 의지가 거기에 완전히 종속될 때 오히려 인간의 주체성은 더욱 분명하게 되는 것이다. 그것은 도덕법이 주체가 되고 목적이 돼 행위할 때 순수한 선이 발생되고 그때 인간이 가장 자율적이며 자유로운 주체가 된다고 보는 칸트의 생각과 같은 것이다. 그처럼 도덕법이나 리에 어떤 주체성을 부여하는 것은 인간의 약함과 악함 때문에 순수한 선을 기대하기가 쉽지 않다고 보기 때문이다. 인간이 주체적으로 이루

67 칸트가 선행을 규정하는 언어들은 위에 인용한 퇴계의 글과 매우 비슷하다. "의무로부터 하는 선행 자신은 실천적 사랑으로서, 정념적 사랑이 아닌 것으로, 실천적 사랑은 의지 안에 들어 있지, 감각의 성벽에 있지 않으며, 행위의 원칙들에 있지 애잔한 동정에 있지 않은 바….", I. Kant, 『윤리형이상학의 정초』, p.89.

는 선의 실현이 철저한 자기 비움, 곧 허령(虛靈)한 마음속에서만 가능함을 보이고자 하는 것이다.

사실 이 문제는 그리스도교에서 초월적 신을 인정하는 논리와 같다. 내가 죽고 성령의 인도하심을 따라 행한다는 식의 그리스도교 증언은 인간의 전적인 타락을 말하기 때문에 가능하다. 퇴계는 인간이 완전히 타락했다고 보지 않으므로 그리스도교적인 차원까지는 가지 않지만, 인간 마음의 부패를 심각하게 보기 때문에 마음을 비우는 문제가 중요해진다. 다시 말해 인간의 근본악을 본 칸트가 도덕법에 활동성을 부여한 표현을 쓴 것처럼, 퇴계 역시 인간의 악을 심각하게 봐서 인간의 일상적 감정인 칠정을 악에 흐르기 쉬운 것으로 여겼기 때문에 선의 실현에서 리가 주도하는 표현을 사용한 것이다.[68] 그 뒤에는, 인간의 마음씀씀이가 타락해 있는 것 같아도 순수한 선의 실현이 가능하다는 것을 보이려는 의도가 있다. 결과적으로는 선을 이루도록 격려하고 설득하려는 것이다. 퇴계의 리발은 욕정에 끌려가는 일상적 의지를 극복하고 마음의 주재를 확실하게 하기 위한 것이며, 그런 면에서 성리학의 인문주의에 어긋나기보다는 독창적인 발전이라고 해야 할 것으로 보인다.

---

68 퇴계의 리발이 당시 사회의 혼란상 속에서 악을 이기는 방법으로 리의 개입을 설파한 것이라는 주장 역시 크게 다르지 않다. 예를 들어 참조: 김종석, 『퇴계학의 이해』, p.14. 위대한 사상이란 언제나 당시 상황에 대한 사상가의 경험을 바탕으로 하고 있다. 그러나 오랜 세월 영향을 주는 사상이란 당시의 현실에 호소하는 것일 뿐 아니라 보편성도 지니고 있다. 퇴계의 리발은 예나 지금이나 인간의 악을 심각하게 보고 그 악의 극복을 찾고 고민하는 모든 사람에게 하나의 지침이 된다는 점에서 보편적 호소력을 지니고 있다. 물론 서양과 달리 퇴계의 악의 인식은 유학의 성선설 안에서 이뤄진다.

보편과 특수의 문제

그런데 리에 활동력을 주려면, 보편적 원리인 리가 어떻게 구체적 상황에 맞는 행위를 낳을 수 있느냐는 문제가 해결돼야 한다. 예를 들어 구체적 상황에서 어떤 것이 인(仁)한 행위인가 하는 문제다. 퇴계의 경우에 마음에 인을 존양(存養)하면 구체적 상황에서 인한 마음, 곧 측은지심이 발휘돼 순전한 도덕성이 발휘될 수 있다고 본다. 선의 발생에 기의 요소를 배제하기 위해서 마음을 비우고 선험적인 도덕심과 도덕 감정에서 선의 근원을 찾고, 그것이 구체적 상황에서 스스로를 실현하는 것으로 설명했다. 선험적 차원을 말한 것, 그리고 리의 자기 실현을 말한 것은 모두 기의 요소를 배제하기 위한 것이다. 리의 자기 실현, 곧 리에 활동력을 부여한 것은 인간의 주재성이 약화되는 듯하지만, 그것은 일상의 의지 곧 이기심에 물든 의지를 배제하려는 의도에서 나온 것이다. 순수한 선의 탄생에 기의 요소가 들어오면 안 된다. 그러나 그처럼 리의 자기 실현을 말할 때, 보편적인 리가 어떻게 구체적인 상황에 맞는 행위를 일일이 생산해내는가 하는 문제가 생긴다.

이것은 칸트의 형식주의 문제와 같다. 칸트의 법에 대한 외경심은 "법의 대상 때문이 아니라 단적으로 형식의 면에서 법칙의 표상에 부착해 있는 감정이다."[69] 칸트는 도덕에서 물적인 요소를 배제하기 위해 내용이 없는 형식적 법이 의지를 규정하는 것으로 생각했다. 보편 법칙은 다양한 주관적 준칙의 내용을 담지 않았기 때문에 형식적일 수밖에 없다. 그 형식적 보편 법칙이야말로 모든 사람의 행위를 규제하는

69 I. Kant, 『실천이성비판』, p.182.

필연 법칙이다. 그것은 추상적으로 보여서 구체적 상황에서 아무런 의지 규정의 근거가 되지 못할 것처럼 보인다. 보편은 추상과 어울릴 뿐 구체성과는 반대 개념으로 보인다. 구체적인 것으로 말하자면 처세술에서 나온 일상적 규범 곧 일반 법칙이 낫다. 일반 법칙은 언뜻 보기에 객관적으로 보이면서, 동시에 내용이 있는 법칙으로서 구체적이다. 자기 이득을 위해 어떻게 살고 어떻게 행동해야 한다고 구체적으로 가르쳐 준다. 그러나 보편 법칙은 구체적 상황에서 행위 주체가 자신의 행위 원리가 보편 법칙에 어긋나지 않는지를 그때마다 살펴야 한다. 그것이 형식주의 윤리의 문제다. 그러나 형식이 내용을 만들어낸다. "도덕 법칙은 행위 대상들의 질료적인 규정 근거"[70]라는 말이 그 뜻이다. 다시 말해서, 의지가 행위 대상을 결정하기 전에 먼저 형식적인 도덕법이 의지를 규정하고 있으면, 어떤 상황이든지 거기에 맞는 도덕적 행위를 하게 된다는 것이다. 형식이 만들어내는 내용만이 고귀한 인간 정신의 행동 방식에 걸맞은 구체적인 온전한 선을 산출해낸다.

이러한 도덕 이론은 결국 물질 요소 또는 퇴계가 말하는 기의 요소를 동기에서 배제한 결과로 생겨난 것이다. 그 문제와 관련해서 주희는 "인간의 본성은 수많은 도리를 지니고 있다."고 했다.[71] 마음속에 보편적 리를 존양하면 그 리가 구체적 상황에서 도리에 맞는 행위를 산출한다는 것이다. 리는 구체적 상황을 넘어서 수많은 상황에 맞는 준칙을 모두 담고 있다. 모든 구체적 상황을 다 담기 위해 구체적 상황을 넘어 있다. 같은 생각에서 퇴계는 이렇게 말한다.

---

70 I. Kant, 『실천이성비판』, p.173.

71 "如性…只是許多道理在這裏", 『주자어류』, 이주행 외 옮김(서울: 소나무, 2001), 5-83, p.272.

이 이치는 남과 내가 없고 안과 밖이 없고 단계의 나눠짐도 없고 형체의 한계도 없으면서 바야흐로 가만히 있을 때에는 하나로 뭉쳐져 모든 것을 갖추고 있으므로 이것이 하나의 근본이 되어 정말 마음에 있거나 사물에 있는 구분이 없습니다. 그것이 움직여서 일에 응하고 사물과 접촉함에 이르면 낱낱의 사물의 이치는 곧 내 마음이 본래 갖추고 있는 이치여서 다만 마음이 주재가 되어 각각 그 법칙을 따라 응할 뿐이지 어찌 내 마음으로부터 나온 뒤를 기다려서 사물의 이치가 되겠습니까?"[72]

구체적 상황에서 도리에 맞는 행위가 나오는 과정을 설명하는데, 퇴계는 마음이 그 속에 본래 갖추고 있는 하나의 이치를 따라 응하는 것으로 말하고 있다. 세상 만사에 일일이 응하는 그 모든 사물의 이치는 내 마음에 하나로 갖춰져 있는 이치다. 하나가 다수를 만들어내고, 다수는 하나에서 나온 것이다. 이처럼 하나를 강조하는 것은 생명 현상을 관통하는 보편 원리를 말함으로써 삶의 의미를 찾고 순수한 선의 실현을 확보하려는 것이다. 그러나 그 하나가 구체적 상황에 맞는 수많은 도리를 갖추고 있는 것으로 말함으로써, 하나의 리가 생명력 없이 굳어진 원칙주의가 아님을 말하고 있다. 하나로 일관되지만 다양하다. 퇴계나 칸트나 물적인 요소를 배제하고 순수한 선을 확보하기 위해서 보편적 리에 활동력을 주는데, 그러한 활동력을 위해 보편이 추상적이지 않고 수많은 구체성을 모두 끌어안고 있는 것으로 설명한다. 그러므로 리를 존양하는 것은 모든 상황을 관통하는 능력을 지니는 것이

72 "此理無物我無內外無分段無方體 方其靜也 渾然全具 是爲一本 固無在心在物之分 及其動而應事接物 事事物物之理 卽吾心本具之理 但心爲主宰 各隨其則而應之 豈待自吾心推出而後 爲事物之理", 『국역 퇴계전서』 7, 31. 『退溪先生文集』 24, 2. 「答鄭子中」.

다. 상황에 맞춰 일일이 생각하고 결단해야 하는 것이 아니라, 방심하지 않고 마음을 다잡고 있으면 생각할 것도 없이 자연스레 상황에 맞고 도리에 맞는 행위가 나온다. 이것이 사실은 퇴계가 말하는 미발(未發)의 묘미일 것이다. 퇴계는 말하기를 "학자가 정(靜)을 구하는 것은 만 가지 용(用)의 근본을 세우려는 까닭이다."[73]라고 했다. 또 말하기를, "대개 성(性)의 본체란, 다만 이 네 가지가 있어서, 혼연히 하나의 리 가운데에 수없이 많은 용을 포함해 갖추었을 뿐이오."[74]라고 했다. 미발의 중(未發之中)은 본연의 성(本然之性)인데, 그 미발의 중이 곧 시중(時中), 다시 말해서 구체적 상황에서 과불급(過不及)이 없는 선의 규범이 된다고 본다.[75] 이렇게 도리를 일상생활에서 확인하는 것이 체인(體認)이다.[76]

퇴계가 리의 용을 인정한 것은 결국 보편 원리인 리가 구체적인 상황에서 일일이 적절한 행위를 산출하는 것을 설명하기 위한 것이다. 그것이 선의 원리인 리에 활동력을 주는 문제의 핵심이다. 다시 말해 리발이든 리동(理動)이든 리에 운동력을 인정하는 것은, 살면서 겪는 수많은 상황에 적절히 응하는 하나의 원리를 설정해 놓고, 그 하나가

---

73 "學者之求靜 所以立萬用之本", 『국역 퇴계전서』 10, 102. 『退溪先生文集』 42, 21. 「靜齋記」.

74 "蓋性之本體 只有此四者 渾然一理中含具萬用", 『국역 퇴계전서』 9, 167. 『退溪先生文集』 37, 25.「答李平叔問目」.

75 그런 점에서 윤사순 교수는 이렇게 말한다. "합례적(合禮的) 행위란 실상 미발지중으로서의 본연지성의 자연적인 발로에 지나지 않는다." 윤사순, 『퇴계철학의 연구』(서울: 고려대학교출판부, 1993), p.130.

76 "대체로 이러한 도리는 일상생활 속에 있지 않은 것이 없으며, 그 속에는 또 경중, 장단, 대소의 법칙이 제각기 알맞고 흡족한 도리가 갖추어져 있으니…(大抵此道理 全在日用處平鋪地在那裏 其輕重長短大小之則 莫不各有恰好處…).", 『국역 퇴계전서』 9, 173. 『退溪先生文集』 37, 29. 「答李平叔」.

천하의 모든 일에 일일이 대응한다고 보기 때문이다. 그것은 또 인욕(人欲)이 철저히 배제된 채 순수한 선이 실현되는 것을 확보하는 방법이기도 하다. 양명학과 달리 리를 마음의 이치일 뿐 아니라 또한 사물의 이치라고 보는 것 역시, 마음속의 보편적 리가 구체적 상황에서 실현되는 것을 용이하게 하는 역할을 한다. 내가 이루려고 하는 이치가 다양한 사태의 흐름에 이미 들어 있다고 봄으로써 거침없이 도덕을 주재해 나갈 수 있게 한다. 물론 객관적 사물의 이치가 예법으로 축소되면 기존의 사회 규범을 정당화하는 역할을 할 수도 있다.

리발과 리의 능동성 문제

퇴계의 리발의 능동성 문제는 칸트 식으로 해석하면 오직 천리가 마음의 동기가 되고 마음을 사로잡아 행위를 이끌어내는 것으로 이해할 수 있다. 그것은 인간 내면에서 일어나는 이성의 자기 동의라고 할 수 있으며 철저한 자율적 윤리의 구조로 풀린다. 그런데, 여기서 리의 능동성이 무엇을 의미하는지 물어보자. 능동성이란 움직임을 주도한다는 뜻이다. 그런데 주희는 리의 동정을 말하면서 리의 직접 동정을 부인했다. 퇴계의 리발에서 문제가 된 리의 능동성이란 리의 직접 동정을 가리키는 것인가? 퇴계는 리발(理發)에서 출발해 리동(理動)과 리도(理到)에 이르면서 갈수록 리의 직접 동정을 강하게 느낀 것 같다. 그는 고봉과의 사단칠정 논쟁 말미에 가서 제기한 리도의 문제에서, 리의 무위를 깨고 리의 용(用)을 인정하며 리를 살아 있는 것처럼 말한다.[77] 리를 살아 있

---

77 『국역 퇴계전서』 5, 191-192. 『退溪先生文集』 18, 31. 「別紙」.

는 것처럼 대한다는 것은 결국 리의 무정의(無情意) 무조작(無造作)이라는 원칙에서 이탈할 가능성을 언급하는 것이다.

손영식 교수는 리발이란 퇴계에게서 특별히 제기된 것이 아니라 주희부터 성리학은 본래 리발이라고 보고, 성리학에서 리의 무위성을 부인한다. 그는 리가 무정의(無情意), 무계탁(無計度), 무조작(無造作)이지만 무위는 아니라는 것이다. 다만 그때 무위가 아닌 리의 발(發)이란 운동성을 배제하고 드러남 정도로 이해된다.[78] 그는 퇴계의 리발을 너무나 당연한 것으로 인정해서 리의 능동성에 큰 의미를 부여하지 않는 것 같다. 문석윤 교수는 퇴계의 리도(理到)는 리의 능동성을 말하나 리발과 리동은 리의 능동성을 말한 것이 아니라고 한다.[79] 그는 리의 무정의 무조작의 원칙을 리의 무위성과 일치시켜 해석하고, 만일 리발이 리의 능동성을 말하는 것이라면 리의 무정의 무조작이 부정되고, 리의 무위가 부정되는 것으로 본다. 그리고 능동성을 자발성이라는 의미로 사용하기도 한다. 그러나 그는 퇴계가 리발을 통해 말하려는 것이 '개별적인 주관성을 넘어선 객관적 이념으로서의 리'가 존재하고 있음을 확인하고 따라서 현실 세계의 행위자들이 자신 '바깥'에 있는 것으로 추구해야 할 것으로 남겨두려는 의도였다고 본다.[80] 한편 홍원식은 손영식의 비판을 비판하면서 퇴계는 주희와 달리 리의 직접 동정을 주장했고 고봉(高峯) 기대승(奇大升)의 비판도 거기에 초점이 맞춰져 있다고 본다.[81] 고봉의 비판은 퇴계의 리발을 따르면 리가 정의가 있고 조작

---

78 손영식, 「존재물음에 내몰린 퇴계학, 겨우 존재하는 리」, 『오늘의 동양사상』(서울: 예문사상연구원, 2004) 11호.

79 문석윤, 「퇴계에서 리발과 리동, 리도의 의미에 대하여: 리의 능동성 문제」, 『퇴계학보』 110집(서울: 퇴계학연구원, 2001).

80 같은 글, p.174.

이 있게 된다는 데 있다. 그러므로 홍 교수가 리발에서 리의 직접 동정을 보는 것은 곧 리에 정의가 있고 조작이 있음을 보는 것이다. 그러나 리에 정의가 있고 조작이 있는 것은 곧 인격적 행위 주체를 의미하기 때문에, 주희나 퇴계에게서 리는 결단코 무정의 무조작하다는 것이 손 교수의 주장이다.[82]

리발에서 리의 능동성을 인정한다는 것은 리의 운동력을 인정하고 자발성과 직접 동정까지도 인정하는 것이다. 리의 운동력이란 리가 행위 주체처럼 작용하는 것을 가리킨다. 우리는 퇴계의 리발이 칸트적인 의미에서 리의 자발성과 능동성을 의미할 수 있음을 봤다. 그리고 인격체가 아니더라도 도덕법이나 천명이 행위 주체처럼 표현될 수 있음을 칸트에게서 봤다. 다시 말해서 우리는 퇴계의 리발이 단지 리의 드러남 정도가 아니라 리의 자발성과 능동성을 인정하는 것으로 본다. 그 의미를 찾기 위해 우리는 칸트의 실천이성의 동기론에서 도덕법이 하는 역할을 살펴봤다. 리의 능동성이란 도덕적 선의 실현에서 천명이 인간의 주체성을 제약하고 인간을 통해 스스로 선을 실현하는 듯한 상태를 가리킨다고 할 수 있다. 그때 리는 마치 살아 있는 것처럼 느껴질 수 있고, 정의가 있고 조작이 있는 것처럼 여겨질 수 있다. 그 문제는 앞에서 본대로 보편의 리가 구체적 상황에 맞는 선을 산출하는 운동과도 관련이 있으니, 도덕 실천에서 리가 간섭하는 것으로 여겨지는 것이다.

그런데 여기서 우리는 퇴계의 리발이 칸트와 달리 종교적 경향을 가

---

81 홍원식, 「퇴계 이황의 이기호발설과 그 독창성」, 『오늘의 동양사상』 11호(서울: 예문사상연구원, 2004), p.63.

82 손영식, 위의 글, p.42.

리키게 되는 측면을 보고자 한다. 리를 인간 안의 것으로만 이해하면 퇴계의 리발은 칸트가 말한 도덕법의 주재와 비슷하게 되고, 거기서 인간의 주체성을 제약하는 리는 사실상 인간 내부의 이성이므로 인간의 자율이 그대로 살아 있는 셈이다. 그러나 성리학과 퇴계가 리를 객관적 실재로 보는 측면이 있음을 고려한다면, 퇴계의 리발은 인간을 넘어 우주적 힘이 도덕 실현을 주재하는 것이요, 인간은 거기에 동참함으로써 선을 실현하는 구조가 된다. 그것은 상당한 종교성을 의미한다. 실제로 리의 능동성에는 그런 측면을 포함하고 있다고 해야 할 것이다.

칸트는 인간의 의지 이전에 어떤 선도 없다고 함으로써 신학적 차원을 분명히 벗어나고자 했다.[83] 어떤 권위도 사람 밖에서 찾지 않으려는 것이다. 그는 종교의 차원을 도덕에 종속시켰다. 그러나 퇴계의 경우는 선이 인간의 의지의 산물이기 이전에 이미 인간에게 주어져 있는 덕이다. 그리고 그 선의 덕이 인간 안이면서도 밖인 요소, 곧 우주의 덕인 측면이 있다. 그 두 가지 이유 때문에 칸트와 달리 강한 종교성을 띤다. 그것은 사람을 칸트보다 더욱 겸허하게 만들지만 동시에 개인의 주관적 양심보다는 사회에 객관적으로 주어진 기존 도덕과 예법을 존중하는 쪽으로 갈 수도 있다. 신학이 권위주의를 만들 수 있는 까닭도 권위의 근거를 사람 밖에서 찾고 계명이 사람 밖으로부터 주어진다고 보기 때문이다. 그런데 어쨌든 칸트와 달리 퇴계에게는 리와 의지의 관계에 대해 설명이 없고, 도덕법에 대한 복종이 인간 이성의 자기 동의라고 하는 선언도 없다. 앞에서 말했듯이 퇴계의 리라는 것이 천명

83 "제한 없이 선하다고 생각될 수 있는 것은 오로지 선의지뿐이다." I. Kant, 『실천이성비판』, p.77. 이것은 아리스토텔레스의 목적론적 윤리에 대한 비판이면서 동시에 신을 선의 실체로 보는 그리스도교 윤리에 대한 비판이다.

이요 칸트의 도덕법 같은 것이어서, 도덕법이 내 안에서 명령하고 의지가 거기에 복종하는 구도가 한편에 있다. 그러나 다른 한편으로는 리가 천명에 그치지 않고 덕이기도 하기 때문에 덕의 본체가 자기 스스로를 발현하는 구도가 있을 수 있다.

칸트에게서 덕은 의지의 결단에 의한 결과물이지만 퇴계에게서 덕이란 이미 마음 안에 본체로서 주어져 있는 것이다. 그 마음의 덕은 인간 내면의 본성이지만 동시에 리로서 우주의 덕이기도 하다. 칸트에게서 인간 본성은 덕을 이룰 수 있는 가능성이지만, 퇴계에게서 본연의 성은 인간 안에 이미 갖추어져 있는 덕이다. 동시에 그것은 인(仁)이라는 우주적 덕이다. 성리학에서의 성선설은 선한 덕이 이미 주어져 있다고 보는 것이다. 물론 그 덕의 실현은 가능성으로 남아 있으며, 따라서 손영식 교수의 말대로 리는 가능태요, 그래서 인간의 자유 의지가 작용하고 여전히 인간이 주재가 되어 선을 실현한다.[84] 그러나 성리학에서 리는 우주 운행의 도리가 됨으로써, 인의 덕은 단순히 가능태가 아니라 잠재태라고 해야 할 것 같다. 잠재태(potentia)란 스피노자(Baruch de Spinoza)가 신의 뜻의 필연적 실현을 말하기 위해 가능태(potestas)와 구분해 쓰는 개념인데, 성리학의 리에도 적용할 수 있다. 도덕적 측면에서 보면 잠재태의 현실화는 인간이 하기에 달려 있으며 그래서 단순한 가능태로 보이지만, 형이상학의 측면에서 보면 잠재태는 악이 횡행하는 인간의 현실보다 더 현실적인 현실이다. 도덕 형이상학인 성리학에서 선의 실현은 우주적 측면에서 필연적이다. 그러한 필연적 선의 실현에 참여함으로써 인간의 선의 실현이 이뤄지는 것으

84 참조: 손영식 「이발과 기발의 논리적 구조」, 『퇴계학보』 118집(서울: 퇴계학연구원, 2005), p.62.

로 보려는 관점이 성리학에 있으며, 퇴계의 리발에 그 점이 강하게 부각되고 있다고 할 수 있다. 그래서, 사단이라는 정도 칸트처럼 도덕법(퇴계의 天命, 性命)이 산출하는 것으로 볼 수도 있지만, 오히려 마음의 본체(體)가 발현하는 것, 즉 인의예지라는 실체적 덕의 작용(用)으로 보는 측면도 있다. 칸트가 마음의 부패를 보았지만 마음의 변화는 선한 의지에 의한 선한 행위의 축적으로만 이뤄진다고 함으로써 성리학적인 수양의 문제를 제기하지 않은 반면에, 퇴계가 의지보다 마음을 강조하고 수양을 강조한 것도 리가 마음의 덕이요 우주의 덕인 것과 관련이 있다.[85]

그러나 물론 도덕이 어떤 종교적 표상에 종속되는 것을 허락하지 않는다는 점에서, 퇴계의 이학(理學)은 심학과의 관계에서만 의미를 지닌다. 퇴계의 형이상학은 선의 실현이라는 도덕적 과제에 대한 관심에서 생겨난 것임은 의심할 여지가 없기 때문이다.[86] 리가 종교적 예배의 대상이 아니라는 점은 퇴계가 말하는 사물의 리가 여전히 인간의 내면의 원리에서 파생된 것이라는 점을 말해준다. 퇴계는 어디까지나 자율적 윤리를 확립하려고 한 것이다. 악한 세상 한가운데서 선의 원리에 어떤 활력을 주기 위해 인간 밖의 차원을 끌어들였지만, 그것은 사람을 벗어난 무엇일 수는 없다. 리는 사람 밖이지만 사람 안이다. 실제로 퇴계의 경우에 심통성정(心統性情)이니, "성이니 정이니 하는 것을 다 갖추어 운용하는 것은 이 마음의 묘함이 아님이 없기 때문에 마음이 주재가 되어 항상 성과 정을 통솔한다."[87] 그러므로 성발(性發)이라는 것

85 리발과 수양, 그리고 종교성의 연관에 대해서는 이광호, 「이의 자발성과 인간의 수양 문제: 퇴계 철학을 중심으로」, 『대동문화연구』 25집(서울: 대동문화연구원, 1990) 참조.

86 참조: 몽배원, 위의 글.

도 마음으로 인해 발하는 것이라고 설명한다. 『성학십도(聖學十圖)』의 서론 부분에서 임금에게 한 마음의 중요성을 강조하고, 허령한 마음에 주재가 있게 해야 한다고 했다. 그처럼 퇴계 역시 인간의 주재를 확립하려고 한 사람이라는 측면을 보면, 사단이라는 정이 성명(性命)의 발현 곧 칸트식의 도덕 명령이 만들어낸 것임을 배제할 수 없다. 퇴계는 태극과 천명의 차이를 말하면서 태극은 자연의 이치를 말한 것으로 인간이 어떻게 할 수 없는 것이지만 천명은 사람이 수양으로 실현해야 하는 것이라고 강조했다.[88] 그러므로 자기 수행의 실천 유학에서 볼 때 덕으로서의 리보다는 천명으로서의 리가 기본이다. 그는 소이연(所以然)과 소당연(所當然)을 놓고 볼 때, "궁극적으로 논한다면 소당연을 이치라고 하는 말이 보다 좋을 듯합니다."[89]라고 했다.

결과적으로 퇴계에게서 리는 덕의 실체이면서 동시에 도덕 명령이라는 두 가지 차원을 지니고 있으므로, 천명의 차원을 보면 칸트의 선험적 정언명령과 같고 리의 능동성을 칸트식으로 이해할 수 있다. 물론 그것은 철저하게 인간의 주재를 강화하는 속에서 일어나는 일이다. 한편 리를 실체적 덕으로 보면, 리의 활동력은 인간의 마음씀씀이보다 앞서 우주를 운행하는 선한 힘의 활동으로 이해될 수 있다. 칸트보다 경건하고 종교성을 띤다. 나중에 정약용(丁若鏞)이 천주교를 접하면서 이벽(李檗)을 따라 퇴계의 리발을 받아들이게 되는 것은 리발의 종교적 성격 때문이다.[90] 퇴계가 성발 역시 마음이 발하는 것이라고 했지

---

87 『국역 퇴계전서』 13, 209. 『退溪先生文集』 8, 17. 「天命圖說」.

88 금장태, 『한국 유학의 심설』(서울: 서울대학교출판부, 2003), p.51.

89 "窮極論之 當然者 爲理之說 爲長", 『국역 퇴계전서』 7, 82. 『退溪先生文集』 25, 7. 「鄭子中與奇明彦論學 有不合 以書來問 考訂前言以答如左」.

90 이광호, 「이퇴계의 철학사상이 정다산의 경학사상 형성에 미친 영향에 관한 고찰」, 『퇴

만, 마음이 성에 근거해서 발한다는 것을 여전히 말하고 있으니,[91] 심발과 함께 성발을 말한다는 것 자체가 단순히 칸트적인 인문주의에 일치할 수 없음을 말하는 것이고, 우주의 리를 모시고자 하는 경건한 종교인의 자세가 엿보이기까지 하는 것이다.

퇴계학이 세계보다 인간에 관심을 두었다는 점에서 이학(理學)의 요소가 약하며 인간학의 요소가 강하고, 그런 점에서 퇴계학을 이학보다는 심학(心學)이라고 봐야 한다는 주장이 있다.[92] 그러나 이학에 들어 있는 종교적 경향을 약화시키고 심학적 측면만을 강조하는 것이 퇴계의 사상에 맞을지 의심스럽다. 알고 보면 성리학 자체가 맹자적인 인간학의 토대 위에 형이상학을 건축한 것이다. 인간의 선의 실현을 보장하기 위해 우주적 리를 도입한 것이다. 그런 점에서 주희의 관심 역시 인간학에 있었다고 봐야 한다. 인간 주체와 도덕성의 핵심인 마음의 움직임에 학문의 중심이 있었다는 말이다. 그러므로 두유명 교수가 말하듯 양명학에 적용하는 심학이라는 말을 주희에게 적용해도 잘못이 아니다.[93] 다만 주자학은 주관의 리 외에도 객관의 리를 인정한 점에서 양명학류의 인간학과 다른 것이다. 퇴계의 리발은 칸트 식으로 이해하면 주희보다 더 인간학적인 면을 보인다. 그런 점에서 이학은 심학에 흡수되고, 퇴계의 독창성을 거기서 찾을 수도 있다. 그러나 퇴

계학보』(서울: 퇴계학연구원, 1996) 제90집, p.68.

91 "心非性 無因而爲動 故不可謂心先動也 性非心不能以自動 故不可謂性先動也", 『국역 퇴계전서』 7, 310. 『退溪先生文集』 29, 5. 「答金而精」.

92 홍원식, 「퇴계학, 그 존재를 묻는다」, 『오늘의 동양사상』 4호(2001).

93 참조: 두유명, 「주자학에 대한 퇴계의 독창적 해석」, 『퇴계학보』(서울: 퇴계학연구원, 1982) 제80집, p.21. 유학 전체가 심학이라고 하는 김기주의 주장도 같은 얘기다. 김기주, 「心學, 退溪 心學 그리고 『心經附註』」, 『동양철학연구』(서울: 동양철학연구회, 2005) 41집, p.14.

계의 리는 우주적 실체와 같은 모습을 지니고 있었고, 그래서 많은 학자가 지적하듯이 주희보다 더 종교적인 경향을 띨 수도 있다는 점 역시 염두에 둬야 할 것 같다. 심성론에서 생긴 리발이 우주발생론의 문제인 리동을 거쳐 리도라고 하는 일종의 계시적 인식론으로 발전한 것도 그 점을 말해준다. 물론 그렇더라도 리의 인간 밖의 측면이 인간을 초월한 인격적 실체를 가리키는 것은 아니라는 점, 그리고 우주적 리의 실체성을 말하더라도 결국 그것은 인간 안의 덕으로서의 실체로 연결된다는 점, 그리고 퇴계는 마음의 주재에 관심이 있었다는 점에서 퇴계의 이학은 심학과의 변증법적 긴장 속에서만 의미가 있다고 할 수 있다. 그렇다고 이학을 심학으로 완전히 바꾸면 변증법적 긴장이 사라져서 퇴계사상의 풍부함이 없어질 것이다.

칸트가 순수한 선의 실현을 찾아 인간의 실천이성을 비판해낸 것은 퇴계가 사단칠정 논쟁에서 주장한 리발을 이해하는 데 많은 도움을 준다. 칸트의 예지의 세계와 감성의 세계는 퇴계의 리의 세계와 기의 세계의 구분을 연상시키고, 칸트의 쾌와 불쾌의 감성적 감정과 도덕법이 일으키는 외경심의 감정은 퇴계의 칠정과 사단의 구분과 매우 유사하다. 칸트에게서 오직 도덕법이 동기가 되어 실현되는 순수 선이란 퇴계가 리발을 통해 기의 용사(用事)를 배제하고 천명(天命)의 실현을 보고자 한 의도와 같다. 순수한 선의 실현에서 칸트가 도덕법을 주체처럼 표현한 것은 퇴계가 리의 발(發)이라는 논란 많은 표현을 통해 의도한 바가 무엇인지 알게 해준다. 이성의 힘이 약해서 실리를 추구하는 욕망에 익숙해져 있는 인간의 상황을 염두에 둔 칸트는, 마치 도덕법이 인간을 끌고가서 선을 실현하는 듯한 표현을 그의 『실천이성비판』에서 사용했다. 거기서 도덕법은 주체요 목적이 된다. 칠정을 악에 기운 감정으로 봄으로써 인간의 일상적 타락을 인식했던 퇴계 역시 리발을 통해 마치 천명이 사람의 의지를 종속시켜 도덕적 선을 실현하는 것처럼 말했다. 그는 고봉과의 논쟁에서 기의 조절을 통한 리의 실현보다는 리의 발현을 통해 인욕이라는 기의 세계와 싸워야 한다는 수양론을 제시했다. 거기서 리발에서 말하고자 했던 리의 능동성의 의미가 밝혀진다. 칸트에게서 도덕법의 주재란 인간 내면의 이성 명령을 말하는 것이듯이 퇴계의 천명 역시 인간의 자기 내면의 명령이고, 리발이란 칸트가 말한 내면 이성의 자기 동의에서 생겨나는 의지 규정의 능력을 가리킨다고 할 수 있다.

그러나 칸트와 달리 퇴계의 리는 단순히 도덕 명령이 아니라 인(仁)이라는 덕이다. 내면의 덕일 뿐 아니라 사람 밖의 우주적 덕성이기도 하다. 그런 점에서 퇴계의 리는 그리스도교의 사랑이신 하나님처럼 어떤 실체로 인식될 수 있는 면이 있다. 퇴계의 도덕 형이상학에서는 우주를 섭리하고 운행하는 사랑의 힘이 내 마음을 주재하는 측면이 있다.[94] 리발은 단순히 도덕법의 의지 규정이 아니라 인(仁)이라는 우주의 덕이 내 속에서 측은지심으로 발현해 선을 실현하는 것일 수 있다. 그런 관점에서 보면 리발은 리의 무위를 깨뜨리고 언뜻 보면 도덕 실현에서 인간의 주재를 약화시키는 것일 수 있다. 그것은 인간 내면의

94 손영식이 리발의 문제를 다루며 변신론을 거론하고 인격신의 문제를 거론하는 까닭도 리에 우주적 차원이 있기 때문이다. 참조. 손영식, 「이발과 기발의 논리적 구조」, pp.62, 63.

이성의 힘이 매우 약하다고 판단될 때 우주적 덕성의 힘의 개입을 통해 선의 실현을 확보하려는 것이며 따라서 상당히 종교적 경향을 띤다.[95] 거기서 인간은 우주적 덕성의 자기 실현에 참여함으로써 선을 실현하는 모양새를 띤다. 물론 그 경우에도 퇴계는 리의 주재야말로 인간의 주재를 가장 분명하게 보장한다고 여길 것이다. 퇴계도 "대체로 움직이는 원인이 곧 성(性)이라면 심(心)이 어찌 그 움직임을 오로지 주재할 수 있습니까?"[96]라고 했으니 리의 주재와 마음의 주재가 변증법적 관계에 있다고 해야 할 것이다.[97] 물론 리의 주재는 마음의 주재와 분리할 수 없다는 점에서 리발은 철저하게 인문주의 전통 안에서 이해돼야 하며, 퇴계의 리가 비록 무위를 벗어나 능동성을 가진다고 해도 그리스도교식의 초월적 실체가 될 수 없다. 도덕적 자기 수양을 표방하는 인문주의의 토대를 벗어나지 않고 가질 수 있는 종교성의 형태를 퇴계가 보여준다고 할 수 있다. 그것은 칸트가 실천이성의 연장선에서 말하는 신 존재의 문제와도 다르다. 퇴계에게서는 그 도덕성의 실체라

95 손영식 교수는 이렇게 말한다. "인간의 의지는 허약한 것이기 때문에, 그 리는 인간의 의지를 간섭 제약하는 것이어야 한다. 즉, 리는 스스로 움직이는 것(리발)이다. 이러한 이황의 리 개념은 주희의 리 개념과 다르며, '법칙 원리'의 수준을 넘어서서 어느 정도 인격신의 성격을 갖게 된다. 신은 이 세상을 설계하고, 그 설계에 따라 관여한다. 이황이 말하는 리는 그런 것이 되는 것이다." 손영식, 「사단 칠정 논변과 조선 유학의 흐름」, 『조선의 유학』(다카하시 도오루 지음, 조남호 옮김, 서울: 소나무, 1999) 보론, pp.388, 389. 여기서 손 교수는 퇴계의 리발이 어느 정도 인격신적인 간섭을 의미하는 점에서 주희와 다르다고 본다. 인격신적인 요소란 인간의 내면 이성의 힘이 약할 때 제기되는 것임도 말하고 있다.

96 "夫所以動者是性卽心豈能專其動也", 『국역 퇴계전서』 7, 314. 『退溪先生文集』 29, 7. 「答金而精」.

97 그러므로 리가 무정의 무조작이므로 리의 주재를 말할 수 없다고 하지만(참조: 손영식, 「존재물음에 내몰린 퇴계학, 겨우 존재하는 리」, p.39), 앞에서 말한 대로 리는 가능태가 아니고 잠재태이므로 주재자가 될 수 있다.

는 것이 우주에 내재해 있고 또한 인간 마음의 본체로 내재해 있기 때문이다.

제3장

리동(理動): 우주발생론

태극생양의(太極生兩儀)에 대한 퇴계의 해석은, 태극 또는 리(理)의 능동성 문제와 관련해서 학자들의 논란이 분분했다. 이것은 사단칠정론(四端七情論)의 리발(理發)과 더불어, 퇴계가 리(理)에 상당한 능동성을 부여함으로써 주희의 학문으로부터 이탈한 자기 모순으로 지적되거나 오히려 독창성을 보인 것으로 논의되기도 한다. 리발이 심성론(心性論)의 문제라면, 태극생양의 해석에서 나타나는 리동(理動) 또는 리생(理生)은 우주론의 문제라고 할 수 있다. 이 문제는 성리학이 도덕의 문제를 해결하기 위해 우주적 원리인 리를 끌어왔기 때문에 생긴 문제다. 다시 말해서 성리학의 천지개벽설(天地開闢說)은 처음부터 도덕론적 관점에서 이뤄진 것이라는 말이다. 주역(周易)의 문구를 주돈이(周敦頤)가 가지고 오고, 그것을 다시 주희(朱熹)가 설명하는 과정은, 성리학의 도덕론으로 세상 사물의 생성 변화까지 설명하려는 노력이라고 할 수 있다. 소당연(所當然)을 소이연(所以然)에서 끌어오는 것이나, 당연(當然)을 필연(必然)이나 자연(自然)으로 설득하려는 것이나, 주관적인 선과 악을 객관적인 리(理)와 기(氣)로 바꿔 말하는 것 등이 모두 도덕론과 우주론이 밀접하게 연관돼 있음을 보여준다.

퇴계가 리동(理動)이나 리생(理生)을 말하면서 의도한 바가 무엇이었는지 알아보자. 그의 태극생양의 해석에 독특한 점이 있는지 살펴보고, 그것이 철학적으로 어떤 의미를 지니는지 살펴보려고 한다. 그런데, 그의 설명 방식이 그리스도교 신학의 삼위일체론과 비슷한 점을 보인다. 그것은 우연이라기보다는 세상의 근원과 세상의 관계를 설명하는 과정에서 동서양의 공통된 어떤 신념이 표현된 현상으로 보인다. 퇴계는 태극이나 리라는 개념을 통해 세상을 운행하는 초월적인 원리의 힘을 보고자 했다. 그것은 원래 도덕 행위의 주재와 관련된 문제이지만, 생성론으로 확대되면 태극이 음양을 낳고 리가 기를 낳는 운동으로 표현된다. 그러나 여기에 딸린 여러 가지 문제가 발생하는데, 그것은 그리스도교 신학에서 발생한 삼위일체 논쟁과 매우 유사하다. 서로 다른 세계관 때문에 해결점은 다르지만, 문제 의식이 같고 따라서 동원하는 설명 방식도 매우 비슷하다. 물론 그리스도교는 하나님이 세상을 낳는다는 표현을 쓰지 않고, 그 대신에 성부가 성자를 낳았다고 한다. 성리학에서 리와 기는 섞이지 않으나 분리되지도 않는데, 그리스도교에서는 성부와 성자를 놓고 구분되나 분리되지 않는다고 말한다. 성부와 성자는 서로 다르지만 한 하나님이다. 이처럼 퇴계의 태극생양의 해석과 그리스도교의 삼위일체가 다르지만, 적어도 그리스도교의 삼위일체론은 퇴계가 리 안에 체와 용을 구분하면서 의도한 바가 무엇이었는지를 이해하는 데 도움을 준다.

퇴계는 태극생양의를 해석하면서, 어떻게든 리의 초월성을 살려서 리의 주재와 능동성을 확보하고자 한 것으로 보인다.

1. 퇴계의 태극생양의(太極生兩儀) 해석에 대한 문제 제기

퇴계는 「리와 기를 한 물체라고 하는 말을 비판하는 변증」에서, 주역의 괘사 상(繫辭 上)에 있는 "태극이 있으니 이것이 양의를 낳는다(易有太極 是生兩儀)"는 문구와 주렴계(周濂溪, 周敦頤)가 『태극도설』에서 한 말, "태극이 동해 양을 낳고, 정해 음을 낳는다(太極動而生陽 靜而生陰)"는 명제를 받아들이면서, "음양은 태극이 낳은 것(陰陽太極所生)"이라고 정리한다.[1] 그런데 여기서 태극이 음양을 낳았다는 것은 리와 기가 하나가 아니라 서로 다른 것임을 말하기 위한 것이다. 퇴계는 말한다. "만일 리와 기가 본래 한 물체였다면 태극이 바로 양의일 것이다. 어찌 태극이 양의를 낳을 수 있겠는가."[2] 선진(先秦) 시대의 태극과 음양이 주희에게서는 리와 기로 표현되는데, 리와 기는 서로 다르다는 것이 전제돼 있으므로 태극이 음양을 '낳을 수 있다(能生)'는 말이다.

그런데, 학자들은 여기서 생(生)이라는 글자가 지니는 의미 때문에 논란이 분분했다. 퇴계 당시에도 그랬고, 오늘날에도 여전히 퇴계 철학의 전체 구도에서 생(生) 자에 대한 논란이 많다. 주역의 문구를 태

1 「非理氣爲一物辯證」, 『국역 퇴계전서』(서울: 퇴계학연구원, 2003) 10, 34. 『退溪先生文集』 41, 20.

2 "若曰理氣本一物 則太極卽是兩儀 安有能生者乎", 같은 곳.

극생양의(太極生兩儀)로 표시할 때, 생(生)은 타동사가 된다. 『태극도설(太極圖說)』의 태극동이생양(太極動而生陽)에서도 '생'은 타동사가 된다. 그리고 퇴계가 능생(能生)이라고 할 때도 생은 타동사로 보인다. 생이 타동사로 쓰이면, 낳는다는 뜻이다. 그런데 낳는다고 하면, 낳는 것과 낳아지는 것 사이에는 구분이 생기지만, 그 둘이 기본적으로 같은 종류의 것이 된다. 예를 들어 소가 소를 낳는 경우에, 어미 소와 새끼 소는 별개의 것으로 이물(二物)이고, 어미 소가 새끼 소보다 우위에 선다. 그러나 동시에 어미 소나 새끼 소가 같은 종류에 속한다. 그렇다면 퇴계는 태극생양의라는 표현을 받아들이면서, 그런 점을 모두 염두에 둔 것일까? 리와 기에 위계질서가 있어 리가 기보다 우위에 있다는 점, 그러나 리와 기가 같은 종류의 것이라는 점을 퇴계는 모두 인정하는 것일까? 더군다나 그처럼 생을 타동사로 쓰면, 그 동사의 주어인 태극이 낳는 능동적 행위를 하게 되는데, 그와 같은 태극의 능동성까지 퇴계는 인정하고 있는 것일까?

퇴계가 「리와 기를 한 물체라고 하는 말을 비판하는 변증」에서 '생' 자를 타동사처럼 말하면서 가장 강조한 것은 리와 기가 서로 구분되는 것이라는 점이다. 사물로 보면(在物上看) 리와 기는 서로 합쳐져서 나눌 수 없지만, 그 둘은 분명히 구분된다. 리와 기의 문제는 성(性)과 기(氣)의 문제로 되기도 하는데, 퇴계는 주희의 말을 인용해서 "비록 성(性)이 기 가운데 있더라도 기는 기이고, 성은 성이어서, 또한 스스로 협잡하지 않는다."고 한다.[3] 그래서 리와 기는 불상잡(不相雜)이다. 그처럼 리와 기가 서로 다른 것임을 가장 강조하면서, 동시에 덩달아 퇴

3 "性雖在氣中 然氣自氣性自性 亦自不相夾雜", 같은 곳.

계가 인정하게 되는 것은 리와 기의 위계질서다. 태극이 음양을 낳는다면, 태극이 음양의 기원이 되기 때문이다. 리와 기는 사물로 보면 전후가 없지만, 그 이치상으로 보면(在理相看), "비록 사물이 있기 전이라도 이미 사물의 리가 있는 것이다."[4] 그러므로 퇴계는 태극생양의라고 하는 우주발생론을 통해 태극이 음양보다 근원적이고 우위에 있음을 인정하고 있다. 태극과 음양의 관계는 도(道)와 그 도를 담는 그릇(器)의 관계로 설명되기도 하는데, 퇴계는 "기(器)를 떠나서 도를 찾을 수 없고… 도를 벗어나 기(器)가 있을 수 없다."[5]고 한다. 이것은 단순히 "그릇이 없으면 도가 없고, 도가 없으면 그릇이 없다."는 뜻이 아니다. 리와 기의 불상리(不相離)라는 원칙에도 불구하고, 주희는 기가 없을 때 리는 있었다는 발언을 한다.[6] 그러나 리가 없을 때 기가 있었다는 발언은 하지 않는다. 다만, 기와 함께만 리가 드러난다. 그러므로 위 인용문에서 "기(器)를 떠나서 도를 찾을 수 없다."는 퇴계의 말은, 리기 불상리 원칙을 말하는 것이지만, 기(器)가 없을 때 도가 있었다는 것을 부인하는 것은 아니다. 그러나 도 없이 기(器)가 있을 수는 없다. 그러므로 여기서도 도(道)와 기(器) 또는 리와 기의 우열이 가려지는 것이다. 리나 기는 모두 세상의 근원이라고 할 수 있지만, 리와 기의 관계에서는, 리가 기의 근원이지만 기는 리의 근원이 아니다.

그런데, 리가 기보다 우월하고 리가 기의 근원이라고 해서, 리와 기가 서로 다른 종류의 것이라는 보장은 없다. 리가 기를 낳았다면, 어미

---

4 "若在理上看 則雖未有物而已 有物之理", 같은 곳.

5 같은 곳.

6 "천지가 생기기 전에는 틀림없이 리만 있었다(未有天地之先 畢竟也只是理).", 『주자어류』, 이주행 외 옮김(서울: 소나무출판사, 2001), 1-5, p.43.

소와 새끼 소의 관계처럼 그 우열이 같은 종류 안에서 이뤄지는 일일 수 있다. 그렇다면 퇴계는 리와 기를 같은 종류의 것으로 보는 것도 인정하고 있는가? 그렇지 않은 것 같다. 사실, 퇴계가 리와 기를 서로 다른 것(二物)으로 보는 데에는, 리를 기와는 다른 차원의 무엇으로 보는 시각이 있다. 위 글에서 퇴계는 주희의 말을 인용해, "기(氣)의 정한 것을 성(性)이라 하고, 성의 거친 것을 기라 하는 것은 마땅하지 않다."고 한다. 퇴계가 이 말을 인용하면서 첨부한 대로 성(性)은 리(理)를 가리키는 것이니, 위의 인용문은 곧 리와 기의 관계를 말하는 것이다. 기를 맑게 한다고 그것이 리가 되지 않는다는 것이니, 이것은 리가 기와는 전혀 다른 무엇임을 의미하는 것이다. 퇴계가 이 글에서 리와 기가 일물이 아님을 주장하는 것은 결국 리가 기를 초월한 것임을 말하려는 것이었다. 사실 고봉(高峯)과의 사단칠정 논쟁에서도 퇴계 주장의 핵심은 순수한 기라고 해서 리가 될 수는 없다는 점에 있다. 그렇게 보면, 리와 기가 합해 사물을 이룬다는 것은, 초월적인 무엇이 기에 내재하는 셈이다. 그리고 리가 기에 우선한다는 것은 기에 대한 리의 우월성을 말하는 것이다.

그렇다면 마지막 물음을 물어보자. 퇴계는 우주발생론에서 리의 능동성을 말하고 있는 것일까? 퇴계가 인용한 주돈이의 글에서는 "태극이 동하여 양을 낳고, 정하여 음을 낳는다."고 한다. 태극에 동정(動靜)이 있다는 것이다. 타동사로 쓰인 생(生) 자와 함께 동(動)이라는 글자도 태극의 능동성을 말하는 듯하다. 더구나 퇴계는 그것을 풀이하면서 능생(能生)이라는 말까지 하고 있다. 그러나 「리와 기를 한 물체라고 하는 말을 비판하는 변증」에서 퇴계가 말하고자 한 것은 리의 능동성 문제보다는 리와 기가 다르다는 것, 리와 기 사이에는 넘을 수 없는 거리가 있다는 점이다. 같은 종류의 것일 수 없다는 점이다.

이 문제와 관련해서 학자들이 주목하는 본문은 퇴계가 정유일(鄭惟一)에게 보낸 편지에 있다. 퇴계는 사람 마음의 동정과 천지의 동정은 같은 것으로서 그 뒤에는 모두 리가 있다고 말한 후에 이렇게 설명을 이어간다.

> 살펴보건대 주희는 일찍이 말하기를 "리에 동정이 있기 때문에 기도 동정이 있는 것이다. 만약 리가 동정이 없으면 기가 어디로부터 동정이 있을 것인가? 대개 리가 동하면 기가 따라서 생겨나고, 기가 동하면 리가 따라서 나타난다."고 하였습니다. 렴계는 이르기를 "태극이 동하여 양을 낳는다"고 하였으니, 이것은 리가 동하면 기가 따라 생김을 말한 것이요, 주역에는 "복괘에서 천지의 마음을 볼 수 있다"고 하였으니 이것은 기가 동하면 리가 나타나기 때문에 볼 수 있다는 것입니다.[7]

여기서 퇴계는 주렴계의 태극동이생양(太極動而生陽)의 뜻을 주희의 말인 "리가 동하면 기가 따라서 생겨난다(理動則氣隨而生)"로 풀고 있다. 여기서 생(生)은 자동사로서, 생겨난다는 뜻이다. 주렴계의 글에서는 타동사로 쓰인 생 자를 퇴계는 주희의 글을 빌려 자동사로 사용한 것이다. 타동사를 자동사로 푼 것에 의미를 부여한다면, '낳는다'에서 '생긴다'로 바뀜으로써 원인과 결과 사이가 같은 종류의 것이 되는 것을 막을 수 있다. "리가 동하면 기가 따라서 생겨난다"고 하면, 여전

---

7 "按朱子嘗曰 理有動靜 故理有動靜 若理無動靜 理何自而有動靜乎 蓋理動則氣隨而生 氣動則理隨而顯 濂溪云 太極動而生陽 是言理動而 氣生也 易言 復其現天地之心 是言氣動而理顯 故可見也",「答鄭子中別紙」,『국역 퇴계전서』 7, 115.『退溪先生文集』 25, 34.

히 리가 기의 원인이 되지만, 태극이 음양을 낳는다거나 리가 기를 낳는다고 할 때 발생하는 문제, 곧 리와 기가 같은 종류가 되는 것을 막을 수 있다. 좀 더 정확히 말해서, 동류가 아닐 가능성을 열어놓는 것이다. 윤사순 교수는 퇴계의 이러한 해석을, 리와 기가 같은 종류가 되는 것을 막으려는 시도로 보고 있다.[8] 리동이기생(理動而氣生)에서는 리가 기의 기원이 되고 우월한 것이라는 점은 유지되면서, 리나 태극의 동정과 기나 음양의 발생 사이에 어떤 거리가 생긴다. 그 거리는 리의 초월성, 리와 기가 일물이 아님, 리의 분명한 우월성 등을 의미한다고 할 수 있다. 그러나 기의 발생에서 리의 능동성은 약해진다. 리가 움직이매 기가 생겨나는 것이지, 리가 기를 직접 낳는 것이 아니기 때문이다. 거기서는 기의 발생의 기원이 기일 수 있는 것이다.[9] 그러나 여전히 리동(理動)이 기생(氣生)에 앞서고 있으므로, 리의 능동성을 인정하고 있는 것처럼 보일 수도 있다.

이상의 논의를 바탕으로 태극생양의에 대한 퇴계의 해석에서 퇴계가 분명하게 말하고자 한 것을 정리하면 다음과 같다. 첫째, 리가 기의 원인이요 기원이 된다는 것이다. 둘째로, 리와 기는 결코 같지 않고 둘 사이에 차이가 있다는 점이다. 그런데, 리가 기의 생성 원인이라고 하는 것은, 음양이 자연 발생하고 기의 생성 원인은 기 자체에 있다고 하는 성리학의 또 다른 기본 명제와 어떻게 양립하는가? 사실 퇴계는 기

8 윤사순 교수는 "리가 동하면 기가 따라서 생겨난다"는 것을 태극생양의에 대한 퇴계의 원래 주장으로 보고, 그것의 가장 큰 의미를, '생'이 타동사로 쓰일 때 리와 기가 동류가 되는 것을 막는 데서 찾고 있다. 윤사순, 『퇴계 철학의 연구』(서울: 고려대학교출판부, 1980), pp.58-61.

9 이 점은 문석윤 교수도 지적하고 있다. 문석윤, 「퇴계에서 理發과 理動, 理到의 의미에 대하여: 리의 능동성 문제」, 『퇴계학보』 제110집(서울: 퇴계학연구원, 2001), p.184.

의 생성이 기 자체에서 비롯된다는 것을 알면서 리를 기의 원인으로 말했다고 봐야 한다. 그렇다면 그 의미는 무엇일까? 그리고 리와 기에 거리를 두려는 것 또는 기에 대한 리의 우월성을 말하는 것은 이정(二程) 이래의 체용일원(體用一源)의 명제와 어떻게 양립하는가? 퇴계는 리가 기에 내재한다는 성리학의 기본 명제를 떠나지 않으면서 리와 기를 구분해서 어떤 초월성을 리에 부여한 것이라고 할 수 있다. 왜 그처럼 리의 초월성을 주장했을까? 또한 기의 원인을 리라고 할 때, 리는 기의 능동인이라고 할 수 있는가? 주희의 말, "리에 동정이 있어 기에 동정이 있다."는 것을 퇴계가 인용하는 것으로 보아, 리는 만물의 능동인처럼 보인다. 학자에 따라서는 퇴계의 주희 해석이 잘못됐다고 본다. 그러나 퇴계는 리에 체(體)와 용(用)을 인정하면서까지 리의 능동성을 변호하고자 했다.

그런데 리의 능동성을 인정하는 것은 논란을 불러일으킬 수 있다. 우주 발생에서 성리학은 기의 자연 운동을 인정하고 있기 때문이다. 리는 기를 초월한 면이 있다는 것이 성리학의 기본 주장인데, 만일 리에 운동력을 부여하면, 세상을 초월한 어떤 실체로부터 세상이 생겨난 것이 된다. 그렇게 되면 성리학의 우주발생론이 그리스도교적인 창조론까지는 아니더라도 신플라톤주의의 유출설과 비슷하게 될 수도 있다. 그 경우에 문제는, 세상이 일자(一者)로부터 멀어져 극복되어야 할 곳이 된다. 그리고 세상은 존재론적으로 덜 존재하는 것이 된다. 그것은 성리학의 세계관과 맞지 않는다. 기가 리보다 열등한 것이 만일 플라톤주의의 존재론 차원에서 이해되는 것이라면, 세상은 처음부터 객관적으로 뭐가 모자라고 비극적이다. 그러나 성리학의 관점에서 볼 때 악은 인간의 마음에서 비롯되는 것일 뿐 우주의 구성 원인에 의해 존재론적으로 결정될 수 없다. 기는 그 자체로 악의 끄나풀이 아니요, 기에 사로잡히는 마음이 악일 뿐이다.

그러므로 리와 기의 우열 문제는 도덕론 차원에서 이해돼야지, 우주론 차원에서 이해돼서는 안 된다. 우주발생론 차원에서 볼 때 존재의 근원은 최초의 기에 있으며, 원기(元氣)는 자연 발생이지 그보다 앞선 근원이 있을 수 없다. 성리학은 그리스도교 신학과 달리, 존재론이 도덕론에 흡수돼 있다. 그리스도교 신학도 인문주의 도덕론의 문제 의식을 가지고 있지만, 도덕의 문제를 창조론에 바탕을 둔 존재의 형이상학으로 풀려고 했다. 물론 성리학 역시 도덕의 문제를 형이상학으로 풀려는 것이요, 그래서 선과 악의 문제를 존재의 근원인 리와 기의 문제로 풀었다. 퇴계의 사단칠정론도 순선(純善)인 사단과 악의 성향을 지닌 칠정을 각각 리와 기에 나눠 배치한 것이다. 그러나 성리학의 형이상학은, 리가 존재 자체요 기에는 비존재가 섞여 있다는 식의 서양의 존재론적 발언을 하지 않는다. 다시 말해 성리학은 실체(ōusia, substantia) 개념을 중심으로 한 존재의 형이상학이 아니라, 도덕 형이상학인 것이다. 그래서 인문주의로 남고 종교적 예배의 대상을 만들지 않는다. 앞에서 우리는 퇴계가 리와 기의 문제를 본성(性)과 기의 문제로 바꿔 설명하는 것을 보았는데, 그것은 퇴계가 태극생양의를 통해서 말하려는 것이 도덕적인 문제임을 암시하고 있다. 본성과 기의 문제는 심성론의 문제로서 결국 마음의 도덕적 능력 및 도덕성의 실현과 관련된 문제이기 때문이다. 우주론 또는 우주발생론은 심성론 또는 도덕론의 각도에서 이해해야 한다. 리와 기가 합해 사물을 명한다거나, 기가 있기 전에 리가 있었다는 발언이나, 태극이 음양을 낳는다는 것은 모두 도덕성 실현이나 수양론의 각도에서 이해해야 할 것이며, 단순히 우주발생론이나 존재론의 시각에서 이해하면 안 될 것이다.

우주의 생성으로 보면 기의 자연 발생이 있을 뿐이다. 운동력은 취산굴신(聚散屈伸)하는 기의 몫이다. 리가 기를 낳았다고 하는 우주발생론은, 우주의 근원적인 힘은 선이라는 얘기고, 선이 악보다 우선하고 우월하다고 하는 도덕적 신념의 표현이다. 악은 선을 이길 수 없으니, 선이 이기리라는 확신을 가지고 악과 싸워 선을 이루라는 얘기다. 우주발생론이 수양론과 연결되는 까닭이 거기에 있다. 그러므로 만일 태극이나 리에 능동성을 인정한다고 해도, 그것은 기의 능동성과 성격이 다르다. 학자에 따라서는 퇴계의 리발(理發)과 리동(理動)에는 리의 능동성을 인정하지 못하고, 리도(理到)에서는 리의 무위성을 깨고 퇴계가 리의 능동성을 인정했다고 하는데,[10] 그때 리의 능동성이란 무엇을 의미하는 것일까? 그것은 모였다가 흩어지고 접혔다가 펴지는 기의 능동성일 수 없다. 리를 가리켜 하는 말인 동이정(動而靜)이요 정이동(靜而動)이라는 말은 어차피 리도에도 적용된다. 기는, 동(動)이면 동(動)이고 정(靜)이면 정(靜)이라고 해야 한다. 또는 기의 정(靜)이란 동(動)의 파생물이다. 왜냐하면 기란 물질뿐 아니라 물질의 운동까지를 가리키는 개념이기 때문이다. 기라는 개념에는 이미 움직임이 들어 있다. 그런데 리는 동(動)이면서 정(靜)이고, 정(靜)이면서 동(動)이다. 그리고 리의 동(動)은 정(靜)의 파생물이다.[11] 그런 점에서 리의 동(動)은 기

---

10 문석윤, 위의 글.

11 엄밀히 말해서 리는 동정을 넘어서 있다. 그러나 그 능동성을 말하기 위해 동을 말할 때, 그 동은 정의 파생물이다. 리와 기의 관계에서 기본적으로 리는 체(體)로서 정(靜)이고 기는 용(用)으로서 동(動)이다. 그러므로 리의 동(動)을 말하더라도, 그것은 정(靜)의 다른 면이라고 해야 할 것이다. 그것은 마치 아리스토텔레스가 말한, '움직이지 않으면서 모든 것을 움직이는 자'와 비슷하다.

의 동(動)과는 다른 의미로 여겨져야 한다. 다시 말해서 리는 아무것도 안 하면서 모든 것을 다한다. 퇴계는 리의 동정(動靜)과 마음의 동정은 같을 수 없다고 했다.[12] 마음은 리와 기의 합으로서, 마음의 동정에는 모두 기가 개입돼 있는데, 리의 경우에는 그와 다른 동정이 있다는 얘기다. 그렇다면, 퇴계는 리의 동정을 인정하고 동시에 기와 다른 의미의 능동성을 인정하는 것일까? 그것은 리의 무정의(無情意), 무조작(無造作), 무계탁(無計度) 원칙과 어떻게 양립할 수 있는가? 만일 리의 능동성이 존재 생성의 능동성이 아니라 도덕적 의미의 능동성이라면, 그것은 무엇을 의미하는 것일까?

퇴계가 인정한 리의 능동성의 의미를 알기 위해서는 리의 체용설을 살펴봐야 할 것이다.

2. 리의 체(體)와 용(用)

학자들은 이공호(李公浩)의 물음에 대한 퇴계의 답에 주목한다. 이공호는 "태극이 동해 양을 낳고 정해 음을 낳는다고 하지만, 주희가 리는 감정도 없고 작용도 없다고 했으므로 태극이 음양을 낳을 수 없을 것 같습니다."고 물었다. 퇴계는 이렇게 답했다.

> 주희가 일찍이 이르기를 "리가 동정이 있기 때문에 기도 동정이 있는 것이다. 만약 리가 동정이 없다면 기가 어떻게 동정이 있을 것인는가," 하였

12 "但言人心動靜 非就天地之理 言動靜也", 「答鄭子中別紙」 『국역 퇴계전서』 7, 115. 『退溪先生文集』 25, 34.

는데, 그것을 알면 의심은 없어질 것이외다. 대체로 정의(情意)가 없다 운운한 것은 본연의 체를 말한 것이고, 발동할 수 있고 낳을 수 있는 것은 지묘한 용을 말한 것이지요… 리 자체도 용이 있기 때문에 자연적으로 양을 낳고 음을 낳은 것이니까요.[13]

여기서 퇴계는 분명히 리에 동정을 인정하고 있다. 그리고 리의 본체(體)는 무정의(無情意)해서 발하고 낳을 수 없지만, 리의 작용(用)의 측면에서 보면 발할 수 있고 낳을 수 있으니 마치 정과 의지가 있는 존재처럼 능동적이라는 말이다. 말하자면 리에 어떤 능동성을 인정하기 위해 퇴계는 리의 체와 함께 용을 인정하고 있다. "자연히 양을 낳고 음을 낳는다."는 것을 윤사순 교수는 앞에서 말한 "리가 동하면 기가 따라서 생겨난다."는 명제와 같은 뜻으로 본다.[14] 특별히 타동사 '생'에 의미를 부여하지 않는 셈이다. 그러나 어떻든 여기서 퇴계는 기가 생겨나는 것에 리의 작용이 있음을 말하기 위해서 리 속의 용을 인정하고 있다. 그것은 리가 원래 체로서 무정의, 무조작이어서 기의 생성을 주도하는 작용을 할 수 없음을 의식하고 한 말이다. 리의 체와 용은 결국 그 문제다.

원래 성리학에서 체와 용은 사물에 주어진 도덕적 잠재력과 그것이 현실 사태에서 실현되는 관계를 가리킨다.[15] 그런데, 도덕론의 차원에

13 "朱子嘗曰, 理有動靜 故氣有動靜 若理無動靜 氣何自而有動靜乎 知此則無此疑矣. 蓋無情意云云 本然之體, 能生能發 至妙之用也… 理自有用 故自然而生陽生陰也", 『국역 퇴계전서』 9, 273. 『退溪先生文集』 39, 28. 「答李公浩問目」.

14 윤사순, 위의 책, p.60.

15 강진석, 「북송 유가의 체용론 연구」, 『중국연구』 28권(서울: 한국외국어대학교 중국연구소, 2001)에서도 북송 유가 체용론의 관심이 도덕 문제였음을 보여주고 있다.

서 발생한 체용의 문제를 만물의 생성을 설명하는 데도 사용하기 때문에 모순돼 보이기도 하고, 많은 논란을 불러일으키기도 한다. 그러나 알고 보면 우주발생론에서 등장하는 체용의 문제 역시 도덕적 이념으로서의 리나 태극이 기나 음양으로 대표되는 세상과 어떤 관계를 맺고 있는지를 보여준다.[16] 우주발생론에서 리 안에 용을 인정하는 체용의 문제를 일단 이렇게 정리할 수 있을 것 같다. 본체로서의 태극과 리는 세상 현실로서의 기나 음양을 초월한 측면을 가리키고, 작용으로서의 태극이나 리는 세상에 유행하며 다양한 현실에 응해 덕을 실현하는 능동성을 가리킨다. 리는 원래 본체로서 무위인데, 음양을 낳고 선을 실현하는 작용이 있다고 해서 그것을 리의 용이라고 부른다. 하나의 리 안에 작용을 초월한 면과 작용하는 면이 모두 갖춰져 있다.

인류 사상사에서 보면, 초월적 신이 세상과 접촉해 작용하는 부분을 가리켜 말할 때 열등하게 보는 면이 있다. 플라톤(Platon)은 데미우르고스라고 하는 열등한 신이 높은 신인 선의 이데아의 명을 받아 세상을 만들었다고 말한다. 데미우르고스를 열등한 신으로 본 것은 세상과 접촉하게 되는 신을 열등하게 보려는 것이다. 그것은 세상이란 반드시 오염되는 곳이라는 생각 때문이다. 반면에 성리학에서 기는 그 자체로 오염된 것이 아니다. 그러므로 기를 낳는 리 또는 기를 통해 자기를 실현하는 리의 측면을 열등하게 보지 않는다.

리 안의 용이라는 것이 어떤 의미를 지니는지 좀 더 자세히 살펴보

---

16 김종인, 「현대과학에 대한 신유학자의 반응」, 『동양철학연구』 35집(서울: 동양철학연구회, 2003), pp.397-398에서는 "성리학의 본체가 도덕적 본체인데, 그것을 합리화하는 과정에서 우주적 본체를 전면에 내세우고 있다."고 말한다. 현대의 신유학자인 웅십력(熊十力)이 도덕적 본체를 제외하고 우주론을 말하고 있음은, 도덕으로 세상을 설명하려는 중세의 철학을 탈출하는 것을 의미한다.

자. 「심무체용변(心無體用辯)」(1564)에 보면, 리에 체와 용을 나누는 까닭을 알 수 있다. 먼저, 이 글에서 퇴계는 체와 용을 두 가지로 나눈다. 하나는 사물을 두고 말하는 것(就事物而言)이니, "배는 물에 다닐 수 있고 수레는 육지에 다닐 수 있으며, 배와 수레가 물로 다니고 육지로 다닌다."는 것이다.[17] 이것은 잠재태와 현실태의 관계를 말하는 것이다. 할 수 있는 잠재력의 상태가 체요, 그 가능성이 현실의 장에서 실현되는 것이 용이라는 말이다. 사물의 체와 용을 가리켜 퇴계는 물체의 운동 능력과 그 능력이 발휘된 운동을 예로 들어 설명하고 있다. 그러나 퇴계의 원래 관심은 도덕적 이념과 그 이념의 실현에 관한 것이다. '사물'이라면 물(物)뿐 아니라 사(事)도 포함된 것으로서, 퇴계의 실제적 관심은 인간사에 있다고 해야 할 것이다. 인간사의 도덕적 잠재력과 그 실현의 관계가 체와 용으로 설명되는 것이다.[18]

인간사는 도덕적으로 굴러갈 수 있다. 그러나 실제로 세상의 인간사가 도덕적으로 돌아가느냐는 문제는 별개다. 그것은 인간의 책임이요, 결국 인간이 어떻게 마음을 먹느냐는 문제일 것이다. 다만 성리학은 인간이 도덕적 마음을 먹고 마음을 쓸 수 있는 힘을 인간 너머에서 인간사를 움직이는 어떤 도덕적 힘에서 끌어오고자 했다. 성리학에서 인간사를 뛰어넘어 자연까지 섭리하는 우주론과 형이상학이 등장한 까닭은 거기에 있다. 퇴계가 사단칠정 논쟁에서 말한 리발의 문제도 인간 너머에서 오는듯한 어떤 도덕적 힘이 인간에게 작용하는 문제다.

17 "有就事物而言者 如舟可行水 車可行陸 而舟車之行水行陸是也", 『국역 퇴계전서』 10, 30. 『退溪先生文集』 11, 17.

18 그래서 용(用)이 의(義)로 설명되기도 한다. "정자가 말씀하셨다. '사물에 있는 것을 리라 하고 사물을 대처하는 것을 의라 하니, 체와 용을 이른다…'(程子曰 在物爲理 處物爲義 體用之謂也).", 『맹자집주』, 성백효 역주(서울: 전통문화연구회, 2005), p.463.

그러나 거기서는 리 안의 용의 문제가 심각하게 문제시되지 않았는데, 그것은 리가 인간 내면의 도덕적 능력으로 이해됐기 때문일 것이다. 인간 내면의 도덕적 힘을 인간이 사용해 도덕을 실현하는 문제였던 것이다. 퇴계는 인간 마음의 능력을 기질지성 때문에 의심했고, 그래서 인간 너머의 힘이 인간을 통해 자기를 실현하는 듯한 처방책을 내놓았던 것이지만, 그 모든 것은 결국 인간의 능력 안에서 일어나는 일이기 때문에 리 안의 체와 용의 문제는 심각하게 대두되지 않았던 것 같다. 리 안에 체와 용을 인정하려면 리를 마치 독립적 실체 비슷하게 봐야 하는데, 사단칠정 논쟁에서는 아직 그런 차원까지 가지는 않았던 것 같다. 다만 리의 능동성에 대한 견해는 사단칠정론에서 드러난 셈이고, 그것이 태극생양의 해석에서 좀 더 분명해진 것이라 할 수 있다.[19]

한편 사물에서의 체용과 달리 도리를 들어 말하는(就道理而言) 체용을 퇴계는 말하고 있는데, 이것이 매우 독특한 것이다. 앞서 말한 사물에서의 체용이란 기 속에 내재한 리와 기의 활동의 관계, 형이하 속에 내재한 형이상과 형이하의 동정의 관계를 가리킨다고 할 수 있다. 태극이 음양을 낳았다거나, 태극이 움직여 양이 따라서 생겨난다는 것은 음양의 활동을 태극의 활동으로 보려는 것이다. 존재 발생의 문제라기보다는 활동의 문제요, 인간사 속에 유행하는 태극이라는 도리의 활동을 가리킨다. 천명의 유행을 가리킨다. 성리학에서 리는 기 속에 내재

19 문석윤 교수는 리발이나 리동에서 드러난 리의 능동성 문제에 큰 의미를 두지 않는다. 반면에 리발에서 리동으로 가는 이런 발전을 이동희 교수는 리를 가치론적 실재로 보는 데서 실체로 보는 것으로 바뀐 것이라고 한다. 이동희, 「화이트헤드의 형이상학적 신 관념에서 본 퇴계의 독특한 리 관념, 존리설」, 『퇴계학보』 116집(서울: 퇴계학연구원, 2004), p.122. 리가 정말 존재론적 실체일 수는 없지만, 실체와 비슷하게 되는 것은 분명하다. 종교성이 더욱 강화되는 것이다.

해서 기의 도덕적 잠재력으로 작용하기 때문이다. 그런데, 기가 리의 활동을 가리면 악이 발생하고, 기가 리의 활동에 순응하면 선이 되는 것이다. 이때 기의 활동을 죽이고 리에 순응해야 하는 문제가 발생하는데, 그것이 바로 마음의 수양인 것이다. 그것은 도덕적 이념과 현실 세계, 도덕적 잠재성과 그 잠재력의 실현의 관계다.

그러나 퇴계는 또한 주희를 인용하며 도리 속의 체와 용을 말하고 있으니, 체 속에 다시 체와 용을 나눠 보는 것이라고 할 수 있다. 그리고 그것은 가능성과 그 가능성을 현실에서 실현하는 것과는 조금 다른 문제다. 퇴계는 도리를 취해 말하는(就道理而言) 체용으로서, "충막하여 조짐이 없으되 만상이 삼연히 이미 갖추어졌다는 것"[20]이라고 한다. 그리고 이렇게 말한다.

> 아! 충막(沖漠)하여 조짐이 없는 것은 건곤(乾坤)에 있으면 무극(無極)과 태극(太極)의 체(體)가 되어 만상(萬象)이 이미 갖추어져 있고, 사람의 마음에 있으면 지극히 허(虛)하고 지극히 정(靜)한 체(體)가 되어 만 가지 용(用)이 구비되어 있으며, 사물에 있어서는 또 발현되고 유행하는 용(用)이 되어 때와 장소에 따라 있지 않음이 없는 것이다.[21]

퇴계는 우주적 차원의 건곤에서 체와 용을 말하고, 사람 마음의 체와 용을 말하고 있다. 우주적 차원의 리의 체는 충막무짐(沖漠無朕)이

20 『국역 퇴계전서』 10,30. 『退溪先生文集』 11, 17.

21 "嗚呼 沖漠無朕者 在乾坤則爲無極太極之體 而萬象已具 在人心則爲至虛至靜之體 而萬事用必備 其在事物也 卻爲發見流行之用 而隨時隨處無不在", 「心無體用辯」, 『국역 퇴계전서』 10, 31. 『退溪先生文集』 41, 18.

고 마음속의 리의 체는 지극히 허하고 지극히 정함(至虛至靜)이다. 충막무짐이란 텅 비고 깊어 아무런 움직임과 조짐이 없다는 뜻인데, 이것은 만물을 낳기 이전의 모습이다. 그런데 그 충막무짐의 체가 사물에 발현된 것이 천지만물의 생성 변화이고, 지허지정의 체가 사물에 발현되는 것은 마음이 갖가지 이치로 다양한 인간사에 대응하는 것이다. 원래 본체(體)란 충막무짐과 지허지정의 도덕 이념을 가리키고, 작용(用)이란 그 이념이 사물과 현실에서 발현되는 것을 가리킨다. 그런데, 위 인용문에서는 사물에서 발현되는 용 이전에 다시 이념 속의 용을 인정하고 있다. "만상이 이미 갖추어져 있음"은 우주론에서의 충막무짐의 용이다. "만 가지 용이 구비되어 있음"은 도덕론에서의 지허지정의 용이다.

1) 여기서 먼저 마음의 체용에 초점을 맞춰 생각해 보자. 이것은 하나의 리 안에 여러 이치가 갖춰져 있어, 상황에 따라 그때그때 맞는 구체적 도덕 행위를 낳는 것을 가리킨다. 주희가 "성(性)은 전혀 조짐이 없으며, 단지 수많은 도리가 거기 있을 뿐이다."[22]라고 할 때, 성(性)이 지니고 있는 그 수많은 도리가 리의 용인 셈이다. 그러나 성이나 리는 원래 수많은 도리를 넘어 하나로 텅 비어 있다. 위 인용문에서는 지허지정이라고 표현했는데, 충막무짐과 같은 것이다. 그 텅 빈 하나가 여러 상황에 알맞게 적용되는 것, 다시 말해 "사물에서 발현되고 유행하는" 것이 용(用)인데, 그렇게 사물에 적용되기 전에 하나의 보편적 리는 구체적 상황에 따른 수많은 도리를 이미 다 갖추고 있다. 보편과 구체가 모

22 "如性 則全無兆朕, 只是許多道理在這裏", 『주자어류』, 5-83, p.272.

순 없이 리 안에 양립한다. 원래 텅 빈 하나를 말하는 것은, 상황마다 일일이 무엇이 옳은지 생각해 행위하지 않고 한 마음으로 모든 상황을 관통하려는 것을 의미한다. 그것은 성리학에서 마음 밖 사물의 이치로 설명되기도 한다. 그래서 리는 마음 안이면서도 마음 밖인 것이요, 도덕적 덕목인 인의예지(仁義禮智)가 마음의 덕이면서 동시에 인간사와 자연의 운행 원리이기도 한 것이다. 마음 밖의 리는 사람 위에서 모든 인간사와 자연의 생성 변화를 주재하는 초월적 원리의 모습을 갖기도 한다. 리의 초월성은 사실은 인간사에 초점이 있는 것으로서, 모든 구체적 상황을 제대로 주재하기 위해 구체적 상황을 넘어 위에서 내려다보는 것이다. 그러한 초월성은 지허지정의 비움을 의미하고, 텅 비었기 때문에 상황에 매몰되지 않고 그때그때 알맞은 도덕적 행위를 낼 수 있다. 그런 점에서 텅 비었다는 것은 모든 것을 다 갖췄음을 의미한다. 그런 점에서 리는 하나이면서 여럿이다. 하나로 갖가지 상황을 넘어 상황마다에 시달리지 않고, 여럿으로 갖가지 상황에 어울리는 이치를 다 담아 때와 장소를 가리지 않고 상황마다 적합한 처신으로 인도한다. 다음 퇴계의 말도 그런 뜻이다. "사물은 비록 일만 가지로 달라도 이치는 하나인 것입니다. 군자의 마음이 능히 탁 트이고 매우 공정한 까닭은 그 성을 온전히 하고 안과 밖의 구분이 없기 때문이고, 능히 사물이 오면 순응하는 까닭은 한결같이 이치에 따르고 이쪽과 저쪽의 구분이 없기 때문입니다."[23] 지허지정과 충막무짐은 말하자면 탁 트인 마음이다. 밖에 순응하는 것은 하나의 이치로 여러 가지 상황에 맞게

23 "物雖萬殊 理則一也 惟其理之一 故性無內外之分 君子之心 所以能廓然而大公者 以能全其性而無內外也 所以能物來而順應者 以一循其理而無彼此也", 『국역 퇴계전서』 4, 288. 『退溪先生文集』, 13, 15.

공명정대하게 행하는 것을 가리킨다. 안팎의 구분이 없다는 것은 결국 하나와 여럿의 구분이 없음을 가리킨다. 하나이지만 이미 여럿을 품고 있어서 여러 상황마다 의리에 맞는 반응이 하나에서 나간다. 마음 속 하나에 여럿이 갖춰져 있어 바깥의 여러 상황에 부딪혀 알맞으면서도 일관되게 행한다. 그것을 가리켜 퇴계는 안팎의 구분이 없다고 한다. 이때 텅 빈 하나를 가리켜 리의 체라고 하고, 하나 안에 들어 있는 여럿을 가리켜 리의 용이라고 한다. 리가 용의 측면을 그 안에 지니고 있다는 것은, 그처럼 여러 상황에 부딪히는 현실을 염두에 둔 것이다. 하나인 리가 여러 상황에 여러 모습으로 실현되기 전에, 그 안에 이미 여러 상황에 맞는 여러 이치를 지니고 있다. 그것이 리 안의 용인 것이다.

그러므로 리 안에 리의 용을 인정하는 것은, 리의 자기 실현을 강조하기 위한 장치라고 할 수 있다. 다시 말해 인간의 주체성에 제약을 가하면서까지, 마치 리가 자기 실현을 통해 도덕이 이뤄지는 것처럼 보려는 것이다. 인간이 구체적 상황에서 무엇이 옳은지 생각하고 마음을 먹기 전에, 리는 그 안에 이미 구체적 상황에 맞는 갖은 이치를 다 지니고 있으므로, 그것이 발현되고 유행하도록 하면 되는 것이다. 인간은 리의 자기 실현에 참여함으로써 도덕적이 된다. 이처럼 도덕 실현에서 리에 주도권을 주는 것은 인간의 악을 심각하게 볼 때 생기는 것이다. 「심무체용변(心無體用辯)」에서 마음의 체와 용을 말하는 것은, 사단칠정론에서 말한 리발과 연관된다고 할 수 있는데, 체용론을 통해 리의 능동성을 좀 더 구체화했다.

퇴계는 위의 인용문 뒤에 바로 "체와 용이 하나의 근원(體用一源)"이라고 하고 "드러남과 은미함은 간격이 없다(顯微無間)"는 정자(程子)의 말을 인용한다. 그런데, 체용일원의 의미는 사물에 발현하고 유행하는 용과의 관계에서 생각돼야 할 것 같다. 다시 말해서 여기서 체용일원의 용은 지허지정하고 충막무짐한 체가 사물 사이에서 발로되는 것[24]을 가리키는 것으로 봐야 한다. 또는 깊고 아득한 체가 "사물 사이에서 발동하는 것"[25]이기도 하다. 용(用)이라면 "사물에서 발현되고 유행하는 용"을 가리킨다. 그러니까 흔히 용(用)은 사물에서의 용인 것이다. 그러므로 체용이라면, 보편적 리와 그것이 구체적 상황에서 갖가지 이치로 활용되는 것을 가리킨다고 할 수 있고, 체용일원이란 그 두 측면이 하나의 운동으로 연결돼 있다는 의미일 것이다.

그런데, 또 다른 체용일원이 있으니, 그것은 "체이지만 용이 그 가운데 있음"[26]을 가리킨다. 또는 마음의 충막무짐이 "지극히 허(虛)하고 지극히 정(靜)한 체(體)가 되어 만 가지 용(用)이 구비되어 있음"을 가리킨다. 이처럼 체 속의 용을 인정하는 것은 앞에서 말한 체용일원을 강조하기 위한 것으로 보인다.

체용일원은 두 가지로 접근할 수 있을 것 같다. 먼저, 용의 처지에서 볼 때 체가 용과 별개일 수 없음을 말하는 방식이다. 원래 성리학은 바깥 상황에 일일이 붙들리지 않고 주체적으로 한 마음을 가지고 모든

---

24 "沖漠者 固爲體 而其發於事物之間者 爲之用", 『국역 퇴계전서』 10, 30. 『退溪先生文集』 41, 17. 퇴계가 같은 곳에서 정이의 말인 "충막무짐이만상삼언이구(沖漠無朕而萬象森然已具)"를 체와 용으로 보고, 이어서 주희의 말을 인용해 충막무짐을 체로 보고, 사물 사이에 발로되는 것을 용으로 보는 것은, 서로 맞지 않는다. 앞의 만상삼연이구(萬象森然已具)는 체 안의 용이요, 사물에 발현한 용이 아니다. 이 문제는 최영진 교수도 지적하고 있다. 최영진, 「퇴계 체용론의 타당성 문제」, 『수선론집』 5집 1호(1980), p.29.

25 "若以形而上者言之 則沖漠者 固爲體 以其發於事物之間者 爲之用", 『국역 퇴계전서』 7, 79. 『退溪先生文集』 25, 5.

26 "自理而言 則卽體而用在其中 所謂一源也", 『국역 퇴계전서』 7, 79. 『退溪先生文集』 25, 5.

상황을 관통하는 원리를 찾고자 했던 것 같다. 다시 말하면 다양한 상황마다 그에 맞는 법도를 찾다가 그 모든 상황을 알맞게 관통할 수 있는 어떤 하나의 능력을 찾아 나섰다고 할 수 있다. 이때 이미 갖춰진 도덕적 능력을 체라고 하고, 일상에서 발휘되는 마음씀씀이는 용이라고 한다. 그러니까 성리학은 용에서 출발해서 체를 찾은 것이라고 할 수 있다.[27] 다시 말해 용을 섭렵하기 위해 체를 말한 것이다. 그리하여 용의 처지에서 볼 때 체가 사물이나 일상 경험의 세계와 분리되는 것이 아님을 말할 필요가 있었다. 그것이 체용일원에 들어 있는 한 가지 뜻이다. 이 작업은 태극이나 리가 인간 밖의 존재론적 실체가 아님을 분명히 하고, 성리학이 인문주의요, 이학(理學)이 심학(心學)임을 확보할 수 있다.

성리학에서 각구일극(各具一極)을 말하고 모든 사물이 각기 하나의 태극과 리를 지니고 있다고 보는 것도, 초월적 리가 세상의 사물과 나눠지는 별개의 실체가 아니요 오히려 사물 안에 내재하고 있는 것임을 말함으로써, 리가 인간사의 문제를 풀기 위한 것임을 확인하는 것이다. 이것은 이른바 내재주의 철학의 설명 방식이요, 종교가 아닌 인문주의자의 얘기 방식이다. 거기서 체용일원은 초월적 리가 기와 분리되지 않고 체와 용의 관계에 있음을 의미하는데, 실제로 퇴계는 형이상과 형이하가 체용의 관계에 있음을 지적하고 있다.[28] 그러나 물론 리와 기

---

27 이 문제는 몽배원도 언급하고 있다. 몽배원, 『성리학의 개념들』, 홍원식 외 옮김(서울: 예문서원, 2008), pp.312, 313.

28 퇴계는 주희의 말을 인용한다. "형이상, 형이하에 대해서도 분별이 있으니, 마땅히 이것은 체이고, 저것은 용이라는 것을 분별해야만 체와 용이 같은 근원이라는 것을 말할 수 있고,… 만약 이것이 다만 한 물건이라면, 다시 하나의 근원이라든가 간격이 없다는 것을 말할 필요가 없을 것입니다(至於形而上下 卻有分別 須分得此是體彼是用 方說得一

는 서로 섞이지도 않는다. 퇴계가 가장 강조하는 부분 중의 하나는 앞에서 본대로 리와 기가 일물(一物)이 아니라는 점이다. 그것은 세상의 악을 이길 힘을 우주의 어떤 초월적 힘에서 끌어오려는 것이다. 또는 세상이 아무리 악해도 순선은 그의 영향을 받지 않고 악을 이길 만큼 의연하게 존재한다는 것이다. 그러나 그처럼 리와 기 또는 형이상과 형이하가 일물이 아니라는 점을 강조하는 것은, 그 둘이 분리되지 않고 체용일원의 관계에 있다는 것을 전제로 한다. 다시 말해서 기본적으로 사람 밖의 어떤 초월적인 존재론적 실체를 인정하지 않는 성리학의 전제를 분명히 하면서, 주희나 퇴계는 어떤 초월적인 힘의 작용을 필요로 했던 것이다. 그래서 리와 기가 일물이 아님을 강조할 때에도 체용일원을 전제로 하고 있는 것이다.[29]

그러나 둘째로, 체용일원을 좀 더 분명하게 하면서도 리의 초월성을 나타내기 위해서는 체의 처지에서 볼 때 용이 체와 분리되는 것이 아님을 말할 필요가 있다. 이 작업은 리가 주도해 도덕을 실현한다는 것을 더욱 분명하게 확보할 수 있는 장점이 있다. 다시 말해 사람이 일일이 생각지 않아도 상황에 맞는 구체적 행위가 보편적 도리에서 그대로 나온다는 얘기다. 이것은 퇴계의 이학이 심학으로 바꿀 수 없는 측면

源… 若只是一物 卻不須復說一源無間也).", 『국역 퇴계전서』 7, 80. 『退溪先生文集』 25, 6. 정도원은 형이상과 형이하에 체용일원이나 현미무간을 적용하면, 리기불상잡에 위배된다고 하지만(정도원, 「퇴계 이 철학의 주자학적 근거와 특징에 대하여」, 『한국사상사학』 24집(서울: 한국사상사학회, 2005), pp.299-305), 체용일원이나 현미무간을 리와 기의 관계에도 적용할 수 있다, 체용일원을 말한다고 해서 체와 용이 일물이 되는 것은 아니다. 체용은 구분되기 때문에 일물이 아니고, 분리되지 않기 때문에 일원(一源)이다.

29 체용일원이 본체와 현상의 이원론을 부정하는 점에서 서양 철학과 차이가 난다. 김제란, 「중국 철학에서의 체용 개념의 변천 과정」, 『시대와 철학』 17권 4호(서울: 한국철학사상연구회, 2006), p.66 이하.

이 있음을 말해준다. 퇴계에게서 인간의 생각(思)이나 의지(意)는 도덕성 실현에서 큰 역할을 하지 못하는 것으로 표현되는데, 체용일원(體用一源)이란 선(善)의 실현에서 그처럼 리의 능동적 주도권을 인정하는 문제로 볼 수 있게 된다.[30] 그 점을 위해 체로서의 리와 그 리가 기나 사물에 발현하는 용과의 사이에 또 다른 용을 넣었다. 그것이 바로 체 속의 용이다. 체(體) 속의 용(用), 다시 말해 본체 안에 들어 있는 작용은 체의 발현인 용이 아니다. 리가 기의 현실에서 갖가지 이치로 발현하기 전에, 하나의 리 안에 이미 갖가지 이치가 갖춰져 있음이 바로 체 속의 용이다. 그것이 퇴계가 "도리를 두고 말한 체와 용"이라고 한 것이다.

리와 기를 구분하는 것은 앞서 말했듯이, 현실 세계의 악함보다 순선의 리가 더 강하며, 현실이 아무리 악해도 원래 악은 선을 이길 수 없음을 말하기 위한 것이다. 리는 지극히 높아 상대가 없다거나, 기가 리를 이길 수 없다는 말은 그 뜻이다.[31] 리는 우주의 능력 또는 인간의 도덕적 잠재력을 가리키고, 기는 인간 세계의 현실을 가리킨다. 기의 현실에서 순선인 리의 발현은 그리 쉬운 일이 아니다. 리와 기가 섞이지 않고 구분돼야 하는 이유가 거기에 있고, 형이상과 형이하가 일물이 아니라고 퇴계가 말하는 까닭도 거기에 있다. 리가 사물 사이에 발현한 용, 현실에서 볼 때 그 용은 리의 체와 분명히 구분된다. 순선이 아니기

30 또는 구체적 상황에서 기가 리를 가려 순선이 발현되지 않더라도, 크게 보면 인간사는 우주 본연의 선인 리가 실현되고 있음을 말하려는 것으로 발전될 수 있다. 다시 말해 악의 가능성이요 악의 현실을 대표하는 기가 리의 지배를 받고 있음을 가리키는 것이다. 그것은 하늘의 도(道)가 그대로 기(器)에서 실현되는 것을 보려는 것이요, 리와 기의 연속성 또는 불상리(不相離)도 그런 의미가 있다.

31 "리는 본래 존귀하여 상대가 없는 것이어서 사물을 명하지 사물에게서 명을 받지는 않는 것이니, 기가 이길 수 있는 것이 아닙니다(理本其尊無對 命物而不命於物 非氣所當勝也).", 『국역 퇴계전서』 4, 290. 『退溪先生文集』 13, 17.

때문이다. 리는 리이고 기는 기라고 하는 까닭도, 리의 적용이 기의 현실에서 제대로 이뤄지지 않기 때문이다. 일상적인 상황 판단과 도덕적 결단, 다시 말해 선이 무언지 아는 문제와 선을 행하는 문제에서 인간의 자사용지(自私用知)가 개입하기 때문이다. 기가 리를 가린다고 말하는 것도 그런 의미다. 퇴계가 선인 사단과 악에 기운 칠정을 리발과 기발로 나누는 까닭도 거기에 있다. 순선을 실현하려면 인간의 생각과 의지가 방해물이 되지 않은 채 리가 그대로 발현돼야 한다. 그때 남는 문제는 그처럼 높은 리가 어떻게 구체적 상황에 맞게 그때그때 도덕 실현을 유도하느냐는 문제인데, 그것을 해명하기 위한 것이 리 속의 용이다. 이미 상황에 맞는 많은 이치가 갖춰져, 그것이 그대로 발휘되면 된다는 것이다. 그렇게 되면 도덕 실현은 리의 체가 리 속의 용을 거쳐 사물에서의 용이 되는 운동이다. 마치 리 안에서 리의 자기 확산 운동이 있고, 그 다음에 그것이 그대로 사물 사이에서 발휘되는 운동이 있는 것 같은 구도다. 뒤에서 보겠지만, 리 안의 용은 마치 리라고 하는 초월자가 세상에서 그 도리를 구현하기 위해 세상과 접촉하는 지점을 설정하는 것으로 볼 수도 있다. 그런 접촉 지점을 중간에 설정했다는 것 자체가, 리를 상대할 수 없는 초월자로 보고 있음을 암시하고 있다. 퇴계가 리기교감(理氣交感)을 부인하고, 교감이란 기와 기 사이에서나 가능하다고 보는 것[32] 역시 리를 기가 당할 수 없는 초월자처럼 보려는 것이다. 윤사순 교수는 퇴계가 리의 체용설을 말한 까닭은 리와 기를 구분하려는 의도에서였다고 한다.[33]

32 "교감은 마땅히 두 기로써 말해야지 리 자를 아울러 말하면 안 됩니다(交感 當以二氣言 不當以理字兼言).", 『국역 퇴계전서』 4, 289. 『退溪先生文集』 13, 17.

33 윤사순, 위의 책, p.58.

리 안에 체와 용을 인정함으로써 퇴계는 리와 그 리가 사물에 발현하는 용과의 체용일원을 더 분명하게 할 수 있었다. 그는 주희의 말을 인용한다. "이치를 말하면 체를 먼저 하고 용을 뒤로 하는데, 이는 대개 체를 말하면 용의 이치가 이미 갖춰져 있으므로 하나의 근원이 되는 것이며…." 앞에서 보았듯이 대개 체용일원은 잠재태와 현실태 사이에 적용되는 말이다. 도덕 이념과 그것이 기의 현실에서 실현되는 관계를 설명하는 말이다. 그러나 텅 빈 보편의 리와 그 안에 갖춰져 있는 만 가지 이치 사이는 잠재태와 현실태의 관계가 아니다. 체 안의 용은 현실의 용이 아니다. 태극이나 리가 그 자체로 체이면서 용이고 용이면서 체인 것이다. 만 가지 이치로 발현되는 것을 용이라고 할 때, 그 용은 이미 체 속에 만 가지 이치로 갖춰져 있으므로 체와 용은 별개가 아닌 것이요, 일원(一源)이 되는 것이다.[34] 그러므로 "체이지만 용이 그 가운데 있다(體而用在其中)"고 할 때의 용은 사물과 사태에서 발현되는 다양한 여럿의 이치(用)가 하나의 텅 빈 이치(體)에서 나오는 것이라는 점을 확실하게 하는 역할을 한다.

2) 이상에서 논의한 것은 우주론에도 그대로 적용된다. 그러나 우주론은 도덕론으로 읽어야 한다.

태극의 체용의 문제와 관련해서 살펴보자. "충막해 조짐이 없는 것이 건곤에서 무극과 태극의 체가 돼 만상이 이미 갖춰져 있음"이 우주

---

34 최영진은 이렇게 말한다. "충막무짐과 만상삼연이구는 체용 관계를 갖는 것이 아니라 체에 용이 함유돼 있다는…그러므로 체와 용이 분리되지 않는 논리적 연계점을 체의 개념 자체가 스스로 갖고 있다는 체용일원의 근거를 명시하는 진술이라 할 것이다." 위의 글, p.28. 체 안에 일반적인 체용일원의 논리적 연계점을 갖는다는 말이 필자의 주장과 일치한다.

론에서의 태극의 체와 체 속의 용이다. 충막무짐(沖漠無朕)이 체 곧 본체요, 만상(萬象)이 이미 갖춰져 있음이 용 곧 작용이다. 만상이 생겨 세상을 이루기 전에 이미 충막무짐의 체 속에 만상이 갖춰져 있다는 얘기다. 텅 빈 무엇이 자기 확산을 통해 만물의 씨앗을 갖추고, 그것이 다시 세상으로 실현돼 만물이 생겨나는 것 같은 구도다. 퇴계는 "도리에 동과 정이 있기 때문에 그 정한 것을 가리켜 체라 하고, 그 동한 것을 가리켜 용이라 했다."[35]고 한다. 퇴계가 여기서 인정한 도리의 동정의 문제는 도(道)가 기(器)에 발현되기 전에 자기 속에서 자기 확산의 운동을 하는 것과 같다. 도(道)의 정(靜)이란 충막무짐을 가리키고 동(動)은 갖은 이치가 갖춰짐을 가리킨다. 이때 동은 사물에 발현하는 동 이전의 동이다. 물론 앞에서 말했듯이 활동이란 원래 기에 해당하는 개념이다. 물리적 운동력은 기의 문제다. 그러나 여기서 리가 사물에 발현해 유행하는 것을 동이라고 할 때, 그것은 물리적 운동이 아닌 도덕 실행의 운동력을 가리킨다. 마음을 움직이는 것이 무엇이냐의 문제다. 리의 운동이란 결국 그 문제다. 리의 운동을 말하는 것은 이미 기를 도덕적으로 열등한 개념으로 사용한 것이다. 그만큼 세상 현실에서 인간이 도덕성을 실현하기 어렵다는 얘기다.

리발이 그 문제인데, 여기서는 그 문제를 우주발생론에 적용해 말하고 있는 것이다. 천명의 유행을 사물의 생성의 원인으로 말하는 것이다. 그렇게 보면 사물의 생성 변화가 리의 운동으로 설명되는데, 기에서 발현하는 리의 운동을 설명하기 위해 발현하기 전의 리의 운동을 말하고 있다. "리가 스스로 작용이 있으므로 자연히 양을 낳고 음을 낳

35 "道理有動有靜 故指其靜者爲體 動者爲用", 「心無體用辯」, 『국역 퇴계전서』 10, 29. 『退溪先生文集』 41, 16.

는 것이다."라는 말은 사물의 발생에 리의 작용을 인정하기 위해서 리 속의 용을 인정하겠다는 말이다. 그 작용이 운동이요, 리 속의 용이라는 것도 일종의 운동이다. 퇴계는 "동하기 전에 어찌 일찍이 용이 있겠는가"라고 하는 연방 이구(蓮坊 李球)의 말을 반박하며, "만상이 여기에 갖추어져 있는 것을 용이라고 한다면 이 용은 동하기 이전에 있는 것이 아니겠는가"[36]라고 반박했다. 결국 리 속의 용(用)은 리가 사물에서 유행하는 것을 가리키는 용(用)보다 앞선 그 이전의 용(用)이요, 그 동(動)은 갖은 사물이 생성 변화하는 동(動) 이전의 동(動)이다. 결국 이것은 기의 운동을 리의 운동으로 설명하기 위한 논리적 전제를 마련한 것이다. 우주론적으로는 분명히 기의 운동이 있을 뿐인데, 기의 운동인 사물들의 생성 변화를 리의 운동으로 말한다.

그래서 퇴계의 설명은 매우 모순으로 보일 수 있다. 우주론적으로는 기의 운동이 있을 뿐인데, 건곤(乾坤)의 우주론을 말하면서 리 안의 용을 말하고, 리 안의 동정을 말하기 때문이다. 도덕론 차원에서는 리의 운동 곧 리발이라는 것이 도덕 명령에 사로잡힌 인간을 표현하는 것일 수 있다. 다시 말해 초월적 실체를 인정하지 않고도, 마치 천명이 인간을 사로잡고 이끌어 도덕이 실현되는 것처럼 설명할 수 있다. 그런데, 우주론에서 리의 운동을 말하면 어떤 초월적 실체를 확실하게 말하는 것처럼 보일 수 있다. 세상의 존재가 마치 선한 힘에 의해 생겨난 것처럼 되기 때문이다. 그것은 토마스 아퀴나스(Thomas Aquinas)가 초월적

36 "以萬象之具於是爲用 則斯用也不在動之前乎", 「心無體用辯」, 『국역 퇴계전서』 10. 31. 『退溪先生文集』 41, 17. 퇴계는 배와 수레의 형상을 체라 하고 그것이 물을 다니고 육지를 다니는 것을 용이라고 한다고 할 때, 만상이 갖춰져 있는 것을 가리키는 용은 동하기 이전의 용이라고 말한다.

신을 가리켜 말하는 능동인(能動因)을 연상시킨다.

퇴계가 우주의 탄생을 놓고 이렇게 리의 운동력을 인정하는 것은 결국 도덕 실현을 위한 것으로 봐야 한다. 다시 말해서 태극생양의를 취해 퇴계가 리동과 리생을 인정함으로써 도덕의 문제를 우주론 비슷한 차원으로까지 확대해, 리를 모심으로써 도덕을 실현하는 길을 제시하려는 것이다. 그렇게 보면 그의 우주론은 도덕론이다. 퇴계의 의도는 그가 체 속의 용을 설명하면서 주희의 견해를 인용하는 부분에서도 분명하다. 여자약(呂子約)이 충막무짐을 마땅히 행해야 할 도리와 구분되는 도의 본원으로 보려는 데 대해 주희는 그를 비판해 "모름지기 이 당연한 리가 바로 충막하여 조짐이 없는 것이라고 보아야 한다. 이 리 밖에 별도로 충막하여 조짐이 없는 한 물건이 있는 것은 아니다."라고 했다.[37] 결국 체용론의 핵심 또는 태극의 동정을 인정하는 문제는 모두 도덕적 당위의 실현을 설명하기 위한 것임을 알 수 있다.

리동이나 리생은 세상의 존재가 선한 힘의 작용에 의해 생긴 것이라는 점을 말한다. 그것은 세상이 아무리 부도덕해 보여도 근본이 선하므로 결국 선이 이기리라는 점을 말하려는 것이다. 도덕의 문제를 빼면 태극생양의의 우주론은 의미가 없다. 태극이 순선이요 음양은 선악이 섞여 있는 인간 현실을 가리킨다는 전제 하에서 태극생양의는 의미를 지니는 것이다. 물론 태극생양의는 인간사가 아니라 만물의 발생을 말하는 형식을 띠고 있다. 리동의 문제도 리발처럼 선한 기원에 힘을 부여해 결국 선으로 악을 이기는 문제와 관련이 있지만, 그것을 세상

37 "此當然之理 沖漠無朕 非此理之外 別有一物沖漠無朕也", 『국역 퇴계전서』 7, 80. 「鄭子中與奇明彥論學 有不合 以書來問 考訂前言以答如左」, 『退溪先生文集』 25, 6. 똑같은 말이 「心無體用辯」에 있다. 『국역 퇴계전서』 10, 31. 『退溪先生文集』 41, 18.

존재의 기원까지 거슬러 올라가 설득해 보려는 것이다. 리발이 한 개인의 도덕 주체에게 우주의 선한 힘이 작용하는 문제라면, 리동은 세상 전체가 생겨나게 된 선한 근원적 힘에 대해서 말하고 있는 것이다. 세상의 존재 자체가 선한 힘에 의해 이뤄진 것임을 말함으로써, 결과적으로 선(善)이 존재(存在)에 앞선다고 하는 동서양 공통의 어떤 인문학적 신념을 담고 있다고 해야 할 것이다. 그런 점에서 리동은 리발에 우주론적 근거를 주고 있다고 할 수 있다. 그러나 그것도 결국 도덕 주체의 도덕적 결단과 수양에 도움을 주려는 것이다. 퇴계는 태극의 동정(動靜)을 천명의 유행(流行)과 동일시하는데,[38] 이것은 태극생양의의 우주론이 도덕 문제임을 잘 보여준다. 그리고 충막무짐삼연이구(沖漠無朕萬象森然已具)에 대해 설명하며 정자(程子)의 말, "사물이 아직 있지 않을 때에 이 이치가 이미 갖춰져 있으므로, 그 뒤의 모든 응용되는 것은 다만 이 이치일 뿐이다"[39]를 인용하는데, 이것은 성리학의 천지개벽설이 도덕론에 바탕을 두고 있음을 잘 보여주고 있다. "사물이 아직 있지 않을 때"라는 것은 세상의 존재 기원을 밝히는 우주론적인 표현이지만, 그것은 결국 우주의 본연의 이치가 인간사에서 발현될 때 도덕 실현이 가능하다는 점을 말하는 것이다. 그러한 리의 운동에 참여하는 것이 인간의 도덕적 태도요, 자기 수양의 문제인 것이다.

"리와 기가 합하여 물을 명한다(理氣合命物)"라는 말은 퇴계의 우주발생론과 도덕론이 합해진 명제로 봐야 할 것이다. 기는 우주의 구성요소다. 리는 우주 생성 변화의 원리이지만 도덕적 원리이기도 하다. "사물을 명한다"고 한 것은 사물의 생성의 기원에 도덕적 명령이 있음

---

38 『국역 퇴계전서』 4, 289. 『退溪先生文集』 13, 16. 「答李達李天機」.

39 "未有物之時 此理已具 少間應處 只是此理", 『국역 퇴계전서』 7, 78. 『退溪先生文集』 25, 4.

을 암시한다. 성리학에서 물(物)은 사(事)와 따로 구분되지 않는다. 앞에서 말했듯이 성리학의 우주발생론은 인간사의 도덕적 당위와 그 실현의 각도에서 이해돼야 한다. 퇴계의 우주발생론을 다시 표현하자면, 리가 주도해 리기가 합해 사물이 생성된다. 그것은 리가 사물의 생성 변화를 명령하는 것과 같다. 사실 생성 변화라고 하지만 핵심은 변화의 문제이지 우주 만물이 처음 생겨나는 데 관심이 있는 게 아니다. 그리고 그 변화는 크게 볼 때(大勢) 도덕적 원리에 의해 이뤄진다는 것이 퇴계 성리학의 관점이다.

그런 점에서 리동은 리발의 연장에 있다고 할 수 있다. 리발을 통해 퇴계는 이미 리의 능동성을 어느 정도 인정한 셈이다. 다만 리의 활동이 도덕론에 그치지 않고 우주 탄생의 근원이 되는 것으로 설명될 때, 리의 능동성은 더욱 분명하게 된다. 리동의 리는 인간 내면의 도덕적 근원이기를 넘어 인간 밖의 초월자처럼 여겨져 경건한 종교성과 경배를 유도하는 것처럼 될 수도 있다. 초윤리를 통해 윤리를 실현하려는 의도가 퇴계에게 보인다고 할 수 있다. 퇴계의 태극생양의 해석이 지니는 의미는 거기에 있다. 리동은 단순히 기를 매개로 실현되는 리에서 그치지 않고, 기 자체를 능동적으로 주재하는 리를 가리키는 것이다.[40]

---

40 정도원, 위의 글, p.299. 최영진 교수는 퇴계의 리발과 리동, 그리고 리도에서 "리는 추상적인 개념이 아니라 인간 행위의 주재자이며, 우주의 근원자일 뿐만 아니라, 현상계에 자신의 본체를 활발하게 노정시키고 현행시키는 주체적이며 창조적인 능동적 존재인 동시에 인간이 경존(敬尊)해야 할 극존무대한 존재인 것이다."라고 말한다. 최영진, 「퇴계에 있어서 리의 능동성에 관한 논리적 접근」, 『현담 유정동 박사 회갑기념논총』(서울: 유정동 박사 회갑기념논총 간행위원회, 1981), p.108. 퇴계는 주희와 달리 리를 단순히 소이연으로 보지 않고 소능연자로 보았으며, 주희가 말한 무위의 리와 자신의 견해인 자발적이고 능동적인 리를 체용일원의 논리로 종합했다고 본다(같은 글, p.107).

위의 글을 다음과 같이 요약할 수 있다. 퇴계의 우주발생론은 "태극이 양의를 낳았다."로 표현된다. 그런데 태극과 양의 곧 리와 기는 섞이지 않고 분리되지도 않는다(不相雜不相離). 분리되지 않는다는 것은 태극이 기 속에 있음을 가리킨다. 섞이지 않는다는 것은, 태극이 기와 일물이 아님을 뜻한다. 그것은 리와 기가 두 실체라기보다는, 기에 대한 리의 어떤 초월성을 가리킨다. 체와 용이라는 개념은 사물의 생성 변화 또는 마음씀씀이의 선한 기원을 찾는 과정에서 생겨난 것이다. 생성 변화와 마음씀씀이가 용이고, 그 용의 기원이 체다. 체는 용과 분리되지 않지만 용을 초월해 있다. 섞이지 않는다는 것은 그 점을 가리킨다.

그 초월성을 유지하기 위해 퇴계는 체 안에 다시 용을 뒀다. 그것은 체용일원이라는 기본 명제를 지키면서, 리의 능동성을 인정하는 방식이다. 리의 초월성이란 리의 능동성을 가리킨다. 그것은 리가 기를 주재하고, 리가 인간의 도덕 실현을 주재하는 것을 뜻한다. 체 안에 용이 있으므로, 체가 사물 안에서 용으로 현현하는 것을 가능하게 한다. 체 안의 용은 초월적 리가 현실의 기에 내재하기 위한 완충 지대 또는 두 세계의 접촉점 역할을 한다. 리와 기는 서로 섞이지 않고 구분되지만, 리 안의 체와 용은 서로 구분되는 것이 아니다. 이러한 얘기는 모두 체용일원이라는 기본 명제의 틀 안에서 전개되는 것이다.

3. 그리스도교의 삼위일체와 퇴계의 체용일원

위와 같은 필자의 해석은 그리스도교의 삼위일체론에서 해석의 관점을 얻은 바 크다. 퇴계가 말하는 리 안의 체와 용의 구분은 신학적으로 보면 삼위일체와 유사하다. 삼위일체는 초월적 실체인 하나님 안에 세 위격을 구분하는 것이기 때문이다. 그것은 하나님과 세상의 접촉점을 마련하는 것과 관련이 있다. '삼위일체'의 '삼위'와 비슷한 것이 리 속의 '체용일원'의 '체용'이다. 그리고 '일체'에 해당하는 것이 '체용일원'의 '일원'이다. 물론 삼위일체는 세 위격을 말하는데, 리 안의 체와 용은 둘이다. 그런데 삼위일체에서 말하는 성자와 성령은 둘 모두 리 안의 용의 위치에 있다. 물론 그리스도교의 하나님은 매우 초월적인 타자요, 그래서 존재론적 실체요, 절대 나눌 수 없는 개체(individium)로 불린다.[41] 그 점에서 리의 초월성과 그리스도교 하나님의 초월성은 다르다. 그러나 체용일원이나 삼위일체 모두 일단 초월적인 무엇을 인정하고 그 초월자를 세상과의 관계 속에 붙들어 두기 위한 개념이며, 동시에 초월과 내재를 양립시키려는 개념이라는 점에서 같다. 세상의 생성변화와 인간 마음의 정이 발현되는 데 초월자가 능동적으로 관여하게 하는 개념들이다.

신학에서 하나님은 세상 존재의 기원이며 도덕의 기원이다. 하나님이 존재의 기원이 된다는 것에 대해, 신학은 창조론(創造論)이라고 하는 매우 발전된 담론을 지니고 있다. 창조론은 하나님이 세상을 '만들었다'고 한다. 창조자로서의 하나님은 기본적으로 세상 밖의 초월자로서, 세상을 '무(無)로부터 창조'했고 또한 섭리로 세상을 운행하고 있다. '무로부터의 창조'를 통해서 그리스도교는 세상의 기원과 세상과의 차이를 철저하게 확대했다. 그리스도교의 하나님은 성리학의 태극보다도 초월적이다. 태극이 각구일극(各具一極)으로 내재한다는 식의 설명이 그리

41 토마스 아퀴나스, 『신학대전 1』, 1부, 제11 문제, 3절(앞으로 1, 11, 3과 같은 식으로 표기한다), 정의채 옮김(서울: 성바오로출판사, 1989), p.184.

스도교에는 있을 수 없다. 그리스도교는 기본적으로 존재론적 초월자를 설정하고, 그에 의해 세상이 만들어졌다고 보기 때문이다.

그런데 적어도 세상의 창조를 말하기 위해서는 전적인 초월자로서의 신 개념 내부에 어떤 변화가 필요하게 된다. 창조라는 것 자체가 세상과의 접촉과 연결을 전제로 하는 개념이다. 또한 창조는 신의 행위요, 운동이다. 전적인 초월자는 영원하고 불변하기 때문에 운동이기보다는 운동의 바탕이요, 퇴계의 말로 하면 동(動)보다는 정(靜)이 더 어울린다. 엄밀히 말하면 동(動)과 정(靜)을 초월한 무엇이다. 아리스토텔레스 형이상학의 용어로 말하면 모든 것을 움직이게 하면서 자신은 움직이지 않는 자가 신(神)이다. 그리스도교에서 창조론을 통해 세상의 기원을 말하는 순간, 이미 창조론은 신 자체보다는 세상에 대한 신의 관계를 말하고 있는 것이고, 세상에 대한 신의 운동을 말하고 있는 것이다. 인식론 차원에서는 그런 신의 운동을 계시라고 말하고, 실천과 관련해서는 섭리 또는 주재라고 할 수 있다. 창조론은 섭리론이나 구원론과 밀접하게 연관돼 있다. 그런데, 세상과 관련되면서 신 개념에는 행위를 넘어 있는 신과 세상과 관계하고 행위하는 신의 구분이 생긴다. 둘은 나뉘지 않지만 구분된다. 삼위일체는 그 문제와 관련이 있다.

그 문제를 놓고 그리스도교는 많은 논쟁 끝에 하나님 안에서의 위격의 구분을 생각했다. 성부(聖父, 하나님 아버지)와 성자(聖子, 예수 그리스도)는 서로 구분되는 위격(hypostasis) 또는 라틴어의 페르조나(persona)다.[42] 성부와 성자는 다르다. 그렇다면 두 신이 되는가? 그것

42 성령의 문제는 빼고 성부와 성자의 관계를 중심으로 살펴볼 것이다. 앞에서 말한 대로 성령도 성자처럼 리 안의 용과 견줘 고찰될 수 있다. 이 글은 퇴계가 말한 리 안의 체와

은 아니다. 그리스도교는 한 분 하나님 안의 두 위격을 생각한 것이다. 성부와 성자가 한 분 하나님이라는 것을 말하기 위해, 성자가 성부와 동일 본질(*homoousios*, *homoousion to patri*, *consubstantialem Patri*)이라고 정리했다. 동일 본질을 말하기 위해 그리스도교는 성부가 성자를 '낳았다(*genessenta*, *ou poiesenta*, *natum*, *non factum*)'고 했다. 낳은 것과 낳아진 것은 서로 구분되지만, 동일 부류다. 성부가 성자를 만들었다고 하지 않음으로써, 성자가 피조물이 아님을 강조하고자 한 것이다. 그리고 성자가 성부와 동일 본질임을 말하기 위해 '영원한 출생'이라고 했다. 성부가 성자를 낳았는데, 어떤 시점에 낳은 게 아니라 영원한 출생이다. 성자가 없었던 때가 없었다는 말이다. 그렇게 함으로써, 성자는 하나님의 지성(누우스, 로고스)이나 구약성서의 지혜처럼 인식됐다. 이것은 그리스도교 초기에 있었던 많은 논쟁의 산물이다. 삼위일체 논쟁은 주로 성부와 성자의 관계에 집중됐는데, 성자를 하나님과 동일 본질로 보느냐 아니면 하나님보다 낮은 존재로 보느냐는 문제였으며, 결국 동일 본질로 봄으로써 세상에 오신 성자나 내재하는 성령도 모두 본래 초월자임을 확보하게 된다.

그러면 왜 굳이 성부와 성자를 구분했는가? 그것은 세상을 창조하고 섭리하는 하나님 곧 세상과 접촉하고 행동하는 하나님은 초월자인 하나님과 구분돼야 할 필요가 있다고 봤기 때문이다. 그것이 성자와 성부의 구분이다. 초월자이신 하나님이 세상을 만들고 세상의 역사와 인간의 도덕 실현을 주재하는 하나님이 되기 위해 자신을 낮춰야 하는 데서 발생한 문제이다. 그것이 하늘의 하나님 곧 성부가 자신을 낮춰

용의 관계에 초점이 맞춰져 있기 때문에, 그 문제에 대한 필자의 해석의 근거를 밝히는 한도 내에서 삼위일체론을 소개할 것이다.

이 땅에 오시는 하나님 곧 성자가 되는 문제다. 그 문제에서 성자는 하나님과 세상의 매개자로 이해된다. 성부는 성자를 '통해' 세상을 만들었다.[43]

그런데 성부와 성자는 한 분 하나님이기 때문에, 성부와 성자의 구분은 하나님의 자기 관계를 의미한다. 하나님은 세상과 관계하기 전에 자기와 관계한다. 단순히 선의 자기 확산이 아니다. 이처럼 하나님 안에 자기 관계가 있다는 것은, 하나님이 살아 계신 하나님 곧 인격적 존재가 되는 역할을 한다.[44] 살아 계신 하나님이 된다는 것은 인간과 살아 있는 관계를 맺는 것을 의미한다. 하나님이 인격체가 된다는 것은 인간이 세상의 근원과 생생하게 관계함을 의미한다. 그러한 인격적 관계로 하나님은 의지를 가진 존재가 된다. 신학자 폴 틸리히(Paul Tillich)는 이렇게 말한다. "삼위일체란 살아 있는 하나님 안에서 궁극성과 구체성이 하나가 되는 문제다."[45]

이것은 그리스도교의 삼위일체가 성리학의 체용일원의 문제 의식과 같으며, 더구나 퇴계가 체 안에 다시 용을 인정한 문제 의식과 일치하고 있음을 보여준다. 궁극적 존재인 성부 하나님은 초월자이지만 동시에 구체성을 지니고 성자 하나님의 모습으로 세상에서 활동한다. 그것은 리라고 하는 본체의 초월성이 기의 세상에서 발현되는 것과 같다. 그런데, 궁극성과 구체성의 일치는 삼위의 일체요, 퇴계가 말하는

43 "per quem omnia facta sunt", in *The Greek and Latin Creeds*, *The Creeds of Christendom, with a history and critical notes* Vol.2 / edited by Philip Schaff; revised by David S. Schaff(Grand Rapids: Baker, 1985, c1931), p.57.

44 P. Tillich, *Systematic Theology*, Vol 1(Chicago; University of Chicago Press, 1957), p.228.

45 같은 곳.

체용의 일원이다. 삼위의 일체란 삼위의 구분을 전제로 하고, 체용일원이란 체용이 서로 섞이지 않는 것을 전제로 한다. 그러한 구분으로 삼위일체에서는 성부와 성자의 위격이 다르며, 성부의 궁극성이 성자나 성령을 통해 구체성으로 변하게 된다. 하나님이라는 궁극성 안에 궁극성과 구체성의 구분이 있고 그것이 통일돼 있다. 마찬가지로, 체용일원에서는 체 안에 용을 두어, '하나'로서 궁극적인 체가 체 안의 용을 통해 '여럿'인 구체성까지 갖추게 된다. 만일 체 안에 용을 두지 않으면, 체의 초월성과 그 주재성을 유지할 수 없다. 초월은 구체적 현실을 떠나 있지만 주재하려면 여러 가지 구체적 상황에 일일이 작동해야 한다. 한편, 체의 초월성이란 하나에 있고 보편성에 있는데, 궁극적이고 보편적인 것은 구체적인 것과는 대립적이다. 그러므로 체 안에 용을 둔 것은 보편과 구체를 잇는 역할을 한다. 그것은 체의 초월성과 그 주재를 유지하는 데 도움이 된다. 삼위일체에서도 마찬가지다. 하나님 안에 초월자 성부와 초월자이면서 내재하는 성자와 성령이 있을 때만 하나님의 초월성이 온전히 유지될 수 있다. 결국 체 안에 용을 두는 것도, 성부에 대한 성자와 성령의 역할처럼 체의 초월성을 유지하는 데도 도움이 된다.

다시 말해 내재의 방식을 명확히 하지 않고는, 초월자는 초월자로 남아 있을 수 없다. 사실, 그리스도교 역사에서 삼위일체 사유는 경세적(oikonomia) 삼위일체로부터 내재적 삼위일체로 발전했다. 경세적 삼위일체란 세상을 구원하고 섭리하는 하나님의 각도에서 삼위일체를 말한 것이다. 원래 이 땅에 살았던 예수를 하나님의 아들로 믿으면서, 그 예수가 하늘의 하나님과는 어떤 관계인지를 말하면서 삼위일체론이 발전한 것이다. 논리적으로 하나님 안에 삼위가 있어 성부가 성자를 통해 세상을 만들고 세상을 구원하고 성령을 통해 섭리한다고 하지만, 그것은 나중에 발달한 사유이다. 원래 초대교회는 이 땅에 오시고 활동하시는 하나님에 대한 경험에서 하나님 사유를 시작한 것이다. 예수를 이 땅에 오신 하나님으로 인식하면서 초월자 하나님과 이 땅에서 활동하는 하나님의 관계 문제가 발생했고, 삼위일체란 그 문제를 다루기 위한 것이다. 결국 삼위일체 사유의 핵심은 이 땅의 하나님 곧 예수 그리스도였다. 그 점 역시 체용일원과 비슷하다. 용의 각도에서 체를 말한 것이다. 구체적 상황을 모두 관통하는 하나의 보편적 원리를 찾은 것이 체다. 그러므로 체의 초월성 역시 내재를 기반으로 형성된 것이다.[46]

물론 퇴계의 리생(理生)은 그리스도교의 창조론과 다르다. 퇴계의 리동은 중세 신학을 대표하는 아퀴나스 신학의 제일 원인으로서의 능동인과 다르다. 그것은 태극이 존재론적 실체가 아니라는 점, 그리고 무정의(無情意)한 것으로서 의지적 존재가 아니라는 점과도 관련이 있다. 태극이 의지적 존재가 되면 인간의 생사화복(生死禍福)에 태극이 개입하는데, 퇴계의 경우에는 그런 개입에 관심이 없었다. 태극이 의지적 존재가 되면 도덕적 선의 실현에서 태극이 개입해 주재자가 되는데, 퇴계의 경우에는 그 면에서 그리스도교만큼 많이 나가지 않았다. 물론 도덕적 주재를 말하기 위해 태극을 상제(上帝)로 표현하지만, 그리스도교처럼 인간이 죄인이므로 선에 대해 철저히 무지하고 무능하다고 생각하지는 않았다. 인간 안에는 여전히 선한 본연지성이 변치

46 다음의 문장이 정확한 표현일 것이다. "리가 내재되어 있지만 보편이라는 사실에서, 그리고 나의 본질이 결국 보편이라는 점에서, 한 개체는 자신의 본질 속에서 궁극적 완전과 소통할 수 있는 가능성을 찾게 되는 것이다.", 정도원, 위의 글, p.285.

않고 자리 잡고 있기 때문이다. 선한 본성이 발현되도록 하는 것이 중요하지, 기도를 통해 신의 도움을 구하지는 않는다. 적어도 개인사나 역사에서도 초월자의 의지적 개입은 성리학에는 없다. 자연적 섭리가 있을 뿐이다.

신학에서 말하는 하나님의 섭리에는 자연적 섭리(providentia naturalis)가 있고 의지적 섭리(providentia voluntaria)가 있다. 자연적 섭리란 종자의 씨앗과 같은 것으로서 처음에 설정된 하나님의 뜻이 자연과 역사를 통해 실현돼 가는 것을 가리킨다. 그러나 선하지만은 않은 세상 현실을 신의 뜻으로 설명하기 위해 다른 개념이 필요한데, 그것은 본래의 질서에서 벗어나 보이는 인간의 질서를 하나님이 처음부터 원한 것은 아니지만 용납한다는 식으로 말하기 위한 것이다. 그것이 의지적 섭리다. 예를 들어 아우구스티누스(Augustinus)에게 가족은 자연적 섭리의 결과이지만, 국가는 의지적 섭리의 산물이다. 의지적 섭리란 인간의 죄에 대한 하나님의 대응 행위로서, 죄에 빠진 인간 세상이 더 큰 혼란에 빠지지 않도록 하나님이 어떤 질서를 유지시키고 있는 것을 가리킨다. 그처럼 인간의 죄에 대응하며 그것을 치유하기 위한 의지적 개입을 하는 초월자의 개념이 성리학에는 없다. 말하자면 성리학의 태극에는 자연적 섭리는 있지만 의지적 섭리는 없는 셈이다.

의지적 섭리가 없는만큼 퇴계의 리는 그리스도교의 하나님에 비해 덜 인격적이고 덜 초월적이다. 우주발생론에서 퇴계가 태극이 음양을 낳았다는 표현을 여전히 쓰는 것은, 리와 기가 우주론적으로는 동류임을 암시하는 것이라고 볼 수 있다. 그리스도교의 하나님은 세상을 만들었지만, 태극은 양의를 낳는다. 결국 태극의 초월성은 존재론적 초월성이 아니라 도덕적 초월성이다. 갖가지 상황 속에서 하나로 일관되게 선을 주재한다는 점에서 초월적이지만, 우주론적으로는 태극과 양의(兩儀)는 연속선상에 있다고 할 수 있다. 그래서 태극은 양의와 구분되나 분리되지 않고, 리와 기는 분리되지도 않고 혼동되지도 않는다. 구분되나 분리되지 않는다는 것이 그리스도교의 삼위일체에서는 성부와 성자와 성령의 관계에서 사용하는 말이다. 다시 말해 초월자 내부의 관계를 지칭한다. 그러나 퇴계의 경우에는 태극과 세상의 관계에 사용된다. 이것은 태극이 세상과 다른 개별 실체가 아님을 의미한다. 다시 말해 태극은 처음부터 세상에 내재하는 것이다. 다만 태극과 세상이 구분된다는 것은, 인간의 자연스러운 감정이 악에 기울어져 있을 때, 천명이 마치 자아를 초월해 명령하고 자기를 실현하는 것처럼 생각하는 것이다. 천명은 마음의 명령이지, 결코 독립적 실체가 아니다. 그처럼 "구분되나 분리되지 않는다."고 하는 명제는 그리스도교와 퇴계의 성리학에서 서로 쓰임새가 다르다. 그것은 퇴계가 리발이나 리동을 말하고 있는 것이 우주론적으로 사용되는 것이 아니라, 도덕적 의미를 지니고 있음을 알게 하는 대목이다.[47]

이제 결론을 맺어보자. 퇴계가 태극생양의를 해석하며 체 안에 다시 용을 둔 것은 태극의 초월성을 유지하려고 한 것이다. 그것은 리의 능

47 윤사순 교수는 퇴계의 태극생양의 해석에 모순이 있다고 말하면서, 동시에 가치론적인 해석의 여지를 두고 있다. 윤사순, 위의 책, p.71. 태극생양의 문제를 우주의 생성론보다는 도덕적 주재의 문제와 관련된 것으로 보면 된다.

동성을 인정하는 것과 맞물려 있다. 그리스도교가 신 안에 삼위를 둔 것과 그 의도가 같다. 초월성을 유지하면서 그 초월자의 주재와 작용을 말하려고 한 점에서, 퇴계의 체용일원과 그리스도교의 삼위일체는 같은 맥락에 있다. 그러나 태극의 초월성은 하나로 여러 상황을 주재한다는 의미를 지니고 있다. 그것은 도덕적 초월성이요, 선악이 혼재된 세상에 대한 순선(純善)의 초월성이다. 태극이 양의를 낳았다는 것은 태극이 도덕적 이념으로 세상의 기원이요, 궁극적인 목표요, 천명으로 통치하는 것을 가리킨다. 그 점에서 그리스도교와 다르다. 그리스도교는 구분되나 혼동되지 않는다는 표현을 하나님의 세 위격인 성부와 성자와 성령 사이에 쓸 뿐, 하나님과 세상 사이에 사용하지는 않는다. 그리스도교는 우주론적으로나 도덕적으로 하나님을 초월자로 보지만, 퇴계의 태극은 엄밀한 의미에서 우주론적으로 초월자가 아니고, 도덕적 의미에서 초월적 주재자라고 해야 할 것이다.

그럼에도 불구하고 퇴계가 체 안에 용을 둔 것은 태극의 자기 운동을 확보하려는 것으로, 인간의 주체성을 위해 초월적인 도덕 원리가 주재하고 작용한다는 점에서, 상당한 종교성을 띠게 된다. 체 안에 다시 용을 인정하는 것은 또한 초월자가 내재할 때 일으키는 자기 비하의 문제와 관련된 것으로서, 초월자의 초월성을 유지하면서 내재를 말하고자 하는 데 유용할 수 있다. 그래서 퇴계의 리는 그리스도교의 하나님처럼 어떤 초월적 실체처럼 보이는 면이 없지 않다. 그리스도교의 삼위일체의 의미를 통해 퇴계의 그러한 의도를 파악할 수 있다.[48] 퇴계

48 위에서 본대로 "감정과 의지가 없다고 한 것은 본연의 체요, 능히 발하고 능히 낳는 것은 지극히 묘한 작용이다."라는 말은, 체 속의 용이란 정과 의지를 가리키는 것으로 해석될 수 있다. 다시 말해서 태극이 정과 의지를 가진 존재처럼 인식되는 면이 퇴계에게 있다

의 연구자들은 퇴계가 리를 어느 정도 인격체처럼 생각하는 면이 있음을 지적한다.[49] 퇴계의 태극생양의 해석은 퇴계의 이학(理學)이 심학(心學)으로 완전히 환원될 수 없음을 보여준다.

는 말이다.

49 예를 들어, 이종우는 리에 체와 용을 나눈 것이 퇴계가 인격적 리를 생각한 것이라고 본다. 이종우, 「퇴계 이황의 리와 상제에 관한 연구」, 『철학』 82집(서울: 한국철학학회, 2005), p.14. 물론 그러한 인격성은 선의 실천과 관련한 리의 주재를 말하는 것과 연관이 있다. "퇴계는 성리학의 특이한 경의 실천을 강조하면서 사변적인 궁리에서 부정됐던 상제(神)를 행동적인 면에서 다시 긍정한 것"(이은상, 「퇴계사상의 결정체: 天命圖說」. 『퇴계학연구논총』 1권(경북대 퇴계연구소, 1997), p.553)이라는 이은상의 주장 역시 실천 측면에서 리의 능동성이 인정되고 마치 인격체처럼 보이는 면이 있음을 말한 것으로 봐야 할 것이다. 김기현은 두 가지 측면을 말하는데, 퇴계에게는 하늘을 외경하고 신앙한 면이 있었고, 다른 한편으로 그 하늘이 자기에게 부여한 존재의 뜻을 중시했다고 본다(김기현, 「퇴계의 경 사상」, 『퇴계학보』 122집(서울: 퇴계학연구원, 2007), pp.71, 72). 전자로는 하늘이 마치 인격체처럼 보이는 면이 있고, 후자에서는 그 인격성이 다시 약화된다.

제4장

리도(理到): 진리 인식론

퇴계는 많은 글을 통해서 형이상학인 성리학의 중요한 주제들을 모두 다뤘다. 1559년 시작된 고봉과의 논쟁은 심성론의 문제로 출발했지만, 그 이후 제자들에게 보내는 글이나 논문 등에서 우주발생론도 다루고, 그리고 진리 인식론도 다뤘다. 심성론과 인식론은 동서양 인문주의 철학의 중요한 주제였는데, 형이상학의 경우에는 우주론 또는 우주발생론도 함께 다루게 된다. 퇴계는 그런 주제들을 모두 심도 있게 다루며 자신의 주장을 폈다. 그중에서 인식론에 해당하는 것이 이른바 격물치지(格物致知)를 다루는 부분이다. 격물(格物)은 『대학(大學)』에서 치지(致知)의 조건으로 설명됐으니, 유학에서 진리 인식론에 해당하는 부분이다. 퇴계는 1567년에 정유일에게 보내는 글 「격물물격속설변의 답정자중(格物物格俗說辯疑 答鄭子中)」과 생의 마지막 해인 1570년에 고봉에게 보내는 편지 별지에서 격물과 물격(物格)의 문제를 다뤘다.

퇴계가 인문주의 철학의 중요한 주제들을 다루면서, 이른바 진리의 능동성 문제가 제기됐다. 진리의 능동성이란 진리가 인간의 마음을 움직이는 힘임을 가리킨다. 사단칠정론(四端七情論)에서 태극생양의(太極生兩儀) 해석을 거쳐 물격의 논의에 이르기까지 리(理)의 능동성 문제가 제기됐다. 심성론에서는 리발(理發), 우주론에서는 리동(理動), 그리고 인식론에서는 리도(理到)의 문제다. 그 순서를 퇴계가 의도한 것인지 알 수 없으나, 리발에서 리동을 거쳐 리도로 갈수록 리의 초월성과 능동성은 더 분명해지는 양상을 보인다. 퇴계가 리발을 말하며 보여준 리의 초월성과 능동성은 우주론인 리동에서 더욱 분명해진다. 우주론은 천지 만물이 생긴 과정을 설명하는데, 사물의 생성 변화를 주관하는 리를 말하면 초월적 위치가 더 분명하게 된다. 그리고 인식론인 리도에서 퇴계는 리의 능동성을 더욱 분명하게 언급하고 있다.

심성론과 우주발생론, 그리고 인식론은 동서양 인문주의의 공통된 주제다. 모든 인문주의의 관심은 언제나 공동체를 위한 도덕성 확립에 있고, 그 가능성을 인간 안에서 찾기 위해 심성론 곧 인간의 마음과 본성에 대한 이론을 전개한 것이다. 한편 동서 인문학에서 우주론 또는 우주발생론은 도덕의 실현을 장려하기 위한 장치라고 할 수 있다. 플라톤은 『티마이오스(*Timaios*)』에서 우주발생론을 전개하기 전에 『국가』 등의 책에서 선의 이데아론을 펴서, 도덕적 관심에서 우주론이 생겼음을 암시하고 있다. 인문주의에서 우주론의 출현은 곧 형이상학의 출현이요, 형이상학은 개인의 도덕적 실천의 힘을 우주의 바탕이 되는 원리로부터 이끌어내려고 한 것이다. 그런 점에서 형이상학은 도덕 형이상학이다. 플라톤의 우주형성설도 인간 본성론과 연결되는 도덕 형이상학인 것이다.[1] 그는 『티마이오스』에서 세상이 생기기 전에 영원한 선의 이데아가 있고, 그 영원한 것을 본떠서 세상이 생성됐다고 설명한다.[2] 이것은 세상의 바탕(archē)에 선한 힘이 있으니 선으로 악을 이기라는 말이다. 도덕적 당위를 이행할 힘을 우주론을 통해 얻고자 하는 것이다. 주희의 말, "천지가 생기기 전에 틀림없이 리가 먼저 있었다."고 한 것도 마찬가지다.

플라톤이 『국가』에서 전개하는 진리 인식론도 도덕적 인식과 관련된 것이다. 플라톤이 말하는 진리는 선의 이데아로서 이념적 선이다. 현실의 오염된 선이 아닌 순수한 이념적 선을 깨달아 아는 것이 진리 인식이다. 플라톤은 태양의 비유를 통해 진리 인식론을 전개하는데, 태양이 빛을 비춰주어야 세상 만물을 제대로 볼 수 있다.[3] 진리인 태양은 직접 볼 수 없으며 다만 그 빛이 나를 비추고 사물을 비춘다. 진리의 도움을 받아 사물을 볼 수 있다. 진리의 빛이 먼저 나와 사물에 이르러 있기 때문에, 내가 사물의 이치를 알 수 있는 것이다. 진리의 빛이 모든 인식의 근원이다. 이것은 신학자 아우구스티누스에게서 조명설이라고 하는 계시 인식론으로 발전된다. 퇴계가 리도(理到)를 통해 말하려는 것은 서양의 인문주의와 신학이 발전시킨 진리 인식론에 비춰 어떤 의미가 있을까?

퇴계의 리발과 리동과 리도는 형이상학과 신학을 발전시킨 서양의 인문주의 전통과 그 관심이나 논리 전개 방식이 비슷하다. 그렇다면,

---

1 "티마이오스님께서는 … 먼저 우주의 생성에서부터 이야기를 시작하셔서 인간의 본성에 대한 이야기로 끝내시는 것이 좋을 것 같이 생각되었습니다.", 플라톤, 『티마이오스』, 박종현 역주(서울: 서광사, 2000), pp.73-74(27a).

2 『티마이오스』, pp.75-79(27d-29a).

3 플라톤, 『국가』, 박종현 역주(서울: 서광사, 1997), pp.434-438(507b-509b).

퇴계가 물격(物格)을 가리켜 리자도(理自到)를 말할 때, 그는 진리 인식이 진리 자체의 주도로 이뤄진다는 것까지 인정하는 것일까? 퇴계의 논리의 연결성을 보기 위해 먼저 리발과 리동에서 보인 리의 초월성과 능동성 문제를 살펴보고, 그 다음에 리도의 문제를 다루겠다. 리의 초월성과 능동성 문제는, 리와 기의 불상잡 불상리(不相雜不相離)의 변증법, 도덕적 이기 이원론과 우주적 기 일원론의 변증법, 심발(心發)과 성발(性發)의 변증법, 그리고 리(理)의 초월과 내재의 변증법에서 파생된 문제라고 할 수 있다. 리가 그리스도교의 신처럼 세상 밖의 완전한 초월자이면 능동성 문제에 이론(異論)이 없는데, 초월자이지만 동시에 사물에 내재해 있기 때문에 문제가 되는 것이다.

1. 리발(理發)과 리(理)의 능동성

퇴계가 직접 리의 초월이나 능동이라는 말을 언급한 적은 없다. 리의 능동성을 인정하면 리를 활성화하게 된다. 그렇게 되면 율곡이 비판하는 대로 리의 무위(無爲)를 부정하는 듯 보이고, 우암 송시열(宋時烈)이 비판하는 대로 리를 활물(活物)로 본다고 할 수 있다. 실제로 1570년 고봉에게 보내는 편지에서 퇴계는 물격(物格)을 설명하면서 리의 무위를 부정하고 리가 사물(死物)이 아니라는 발언을 하고 있다.[4]

---

4 "전에는 단지 본체의 무위한 줄로만 알았고, 신묘한 용(用)이 드러나게 행해질 수 있는 것을 알지 못해 거의 리(理)를 죽은 물건으로 인식하듯이 했으니, 도와의 거리가 어찌 매우 멀지 않았겠습니까?(向也但有見於本體之無爲 而不知妙用之能顯行. 殆若認理爲死物 其去道不亦遠甚矣乎).", 『국역 퇴계전서』 5권(서울: 퇴계학연구원, 2003), p.292. 『退溪先生文集』, 18, 31. 「答奇明彦 別紙」.

리의 능동성의 의미

만일 리를 살아 있는 인격적 실체로 보면, 그리스도교의 하나님과 비슷해지고 인문주의적 신념과 맞지 않는다. 인문주의는 행위와 인식에서 인간의 주체성과 주재를 말하고자 하는 것이기 때문이다. 그러나 고대 그리스 철학은 형이상학적 실체의 힘을 빌려 인간의 주체성을 확보하려고 했다. 아리스토텔레스(Aristoteles)는 형이상학적 실체를 능동인(能動因)이요, 목적인(目的因)이라고 불렀다. 능동인(causa efficiens)은 작용인이라고도 불린다. 능동인이란 우주론적인 표현으로서, 만물의 생성 변화 운동의 원인이요 기원이 되는 힘을 가리킨다. 그러나 우주론은 도덕론에 연관돼 있으니, 능동인을 통해 말하려는 것은 인간 마음의 변화였다. 참인간이 되도록 인간의 마음을 움직이는 힘을 우주론적 원리에서 찾으려는 것이었다. 그러므로 진리의 능동성을 말하고, 나아가서 활물처럼 보는 것이 인문주의자들에게 낯선 것은 아니다. 오히려 세련된 형이상학을 정립한 성리학의 경우에, 리에 능동적 힘을 인정하는 것은 자연스러운 사유의 발전이라고 할 수 있다.[5]

능동인의 문제는 무엇이 마음을 움직여 도덕적 선을 실현하게 할 것인가의 문제다. 근대 인문주의자인 칸트는 이것을 '동기'라는 말로 표현했다. 칸트에게 도덕 행위의 동기는 도덕법 자체에 있다. 중세 형이

5 몽배원 교수는 주희 본체론에서 체(體)는 목적성과 능동성을 지니고 있다고 본다. 몽배원, 『성리학의 개념들』, 홍원식 외 옮김(서울: 예문서원, 2008), p.312. 한편 마테오 리치는 성리학의 소이연 개념을 빌려 그리스도교의 천주를 설명하는 과정에, 천주를 능동인과 목적인으로 본다. 마테오 리치, 『천주실의』, 송영배 외 옮김(서울: 서울대학교출판부, 1999), p.60. 세상과 별개의 실체인 천주와 달리 리는 기와 분리할 수 없다. 다만 도덕적 측면에서 초월적 실체로 인식될 수 있으며 능동성을 인정할 수 있다.

상학에서는 도덕법이 초월적 실체의 모습(존재 자체, 로고스, 부동[不動]의 동자[動者: unmoved mover])을 하고 있었고, 신학에서는 인격적 실체인 하나님의 뜻이 도덕법 역할을 한다. 유학에서는 도덕법을 천명(天命)이라고 했고, 퇴계의 리도 당연지리(當然之理)로서 천명이다. 그리가 능동성을 갖는 것은, 칸트처럼 도덕법 자체가 동기가 되는 것으로 이해할 수 있다. 다른 말로 하면, 명령하는 하늘의 법이 그 명령을 이행하는 힘도 준다는 얘기다. 물론 퇴계의 성리학은 이학(理學)으로서 칸트의 동기론과 다른 측면도 있다. 퇴계가 말하는 리의 능동성은 우주론과 인식론으로 확대되면서, 리의 초월성이 강조되고 인격화되는 경향을 지니게 된다.

그러나 인간의 주재를 말하는 인문주의가 왜 인간의 마음의 능력만 말하지 않고 형이상학적 실체의 힘을 끌어들이는가? 형이상학의 등장은 인간 마음의 악함을 심각하게 느낀 데서 비롯된 것으로 보인다. 고대 그리스 형이상학은 그리스 신화를 비신화화하면서 탄생했지만, 그리스 신화의 이원론적 세계관의 영향을 받았다. 그리스 신화에서는 인간 세상을 악으로 보고 세상에 태어나는 것 자체를 타락으로 보았다. 천상의 영혼이 지상으로 추락해 세상에 태어나 오염됐다는 것이다. 그리스 철학은 그러한 비극적 세계관을 비신화화하고, 인간의 본성에서 선의 가능성을 보려고 했다. 그러나 세상의 악이 그렇게 만만하지 않다는 걸 알고 있었다. 세상이 너무 악하면 개인이 그 세상을 이기고 선을 실현하기가 어렵다. 동서양의 인문주의는 플라톤이든 맹자이든 모두 세상의 악을 보았다. 그런 중에서도 인간이 지닌 덕성을 믿고 세상이 새로워질 가능성을 말하고 희망을 말했던 것이다. 그런데 고대 그리스에서는 중국이나 한국보다도 인간 세상의 악을 더욱 심각하게 봐서, 형이상학적 실체의 선한 힘에 의지할 필요가 있었다. 존재 신학(onto-theology)을 통해서, 아리스토텔레스는 형이상학을 정립하고, 스토아학파는 우주를 섭리하는 로고스를 말했다. 한편, 그리스도교는 인간 세상의 부패를 그리스 인문주의보다 더 심각하게 봤기 때문에, 형이상학적 실체에 인격성을 부여했다. 맹자는 양지 양능(良知良能)을 말했지만, 그리스도교는 동서양 인문주의와 달리 인간의 무지(無知)와 무능(無能)을 말했다. 그래서, 선을 행하는 데 주재자는 오로지 하나님의 몫이 된다. 그리스도교 하나님은 그리스 형이상학의 능동인보다 더 분명한 주재성을 띤다. 초월적 실체의 활동에 방해가 되지 않도록 인간의 마음은 최대한 비우고 하나님이 내 마음 안에서 활동하게 해야 한다. 그렇게 할 때 비로소 나는 선하고 의로운 일을 할 수 있다. 신학만큼은 아니더라도, 인문주의 형이상학에서는 선한 형이상학적 실체의 섭리가 인간의 선한 본성이 발현되는 데 중요한 역할을 한다. 그것이 형이상학적 실체의 능동성 문제다.

퇴계의 리발과 리동도 같은 문제 의식에서 태동한 것으로 보인다. 리와 기를 말하는 성리학의 탄생 자체가 맹자와 같은 성선설에 머무르지 않으려는 의도를 보인다.[6] 성리학에서는 본연지성(本然之性)뿐 아니라 기질지성(氣質之性)도 말한다. 세상에 살며 형성된 악의 성향이 본성처럼 자리 잡고 있는 것이 기질지성이다. 퇴계는 고봉과 달리 본연지성과 기질지성을 대립시키는데, 악의 성향이 본연의 선한 본성을

6 "맹자는 성은 선하다고 말하면서, 부여받은 기는 말하지 않고, 사람은 모두 요순 같은 사람이 될 수 있다고 하였다… 나의 성이 이미 선한 데 무엇 때문에 성현이 되지 못하는가를 생각해 보면, 그것은 오히려 부여받은 기에 의해 해를 입기 때문이다(孟子道聖善, 不言氣稟, 只言人皆可以爲堯舜… 看來吾性旣善 何故以不能爲聖賢, 却是被這氣稟害).", 주희, 『주자어류』, 이주행 외 옮김(서울: 소나무, 2001), pp.4-59, 214.

는 위협하고 있다고 생각했기 때문이다. 그리하여 퇴계는 리와 기를 대립시킨다. 인간의 본성은 곧 리를 가리킨다는 성즉리(性卽理)의 성리학은 본성의 덕의 발현의 힘을 우주의 원리에서 찾고자 한다. 진리는 인간의 마음에 명령할 뿐 아니라, 우주의 생성 변화를 명한다. 이기합명물(理氣合命物)인데, 리와 기가 분리될 수 없지만, 그럼에도 불구하고 리가 기보다 먼저 있었다. 이것은 도덕적 차원에서 이기 이원론을 말하는 것이다. 우주적 차원에서는 기 일원론이다. 기(氣)로 이뤄진 세상이 있을 뿐이다. 그러나 기와 다른 리를 우주론에 등장시키는 순간부터 형이상인 리는 형이하인 기와 대립적이면서 초월적이다. 우주론적으로 리는 기 안에서 유행하지만, 그러나 도덕적으로 기를 초월해 리가 기를 낳고 움직인다. 이것은 기로 대표되는 세상의 악을 이길 능력이 우주적 생성 변화의 원리에 들어 있음을 말하고자 하는 것이다. 형이상학적 실체인 리에 순선(純善)이라는 도덕적 값이 매겨진다. 플라톤의 형이상학에서 이념적 선을 말하는 것과 똑같다. 한편 성리학에서는 리를 인(仁)한 마음으로 보기도 한다. 리를 인(仁)으로 말하는 것은, 천지가 생기기 전에 덕스러운 어떤 마음이 있었다고 보는 것이다. 덕스러운 마음에서 천지가 생성된 것이다. 흔히 생성 변화라고 하는데, 핵심은 변화에 있다. 어떻게 생겨났느냐는 것은 어떻게 새로이 변화할 것인가를 말하려는 것이다. 우주의 덕스러운 마음이 개개인을 초월해서 전체 인간사를 덕스럽게 꾸려나가고 섭리할 것이다. 나는 믿음을 가지고 우주의 마음에 이끌려 가야 한다. 내 의지로 하는 게 아니라 우주의 마음에 이끌린다는 표현이 가능하다. 이것이 리의 초월과 능동성에 관한 문제다.

리는 일차적으로 초월이고 이차적으로 내재다. 리기 불상리(理氣不

相離)의 원칙에서 보면 리는 처음부터 기에 내재해 있어야 한다. 기의 활동이 곧 리의 활동이지, 리의 활동이 따로 있을 수 없다. 그것은 우주적 일원론의 신념을 지켜서, 성리학이 그리스도교 신학처럼 되지 않게 하는 역할을 한다. 그러나 기와 다른 리라는 개념을 등장시킨 순간부터 기에 대한 리의 초월성을 염두에 둔 것이다. 그래서 리기 불상잡(理氣不相雜)이다. 주희가 리가 기보다 먼저 있었다고 할 때, 그 '먼저'가 리기 불상잡을 가리킨다. 그 '먼저'는 시간으로 앞선 것이 아니라 우월성을 가리킨다. 리라는 개념은 기를 이기는 힘으로서만 그 존재 의의가 있는 개념이다. 리는 세상의 악한 힘을 이길 선한 힘이다. 세상을 이긴다는 점에서 초월적이다. 물론 성리학은 세상이 새로워질 길을 개인의 자기 수양에 맡겼기 때문에, 초월적 선으로서의 리는 사람 내면의 리다. 인간의 본성 또는 이성을 가리킨다. 그러므로 세상을 이긴다는 것은 곧 인간 안에 들어 있는 선한 본성이 악의 성향을 이긴다는 뜻이다. 기를 이기는 리의 초월성은 기질지성(氣質之性)을 이기는 본연지성(本然之性)의 힘이다. 그러므로 리의 초월성은 두 가지 측면을 지닌다. 하나는 개인을 넘어 우주적 차원에서 사물 전체의 생성 변화를 주도하고 있는 점에서 리의 초월성이 드러난다. 그리고, 개인 안에서 선한 본성이 악의 성향을 이기는 힘으로서 초월적이다. 성리학에서 우주적 차원은 대체로 개인 내면의 도덕적 차원을 염두에 둔 것이다. 여하튼 리의 초월성 때문에 퇴계는 인심(人心)과 도심(道心)을 대립시킬 수 있었다.[7] 인심과 도심을 대립시킨 것은, 마치 인간이 의지적으로 선을 행하는 게 아니라, 도의 마음에 이끌려 선이 이뤄지는 것처럼 말하는

---

7 『국역 퇴계전서』 9, 169. 『退溪先生文集』 37, 26. 「答李平叔」. 인심은 이미 한쪽에 떨어져 있어 도심의 명령을 듣고서야 하나가 될 수 있다고 퇴계는 말한다.

것이다.

그런 점에서 리는 인간 안이면서 인간을 초월한 것이다. 그리고 인간 안에 있으면서 사물 안에 내재한 것이다. 나는 이것을 안팎의 변증법이라고 부르려고 한다. 성리학의 리가 사람 안에 있으면서 밖에 있기 때문이다. 밖이란 바깥 사물을 가리키기도 하지만, 인간 위 곧 초월적 리의 위상도 가리킨다. 안팎의 변증법에서 리의 위치는 세 곳이다. 인간의 안과 사물의 안, 그리고 인간과 사물의 위이다. 리는 인간과 사물에 대해 형이상자로 초월적이면서 동시에 내재적이다. 월인천강(月印千江)의 비유로 말하고자 하는 게 그것이다. 달이 강 위 하늘에 떠 있으니 이는 초월을 뜻한다. 그러나 하늘의 달과 똑같은 달이 천 개의 강 위에 각각 새겨져 있으니, 이는 내재를 가리킨다.

퇴계는 리발과 리동을 통해서 리기 불상잡(理氣不相雜), 곧 리의 초월성을 강조했다. 초월성은 곧 능동성을 가리킨다. 이것은 도덕 실천과 세상 변화에서의 리의 주재를 말하는 것이니, 리가 주재할 때만 인간의 마음이 주재하는 것이라 할 수 있다. 리가 주재하는 것은 리가 기를 이기는 것이요, 순수한 덕성이 오염된 선과 악을 이기는 것이고, 본연지성이 기질지성을 이기는 것이기 때문이다. 그것은 인간의 본심이 세상에 물든 마음을 이겨 행위를 주재하는 것이다. 리의 주재란 결국 인간 본심(本心)의 주재다. 리(理)의 주재를 말할 때만이 본마음의 주재가 가능하다. 그래서 리의 능동성 얘기가 나오는 것이다. 다시 말해서 리의 능동성을 주장하는 까닭은, 리의 주재를 통해서만 비로소 인간의 마음의 주재를 말할 수 있기 때문이다. 성리학은 심학(心學)으로서 심통성정(心統性情)을 말하기 때문에 마음의 주재를 말하지 않으면 안 된다. 그러나 이학(理學)으로서 리의 주재를 통해서, 그리고 리의 주재와 함께만 마음의 주재를 말할 수 있기 때문에 리의 능동성과 초월성을 말하게 되는 것이다.

의지를 성에 가두라: 칸트와 그리스도교 사이

리의 능동성을 말하게 된 것은, 퇴계가 선악을 넘어선 순수한 선을 추구하기 때문에 일어나는 현상이다. 이것은 퇴계 사상의 관념론적 측면을 보여준다.[8] 고대의 인문주의자 플라톤과 근대의 인문주의자 칸트가 모두 순수한 선을 추구한 까닭에 관념론 또는 이상주의 전통에 속한다. 순수한 선을 추구하는 까닭은 높은 절대의 경지에서 모든 사태를 섭렵하기 위한 것이다. 퇴계는 고봉과의 논쟁에서 선악의 기미를 없애기 위해 "의지를 성에 가두라."고 말한다.[9] 이 말은 인간이 할 수 있는 게 없다는 선언으로 들리기도 한다. 그때그때 마음먹고 선한 행위를 할 수 있지만, 그러나 악에게 지기 십상이다. 우리 의지는 이미 악에 기울어 있다. 그렇다면 비관주의에 빠질 것인가? 어떤 인문주의도 비관주의와는 거리가 멀다. 그렇다면 희망은 어디서 오는가? 퇴계의 경우에 우주를 섭리하는 리의 힘이 희망의 근거다. 인간의 의지는 일상에서 이미 악에 기울어 있다.[10] 그러므로 나의 의지에 의해 선악이

---

8 관념론이라고 하면 현실을 모르는 추상적 사유라는 비판적 의미를 떠올리게 된다. 일본인들이 만든 번역 용어로 보인다. 그러나 관념론의 원래 의미는 생각에서나 가능할 것 같은 순수한 선의 세계를 현실에 실현하기 위해 치열한 자기 수양을 요구하고 실천하는 사상이라는 뜻이다. 관념론자들은 선악이 뒤엉켜 살아가는 인간 세상을 향해 온전한 목표와 이상을 제시하는 역할을 했다.

9 "朱子云防意如城", 『국역 퇴계전서』 7, 324. 『退溪先生文集』 29, 5. 「答金而精」.

10 이런 문제는 제1장에서 다뤘다.

갈리는 것이 아니라, 의지 너머의 리가 나를 부릴 때 선이 생기는 것이다. 고봉과 달리 퇴계에게 가치 중립 지대는 없다. 선 아니면 악이고, 일상은 악하다. 주희가 말한 대로 모든 일상적 감정에 자사용지(自私用知) 곧 자기 위주의 마음이 개입돼 있기 때문이다. 퇴계가 칠정을 사단과 구분해서 기발(氣發)이라고 따로 말하는 까닭이 거기에 있다.

칠정도 본래는 선하지만, 악에 흐르기 쉽다고 퇴계는 말한다. 본래 선하다는 것은 칠정이라는 생활 감정도 살려고 하는 생의(生意)에서 나온 것이기 때문이다. 살려고 하는 의지 자체는 선하지도 않고 악하지도 않다. 아니, 생생지리(生生之理)를 선의 핵심으로 보는 유학의 관점에서 보면 생의(生意)는 선이다. 죽으려고 하지 않고 살려고 하는 것은 선하다. 퇴계는 정자의 말을 빌려 말한다. "선악이 모두 천리(天理)이니 악이란 것이 본래 악한 것이 아니라 다만 지나침과 미치지 못함이 있어서 이와 같은 것입니다."[11] 악이란 것도 생의에서 생긴 것이다. 생의 곧 살려고 하는 의지는 나쁜 게 아니니 본래 선하고, 그런 점에서 악이란 없고, 악도 천리다.[12] 악은 생의가 지나쳐서 자기만 살려고 하는 것이다. 지나침이 악이라는 말이 그 뜻이다. 그렇다면 악을 모자람으로 보는 것은 무엇인가? 선이란 남과 더불어 사는 생의 의지가 돼야 하는데, 이기심은 더불어 사는 생의가 모자란 것이라 할 수 있으니, 미치지 못함이다. 악이 따로 있는 게 아니라, 선의 모자람이 악이다.

이것은 악을 선의 결핍(privatio boni)으로 보는 아우구스티누스의

11 "程子謂善惡皆天理 謂之惡者本非惡 但過與不及 便如此", 『국역 퇴계전서』 5, 235. 『退溪先生文集』 17, 31. 「答友人論學書今奉奇明彦」.

12 주자의 주에서는, 악도 천리(天理)라고 한 것을 주자가 매우 해괴하다고 했다. 그러나 남을 해치는 악도 자기가 살려고 하는 생의에서 나온 것이라는 점을 이해하면, 정자의 말을 수긍할 수 있다.

유명한 선언과 유사하다. 그리스도교는 선을 존재론적 실체로 보고, 악은 인간의 의지에서 생기는 것으로 보았다. 의지는 이미 타락해서 선을 만들지 못한다. 흔히 말하는 선은 순수한 선이 아니고 상대적 선이요, 악 안에서의 선일 뿐이다. 의지는 선을 만들 수도 있고 악을 만들 수도 있지만, 반복된 악의 습관 때문에 습관적으로 악을 행한다. 희망은 세상을 섭리하는 하나님에게 있다. 알고 보면, 세상을 낳고 주관하는 하나님이 선하니, 선한 하나님에게서 나온 세상은 본래 선하다. 존재하는 것은 모두 선하다고까지 할 수 있다. 선은 실체이지만 악은 실체가 아니며, 다만 선한 하나님의 뜻을 피하고 벗어나는 인간의 의지와 그 행태가 악이다. 작용인 또는 능동인은 선한데, 인간의 의지는 결핍인(缺乏因, causa deficiens)의 역할을 해서 선한 힘을 피한다.[13] 악은 선의 결핍이다.

이런 사유 방식이 성리학에서도 보인다. 음양오행과 만물이 선한 리에서 나왔다면, 세상의 모든 존재는 선하다. 『주자어류(朱子語類)』에는 이런 말이 있다. "하늘이 사물을 낳으니, 모든 사물은 참되다."[14] 악이란 독립된 지위를 갖지 못하고, 다만 선의 결핍이 악이다. 악도 생의에서 나온 것인데, 생의는 선하다. 그러나 다른 사람과 함께 있으면서 지나침과 모자람이 생겨, 인간의 살려는 의지는 자기 위주로 생각하는 이기심으로 바뀌었다. 퇴계는 보광(輔廣)의 말, "이심(利心)은 사람에게 본래 없는 것이나 단지 자기가 있고 상대가 있어 피차 상호의 갖은 형체로 인해 문득 생겨나오게 된다."를 인용하면서 이렇게 말한다. "그 상호간에 갖고 있는 형체로 말미암아 일일마다 모두 자기에게만 좋게

13 아우구스티누스, 『신국론』, 성염 옮김(왜관: 분도출판사, 2004), 12, 7, p.1263.

14 "天之生物也, 一物與一无妄", 『주자어류』, 4-2, p.186.

하려고 할 뿐, 다시 그 사리(事理)의 어떠함을 계산하고 비교할 만할 겨를조차 갖지 않는 것이 바로 이심(利心)입니다. 만일 좋은 여색을 좋아하는 경우라면 단지 욕심(欲心)이라고 말할 뿐이지, 이심(利心)이라고는 말할 수 없습니다."[15] 그러므로 남들과 더불어 사는 일상생활에서 생기는 감정은 언제나 자기에게 이롭게 이용하려는 자사용지(自私用知)의 전략이 들어 있어 악에 흐른다. 그런데, 자기를 이롭게 하는 이기심이 왜 나쁜가? 애덤 스미스(Adam Smith)의 『도덕감정론』에 따르면 자기를 이롭게 하려는 마음은 악이 아니다.[16] 근대 자본주의 윤리의 기초를 마련한 스미스는 이기심을 나쁘게 보지 않았다. 남을 해치지 않는 선에서 이기심은 오히려 사회 발전의 원동력이 된다고 본다. 그러나, 순수하고 높은 차원의 도덕성을 요구한 중세 철학에서 이기심은 악의 표본이다. 근대의 칸트 역시 순수한 선을 추구했으므로 이기심을 경계했다. 악의 잠재력을 제거해서 순수한 선을 찾고자 하는 것, 그것이 마음 깊숙한 곳까지 들어가 정화하고자 했던 도학(道學)의 관심이요, 동서양 중세 철학과 신학의 공통 관심사였다.

이심(利心)에 휩싸인 정(情)을 퇴계는 기발(氣發)이라고 했다. 기발이란 외물(外物)에 사로잡힌 마음을 가리킨다. 칸트의 표현을 빌리면, 의지의 "질료적 규정 근거"이니, 질료가 의지를 사로잡고 있는 것이다. 퇴계에게서, 외부 사태에 대한 인간의 반응은 리발이냐 기발이냐 둘 중

---

15 "由其相形而事事都要好於己 復不暇計如何 此卽利心也 若好好色之心 只當言欲心 不可言利心", 『국역 퇴계전서』 9, 82. 『退溪先生文集』 36, 5. 「李宏中問目」.

16 애덤 스미스는 인간의 감정을 크게 둘로 나누는데, 자기를 위한 이기적 감정과 남을 위한 자비의 감정으로 나눈다. 적정한 이기적 감정은 도덕적일 수 있다. 그는 심지어, 자신을 위한 행위는 실체이고 남을 생각하는 것은 그림자라고까지 말한다. 참조. 애덤 스미스, 『도덕감정론』, 박세일 옮김(서울: 비봉출판사, 2010), p.415.

의 하나다. 기발이란 표현은, 내부에서 주관해 외물에 대응하는 것(主於內應於外)이 아니라 외물에 사로잡힌 채 생겨나는 정을 가리킨다. 의지를 사용하기에 앞서 정이 발생하고, 그 정이 의지를 이끌고 간다. 정은 순식간에 내 의지를 끌고가기 때문에 마음이 손쓸 겨를이 없다. 그런데 알고 보면, 이미 마음이 이심(利心)에 가 있어서 칠정의 정이 발생하는 것이다. 그 마음을 기심(氣心)이라고 하니, 기질의 성품(氣質之性)이 발해 생긴 것이다. 칠정이라는 정에는 이기적 의지가 축적돼 형성된 악의 성향이 작동한다. 그리하여 퇴계는 본성이 발해 정이 된다고 하는 성발위정(性發爲情)이라는 원칙에 어긋나지 않고, 마음이 본성과 정을 통솔한다고 하는 심통성정(心統性情)의 원칙에도 어긋나지 않으면서, 칠정과 사단을 각각 기(氣)와 리(理)에 분속할 수 있었다. 인간의 의지가 그처럼 이기심에 기울어 있다는 판단에서, "의지를 성에 가두라."고 하는 극단의 선언이 나온 것이다.

기질의 성품이 본성처럼 자리 잡고 있어서 자기도 모르게 비의지적으로 물욕에 이끌려 간다. 그러나 그 비의지는 사실 내가 좋아서 그렇게 마음을 먹은 결과 생겨난 습관을 가리킨다. 자발적인 내 의지의 축적으로 생긴 습관이며, 그러므로 비의지적 악도 내 책임이다. 기질의 성품이라는 악의 성향이 생긴 것은 내 책임이고, 선한 본성인 본연의 성품은 하늘이 준 것이다. 그러한 퇴계의 논의가 그리스도교 신학과도 매우 유사하다. 퇴계는 왕양명의 지행합일(知行合一)을 비판하며, 도의를 두고 인간은 "배워야 알고, 힘써야 행한다. 선을 모르는 자 있고, 알아도 행하지 않는다."고 말한다.[17] 이것은 모든 인간의 무지와 무능을

17 "사람의 마음 중에 형기(形氣)에서 나온 것은 배우지 않아도 저절로 알고 힘쓰지 않아도 저절로 능(能)하여, 좋아하고 미워하는 마음이 있는 곳에 표리(表裏)가 여일(如一)하다.

말한 그리스도교만큼 나가지는 않았지만, 맹자의 양지양능과 차이가 있어 보인다. 분명한 것은, 퇴계가 성선설의 전통 안에 있지만 악의 성향을 매우 심각하게 인지하고 있었다는 점이다. 악의 성향을 두고, 퇴계는 그리스도교 신학과 칸트의 중간쯤 되는 위치에 있다고 할 수 있다. 그리스도교는 인간 의지의 전적인 타락을 말하고 선의 가능성을 인간을 초월한 선한 하나님의 활동에서 찾으며 인간은 하나님의 활동에 붙들리고 복종할 때 가장 자유롭게 선과 의를 행할 수 있다고 말한다. 퇴계도 형이상학적 실체 같은 리의 활동에서 선의 가능성을 찾는 점에서 그리스도교 신학에 접근하는 면이 있다. 그러나 우주론적 일원론을 포기한 것은 아니기 때문에 그리스도교 신학과 다르다. 다시 말해 초월적 실체가 존재론적으로 있는 것은 아니며, 인간 위의 리는 사실 인간 안의 리다. 한편, 인간의 악의 성향을 깊이 염두에 두면서도 신학이 아닌 인문주의라는 점에서 퇴계는 근본악을 말한 칸트와 유사한 점이 많다. 그러나, 우주론이 있어서 우주적 리가 인간의 의지를 움직이는 것처럼 말하는 점에서 칸트와 달리 어떤 종교성을 지닌다.

퇴계에게서 활물(活物)은 마음뿐이라는 주장이 있는데, 그것은 당연한 얘기다.[18] 모든 인문주의에서는 인간의 마음과 의지를 중시한다. 모

그러므로 잠깐 호색(好色)을 보면 곧 아름다움을 알아 마음에 진실로 좋아하며, 잠깐 악취(惡臭)를 맡으면 곧 그 악함을 알아 마음에 실제로 싫어하니, 이는 비록 행(行)이 지(知)에 붙어 있다 하더라도 될 것이다. 그러나 의리(義理)에 있어서는 그렇지 않다. 배우지 않으면 알지 못하고 힘쓰지 않으면 능하지 못하여, 밖에 행하는 것이 반드시 내면에 성실한 것은 아니다. 그러므로 선을 보고도 선인 줄을 알지 못하는 자가 있으며, 선임을 알고도 마음에 좋아하지 않는 자가 있으니, 선을 본 때에 이미 스스로 선을 좋아한다고 이르는 것이 되겠는가?", 『국역 퇴계전서』 10, 44. 『退溪先生文集』 41, 27. 「傳習錄論辯」.

18 전병욱, 「퇴계철학에서 理到의 문제」, 『동양철학』 제38집(2012), p.7. 리(理)의 능동성을 인정하면 리가 물리적으로 이동하는 것 아니냐는 논의와 비판(같은 글 pp.8-10)은

든 건 마음먹기에 달렸다. 퇴계도 심통성정(心統性情)의 원칙 안에 있다. 그러나 마음의 활동을 말하는 퇴계가 의지를 성에 가두라고 할 때, 그 의미가 무엇인지를 알아야 한다. 더구나, 성리학은 기가 있기 전의 리를 덕스러운 마음으로 보지 않았는가. 활물은 마음뿐이라고 할 때, 그 마음은 인간의 마음뿐 아니라 초월적인 우주의 마음도 가리키지 않겠는가. 퇴계는 성리학의 그런 측면을 면밀히 고찰하고 발전시킨 것이라 할 수 있다. 그런 각도에서 퇴계의 주장을 이해하는 데 칸트 연구가 유용하고, 그리스도교 신학도 유용하다. 퇴계학의 위치는 칸트와 그리스도교 신학 사이라고 할 수 있기 때문이다. 그런데, 리발의 의미는 일단 칸트적으로 이해해도 된다.

퇴계는 기가 일으키는 생활 감정인 칠정과 달리 리가 일으키는 감정이 있다고 했다. 그것이 사단이라고 했다. 칸트 역시 일상적인 감정과 전혀 다른, 도덕 법칙이 일으키는 감정이 있다고 말했다. 그것을 도덕법에 대한 외경심이라고 했다. 그것은 물질적이지 않고 순수한 선을 산출하도록 의지를 이끄는 감정이다. 퇴계의 사단이나 칸트의 이성 감정은 모두 감정이므로 의지가 손을 쓸 겨를이 없이 내 의지를 작동시켜 선을 만든다. 칸트에 따르면 이성의 법이 선을 "명령하고 또한 실제로 이끌어낸다."[19] 그래서 칸트는, 도덕법이 임금이 되고 나는 신하가 돼 복종하는 것으로 말한다. 그와 매우 비슷한 말을 퇴계도 했으니, "도심이 주인이 되고 인심은 그의 명령을 듣게 해야 한다."[20]는 얘기다. 리를 절대

의미 없다. 능동성이란 리의 시공간적 이동을 의미하는 게 아니라는 점은 너무나 당연하기 때문이다.

19 칸트, 『실천이성비판』, 백종현 옮김(서울: 아카넷, 2004), p.183.

20 "必曰道心爲主 而人心聽命", 『국역 퇴계전서』 9, 267. 『退溪先生文集』 39, 23. 「答洪胖」.

자로 보고, 인간은 절대자에 복종해야 하는 것으로도 말한다.[21] 이것은 퇴계가 말하고자 하는 리발의 의미를 잘 드러낸다. 리발이란 일상적으로 선악을 판단하고 의지적으로 행하는 차원을 넘어, 순수한 선의 세계에 외경심을 가지고 붙들려 있음을 말하는 것이다. 그런 상태에서 행위가 나아가면 리가 작용인이요 능동인으로서 마음을 주재하는 것이다. 물론 퇴계의 리와 칸트의 도덕법에는 차이가 있다. 리를 천명으로 보면 칸트의 도덕법과 같다. 그러나 퇴계의 리는 천명일 뿐만 아니라 인(仁)한 우주의 마음이기도 하다. 그래서 칸트는 도덕법이 일으키는 이성 감정을 외경심(畏敬心)이라고 했지만, 퇴계의 리가 일으키는 이성 감정에는 경(敬)과 함께 사단이 포함된다. 사단은 인(仁)한 우주의 마음이 인간에게 일으키는 덕성의 마음이다. 그래서 칸트에게는 의지의 규정 근거로 동기라는 말이 어울리지만, 퇴계의 의지의 규정 근거인 리에는 능동인(能動因)이라는 이름이 어울린다. 능동인은 인간의 마음을 움직이는 선한 우주적 힘을 가리키는 것으로서, 서양 형이상학과 신학에서 쓰던 용어다. 도덕법이자 우주의 인(仁)한 마음인 리가 내 마음을 주재한다면, 그것이 리의 능동성이다.

그런데, 의지를 성에 가두는 것도 내가 할 일이요, 내 의지의 작용이 아닌가? 그렇다면 내 의지의 작용 없이 리가 발하는 일은 없는 것 아닌가? 어느 정도까지 리의 주재를 말할 것인가? 그리스도교에서는 자기를 부인하고 비우는 마음의 작용 역시 신의 은총이라고 말한다. 그러므로 신의 주재 안에서만 인간은 상황을 주재할 수 있다. 신의 주재 안에서 신의 주재를 통한 인간의 주재다. 그것을 신률(神律)이라고 한다.

---

21 "理本其尊無對 命物而不命於物 非氣所當勝也", 『국역 퇴계전서』 4, 290. 『退溪先生文集』 13, 17. 「答李達李天機」.

칸트는 자율(自律)을 말하기 때문에, 도덕법의 주재는 내 의지의 주재다. 퇴계는 그 중간쯤에 위치한다. 리의 주재와 인간의 주재는 양립한다. 사람 마음의 주재 없이 리의 주재를 말할 수 없고, 리의 주재 없이 사람 마음의 주재를 말할 수도 없다. 리의 주재만 말하면 그리스도교에 접근하고, 사람 마음의 주재만 말하면 칸트와 비슷하다. 퇴계의 사상은 인간의 주재와 리의 주재의 변증법적 통일이다. 인간의 마음대로 하지 말고 리에 이끌려야 하고, 리에 이끌리도록 마음을 비우는 것도 마음의 일이다. 리가 활동하도록 마음을 비우는 정도로 인간의 의지는 작동한다. 그것이 의지를 성에 가두는 의지다. 내면에서 하늘의 의지를 받아들여 구체적 상황을 따라 하늘의 뜻이 이뤄지도록 자신을 내어주는 의지다. 그렇게 할 때 비로소 마음의 주재를 말할 수 있다. 퇴계가 리발을 통해 리의 유위(有爲)와 능동을 말한다면, 그것은 마음의 주재를 말하기 위해서다.

그러므로 퇴계가 보는 리의 주재란 본마음의 주재를 가리킨다. 의지의 주재가 아니라 본래 하늘이 부여한 마음의 덕성(德性)의 주재다. 리발은 성발(性發)을 가리키는 것이다. 퇴계는 성발(性發)과 심발(心發)을 구분해서 사용했다. 심발이 아닌 성발을 말했으니, 성발은 마음(心)의 주재와 다른 차원을 말한다. 그러나 성발을 통해 심발을 말하려는 것이다. "성(性)은 심(心)을 기다려 발하고, 심(心)은 성(性)으로 말미암아 발한다."[22]고 했으니, 본성과 마음의 위상의 차이가 있어 보인다. 기다려 발한다는 것과 말미암아 발한다는 것은 서로 다르다. 성은 심을 '기다려' 발한다는 것은, 마음의 활동이 없이 본성의 활동만 말할 수는

22 "性具於心而不能自發而自做 其主宰運用在於心 以其待心而發 故不可謂性先動也 以其由性而動 故不可謂心先動也", 『국역 퇴계전서』 7, 311. 『退溪先生文集』 29, 5 「答金而精」.

없음을 가리킨다. 그런데 심은 성으로 '말미암아' 발한다고 했으니, 마음보다 본성에 주도권이 있다. 선한 본성이 주재할 때, 마음이 제대로 상황을 주재하는 것이다. 그래서 퇴계는 본성의 주재와 마음의 주재를 동시에 말하고자 하는 것이다. "대체로 움직이는 원인이 곧 성(性)이라면 심(心)이 어찌 그 움직임을 오로지 주재할 수 있습니까?"[23] 마음의 주재를 말해야 하지만, 마음의 주재만 말해서는 마음의 주재를 확보할 수 없다. 그래서 심발과 함께 성발을 말하고, 리발을 말하는 것이다.

2. 리동(理動)과 리(理)의 능동성

리의 초월성과 능동성은 우주론인 리동에 가면 더 분명해진다. 태극생양의(太極生兩儀)는 『주역(周易)』에 나오는 문구인데, 주렴계가 『태극도설(太極圖說)』에서 학문의 주제로 삼아 논한 것이다. 태극생양의를 그대로 풀면 태극이 양의를 낳은 것이니, 낳을 생(生) 자는 타동사다. 태극과 리는 음양과 오행을 낳고 세상 만물의 생성 변화를 주도한다. 그런데, 1560년에 정유일(鄭惟一)에게 보내는 편지 별지에서 퇴계는 태극생양의의 생(生) 자를 자동사로 풀었다. 그리하여 "리가 동하면 기가 따라서 생겨난다."[24]고 했다. 이것은 생(生) 자를 타동사로 할 때 생기는 문제 곧 태극과 음양이 같은 종류가 되는 것을 막기 위해서다.

---

23 "夫所以動者是性卽心豈能專其動也", 『국역 퇴계전서』 7, 314 『退溪先生文集』 29, 7. 「答金而精」.

24 "理動則氣隨而生", 『국역 퇴계전서』 7, 115. 『退溪先生文集』 25, 34. 「答鄭子中別紙」.

다시 말해서 리의 초월성을 강조하기 위한 것이요, 도덕적 이원론을 한층 강하고 분명하게 주장한 것이다. 리의 초월성은 1564년에 쓴 글인 「비이기위일물변증(非理氣爲一物辯證)」에서도 분명해진다. 또한 1568년에 쓴 글에서 퇴계는 태극의 초월성을 분명하게 말하기 위해 리가 기의 상대가 되지 않는다고 말한다.[25] 이것은 천명이 스스로 유행하고 주재한다는 논의의 결론으로 말한 것이다. 리의 초월성과 절대성은 결국 리의 주재를 말하기 위한 것임을 알 수 있는 대목이다.

리의 초월성은 리의 주재를 말하는 것이고, 리의 주재란 리가 인간의 마음을 움직이는 능동인임을 말하고자 하는 것이다. 이 문제에서 퇴계는 다시 타동사 생(生) 자를 들고 나온다. 생(生) 자를 놓고 자동사와 타동사의 변증법을 통해 퇴계는 리의 초월성과 능동성을 확보하려고 했다. 1570년에 이공호(李公浩)에게 쓴 편지에서 퇴계는 "리가 스스로 용(用)을 가지고 있어서 자연히 양과 음을 낳는다고 말한다."고 한다.[26] 리가 스스로 용(用)을 가지고 있음은 리를 만물의 작용인(作用因)으로 보는 것이고, 만물의 생성 변화를 주도하는 리의 능동성을 가리킨다. 그것은 타동사 생(生) 자와 연관된다. 생 자가 타동사로 될 때, 리는 만물의 생성 변화를 직접 주도하고 주관하는 활동의 주체로 보인다. 자동사일 때는 리의 동정과 기의 생성이 연관은 있지만, 직접 주관하는지가 분명치 않다. 퇴계는 "리가 동정이 있기 때문에 기가 동정이 있다"고 한 주희의 말을 인용하면서, 리의 동정을 리의 능생(能生) 능발

---

25 "理本其尊無對 命物而不命於物 非氣所當勝也", 『국역 퇴계전서』 4, 290. 『退溪先生文集』 13, 17. 「答李達李天機」.

26 "理自有用 故自然而生陽生陰也", 『국역 퇴계전서』 9, 273. 『退溪先生文集』 39, 28. 「答李公浩問目」.

(能發)로 풀었는데, 그것은 리가 자체의 힘으로 낳을 수 있고 발현할 수 있음을 가리킨다. 리의 초월성과 능동성을 상당히 강조하는 것이다. 그러한 능생 능발을 리의 본체와 구분해서 지묘한 용(用)이라고 했다.

리 자체 안의 용(用)을 인정하는 것은, 이미 1560년에 정유일에게 보내는 「논충막무짐만상삼연이구(論沖漠無朕萬象森然已具)」라는 글에서 보이고, 1564년의 글 「심무체용변(心無體用辯)」에서 보인다. 앞의 글에서, 퇴계는 주희를 인용해 체 안에 용이 있기 때문에 체용일원(體用一源)이라고 말한다. "곧 체(體)이지만 용(用)이 그 가운데에 있으니, 이른바 같은 근원인 것"이고 "대개 체를 말하면 용의 이치가 이미 갖춰져 있으므로 하나의 근원이 되는 것"이다.[27] 이는 리의 본체를 말하지만 작용의 문제를 제외하고 리의 본체를 따로 말할 수 없다는 것, 결국 리란 세상 문제에 응대해서 문제를 풀기 위한 것이라는 점을 말하는 것이다. 다시 말해 초월은 내재를 위한 것이다. 리의 초월성을 강조했기 때문에, 퇴계는 체 안의 용을 매우 강조하는 것이다. 그래야 리의 초월을 말하는 까닭이 현실 문제를 풀기 위한 것임을 알릴 수 있기 때문이다.

원래 리는 체이고 기는 용이다. 우주론으로 볼 때 기가 없이 리가 있을 곳이 없기 때문에 리는 기에 내재한다. 생성 변화의 운동은 기의 작용이다. 그러므로 리의 동정(動靜)을 따로 말하기 어렵고, 기의 동정을 보고 그것을 리의 동정이라고 말한다. 성리학은 도덕적으로 초월적 리를 설정했지만, 우주론적으로 기 일원론을 버릴 수 없다. 그렇지 않으면 리는 기 밖의 초월적 실체가 되기 때문이다. 초월적 리를 설정하면

---

27 "自理而言 則卽體而用在其中 所謂一源也… 言理則先體而後用 蓋擧體用之理已具 所以爲一源也", 『국역 퇴계전서』 7, 79. 『退溪先生文集』 25, 5. 「論沖漠無朕萬象森然已具」.

서 리의 활동을 말할 필요가 생겼지만, 대개 기의 활동을 가리켜 리의 활동으로 본다. 체용일원은 그처럼 리가 기와 별개의 실체가 아님을 확인하는 역할도 한다. 다른 말로 하면, 체용일원이란 성리학에서 제시한 형이상의 리가 도덕적 당위를 통해 세상 문제를 풀기 위한 것임을 말하는 것이다. 그러나 도덕 당위를 실현하는 힘을 보편적 원리에서 가져오려는 퇴계, 그래서 리를 초월적 실체처럼 보고 싶은 퇴계는 체인 리 안에 용이 있다는 점을 강조한다. 성리학의 안팎의 변증법에 따르면, 리는 인간 안이면서 인간 밖이다. 인간 밖은 인간 위를 가리키기도 하고, 외물 곧 바깥 사물을 가리키기도 한다. 인간과 사물의 위, 인간의 안, 사물의 안. 성리학의 리에는 그렇게 세 가지 위상이 주어져 있다. 체용일원을 리와 기 사이에서 보는 것은 인간 위의 리와 사물 안의 리가 다른 게 아님을 말하는 것이다. 그렇게 되면 리의 초월성을 약화시키면서 능동성도 약화시킨다. 우주론적 기 일원론의 차원에서 리가 기와 나뉠 수 없음을 강조한 것이기 때문이다.

그러나 퇴계는 리의 초월성과 능동성을 강조하고자 했다. 그는 주자의 말을 빌려서 체용일원을 리 안에서 일어나는 동정과 관련지어 생각했다. 리라고 하는 체 안에 다시 용을 둔 것이다.[28] 건곤(乾坤)에서 볼 때 다시 말해서 우주론적으로 볼 때, 도리가 충막해 조짐이 없음은 리의 체요, 만상이 이미 갖춰져 있는 것은 용이다. 이 용은 도리가 자연 사물에서 발현되고 유행하는 용 이전의 용이다. 흔히 용이라고 하면 사물 사이에서 유행하는 도리를 가리킨다. 그러나, 수많은 사물이 생

28 朱熹, 『朱子語類』(四庫全書), 권67, 16a. 「易三 · 程子易傳」: "體用一源, 體雖無跡, 中已有用. 顯微無間者, 顯中便具微. 天地未有, 萬物已具, 此是體中有用. 天地既立, 此理亦存, 此是顯中有微."

기고 변화하기 이전에 만상이 이미 하나의 태극 안에 갖춰져 있다. 텅 빈 하나 안에 여럿이 갖춰져 있다. 이것은 초월자가 세상을 낳고 변화시키기 전에 중간 단계를 거치는 모습이다. 보편은 모든 구체적 상황을 아우르기 위해 구체적 사물과 상황으로부터 초월해 있다. 초월은 내재하기 위해서 초월하고, 보편은 구체화되기 위해서 텅 비어 있다. 하나는 비어 있으면서 꽉 차 있는 것이다. 『대학』에서 인간의 덕이 허령불매(虛靈不昧)해 모든 이치를 갖추고 만사에 대응한다고 한 얘기에서 이미 하나의 보편과 여럿의 구체화를 말한 것이다. 그것이 성리학에 와서 형이상학이 되면서 리의 체용이론을 통한 초월과 내재의 변증법을 형성한 것이다.

퇴계의 체용일원(體用一源)과 비슷한 사고 방식이 그리스도교의 삼위일체(三位一體)에 보인다. 둘을 비교하면 그 의미가 더 명확해지고 동서양 세계관의 차이도 알 수 있다. 그리스도교는 능동인과 목적인으로서 초월적 실체인 하나님을 말했는데, 문제는 그 초월자가 어떻게 내재하느냐는 것이다. 다시 말해서 절대자가 어떻게 세상과 접촉하는가의 문제다. 그 해결책은 초월적 신 안에 성부와 성자의 구분을 둬 성부가 성자를 통해 세상을 만들고 세상과 접촉한다고 한다. 성부는 절대 초월자이고 성자는 세상을 상대한다. 그리고 그 둘은 같은 분이라고 말한다. 그것이 삼위일체의 핵심 내용인데, 그리스도교식의 체용일원이라고 할 수 있다. 그처럼 형이상학적으로나 신학적으로 초월자를 상정하면 중간 단계를 상정해야 한다. 세상과 접촉하지 않는 절대자 안에 세상과 접촉해 활동할 수 있는 국면을 지니고 있어야 한다. 퇴계의 경우에는 무극과 태극이라는 체 안에 다시 용을 둬서 그 문제를 해결하려고 했다. 다시 말해서 사물 사이의 용을 초월한 체 안에 다시 용을 뒤, 체가 사물의 용으로 나오기 전에 중간 단계를 둔 것이다. 이것은 그만큼 퇴계가 태극과 리를 초월자로 생각했음을 보여준다. 그리하여 단순히 기에서 리의 활동을 보는 게 아니라, 리 자체의 활동을 말하며 그 능동성을 보려는 것이다.

충막무짐(沖漠無朕)이 태극의 체(體)요, 만상삼연이구(萬象森然已具)가 체 안의 용(用)이고, 사물의 생성 변화가 또한 용(用)이다. 그런데 이것은 사람의 마음 안에 있는 태극의 체와 용을 가리키는 것이기도 하다. 「심무체용변(心無體用辯)」에서는 우주론 차원 이외에도 사람의 마음을 두고 체 안의 용을 말한다. "태극의 지극히 허하고 지극히 정한 것을 가리켜 체라고 하고, 그 안에 만 가지 용이 구비되어 있다."[29] 고 말한다. 그리고 사물에서 발현되고 유행하는 용을 따로 말한다. 그러므로 만상이 이미 갖춰져 있음과 만 가지 용은 사물에서 발현되기 이전의 용이다. 이렇게 되면, 태극과 리가 스스로 그 안에서 동정하게 된다. 태극은 하나이고 사물은 여럿인데, 하나에서 여럿으로 가기 전에, 하나 안에 이미 여럿이 갖춰져 있다. 사물을 만나기 전에 태극이 갖가지 상황을 만날 준비를 하고 있는 것이다. 이것은 태극이 자기 안에서 하나에서 여럿으로 가는 확산 운동을 하는 것을 가리킨다. 그것을 가리켜 퇴계는 체(體)의 정(靜)에서 용(用)의 동(動)으로 가는 것이라 한다. "도리에 동과 정이 있기 때문에 정한 것을 가리켜 체(體)라 하고 그 동한 것을 가리켜 용(用)이라 했다."[30] 결국 체 안에 용을 두고, 체용

---

29 "嗚呼 沖漠無朕者 在乾坤則爲無極太極之體 而萬象已具 在人心則爲至虛至靜之體 而萬事用必備 其在事物也 卻爲發見流行之用 而隨時隨處無不在", 『국역 퇴계전서』 10, 31. 『退溪先生文集』 41, 18. 「心無體用辯」.

30 "道理有動有靜 故指其靜者爲體 動者爲用", 『국역 퇴계전서』 10, 29. 『退溪先生文集』 41, 16. 「心無體用辯」.

일원으로 체와 체 안의 용 사이의 관계를 나타내는 것은, 리의 능동성을 말하기 위한 것이다. 리를 초월자로 생각했기 때문에 세상에 접촉하기 전에 자기 운동을 통해 중간 단계를 거치는 것이다. 그것은 초월이 내재하는 것을 설명하는 방식이다. 이미 내재해 있는 것이 아니라, 마치 초월자가 스스로의 운동을 통해 내재하는 것 같은 생생한 활동성을 보이는 것이다. 우주론적 일원론으로 보면 리는 이미 기 안에 내재해 있어야 하지만, 도덕적 이원론의 시각으로 보면 리는 초월자로서 자기 운동을 통해 내재한다. 체용이론을 통해 보이는 리의 운동이란 초월에서 내재로 이뤄지는 것, 다시 말해 하나의 보편적 원리가 구체적 사리(事理)로 전환되는 운동을 가리킨다. 그래서 퇴계는 "체용 두 글자로써, [리의 충막무짐이] 활발하여 사법(死法)이 아님"을 보인다고 말한다.[31] 1570년 고봉에게 보내는 글에서 리도(理到)를 말하기 전에, 같은 해에 이공호에게 보내는 글에서 리동을 말하며 퇴계는 리에 정의(情意)가 있는 것처럼 말한다.[32] 이것은 리가 마치 활물처럼 어떤 마음을 가지고 세상의 변화와 인간 마음의 변화를 주도하는 것처럼 말한 것이다.

모든 논의는 도덕 실천을 위한 것이다. 체용의 문제는 결국 외물에 대응해 도덕성을 발휘하는 것을 가리킨다. 마음을 비우고 하나의 도에 사로잡혀 있어, 다양한 상황에 적절하게 응하려고 하는 것이 유학의 수양 목표다. 하나로 여럿을 관통하려는 것이다. 체용일원은 그처럼 유

31 "夫以體用二字, 活非死法, 元無不該, 妙不可窮如此", 『국역 퇴계전서』 10, 31. 『退溪先生文集』 41, 18. 「心無體用辯」.

32 "蓋無情意云云 本然之體, 能生能發 至妙之用也", 『국역 퇴계전서』 9, 273. 『退溪先生文集』 39, 28. 「答李公浩問目」.

학이 공허한 도를 추구하는 것이 아님을 밝히는 의미가 있다. 동시에 퇴계는 체 안에 용이 있다고 함으로써 초월자 리의 자기 운동을 표현하기도 한다. 하나 안에 이미 여럿이 갖춰져 있다고 말함으로써, 하나가 자기 운동을 통해 여러 상황에 스스로를 발현하는 것처럼 보는 것이다. 순선(純善)의 리가 여러 상황을 주도해서 그때마다 나의 마음은 과도하거나 모자람이 없이 외부 사태에 대응하게 되는 것이다. 퇴계는 리동을 말하며 체용일원을 통해 리의 능동성을 보인다. 그것은 결국 리의 주재를 가리키는 것이니, 마음을 비우고 천리의 활동에 자신을 맡기는 내면의 수양을 가리킨다.

3. 리도(理到)의 문제

퇴계는 생의 마지막 해에 고봉에게 보내는 편지에서 물격(物格)을 두고, 리가 스스로 이를 수 있다는 리능자도(理能自到)를 말했다. 이 글에는 너무나 분명하게 리의 능동성을 확인하는 구절들이 있어서 후대 학자들의 논란이 돼 왔다. 격물과 물격은, 말하자면 진리 인식론이다. 인식에는 인식의 주체와 인식 객체가 있기 마련인데, 물격에 대한 논란은 진리 인식의 주체가 누구인가, 또는 인식 주체와 객체의 관계가 어떻게 되는가를 둘러싼 논란이라고 할 수 있다. 퇴계가 죽기 얼마 전 1570년에 고봉에게 보낸 편지에서 리능자도를 말한 것은, 1567년에 정유일에게 보내는 글에서 밝힌 물격에 대한 자신의 견해를 수정한 것이다.

물리에 이르는 것은 나요, 내 마음이다

성리학에서 말하는 진리는 도덕적 진리다. 진리를 아는 것은 선악을 아는 것이며, 의리를 아는 것이다. 그러므로 그 앎은 실천지(實踐知)[33]다. 도덕의 실천에는 실천지의 문제가 따른다. 의리(義理)를 행하려면 구체적 상황에서 무엇이 옳은 것인지를 알아야 하는데, 그것을 가리켜 실천지라고 한다. 앎의 문제에서 성리학이 중요시하는 것은 당연지리(當然之理) 곧 마땅한 이치다. 그때그때 상황에 부딪혀 행해야 할 바를 아는 것이 중요하다. 주희는 말하기를, "모든 사물에는 리가 있는데, 그 리를 탐구하는 것이 격물(格物)이다."[34]라고 했다. 세상만사에는 마땅한 이치가 있으며, 그것을 탐구하는 것이 격물이라는 말이다. 격물을 통한 앎은 도덕 판단이요, 실천지다. 성리학에서 말하는 진리 인식이란 외부의 일과 상황에 부딪혀 도덕적 당위를 아는 것 이외의 것이 아니다.[35]

격물이란 외부 사물의 이치를 궁구하고 미뤄 알고자 하는 것이다. 치지(致知)는 격물의 결과 사물의 이치를 알게 되는 것이다. 1567년에 퇴계는 격물 및 물격에 대한 일반적 견해를 설명하고 자신의 생각을

---

33 여러 가지 앎이 있지만, 실천지란 공동체를 위한 도덕적 실천과 관련된 앎을 가리킨다. 실천지 곧 프로네시스(pronēsis)는 인문주의자 아리스토텔레스 윤리학의 주요 개념이다. "실천지는 전체적으로 잘 살아가는 것과 관련해서 무엇이 좋고 유익한지 잘 숙고하는 것"이다. 아리스토텔레스, 『니코마코스윤리학』, 이창우 외 옮김(서울: 이제이북스, 2006), p.210(1140a).

34 "凡有一物 必有一理 窮而至之 所謂格物者也."

35 퇴계는 이치에 관해 능연(能然)과 필연(必然) 및 자연(自然)과 당연(當然)을 논하면서, 그 중에 당연이 이치의 핵심이라고 말한다. "궁극적으로 논하면 당연을 이치라고 하는 설이 나을 듯합니다(究極論之 當然者 爲理之說 爲長).", 『국역 퇴계전서』 7, 82. 『退溪先生文集』 25, 8. 「論沖漠無朕萬象森然已具」.

적어 제자 정유일에게 보냈다. 그 글에서 퇴계가 강조한 것은, 인식의 주체는 오직 나요, 나의 마음이라는 점이다. 이렇게 말한다. "나는 볼 때, 궁구해서 '극처'에 도달하는 것은 진실로 마음이자 나이지만, 그러나 마음이 도달하느니, 내가 도달하느니 하는 말을 쓰면 금방 병통이 생기게 되므로, 다만 궁구해서 극처에 도달한다고만 하는 것이 좋겠습니다."[36] 퇴계는 격물을 가리켜 '물(物)을 격(格)한다'고 풀었다. 인식의 주체가 인식 대상을 탐구하는 것이다. 그리하여 물리의 극처에 도달하고자 하는 것이다. 그렇다면 물격은 어떤가? 퇴계는 물격의 경우에는 '물(物)에 격(格)한다'고 푼다. 물에 격한다는 표현도 인식 주체와 객체의 거리를 전제로 하고 있다. 인식 주체와 대상의 구분이 있다. 격물은 궁구에 강조가 있지만, 물격은 다다름에 강조가 있어서 '물에 격한다'고 푼다. 퇴계의 주장대로라면, 물격은 내가 사물의 이치에 이른다는 뜻이 된다. 물격은 격물의 결과가 된다. 물리의 극처도, 원칙적으로 인식 주체인 내가 인식 대상인 물리의 극처에(厓) 이르는 것이지, 물리의 극처가(是) 내게 이르는 것은 아니다. 당시에 물격을 두고, 물에 격하는 것인지 물이 격하는 것인지 논란이 있었던 것 같다. 한자 애(厓)를 써서 우리말 조사 '에'를 나타내고, 시(是) 자를 써서 주격조사 '이'나 '가'를 표현했다. 퇴계는 '물에 격한다'고 함으로써, '물이 격한다'고 할 때 인식 주체가 불명확해지는 것을 경계한 것 같다.

그리고 퇴계는 '물에 격한다'고 할 때 생길 수 있는 다른 이들의 반론을 하나씩 짚고 자신의 견해를 옹호한다. 먼저, "이치란 본시 나의 마음 속에 있어서 피차의 구분이 없는 것인데, 만약 '에'라고 하면, 이치와 내

36 "愚謂窮到極處 固心也我也 然說著心到我到 便有病 只當云窮到極處可也", 『국역 퇴계전서』 7, 178. 『退溪先生文集』 26, 39. 「格物物格俗說辯疑答鄭子中」.

가 둘로 돼 저것과 이것으로 나뉘기 때문에 안 된다."[37]는 반론이다. 이것은 인식론적으로 중요한 반론이라 할 수 있다. 리일분수(理一分殊)의 공식에 따르면 하나의 리에서 만물이 나오고, 만물은 그 안에 태극(太極)을 지니고 있다. 그것이 분수리(分殊理)다. 그러므로 인식 주체인 사람과 인식 대상인 사물은 모두 하나의 리에서 나온 분수리를 지니고 있다고 할 수 있다. 그렇다면, 사물의 리와 인간 마음속의 리가 다를 바가 없는데, 어떻게 내가 인식 주체가 되어 물리의 극처에 이른다고 할 수 있는가? 사물의 리도 이미 내 안에 있으니, 내가 물리의 극처에 도달한다고 할 수 없다는 말이다. 인식의 주객 관계를 부정하는 논리다.

리의 관점에서 보면 하나의 리가 만물 안에 분수리로 내재하고, 그 점에서 사람 안의 리와 사물의 리는 같으며, 내외의 구분이 없다. 그러나 성리학은 인문주의로서 인간의 주재를 말하고자 한다. 인간은 자신 안의 리를 인식하고 파악한다. 그것은 인간의 자기 인식이자, 다른 사물들에 내재한 리를 파악하는 출발이 된다. 리를 인식하는 것은 인간의 마음이다. 인간의 마음은 자신 속의 리와 그 덕성을 앎으로써 자기를 인식한다. 그리고 동시에 그 리가 세상의 인간사와 자연 만물의 생성 변화에도 들어 있음을 안다. 자신 속의 리를 인식한 인간이 바깥 사물의 리를 알게 되는 것이다. 어떤 면에서 사물 안의 리는 인간 안의 리가 밖으로 확산된 것이라 할 수 있다.[38] 사물 속에 인(仁)한 도리가 유

37 "理本在吾心 非有彼此 若云涯是則是理與我爲二而分彼此 故不可也", 『국역 퇴계전서』 7, 178. 『退溪先生文集』 26, 39. 「格物物格俗說辯疑答鄭子中」.

38 중세의 신학자 아퀴나스도 비슷한 진리 인식론을 말했다. 그는 "진리는 지성 자체 안에 있다(verum, est in ipso intellectu)"고 하고, 진리 인식의 조건으로서 지성과 사물의 일치(adequatio rei et intellectus)를 말한다. 그리고 "진리의 근거는 지성에서 나와 사물

행하고 있다고 말하는 것은, 사실 성리학적 인간이 자기 내면의 덕성의 눈으로 세상을 보는 것이라 할 수 있다. 성리학에서 세상사에 대한 인식, 그리고 자연에 대한 인식은 순전히 인간의 자기 인식의 확장이다. 그 모든 인식은 마음이 주재한다. 퇴계가 물격을 내가 '물리(物理)에 이른다'고 풀 때, 그 주재자는 나의 마음을 가리킨다. 그런 점에서 내 안의 리와 내 밖의 리는 같은 리이고, 그래서 내외(內外)가 없다고 할 수 있다.[39] 그러나 그 리를 파악하는 주체는 나다. 그래서, 내가 '물리에 이른다' 또는 '물리의 극처에 이른다'고 할 때, 퇴계는 리를 인식의 대상으로 보고, 마음을 인식의 주체로 보는 것이다. 사물은 내 바깥에 있으니, 그 이치 역시 밖에 있는 것이요, 그래서 안의 마음이 밖의 이치를 파악해서 아는 것이다.

그런 뜻에서 퇴계는 이렇게 말한다. "이치를 가지고 말한다면, 근본적으로 물아(物我)의 간격도, 내외(內外), 정추(精粗)의 구분도 없지만, 만약 사물을 가지고 말한다면 천하의 모든 사물이 실로 다 나의 바깥에 있는 것인데, 어떻게 이치를 가지고 하나로 묶을 수 있겠습니까?"[40] 사물의 리도 내 안의 리의 자기 확장이다. 그런 면에서 사물의 리와 내 안의 리가 같은 것이고, 안팎의 구분이 없다. 그러나 사물이란 인간 밖 자연세계 전체를 가리키기도 하지만 인간사에서 당하는 여러 가지 일

을 향해 길을 낸다(ratio veri ab intellectu ad rem intellectam derivetur)"고 말한다. 『신학대전』, 1, 16, 1, responsio.

39 인식 주체와 인식 대상 간의 유사성을 말하는 김상현의 주장도 결과적으로 비슷한 얘기인 것 같다. 다만 리에 능동성을 인정해야 그 유사성이 확보된다는 것은 불분명한 논리다. 참조: 김상현, 「이황의 격물론에 대한 새로운 이해」, 『철학논총』 75집(2014), p.363.

40 "以理言之 固無物我之間內外精粗之分 若以事物言之 凡天下之物 實皆在吾之外 何可以理一之故", 『국역 퇴계전서』 7, 173. 『退溪先生文集』 26, 34. 「格物物格俗說辯疑答鄭子中」.

을 가리킨다. 성리학에서 물(物)은 곧 사(事)를 가리키기 때문이다. 일마다 어떻게 행해야 할지 그 도리를 아는 것이, 격물과 물격의 문제다. 그 도리는 이미 알고 있는 것이지만, 그때마다 생각해서 알아야 하는 것이기도 하다. 물론 대개 도리는 그때그때 파악해서 행하기보다는 이미 알고 있는 대로 습관적으로 행한다. 이른바 의무의 충돌이 있을 때는 무엇이 옳은지 고민하고 사회적 논쟁의 대상이 되기도 하지만, 흔히 당위 인식은 저절로 이뤄진다. 그런 점에서 이미 알고 있는 대로 행하는 것이다. 그러나, 그 경우에도 그 도리를 배워서 안 것이지, 처음부터 저절로 안 것은 아니라고 해야 한다. 사회적 학습을 통해서 알려진 것이다. 알 수 있는 능력은 이미 인간에게 주어져 있지만, 실제로 알려면 학습과 체인이 필요한 것이다. 퇴계는 왕양명의 지행합일을 비판하면서 특별히 그 점을 강조했다. 그러므로 인식에서 주객 관계를 강조하는 것이다. 결과적으로 내 안의 리와 사물의 리는 같으면서 다르고, 다르면서 같다고 해야 한다.

내 마음은 허령불매(虛靈不昧)해 중리(衆理)를 갖추고 있어 모든 사태에 응대한다는 것이 『대학』의 가르침이다. 허령불매한 마음은 하나의 리에 붙들린 마음이다. 그러나, 그 하나의 태극은 만상을 품고 있고, 여러 사태에 적절하게 대응하는 다양한 이치를 품고 있다. 그것이 대학에서 말하는 중리다. 사물의 리가 이미 사람 안에 있어 물아(物我)의 간격도 없고 내외의 분간도 없다는 것은, 그때그때 어떻게 할지를 아는 마음이 내게 이미 있다는 것이다. 그러므로 진리 인식은 내 마음의 소관이고, 진리가 이미 내 안에 있다. 그처럼 이미 안에서 이치를 알고 있지만, 다시 밖에서 이치를 구해야 한다. 진리라고 하면 흔히 초월적 진리를 가리키지만 성리학의 체용이론은 초월적 진리와 구체적인 당위의 이치가 분리되지 않음을 가르친다. 그러므로 사태에 따라 일일이 거기에 맞는 당연한 이치를 아는 것도 진리 인식이다. 그것을 가리켜 사물의 리라고 하는 것이며, 밖에서 구하는 이치이므로 주체와 객체의 구분이 있다.[41]

물론 퇴계가 말하는 진리 인식의 주객 관계는 오늘날 자연과학에서 말하는 주객 관계의 인식과 다르다. 퇴계가 물격에서 말하는 진리 인식이란 이미 안에서 아는 것을 밖에서 확인하는 것이요, 안의 이치가 밖으로 확산된 것이다. 그런 점에서 마음의 안과 밖이 다르지 않다. 그것은 어떻게 행해야 하는가 하는 도덕적 관심이 반영된 인식이다. 그런 점에서 자연 사물의 기계적 운동의 법칙을 찾는 자연과학의 주객 관계와 다르다. 그럼에도 불구하고 퇴계가 진리 인식의 주객 관계를 강조하는 이유는 성리학의 진리 인식이 초월적 진리와의 신비한 합일의 진리 인식이 아니라 실생활의 도덕에 사용하기 위한 것임을 말하려는 데 있는 것 같다. 퇴계는 주희가 사물과 나의 구분이 없을 것 같은 치지(致知)에도 마음과 사물의 이치를 주객 관계로 뒀다고 하면서, 물격에서 나와 이치 사이의 주객 관계를 보는 것이 틀리지 않는

---

41 퇴계는 주희의 말을 인용한다. "앎이라는 것은 나의 마음속의 앎이고, 이치라는 것은 사물의 이치이므로, 이 앎으로 저 사물을 아는 데는 저절로 주체와 객체의 구분이 있다(知者 吾心之知 理者 事物之理 以此知彼 自有主賓之辨).", 『국역 퇴계전서』 7, 174. 『退溪先生文集』 26, 35, 「格物物格俗說辯疑答鄭子中」. 이차지피(以此知彼)라는 것은 '내 마음으로 사물의 이치를 안다'고 풀 수도 있고, '내 마음의 앎으로 사물의 이치를 안다'고 풀 수도 있다. 전자는 주객 관계를 분명히 드러낸다. 후자의 경우에는 내 안에 이미 알고 있는 것으로 밖의 사물의 이치를 안다는 것이니, 주객 관계보다는 내외의 구분이 없다는 점을 드러내는 해석이다. 안의 이치가 밖으로 확산된 것이다. 그러나 후자로 해석해도 주객 관계를 말할 수 있다. 안에서 이치를 이미 알고 있어도, 사물의 이치는 그때그때 생각해서 발견하고 알아야 하는 것이기 때문이다. 다만, 전혀 모르던 것을 아는 게 아니라는 점을 염두에 둔 주객 관계라고 해야 할 것이다.

다고 주장한다.[42] 밖에서 돌아가는 인간사의 마땅한 이치를 아는 게 퇴계가 말하는 진리 인식이다.

알려고 탐구한 결과 사물의 리가 알려지는 것이다. 그런데 사물의 리란 세상 만사를 섭리하는 초월적 리가 사물에 내재한 것이다. 격물의 결과 알게 된 앎은 어떤 사물이나 인간사에 내재한 리이지만, 그런 격물치지(格物致知)가 축적되면 세상을 낳고 변화를 주도하는 초월적 리에 접근하는 앎이 된다. 치지(致知)의 완성은 초월적 리를 아는 것인데, 이것은 천지 만물의 운행을 총괄하는 법칙이고, 또한 수많은 도덕적 상황을 관통하는 하나의 이치인 것이다. 중리가 융회된 하나의 이치를 안다. 주희는 이를 가리켜 활연관통(豁然貫通)이라고 했다. 살아보고 겪어보니 하늘의 뜻이 더 분명해지는 것이다. 당연한 이치를 알고 행하는 일을 되풀이하면 모든 사태를 총괄하는 하나의 리에 접하게 되니, 그것은 형이상학적 진리 인식이다. 몽배원(夢培元)은 주희의 활연관통에 대해서 이렇게 말한다. "활연관통은 많은 경험적 지식을 쌓은 기초 위에서 일어나는 깨달음이다. 이것은 논리적 사유가 단절된 것이며 사유의 공간과 시간이 단절된 것으로 비논리적인 직각(直覺) 활동이다. 또한 이것은… 인식을 초월하는 행위인 동시에 절대적 진리에 대해 전면적으로 꿰뚫어보는 것이다."[43] 구체적인 여러 실천지가

42 "치지에 대한 공부는 실로 뭇 이치가 융합되는 묘로서, 사물과 나와의 구분이 없을 듯한데도 오히려 피차 주객이라는 말을 썼거든, 더구나 물격의 설은 … 주객의 구분을 두는 것이 주자의 설과 비교할 때 어찌 더 분명하지 않다 하겠습니까(乃致知工夫 實是衆理融會之妙 似若無物我之分 猶可以彼此主賓言之 況此物格之說… 其有主賓之辨 比之朱子之說 豈不更分明乎).", 『국역 퇴계전서』 7, 174. 『退溪先生文集』 26, 35. 「格物物格俗說辯疑答鄭子中」.

43 몽배원, 『성리학의 개념들』, p.718.

쌓여 형이상학적인 하나의 진리에 대한 인식에 이르고, 그것은 주객 관계를 넘어선 인식이다.

그런데 형이상학적 진리는 하나의 큰 실천지라고 할 수 있다. 리일분수(理一分殊)에서 리일(理一)을 말한 까닭은 분수(分殊)의 리를 섭렵하는 하나의 리를 말한 것이다. 하나의 리에 도달해 붙잡혀 있는 것이 수양의 목표일 것이고, 그것은 중리를 갖춘 허령불매한 마음에 도달하는 것이다. 하나에 붙들린 것은 마음을 비운 것이다. 그것은, 자디잔 수많은 판단을 뒤로 미루고 상황에서 벗어나 있는 것이다. 하나는 빈 것이요, 그런 점에서 보편으로서 초월인 것이다. 수많은 구체적 상황을 관장할 수 있는 보편에 도달하고자 하는 것이 성리학의 수양 목표다. 그렇다면 격물을 통해 도달하는 물리의 극처라는 것은 궁극적이고 초월적인 하나의 리라고 할 수 있다. 물론 그 하나의 리는 만사에 통하는 수많은 분수의 리이기도 하다. 일상의 여러 사태에 맞는 많은 규범의 역할을 하지 않는 하나의 이치는 의미가 없다. 성리학의 진리는 도덕적 진리다. 그러므로 격물이 없이 하나의 리에 도달하는 치지란 없다. 하나에서 여럿이 나오지만, 여럿이 모여 하나가 된다. 하나와 여럿은 순환한다. 인식론적인 측면에서만 보면, 여럿에서 하나에 이르는 것이 격물치지다. 사물에 접해서 궁구해 마침내 만물에 통하는 하나의 진리를 보는 것이다. 그런데, 격물을 통해 도달한 치지는 하나의 이치이지만, 그러나 그 하나에서 여럿이 생기는 것까지 확인이 돼야 비로소 하나를 알았다고 해야 할 것이다.

하나와 여럿은 안팎의 변증법(辨證法)과 짝을 이룬다. 이치는 안에 있지만 밖에 있다. 안팎의 변증법을 인식론 차원에 적용하면, 이치를 이미 안에서 알고 있지만 밖의 사물에서 궁구해 알아야 한다. 그런데,

밖의 이치란 안에 있는 하나의 이치의 확산이다. 다시 말해서, 하나가 여럿으로 확산된 것이다. 하나에서 여럿이 나가는 측면만 말하면, 성리학은 관념론이요, 선험철학이라고 해야 한다. 그런데, 격물치지는 여럿이 모여 하나가 되는 점을 암시하는데, 하나의 진리가 처음부터 주어진 것이 아니라, 사회적 학습과 배움을 통해 얻은 여러 도리가 쌓인 것임을 말한다. 그리하여 성리학은 자아 중심의 추상적 관념론이나 불교적인 천상천하 유아독존(天上天下唯我獨尊)의 개인주의가 되는 것을 막는다.

그러므로 격물치지란 여럿에서 하나로 가고, 다시 하나에서 여럿으로 가는 그 과정을 의심의 여지없이 확신하는 것을 가리키는 것이다. 진리 인식은 눈에 보이는 걸 보는 것과 다르다. 진리 인식은 일종의 확신인데, 마음을 비우니 상황에 따라 적절한 행위가 나오는 걸 느끼고, 그것을 인식론 차원에서 말한 것이다. 길이 보이는 것이니, 그것을 가리켜 '알았다'고 하는 것이다. 안다는 것은 리에 대한 믿음의 극치라고 할 수 있다. 믿음은 실천과 관련돼 있고, 그러므로 치지(致知)의 앎은 실천지(實踐知)다. 실천을 위한 앎이고, 실천이 수반되는 앎이다. 하나와 여럿 사이의 운동을 체험하고 의심의 여지없이 그 길을 따르는 것을 가리켜서 치지(致知)라고 하는 것이다. 격물치지란 순수한 인식의 문제가 아니며, 그 목적 역시 '선을 밝히고' '지극한 선에 머무르기' 위한 것이다."[44] 그러므로 성리학의 인식론은 수양론과 도덕론인 것이지, 자연과학적 인식처럼 완전히 객관화된 대상을 인식하는 것이 아니다.

---

44 몽배원, 『성리학의 개념들』, p.711.

리가 스스로 이를 수 있다

퇴계는 1567년의 글에서 물격(物格)을 격물(格物)의 결과 인식에 이르는 것으로 보았다. 그렇다면 물격은 격물에 종속되는 것이요, 격물의 연장이다. 물리를 궁구하는 내가 물리에 이르는 것이다. "내가 궁구하고 내가 이른다." 인식 대상에 있는 이치를 내가 궁구하고 관찰해서 알아내는 것이니, 내가 사물의 이치에 도달하는 것이다. 그러나 1570년에 고봉에게 보낸 편지에서 다른 의견을 펴고 있다.

> '물격'과 '물리의 지극한 곳이 이르지 않음이 없다'는 설에 대해서는 삼가 가르침을 받겠습니다. 전에 내가 잘못된 설을 고집했던 것은 주자의 '리는 정의(情意)도 없고 계탁(計度)도 없고 조작(造作)도 없다'는 설만을 알고 지켜서, 내가 물리의 지극한 곳을 궁구하여 이를 수 있는 것이지, 리가 어찌 스스로 지극한 곳에 이를 수 있겠는가라고 생각해서였습니다. 그래서 굳이 물격(物格)의 격(格)과 무부도(無不到)의 도(到)를 모두 내가 격(格)하고 내가 도(到)하는 것으로 보았습니다… 그제서야 비로소 나의 견해가 잘못되었음을 두렵게 여겨, 이에 잘못된 옛 견해를 다 씻어버리고 허심탄회하게 자세히 생각하여 먼저 '리(理)'가 스스로 이를 수 있는 것이 무엇인가를 찾아보았습니다.[45]

왜 퇴계는 기존의 견해를 바꿔 리자도(理自到)를 말하고 리능자도

45 "物格與物理之極處無不到之說 謹聞命矣. 前此滉所以堅執誤說者 只知守朱子理無情意無計度無造作之說 以爲我可以窮到物理之極處 理豈能自至於極處 故硬把物格之格 無不到之到 皆作己格己到看 然後乃始恐怕己見之差誤 於是盡底裏濯去舊見 虛心細意 先尋箇理所以能自到者如何", 『국역 퇴계전서』 5, 290. 『退溪先生文集』 17, 29. 「答寄明彦別紙」.

(理能自到)를 말함으로써 리가 스스로 이를 수 있는 것처럼 말하는가? 태극의 동정을 말하고 능생(能生)과 능발(能發)을 말하기 위한 용어가 리자유용(理自有用)이었다. 그런데, 여기서는 리가 스스로 이를 수 있음 곧 리능자도를 말한다. 심성론과 우주론에서 인식론으로 넘어온 것이다. 이 글은 1570년 11월 죽기 20일 전의 것이다. 리의 활성화는 진리 인식론에서 무엇을 의미하는가? 그리고 이미 리발과 리동을 통해 리의 활성화를 꾀한 퇴계가 왜 리도를 말하면서 새삼스럽게 리를 사물이 아닌 활물로 보겠다고 말하는가? 리에 정과 의지가 있고 신묘한 작용이 있음은 이미 리동을 말하면서 밝힌 바 있다. 그런데, 인식론인 리도를 말하며 퇴계는 새로운 얘기라도 하듯이 리에 정과 의지가 있고 조작이 있으며, 그래서 죽은 물체로 볼 수 없다고 말하고 있는 것이다. 물론 리에 정의(情意)가 있다고 말한 「답이공호문목(答李公浩問目)」이란 글도 퇴계가 죽은 해인 1570년에 쓴 글이다. 그 해에 들어 퇴계는 리를 활물로 느끼는 확신을 가졌던 것일까? 리의 활성화는 리발이나 리동과 비교가 안 될 만큼 진리 인식론에서 특별한 의미를 지니는가?

안팎의 변증법으로 다시 돌아가 생각해 보자. 안팎의 변증법을 통해 퇴계는 리의 주재와 인간의 주재를 동시에 말할 수 있었다. 리의 주재란 사물 안에 내재한 리의 주재가 아니라 초월적 리의 주재를 가리킨다. 리의 주재란 말로만 보면 나의 주재와 맞설 만한 것인데, 실천에서는 양립하는 것이다. 리일분수(理一分殊)로서 리는 하나로 초월해 있고, 여럿으로 사물에 내재해 있다. 그런데, 사물에 내재한 리는 하나의 리에서 파생된 것이다. 그처럼 하나가 여럿을 생산하는 걸 가리켜 리의 주재와 능동성이라고 하는 것이다. 물론 그것은 앞에서 말한 대로, 하나로 여러 상황을 관통하는 도덕 실천을 염두에 둔 얘기들이다. 여하튼, 리발이나 리동을 말할 때의 그 리는 분수리가 아니라 초월적인 하나의 리를 가리킨다. 인간 위의 리가 인간을 움직이고, 인간은 하나의 리에 붙들려 다양한 상황마다 도리에 어긋나지 않게 마음을 먹고 마음을 쓴다. 인간 위의 리는 초월적인 하나의 리를 가리키고, 상황에 맞는 여러 도리는 분수리를 가리킨다. 그런데, 초월적인 하나의 리도 인간 안에 있는 것이라고 해야 한다. 성리학에서 인간 위의 리는 인간 안의 리다. 인간 위의 리와 인간 안의 리, 그리고 인간 밖 사물 안의 리가 이루는 관계가 그렇다. 인간 위의 리는 하나이고, 인간 밖의 리는 여럿이다. 그리고, 인간 안의 리는 인간 위의 리이면서 인간 밖의 여러 분수리다. 인간 위이면서 인간 안의 하나의 초월적 리가 여러 분수리를 품고 있기 때문이다. 인간 안과 인간 위의 변증법이 있고, 인간 안과 인간 밖의 변증법이 있다. 인간 위의 하나의 리가 인간 안에서 여럿을 품고 있다. 마음 안에서 하나가 여럿으로 간다. 의리(義理)를 따라 행하는 과정이 그렇다. 그것을 마음의 관점에서 말하면, 허령불매한 마음이 중리를 갖추고 있다고 말할 것이다. 그러나 초월적 리의 관점에서 말하면, 초월적 리가 인간 안에서 사물의 분수리로 확산되는 것이라고 할 수 있다. 또는 초월적 리가 인간을 움직여 여러 사물의 이치에 따라 행동하게 한다고 할 수 있다. 그처럼 도덕적 행위를 일으키는 힘의 차원에서 리의 주재를 말하는 게 리발과 리동이다. 퇴계는 그런 식으로 리의 주재를 말할 때 비로소 마음의 주재 곧 인간의 주재를 말할 수 있다고 본 것이다.

우주론과 심성론 차원에서 리동과 리발을 통해 리의 주재와 능동성을 말했다면, 인식론 차원에서 리의 주재를 말한 것이 리도다.[46] 인식

46 리도는 리동에 이미 포함돼 있다는 주장도 있다. 김태원, 「퇴계의 체용 제1의와 리의 적감–물격설 리도의 재조명」, 『철학논집』, 18집(2009), p.213.

에서 리의 주재란 무엇을 의미하는가? 퇴계는 『대학』 보망장(補亡章) 소주(小注)에 나타난 주희의 말을 인용하며 자신의 새로운 견해를 밝힌다.

> 어떤 이가 묻기를 '용(用)의 미묘함이 바로 마음의 용입니까? 하니, 주자가 말하기를 "리에는 반드시 용이 있는데, 무엇 때문에 또 마음의 용을 말할 필요가 있겠는가. 마음의 체(體)는 리를 갖추고 있고, 리는 모든 것을 다 갖추고 있어 한 물(物)도 리가 있지 않은 것이 없다. 그런 그 용은 실로 사람의 마음에서 벗어나지 않으니, 대체로 리가 비록 물에 있지만, 용은 실로 마음에 있는 것이다" 하였습니다. 그런데, 그 "리가 만물에 있으나 실로 사람의 마음에서 벗어나지 않는다"는 말로 보면, 의심컨대 마치 리가 스스로 작용하지 못하여 반드시 사람의 마음을 기다려서 작용하는 것 같으니, 리가 스스로 이른다고 말할 수 없을 듯합니다. 그러나 또 "리에는 반드시 용이 있는데 무엇 때문에 또 마음의 용을 말할 필요가 있겠는가"라는 말로 보면, 그 용이 비록 사람의 마음에서 벗어나지 않기는 하나, 그 용이 되는 묘(妙)는 실로 이 리의 발현(發現)된 것이 사람 마음의 이르는 바에 따라 이르지 않은 곳이 없고 극진하지 않은 곳이 없는 것이니, 다만 나의 격물(格物)이 지극하지 못함을 두려워할 뿐이요, 리가 스스로 이르지 못하는 것을 걱정할 것이 없습니다.[47]

47 "或問用之微妙 是心之用否. 朱子曰 理必有用 何必又說心之用乎 心之體 具乎是理 理則無所不該 理無一物之不在 然其用 實不外乎人心 蓋理雖在物 而用實在心也. 其曰 理在萬物而其用 實不外一人之心 則疑若理不能自用 必有待於人心 似不可以自到爲言. 然而又曰 理必有用 何必又說心之用乎 則其用雖不外乎人心 而其所以爲用之微妙 實是理之發見者 隨人心所至 而無所不到 無所不盡 但恐吾之格物有未至 不患理不能自到也", 『국역 퇴계전서』 5, 291. 『退溪先生文集』 18, 30. 「答寄明彦別紙」.

주희는 리의 작용과 마음의 작용을 가지고 말했다. 퇴계는 특히 리에 작용이 있기 때문에 마음의 작용을 따로 말할 필요가 없다고 한 주희의 말에 주목한다. 그러나 주희의 이어지는 말들을 보면 적어도 마음의 작용을 떠나 리의 작용을 말할 수는 없다. 이 대목에서 주희는 리의 본체를 말하지 않고 마음의 본체를 말한다. "마음의 체(體)가 리를 갖추고 있고, 그 리는 모든 것을 다 갖추고 있어서, 어떤 사물도 리가 없는 것이 없다."고 한다. 마음의 체(體)가 리를 갖추고 있다고 했는데, 이것은 마음 안의 리를 두고 한 말이다. 그것은 하나의 리로서 초월적인데 마음 안에 있다. 그런데, 그 하나의 리가 모든 것을 다 갖추고 있다. 그 말은, 하나의 리가 분수리를 갖추고 있으며 허령불매한 인간의 마음이 다양한 상황에 맞는 이치를 따라 행할 수 있다는 말이다. 인간 안의 '리가 모든 걸 갖췄다'는 것과 '어떤 사물도 리가 없는 것이 없다'는 말은 같은 얘기다.

그런데, 인간 안의 리가 사물의 리를 파악한다. 인간 안의 리를 인식론적으로 설명하면 사물의 리를 파악하는 인식 능력이다. 그 리는 밖의 다양한 사태를 파악하고 대응할 수 있는 이성 능력을 가리킨다. 인간 안의 이성 능력이 일일이 외부의 모든 사태의 이치를 인식할 수 있는 것을 가리켜, "그 리가 모든 것을 다 갖추고 있다."고 표현한 것이다. 그렇게 보면 퇴계가 인용한 소주(小注)의 마지막 부분인 "대체로 리가 비록 물(物)에 있지만, 용(用)은 실로 마음에 있는 것이다."는 말은 당연한 얘기다. 사물에 내재한 리가 스스로 움직이는 작용이란 있을 수 없다. 힘을 가지고 운동하는 것은 마음뿐이다. 마음먹고 마음을 쓰는 의지의 운동이든지 아니면 외물에 본성이 감응해 발한 정이든지, 모두 마음의 문제다. 그리고 이치를 궁구하고 물리의 극처에 이르는 인식 작용 역시 마음의 몫이다. 인식 작용을 말한다면 사람 밖 사물 안의 리의 작용을 말할 수는 없고, 사람 안의 리의 작용이요, 이성 능력의 작용이다. 마땅한 이치를 파악해서 아는 실천이성의 작용이다. 그러므로 마음의 작용이란 다른 말로 하면 마음 안의 리의 작용이라고 할 수 있을 것이다. 그런데, 작용하는 리라고 하면 초월적인 하나의 리를 말하지 않는가. 그러므로 사물의 리를 파악할 수 있는 인간 안의 이성 능력은 결국 초월적 리를 가리킨다. 여기서 다시 인간 안의 리와 인간 위의 리의 작용을 변증법적으로 말하지 않을 수 없다. 다시 말해서 인식에서 리의 능동성을 말하게 되는 것이다.

그래서 퇴계는 진리 인식에서 마음의 작용과 동시에 리의 작용을 말하지 않을 수 없었던 것이다. 리의 작용이 문제가 된 까닭은 애초에 리를 말할 때 초월적 지위를 부여했기 때문이다. 심학(心學)인 유학이 성리학에 이르러 우주론의 요소인 리를 들고 나올 때, 마음을 움직이는 능동인의 지위를 리에 부여했다. 그러나 이학(理學)이 심학의 지위를 유지하기 위해서는 마음의 작용도 말해야 한다. 그래서 마음의 작용과 리의 작용을 동시에 말하는 것이다. 마음 안의 리의 작용이란 결국 마음의 작용과 리의 작용을 동시에 말하는 것이다. 퇴계는 "리가 만물에 있으나 실로 사람의 마음에서 벗어나지 않는다."는 언급을 해석해, "리가 스스로 작용하지 못해 반드시 사람의 마음을 기다려서 작용하는 것 같으니, 리가 스스로 이른다고 말할 수 없을 듯 합니다."라고 한다. 사람의 마음을 기다려서 리가 작용한다는 것은, 마음의 작용이 있을 때 비로소 리의 작용을 말할 수 있다는 말이다. 이것은 우주론에서 리의 운동을 말할 때, 기의 운동을 보고 리의 운동이라고 하는 것과 같다. 그러나 태극생양의 해석을 통해 퇴계는 우주론에서 리 자체의 운동력을 인정하지 않았는가. 그리고 이제 인식론에서도 리 자체의 운동 곧 리자도(理自到)를 말하려는 것이다. 그러나 그것도 마음의 작용을 떠나 리 자체의 운동만을 말할 수는 없다. 그래서 인식에서 마음의 주재와 리의 주재를 동시에 말하는 것이다. 그러려면 단순히 마음의 작용을 보고 리의 작용을 말해서는 안 된다. 리의 작용과 마음의 작용을 동시에 말한다는 것은 리의 능동성을 인정해야 가능하다. 왜냐하면 심학인 성리학은 이미 마음의 주재와 능동성은 언제나 전제로 하고 있기 때문이다. 그래서 리의 능동성을 따로 강조하지 않는 한, 모든 것은 마음의 주재만 있을 뿐이지 특별히 이학으로서의 의미는 없다. 퇴계는 그 문제를 매우 깊게 관찰한 것 같다.

그렇다면 마음 안의 리의 작용을 초월적 리의 자기 확산 작용으로 볼 수 있지 않을까? 인간 위의 리인 하나의 리가 인간 안에서 인간 밖 외물의 여러 이치를 드러내는 것이다. 인식에서 리의 능동성을 안팎의 변증법으로 설명하면 그렇다. 인간 위의 리가 여러 사물의 리를 드러내는데, 그것은 인간의 마음 안에서 일어나는 일이고, 인간은 그렇게 드러난 분수리를 안다. 이것이 퇴계가 리자도를 통해 말하고자 하는 진리 인식의 구조인 것 같다. 리발은 초월적 리가 사람의 마음을 움직이고, 리동은 리가 사물의 생성 변화를 일으키는 것이다. 인간은 자기를 비우고 리의 운동에 참여하는 만큼 주체적이다. 한편 리도는 무엇이 사물의 리를 드러내는가의 문제다. 초월적인 하나의 리가 사물의 여러 가지 리 곧 분수리를 드러내는 것이다. 초월적인 리가 드러내면 사물의 리가 인간의 마음 안에 드러난다. 리가 자기 스스로를 드러낸다고 할 수 있다. 초월적인 리와 분수리는 체용일원으로 같은 것이기 때문이다. 초월적인 보편의 리가 드러내고 분수리는 드러난다. 퇴계가 말한 '리의 발현'이라는 것은 드러내는 작용을 가리키기도 하고, 드러난 결과를 가리키기도 한다. 모두 리의 자기 운동 안에 포함된다. 그렇게 마음 안에 드러난 사물의 이치를 마음의 이성 능력이 파악한다. 초월적인 리 위주로 진리 인식을 설명하면 그렇다. 퇴계가 도덕 실천을 리 위주(爲主)로 설명해 리발이라고 했듯이, 진리 인식을 리 위주로 표현하면 리도가 된다. 그리하면, 마치 인간의 마음이 인식을 주도하는 게 아니라, 인간의 마음은 궁구하되 이치를 드러내는 것은 이치 자체인 것처럼 얘기될 수 있다. 궁구하는 마음에 초월적인 리가 이르러 분수리를 드러내는 것처럼 설명될 수 있다는 말이다.

그래서 퇴계는 주희의 말, "리에는 반드시 작용이 있는데 무엇 때문에 또 마음의 작용을 말할 필요가 있겠는가"에 주목한다. 물론 리의 작용을 인정하더라도 사람의 마음 밖에서 따로 리가 무슨 마음을 먹고 움직이는 것은 아니다. 그렇게 되면 리는 신학적 실체가 될 것이다. 리의 작용을 인정하더라도 "사람의 마음에서 벗어나지 않는다." 그럼에도 불구하고 앞에서 말한 대로 성리학은 리를 말할 때 어떤 우주적 마음을 생각하지 않았는가. 물론 그 우주의 마음은 자연적 섭리를 말하는 것이다. 자연의 생성 변화 전체를 관장하는 큰 마음이다. 그 우주의 마음이 인간사에 일일이 간섭해서 어떻게 대응하는지는 별개의 문제다. 리는 주재하지만 대응하거나 응답하지는 않는다. 더군다나 전체의 인간사가 아닌 개인사에 리가 일일이 반응을 보일 수는 없다. 일일이 반응하고 간섭하면 리는 마치 인간의 마음과 별개의 의지와 정을 가진 독립된 실체처럼 된다. 그것은 리를 인격적 실체로 보는 것이다. 인격신은 자연적으로 섭리할 뿐 아니라 의지적으로 섭리하기도 한다. 정의(情意)가 있고 조작(造作)이 있다. 그렇다면 리의 정의(情意)를 말하는 퇴계는 인식론에 이르러 신학적 사유를 하는 것일까?

신학자 아우구스티누스는 신의 자연적 섭리와 의지적 섭리를 구분했다. 신의 본래의 뜻대로 세상이 움직이는 것은 자연적 섭리로 설명이 된다. 그러나 악을 산출하는 인간 세계에서 그 악을 고쳐가며 전체를 선으로 이끌어가는 신의 섭리를 의지적 섭리라고 한다. 본래의 신의 뜻대로 자연스럽게 선이 이뤄지지 않고, 신이 마음먹고 선을 이뤄야 하는 것이 의지적 섭리다. 그것은 그리스도교 신학이 절대 주권자인 신을 말하면서 동시에 인간의 자유 의지를 말하는 과정에서 나온 논리다. 인간에게 자유 의지를 부여했기 때문에 신의 뜻대로 안 되는 일이 발생하고, 그것을 다시 신의 뜻 안으로 거둬 악을 선으로 만들어가는 작업이 필요하다. 신이 인간 역사에 대응하면서 자신의 뜻을 이뤄가는 것이다. 그것은 신에게도 자연스럽게 되는 일이 아니므로 자연적 섭리가 아닌 의지적 섭리라고 한다. 그리스도교에서 말하는 신의 의지적 섭리는 인간사 전체뿐 아니라 개인사에게도 확장돼, 개인의 바람에 응답해 삶을 악에서 선으로 이끌고, 불행에서 행복으로 이끄는 신의 도움과 섭리를 말하게 된다.

그러나, 성리학의 리는 인격적 신이 아니며, 주재하지만 세상의 악에 대해 대응하지 않고, 개인의 바람에 응답하지 않는다. 자연적 섭리는 있으나 의지적 섭리는 없다고 봐야 한다. 리발과 리동이 리의 능동성을 말하더라도, 그것은 나를 위한 리의 특별한 배려가 아니라, 우주를 움직이는 리의 자연적 섭리를 말하는 것이다. 그런데, 진리 인식의 문제를 두고 퇴계는 리에 정과 의지가 있는 것처럼 말한다. 그리고 "리가 스스로 이르지 못하는 것을 걱정할 것이 없습니다."라고 한다. 리가 스스로 운동하는 힘을 가지고 이른다는 것이다. 그런데, "마음이 이르는 곳을 따라 리가 이르지 않는 곳이 없다."고 했다. 리가 이르는 바에 따라 마음이 이른다고 하지 않았다. 그렇게 말하면 인식에서 리의 주도권과 능동성이 더 분명해질 텐데 퇴계는 거기까지 나가지는 않는다. 그리스도교의 계시 인식론에서는 진리가 자신을 드러내야 내가 진리를 알 수 있을 뿐만 아니라, 진리인 하나님이 나를 움직여 진리에 눈뜨게 한다. 진리 인식의 주도권이 완전하게 진리 자체에 있다.

그러나, 성리학의 진리 인식론에서는 초월적 리 자체의 인식에 관심이 있지 않다. 초월적 리가 드러내는 사물의 리를 아는 게 중요할 뿐이다. 그리고 리의 능동성을 말하더라도 진리 자체가 인간의 지성을 움직여 사물의 진리를 알게 한다고 할 수 없다. 리발과 리동에서 리의 능동성은 마음과 우주를 움직이는 힘이지만, 인식에서의 리의 능동성은 내 마음을 움직이는 힘이 아니다. 다만, 리가 스스로 이른다고 할 수 있을 뿐이고, 그것도 인간의 마음이 이르는 곳을 따라서 리가 이르는 것이다. 이것은 마음의 움직임에 대한 응답의 성격을 지닌다. 궁구하는 마음의 작용은 격물이요, 마음의 작용에 응답해 리가 이르는 것이 물격이다. 물격은 단지 격물의 효과에 그치는 게 아니다. 물격과 격물은 협력해 진리 인식을 이룬다. 내가 궁구해야 물리의 극처가 드러나지만, 물리가 자신을 드러내야 그 극처가 드러나는 것이다. 그래서 퇴계는 말한다.

> 그렇다면 바야흐로 격물을 말할 때는 진실로 내가 궁구해 물리의 지극한 곳에 이르는 것을 말한 것이지만, 그 물격을 말함에 미쳐서는 어찌 물리의 지극한 곳이 나의 궁구한 바를 따라 이르지 않음이 없는 것이라 할 수 없겠습니까? 여기에서 정의도 없고 조작도 없는 것은 이 리의 본연의 체이

고, 깃들인 곳에 따라 발현하여 이르지 않음이 없는 것은 이 리의 지극히 신묘한 작용임을 알 수 있습니다. 전에는 단지 본체의 무위한 줄로만 알았고, 신묘한 작용이 드러나게 행해질 수 있는 것을 알지 못하여 거의 리를 죽은 물건으로 인식하듯이 했으니, 도와의 거리가 어찌 매우 멀지 않았겠습니까?[48]

격물과 물격은 변증법적 관계에 있다. 내가 물리에 이르지만, 물리가 초월적 하나의 리의 작용에 의해 내게 이른다. 내 마음의 작용과 리의 작용이 협력하고, 나와 리의 관계는 주체 대 주체의 관계다. 물리가 이르는 것은 "깃들인 곳에 따라 발현"하는 것을 가리킨다. 만사에 물리가 깃들어 자기를 드러내는 것이다. 물론 그것은 '나의 궁구한 바를 따라' 이르는 것이다. 물리가 이르되 내가 궁구한 바를 따라 이른다는 것은, 나의 진지한 노력에 리가 반응해서 자기를 발현해 드러내는 것처럼 보인다. 적어도 퇴계는 리도를 통해 그런 그림을 그리고 있는 것 같다. 리발과 리동과는 또 다른 모습이다. 리발에서 리가 내 마음을 움직이고, 리동에서 리가 우주의 생성 변화의 운동을 일으킨다면, 리도에서는 리가 내 마음의 움직임에 반응을 보여서 응답하는 것이다.[49]

원래, 주재하지만 응답하지 않는 게 성리학의 리다. 응답하면 그만

48 然則方其言格物也 則固是言我窮至物理之極處. 乃其言物格也 則豈不可謂物理之極處 隨吾所窮而無不到乎. 是知無情意造作者 此理本然之體也. 其隨寓發見 而無不到者 此理之神之用也. 向也但有見於本體之無爲 而不知妙用之能顯行. 殆若認理爲死物 其去道不亦遠甚矣乎, 『국역 퇴계전서』 5, 291-292. 『退溪先生文集』 18, 31.

49 문석윤은 리도를 마음의 물음에 대한 응답이라고 한다. 마음의 작용에 조응해 주밀한 자기 전개를 하고 있다고 본다. 문석윤, 「퇴계에서 리발과 리동, 리도의 의미에 대하여: 리의 능동성 문제」, 『퇴계학보』(서울: 퇴계학연구원, 2001), p.186.

큼 리는 절대성과 초월성을 잃어버린다. 퇴계는 여러 글에서 리가 절대적 존재임을 강조하고, 그래서 리기 교감(理氣交感)을 부인한다. 교감이란 기와 기 사이에서나 가능하다고 본다.[50] 이것은 신의 절대성을 말하기 위해 아퀴나스가 피조물과 신 사이의 교통을 부인하는 것과 같다.[51] 교통하고 교감하는 것은 절대자가 그 수준을 교감의 대상만큼 낮춰야 하고, 그만큼 상대화되는 것이다. 퇴계가 리기 교감을 부정하는 것은 리가 기와 수준이 다른 절대적 차원임을 말하려는 것이고, 기로 대표되는 악 또는 악의 가능성이 리로 대표되는 순선의 현실을 당할 수 없음을 말하려는 것이다. 그러므로 도덕론과 관련된 리발과 리동에서는 리의 주재는 말할 수 있지만, 리와의 교감을 말할 수는 없었다. 오히려 리발은 리에 사로잡힘을 말하는 것으로서 리의 절대성을 강조한다. 그렇지 않으면 마음속의 악의 성향을 극복할 수 없기 때문이다.

그러나 인식론에서는 교감을 말한다고 볼 수 있다. 궁구하는 인간에게 마치 초월적 리가 응답해서 물리를 보여주는 것과 같다. 이러한 교감과 리의 반응 때문에 퇴계는 리에 정과 의지가 있다고 말하는 것이다. 그리하여 리는 인식론에서 가장 인격화된 모습을 갖게 되는 것이다. 리동을 말하면서 리의 신묘한 작용을 이미 말했지만, 리도에서 말하는 리의 작용은 리가 인간을 상대하고 인간의 노력에 응답하는 모양

---

50 "교감은 마땅히 두 기로써 말해야지 리 자를 아울러 말하면 안 됩니다(交感 當以二氣言 不當以理字兼言).", 『국역 퇴계전서』 4, 289. 『退溪先生文集』 13, 17. 퇴계는 고봉과의 논쟁에서 허와 무를 변호한다. "리는 허하기 때문에 상대가 없다"는 표현을 쓴다. 상대할 수 없는 절대적 존재임을 가리키는 것이다.

51 아퀴나스는 하나님이 인간을 통치할 뿐이지 인간과 교통하지는 않는다고 한다. 같은 종류만 교통하기 때문이다. 『신학대전』, 1, 4, 3, ad1. 퇴계가 리와 기가 같은 종류가 아니라 교통할 수 없다고 말한 퇴계의 생각과 유사하다. 초월성을 강조할 때 사용하는 어법들이다.

새를 하고 있다. 이치를 알고자 하는 인간의 노력에 일일이 응답하는 것이다. 윤휴(尹鑴, 1617-1680)는 리가 신처럼 인간의 진심에 감응해 소통(感而遂通)하는 것으로 보았다. 이것은 적어도 퇴계의 인식론인 리도에서 분명하게 보여진다. 그런 점에서 윤휴가 퇴계의 학통을 잇는다고 본 정약용의 견해는 정확하다 하겠다.[52] 외물에 부딪혀 사물의 도리를 궁리하면, 하나의 도리가 일일이 물리를 드러내 준다. 또는, 하나에 붙들려 있으면 일일이 어떻게 할지 만사의 도리가 드러나 알아 행하게 된다. 마음이 물리를 일일이 알게 되는 것은 리가 일일이 자기를 드러낸 결과다. 하나에서 여럿으로 가는 것이 리의 운동이고, 인식론에서는 하나의 리가 마음의 궁구를 따라 자기를 드러내 일일이 만사의 물리로 드러나는 것이다. 그것이 리의 운동이요, 리자도요, 리도다. 그런 움직임을 가리켜 "신묘한 작용이 드러나게 행해질 수 있음"이라고 했다. 능현행(能顯行)은 리가 자기를 드러내는 행위를 할 수 있음을 가리킨다. 그리하여 진리 인식의 주체는 인간의 마음이면서 동시에 진리 자체다. 인간이 진리에 이르지만, 진리가 스스로 인간에게 이른다.

그러므로, 인식론에서 사람의 마음과 리는 주체와 객체의 관계가 아니다. 오히려 주체 대 주체의 관계라고 해야 한다. 1567년에 정유일에게 보내는 글에서 물격을 가리켜 주객 관계를 강조했던 퇴계는 1570년에 견해가 바뀌었다. 인식을 두고 리의 주재를 인정함으로써, 심성론인 리발에서 시작된 리의 능동성이 인식론에서 완성된 셈이라고 할 수

52 정약용은 권철신의 묘지명에서, 이황의 학통이 윤휴와 이익을 거쳐 권철신에 이르는 것으로 보았다. 남인이 아닌 윤휴가 퇴계의 학통에 들어간 것은, 리의 감통을 말함으로써 윤휴가 퇴계의 학통을 이었고, 그처럼 리를 활물처럼 본 퇴계 학풍이 서학의 수용으로 이어졌다고 보았기 때문이다. 참조: 김형찬, 「합리적 이해와 경건함 섬김: 백호 윤휴의 퇴계학 계승에 관한 고찰」, 『퇴계학보』 125집(2009).

있다. 사실 리발과 리도는 뗄 수 없는 관계다. 선의 실천은 앎이 전제가 돼야 한다. 리발은 리가 마음을 움직여 이치대로 행하게 하는 것인데, 행하기 전에 먼저 이치를 알아야 한다. 선을 알아야 선을 행한다. 행함과 인식에서 리의 주재를 말하는 것이 리발과 리도인데, 리도가 리발보다 논리적으로 앞선다. 리발은 리도를 필요로 한다. 도리가 내게 이른 후 나를 움직이는 것이다. 리가 내 마음의 궁구를 따라 물리를 드러낸 후에, 물리를 안 내 마음을 움직여 이치대로 행하게 한다. 그런데, 앎과 행함의 관계를 달리 말할 수도 있다. 행해야 안다고 할 수도 있다. 분수리가 아닌 하나의 초월적 리에 대한 앎은 분수리에 따른 행함이 쌓여서 이뤄지는 것이다. 이른바 체인(體認)이라는 것인데, 그 경우에는 행함이 앎을 낳는다고 할 수 있다. 여하튼 인식과 행함이 뗄 수 없는 관계인데, 그렇다면 퇴계는 말년에 리도를 통해 리발의 이론까지도 완성한 것이라 할 수 있다. 물론 신비주의에서는 앎 자체를 최고의 경지로 본다. 앎은 행함을 초월한다. 그러나, 퇴계에게서 앎은 행함을 위한 실천지이지, 진리를 관상하는 앎 그 자체가 독립된 최고의 경지일 수 없다.

한편 리가 인간과 교감하며 '일일이' 응답한다면 리의 자연적 섭리를 넘어 의지적 섭리까지 생각할 수 있다. 리는 하나의 큰 마음으로 전체적으로 자연을 섭리할 뿐 아니라 개인사에서도 사람의 노력에 일일이 응답해서 이치가 드러나도록 섭리한다. 그것을 가리켜 의지적 섭리라고 할 만하다. 퇴계가 특별히 진리 인식론에서 리를 정의(情意)가 있고 살아 있는 실체처럼 말하는 것은 의지적 섭리까지 느낀 것으로 봐야 한다. 물론 그리스도교 신의 의지적 섭리는 인간사 전체로부터 개인의 행과 불행에 이르기까지 모든 차원을 포괄한다. 반면에 퇴계의 리자도

(理自到)는 도덕적 실천과 관련된 도리 인식에 한정돼 말한다. 그 면에서 그리스도교 신학에서 말하는 의지적 섭리와는 차이가 있다. 그러나 퇴계가 리가 죽은 물체(死物)가 아니라고 말할 때, 리를 마치 인간과 통하는 인격적 실체에 가깝게 느낀 것은 분명한 것 같다.[53]

그리고 만일 인식을 돕고자 하는 리의 의지를 더 강조하면, 나의 궁리 이전부터 리가 이미 내게 이르러 다가와 있다고 할 수 있다. 다만, 리가 이미 내게 이르러 있다고 해도, 내가 궁구할 때에 비로소 나는 이치에 이른다. 내가 궁구하는 바를 따라 리가 이른다고 하는 말을 그렇게 이해할 수도 있다. 내가 노력하는 조건으로 리가 자기를 드러내는 게 아니라, 리는 이미 자기를 드러내고 있으며, 다만 그것을 인식하느냐 못하느냐는 내게 달려 있다. "나의 격물이 지극하지 못함을 두려워할 뿐이요, 리가 스스로 이르지 못하는 것을 걱정할 것이 없습니다."라고 한 퇴계의 말을 그렇게 이해할 수도 있다. 진리 인식에서 리의 의지를 느끼게 하는 대목이다. 물론 나의 주재를 뺄 수는 없다. 극처에 이르는 것은 나요, 내 마음이라는 것은 퇴계의 변치 않는 공식이다. 그러나 나의 주재는 리의 주재와 양립한다. 리의 주재는 나의 주재를 돕고 나의 노력에 응답하는 모습을 띤다. 그리고 더 나아가, 리가 먼저 내게 이르러 나의 노력을 기다리고 있는 듯한 설명도 가능하다. 진리 자체가 마음을 유도하는 것이다. 진리와 인간이 이루는 주체 대 주체의 관계는 진리의 주도 안에서 인간의 마음이 인식 주체가 되는 구도로 설명된다.[54] 이것은 그리스도교의 계시 인식론에 접근한다. 예수회 선교

---

53 리도에서 퇴계의 종교성을 언급하는 글로는 장윤수, 「퇴계철학에서 리의 능동성 이론과 그 연원」, 『퇴계학과 유교문화』, 51호(2012), pp.25-26 참조.

54 윤사순 교수는 퇴계의 리자도(理自到)가 '주체적 진리의 절대성 및 절대적 실현성'에 대

사들의 문헌을 통해 성리학을 접한 이미 17세기의 고트프리트 라이프니츠(Gottfried W. Leibniz)는 성리학을 자연신학으로 보았다. 리가 그리스도교의 신과 같지는 않지만, 제1운동자로서 신학에 접근한다고 보았다.[55] 퇴계야말로 성리학을 자연신학에 가깝게 발전시킨 학자라고 할 수 있을 것 같다.

리의 능동성은 마음을 움직이는 힘을 리의 작용에서 찾는 것이다. 마음을 움직이는 힘을 찾는 것은 동서양 인문주의 철학에서 모두 관심을 가진 주제다. 퇴계가 제시한 리의 능동성을 이해하는 데, 칸트의 동기론, 아리스토텔레스의 능동인, 그리스도교 신학의 신 등을 참조할 수 있다. 칸트는 도덕 명령 자체가 마음을 움직이는 동기가 된다고 했고, 아리스토텔레스의 철학에서는 형이상학적 실체가 인간의 마음을 이끄는 작용인 또는 능동인의 역할을 한다고 보았다. 그리고 아리스토텔레스의 철학에 바탕을 둔 아퀴나스 신학은 인격적이고 초월적 실체인 신을 능동인으로 보았다. 퇴계의 학문이 보여주는 리의 능동성은 칸트적인 차원으로 이해할 수 있고, 플라톤 및 아리스토텔레스의 형이상학 차

한 신념을 드러낸다고 말한다. 윤사순, 『퇴계 이황의 철학』(서울: 예문서원, 2013), p.57. 리가 스스로 주체적으로 그리고 반드시 자신을 실현한다는 말이다. 인간의 노력과 별개로 진리 자체가 의지를 가지고 내게 이르러 인식을 유발한다고까지 할 수 있다. 세상의 악에도 불구하고 진리는 실현되게 돼 있다는 사필귀정(事必歸正)의 신념에서 비롯된 인식론이다.

55 라이프니츠, 『라이프니츠가 만난 중국』, 이동희 편역(서울: 이학사, 2003), pp.87-88. 라이프니츠는 성리학자들에게 그리스도교를 설득하기는 매우 쉬울 것이라고 생각했다.

원으로 이해해야 하는 면도 있다. 그리고 신학에 접근하는 부분도 있다. 물론 그 초점은 언제나 도덕 실천에 있다.

리발은 의지를 성에 가두고 마치 리가 마음을 움직여 도덕 행위를 하는 것처럼 말하는 것이다. 퇴계는 순수한 선을 추구하며 다른 한편으로 인간의 악의 성향을 보았다. 대체로 리발은 천명이 의지를 규정하는 것으로 보면 되는데, 그것은 도덕명령 자체가 의지를 이끄는 칸트의 순수한 동기론과 같다. 그런데, 퇴계의 리는 도덕명령 곧 천명일 뿐 아니라, 인자한 마음이기도 하다. 그런 점에서 리는 서양 형이상학에서 말한 우주적 능동인의 모습을 띠기도 한다. 동기를 넘어 능동인이 되면, 리는 개인 의지의 규정 근거를 넘어서 세상을 섭리하는 힘이 된다. 그 점을 말하는 것이 퇴계의 우주론에서 말하는 리동의 문제다. 그러나 우주의 생성 변화를 주관하는 리동의 문제도 결국은 마음의 변화를 주재하는 리를 말하려는 것이다. 리를 우주적 마음으로 봤기 때문에 퇴계는 리동에서 리에 정과 의지가 있다고 언급하면서 리의 능동성을 강조했다. 리의 능동성으로 인한 리의 주재는 선의 실천에서 본마음의 주재를 확보하기 위한 것이다. 리의 주재를 말해야만 마음의 주재를 말할 수 있다.

격물과 물격의 문제는 진리 인식론의 문제다. 퇴계는 진리 인식에서 주객 관계를 강조했다. 내가 물리의 극처에 이르고 내 마음이 이른다는 것이 1567년의 글에서 강조한 바다. 인식도 마음의 몫이다. 사물의 이치는 인식 대상이고, 내가 인식 주체다. 이처럼 주객 관계를 강조한 것은 진리 인식이 신비주의적 물아일체가 아니라, 도덕적 실천을 위한 분수리를 파악하는 데 있음을 말하는 것이다. 그러나, 1570년의 글에서 퇴계는 리가 스스로 이른다고 하는 리자도(理自到)를 말한다. 인식에서 리의 주재와 능동성을 말하는 것이다. 인식에서 리의 능동성은 마음의 노력을 따라 리가 자기를 드러내는 것이다. 마음이 리를 드러내기도 하지만, 진리가 인간의 마음에 자신을 드러내는 것이기도 하다. 진리 인식의 문제에서 마음의 주재와 리의 주재가 양립한다. 인간과 진리의 관계가 주객 관계가 아니라 주체 대 주체의 관계다.

한편 리도는 개인의 인식 노력에 대한 리의 응답이라고 볼 수 있다. 대개 리는 절대자로서 주재한다고 할 수 있어도 응답한다고 할 수는 없다. 그러나 퇴계의 인식론에서 리는 인간과 교감하고 응답하는 것처럼 보인다. 퇴계가 리를 가리켜 정과 의지가 있는 살아 있는 실체처럼 말한 것은 그런 점을 지적한 것으로 볼 수 있을 것 같다. 더 나아가, 궁구하는 나의 노력 이전에 리는 이미 내게 이르러 자기를 드러내며 인식을 촉발한다고까지 할 수 있다. 이미 내게 이른 리를 내가 인식하느냐는 것은 물론 나의 격물이 얼마나 지극한가에 달렸다. 리가 내게 이르지 못할 것을 염려하지 말라고 한 퇴계는 그런 지경에까지 도달한 것으로 보인다.

리의 능동성은 심성론에서 출발해서 우주론을 거쳐 인식론에 이르러 더 분명해졌다. 퇴계가 인식론인 리도에 이르러 특별히 리에 정과 의지가 있고 리가 죽은 물체가 아니라고 강조한 것은, 크게 보면 리발에서 시작된 리의 능동성 문제의 연장이지만, 특별히 인식에서 리가 인간의 노력에 응답한다는 생각에서 나온 것 같다. 게다가 리가 이미 내게 이르러 있다고 본다면, 인식에서 리의 주재와 주도가 더욱 분명해진다. 인격적 실체인 신의 조명을 말하는 그리스도교의 계시 인식론까지는 아니더라도 말이다.

제5장

그리스도교의 하나님과 성리학의 리(理)

그리스도교의 하나님과 성리학의 리를 비교한 첫 번째 저서가 『천주실의(天主實義)』라고 할 수 있다. 조선 시대에 유학자들에게 큰 영향을 주었고, 이벽(李檗)이나 정약용(丁若鏞) 등 서학파들에게 그리스도교를 알린 책이기도 하다. 『천주실의』에서 마테오 리치(Matteo Ricci)는 자신이 알고 있는 그리스도교 신학으로 유학을 보충할 수 있다고 믿었다. 그것은 유학과 천주교가 어떤 공통점을 가지고 있다는 것을 전제로 하면서 동시에 유학이 인간의 구원을 위해 부족한 점이 있음을 전제로 한다. 그래서 그리스도교와 유학의 공통점을 바탕으로 대화를 시작하고, 유학의 부족한 점과 그리스도교의 우월한 점을 들어 그리스도교를 받아들이도록 설득하겠다는 것이 마테오 리치의 전략이었던 것 같다. 그는 중세 이후 로마 가톨릭 교회의 기본 신학으로 되어 있는 토마스 아퀴나스(Thomas Aquinas)의 신학을 가지고 그 일을 했다.

그가 유학에 그리스도교와 통하는 점이 있다고 본 것은 원시 유학의 천(天) 공경과 도덕을 강조하는 인간론이었다. 그런데 유학은 인간의 도덕적 자기 완성 또는 인간 구원을 위해 뭔가 부족하다는 것이 마테오 리치의 주장이다. 그는 의지를 지닌 그리스도교의 신을 믿어야 유학에서 바라던 도덕의 실현을 이룰 수 있다고 생각했다. 당시에 마테오 리치의 견해에 동감을 표했던 중국의 유학자들은 그 점을 중시했던 것 같다. 유교적 이상의 실현에 그리스도교의 신이 중요한 역할을 할 수 있다는 것이다. 나중에 정약용이 천주를 이해한 것도 그런 각도에 서였다. 한편, 마테오 리치가 적극적으로 비판한 것은 성리학이었다. 당시 중국을 지배했던 가치관과 세계관은 성리학이었는데, 마테오 리치는 성리학을 비판하되 유학 자체를 비판하지는 않는 것으로 보이고 싶었던 것 같다. 중국 문화를 비판하되 그 근본을 흔들지는 않는다는 인상을 주려고 한 것 같다.

우리는 이 글에서 마테오 리치가 성리학을 비판한 논리에 초점을 맞춰 분석해 보려고 한다. 마테오 리치의 성리학 비판은 성리학에서 만물의 생성과 변화의 근원이라고 여기는 리(理)에 대한 비판에 초점이 맞춰져 있다. 그는 리와 천주를 비교하며 리가 결코 만물의 근원일 수 없음을 주장했다. 우리는 이 글에서 마테오 리치가 리를 비판하고 그리스도교 신을 옹호한 신학적 전제가 무엇인지 살펴볼 것이다. 그리고 그러한 신학적 전제에 들어 있는 서구적인 세계관과 인간관을 살펴봄으로써 성리학과 그리스도교의 차이를 보이고자 한다.

성리학에서는 태극이 만물의 근원이라고 말하고, 태극에서 만물이 생겼다고 말한다. 성리학에는 이처럼 만물의 근원을 찾아 세상을 설명하는 형이상학이 있기 때문에, 마테오 리치의 공격 대상이 된 것이라고 할 수 있다. 마테오 리치의 그리스도교는 성리학과는 다른 방식으로 만물의 근원을 말하기 때문이다. 원시 유학은 천(天)을 말하고 주나라 시대부터 있어온 하늘에 대한 제사를 말했지만, 체계적인 형이상학이 없었다. 그리고 오히려 신을 공경하는 신앙심에서 벗어나 인간 자신의 선한 마음을 보존하고 찾는 인문주의 쪽으로 전환되고 있던 시점이었다. 그리스에서 신화 시대를 거쳐 소피스트들과 소크라테스(Socrates) 이후 인간에게로 중심이 옮겨갔듯이, 공자(孔子)와 맹자(孟子)의 시대에는 귀신과 자연신으로부터 인간으로 중심이 옮겨간 시대다. 그러나 물론 인문주의 초창기이므로 전 시대의 자연 숭배 사상의 흔적이 있었다. 마테오 리치는 그러한 흔적을 가지고 대화의 근거로 삼으려고 했지만 사실 원시 유학의 특징은 세상을 주재하는 인간을 세우는 데 있었던 것이다. 그래서 공자는 귀신을 공경하되 멀리하라고 했는데, 이는 전 시대의 흔적을 따라 인간이 어떻게 할 수 없는 운명을 인정하되 그것을 사변과 실천의 중심으로 삼지는 않겠다는 얘기다. 맹자는 마음을 다해 자신의 본성을 알면 하늘을 아는 것이라고 해 인문주의를 확고하게 했다. 그러다가 오히려 주희의 성리학에 와서 본체론을 끌어들인 형이상학이 생겨서 어떤 종교적 성격을 띠게 됐다고 할 수 있다. 마테오 리치가 성리학을 비판한 것도 바로 그 형이상학 때문이라고 할 수 있다. 다시 말해서, 성리학의 형이상학이 서구의 형이상학적 사유와 충돌했던 것이다. 형이상학이 없던 원시 유학은 그리스도교 형이상학과 충돌할 여지가 없었고, 우주와 천지 만물의 조화의 근원을 찾은 성리학이, 제일 원인으로서의 하나님(Deus)을 만물의 근원으로 내세운 아퀴나스의 형이상학과 충돌했던 것이다.

마테오 리치는 주로 리가 사물에 내재하는 모습을 들어 만물의 근원이 될 수 없다고 하며, 천주를 설명할 때는 주로 그 초월자의 모습을 들어 성리학의 리와 다름을 설명한다. 천주의 초월적 측면, 그리고 그 초월에도 불구하고 만물 안에 있다고 할 때의 내재적 측면, 그 모두를 마테오 리치는 아퀴나스 신학을 근거로 설명하고 있다. 사실 그래도 마테오 리치가 보유론(補儒論)을 내세우며 그리스도교의 하나님을 유학의 세계에 소개할 수 있었던 것은 아퀴나스 신학 때문이다. 아퀴나스와 달리 아우구스티누스나 개신교 신학은 존재의 유비에 바탕을 둔 신학이 아니므로 보유론적인 설명이 힘들다. 결국 마테오 리치의 견해를 추적하는 우리의 연구는 아퀴나스의 신학을 드러내고 그 특징을 성리학과 비교하는 작업이 될 것이다. 비슷한 점이 있지만 결국 매우 다르기 때문에 성리학이 마테오 리치의 공격 목표가 됐던 것이다. 성리학은 천주교와 다른 세계관에서 나온 형이상학이다. 우주의 근원을 찾는 형이상학이라는 점에서 둘은 같지만, 근원으로 얘기되는 리와 그리스도교의 하나님은 다르다. 아퀴나스 신학에서 만물의 구성을 형상과 질료의 합성으로 보는 것과 성리학에서 만물의 구성을 리(理)와 기(氣)의 합으로 보는 것이 비슷하지만, 그리스도교는 생성의 힘이 사물 밖에 있다는 점에서 성리학과 매우 다르다. 그래서 기(氣)는 아퀴나스 신학의 질료가 아니고, 리(理)는 아퀴나스의 형상인(形相因)과 유사한 점이 있지만[1] 꼭 일치하지 않는다. 리는 아퀴나스가 생각한 능동인(能動因)과도 원칙적으로 차이가 있다.

1 송영배, 『동서 철학의 교섭과 동서양 사유방식의 차이』(서울: 논형, 2004), p.57.

1. 아퀴나스의 하나님, 제일 능동인

마테오 리치는 그리스도교의 하나님을 천주(天主)라고 부르는데, 유학의 천(天) 개념을 염두에 두고 하늘의 주인라고 해서 붙인 이름이다.[2] 그리고 성리학의 소이연(所以然) 개념을 가지고 천주를 설명한다. 천주는 '소이연 중에 원초적 소이연(所以然之初所以然)'[3]이라고 한다. 마테오 리치가 천주를 원초적 소이연으로 본 것은 아퀴나스 신학의 '제일 원인(prima causa)'이라는 개념을 염두에 둔 낱말이다.

천주를 소이연이라는 개념으로 표현될 수 있는지 알기 위해서, 우리는 먼저 생성과 창조를 구분할 필요가 있다. 아퀴나스 신학에서 원인은 생성 또는 낳음(generatio)에 적용되는 개념이고, 제일 원인은 창조(creatio) 또는 피조물의 유출(emanatio)과 관련된 것이다. 생성은 어떤 것으로부터 다른 어떤 것으로 향해 가는 변화(mutatio)를 의미하는 것이며,[4] 창조 또는 유출은 보편적 원인인 하나님으로부터 자연적 실체 전체가 생겨나는 것이고, 그것은 변화가 아니다.[5] 말하자면 생성이란 사람이 사람에게서 태어나는 것 또는 집이 사람에 의해 만들어지는 것처럼 존재자(有)에서 존재자(有)가 생겨나는 것이다.[6] 그것은 어떤 "형

---

2 마테오 리치, 『천주실의』, 송영배 외 옮김(서울: 서울대학교출판부, 1999), 상권 2-16, p.108.

3 마테오 리치, 『천주실의』, 상권 1-6, p.61.

4 토마스 아퀴나스, 『자연의 원리들』, 김율 옮김(서울: 철학과 현실사, 2005), p.39.

5 오도넬(Robert O'Donnell), 『쉽게 쓴 토마스 아퀴나스 철학』, 이재형 옮김(서울: 가톨릭대학교출판부, 2000), p.94도 같은 방식으로 생성과 창조를 구분하고 있다.

6 사람이 사람에게서 생겨나는 것은 단적인 생성이라고 하고, 사람이 지어 생긴 집은 상대적 생성(generatio secundum quid)이라고 한다. 상대적 생성은 인위적이어서 우유적인 형상이 현실화되는 것이다. 생성의 논의에서는, 자연적 실체들의 변화, 곧 사람에게

상을 향한 운동(motus)"이라고 정의되기도 한다.[7] 형상은 형태(figura)와 성질(dispositio)을 합한 개념인데 보통은 성질을 가리킨다. 형상은 어떤 사물을 그것이게 하는 것이다. 영혼이라는 사람의 형상을 향한 운동의 결과 사람의 정자(精子)에서 사람이 생기고,[8] 집이라는 형상을 향한 운동의 결과 목수에 의해 나무는 집을 이룬다. 그러므로 생성은 무(無)가 아닌 유(有)에서 다른 성질과 형태를 가진 유(有)가 생겨나는 것이다. 유 또는 존재자(ens)[9]는 질료와 형상의 합성물이다. 그러므로 생성이란 엄밀히 말해서 합성물들에게 해당되는 개념이다.[10] 생성은 어떤 합성물이 다른 형태와 성질의 합성물이 되는 것이다. 또는 잠재태로서의 합성물이 현실태가 되는 것이다. 무엇이 될 수 있던 것이 그렇게 되는 것이다. 사람의 생성은 사람이 될 수 있었던 것, 다시 말해 사람의 형상을 가질 수 있었던 정자가 영혼이라는 형상을 받아 사람이 되는 것이다. 불의 생성은 불이 될 수 있었던 나무가 불의 형상을 취해 불이 되는 것이다.

성리학이 불교의 용어를 빌어 말하는 만물의 '화생(化生)'이라는 것을 아퀴나스의 '생성(生成, generatio)'으로 볼 수 있다. 화생이란 말은 변화와 생성을 말하는 것인데, 유학의 역(易)이나 아퀴나스의 생성에서 생성은 곧 변화를 의미한다. 다만 뒤에서 보는 대로 변화의 원인을 보는 시

서 사람이 생겨나고, 소에서 소가 생겨나는 경우가 중요하다.

7 토마스 아퀴나스, 『자연의 원리들』, p.21.

8 아퀴나스는 사람이란 질료인 신체와 형상인 영혼의 합으로 이뤄진다고 본다. 신체의 씨는 정자라고 보고, 정자라는 질료에 하나님이 영혼을 부여할 때 사람이 생성된다고 본다.

9 유와 존재자라고 하는 번역어의 의미에 대해서는 토마스 아퀴나스, 『존재자와 본질에 대하여』, 정의채 옮김(서울: 바오로딸, 2005), 용어 해설, p.137 이하 참조.

10 토마스 아퀴나스, 『자연의 원리들』, p.39.

각이 다르다. 아퀴나스 신학에서 생성은 창조에 잇대어져 있다.

창조는 어떤 것에서 다른 어떤 것이 생기는 것이 아니고, 존재가 아닌 무(無)에서 사물들이 생겨나는 것이다. 아퀴나스가 볼 때, 자연은 끊임없이 생성하지만, 그 생성은 창조를 빼놓고 생각할 수 없다. 생성은 창조의 연장이요, 계속되는 창조이다. 무에서 생겨난다는 것은 잠재태에서 현실태가 생기는 것과 다르다. 어떤 잠재태도 없는 상태에서 현실태의 피조물이 생겨난다. 하나님의 첫 창조가 그렇다. 무에서 순수 잠재태로서의 제일 질료를 창조하는 것부터가 하나님의 창조 작업이다. 제일 질료는 순수 잠재태로서 어떤 형상도 없으므로 우리 인식의 대상이 아니다. 어떤 것이 어떤 것으로 규정하는 인식과 정의(定義)는 형상을 통해 이뤄지기 때문이다.[11] 순수 잠재태로서의 제일 질료는 이미 아우구스티누스가 그의 『고백록』에서 말한 것으로,[12] 이런 문제가 제기되는 것은 첫 피조물을 위해 질료가 준비돼 있어야 하기 때문이다. 첫 피조물 역시 질료와 형상의 합성물인데, 형상은 하나님의 생각 속에 있으며 하나님은 질료가 없는 존재이므로, 질료가 먼저 창조돼 있어야 첫 피조물이 생길 수 있는 것이다. 순수 잠재태가 생겨나는 것은 생성이 아니다. 생성이란 유(有)에서 유(有)가 생기는 것인데, 제일 질료는 순수 잠재태이므로 유가 아니기 때문이다. 무도 아니지만 유도 아닌 것이 아퀴나스 신학에서 제일 질료의 위치다. 생성이 있는 존재자들은 소멸이 있는데, 생성이 없는 제일 질료는 소멸도 없다. 그 이후 제일 질료와 형상의 합성물인 첫 피조물이 생긴 이후에 만물이 생성되

---

11 같은 책, p.37.

12 아우구스티누스, 『고백록』, 선한용 옮김(서울: 대한그리스도교서회, 2007) 12권 3장 이하. 아우구스티누스는 제일 질료를 '무형의 질료'라고 하고, '거의 무'라고 했다.

는 것이다.

성리학에서도 만물의 생성 변화를 말하고 아퀴나스도 생성을 말하지만 그 생성의 동인(動因)을 보는 눈이 크게 다르다. 아퀴나스에게서 사물의 생성이란 자기 힘으로 되는 것이 아니다. 이 문제는 능동인 또는 작용인과 관련된 문제다. 아퀴나스는 아리스토텔레스를 따라 네 가지를 사물의 생성 변화의 원인으로 본다. 그 원인이란 질료인(質料因), 형상인(形相因), 능동인(能動因), 목적인(目的因)이다. 생성의 원인이라고 하면 흔히 생성되는 '까닭'이 먼저 생각난다. '까닭'은, 말하자면 존재의 목적을 의미하는 것이다. 그러므로 목적이 제일 먼저 만물의 생성 변화의 원인이 된다. 이처럼 원인이라는 말에서 목적인이 제일 먼저 생각되는 것은 목적이 존재에 앞선다고 하는 아퀴나스의 목적론적 세계관을 반영하고 있다. 한편, 질료인은 무엇인가? 질료라고 하는 것은 재료를 의미하는데, 그것이 어떻게 생성 변화의 원인이라고 할 수 있는가? 원인이라는 말에는 생성 변화의 출발점이라는 뜻도 있으며 질료는 그 점에서 원인이 된다. 아퀴나스 신학에서 질료는 단순히 재료가 아니라 어떤 형상을 결여하고 있는 것이며, 그 점에서 잠재태이기 때문이다. 잠재태란 말은 장차 무엇이 될 수 있는 것이며 그렇게 될 준비가 돼 있다는 것이다. 잠재태는 현실태를 향하고 있다. 잠재태에서 현실태가 되는 것이 생성 변화이므로, 현실태를 향하고 있는 질료는 생성 변화의 원인으로서 질료인이 된다. 한편, 형상은 어떤 사물을 그 사물이게 하는 것으로서, 잠재태가 현실태를 향할 때 바로 그 현실태를 가리켜 형상이라 한다. 형상은 잠재태가 도달할 방향을 제시함으로써, 생성 변화의 원인이라고 할 수 있어서 형상인이라고 부른다. 능동인은 잠재태가 현실태로 가도록 이끄는 힘이다. 생성 변화는 운동이요, 그 운동에는 힘이 필요한데, 그러한 운동을 이끌어 변화를 가능하게 하는 힘이라는 점에서 능동인, 능동인, 또는 작용인이라고 한다. 그러므로 네 가지 원인이라고 하지만 그 원인이라는 것이 각각 변화 생성의 까닭, 변화의 출발점, 변화의 지향점, 변화의 힘이라는 뜻을 지니고 있다.

우리는 그중에서 능동인에 집중할 필요가 있다. 왜냐하면 변화 생성을 놓고 아퀴나스의 능동인 개념이야말로 동양과 다른 가장 큰 특징을 보이기 때문이다. 성리학을 비롯한 중국, 한국의 생성관은 자연(自然)이라는 말로 수렴되는데, 그것은 만물의 생성 변화가 스스로 이뤄진다는 말이다. 반면에 아퀴나스 신학은 생성에 외부적 힘의 개입이 있는 것으로 보기 때문에 '스스로 그러한 것'으로서의 자연을 부인한다. 그것은 가장 근본적인 차이다.

아퀴나스에게서 생성이란 질료가 새로운 형상을 입는 것이요, 잠재태가 현실태가 되는 것인데, "잠재태로 있는 것은 그 스스로 현실태로 옮겨갈 수 없다."[13] 이것이 아퀴나스 자연학의 가장 큰 전제 가운데 하나다. 그것은 『신학대전』에서 신 존재 증명과 관련해서 움직임, 곧 운동의 문제로 연결된다. 생성은 운동이요 움직임인데, "움직인다는 것은 가능태에서 현실태로 이행시켜 가는 것 이외의 다른 것이 아니다."[14] 그런데 그 움직임은 움직여지는 것이다. 사물들은 스스로 움직이지 않고 움직여진다. 그래서 모든 사물의 생성에는 어떤 사물의 형상을 잠재태에서 현실태로 이끌어가는 작용자(operans)가 필요하다.

---

13 토마스 아퀴나스, 위의 책, p.47.

14 토마스 아퀴나스, 『신학대전 1』, 1, 2, 3, 정의채 옮김(서울: 성바오로출판사, 1989), p.56. 『신학대전』의 책 이름에 『신학대전 1』, 『신학대전 2』 식으로 숫자가 붙은 것은 우리나라 번역본의 권수를 가리킨다.

아퀴나스는 구리를 가지고 동상을 만드는 장인을 예로 든다. 장인은 능동자(efficiens)라고 불리기도 하고, 운동자(movens)나 행위자(agens)라고 불리기도 한다. 어떤 사물이 생성되게 하는 원인에서 이 능동인이 매우 중요하다. 왜냐하면 질료인과 형상인은 생성된 사물에 내재하지만, 능동인은 사물 밖에 있기 때문이다.[15] 그렇다면 사람에게서 사람이 나오고, 소가 소를 낳는 것 같은 자연 사물의 생성 변화의 능동인은 무엇인가? 아퀴나스가 만물의 근원으로 말하고자 하는 하나님은 초월자다. 초월자 하나님은 사물의 생성 변화 밖에서 그 변화의 능동인이 된다. 자연의 생성 변화를 놓고 하나님의 초월성을 표현하기에 가장 좋은 것이 네 가지 원인 중에서 능동인이다.[16]

아퀴나스는 자연학에서 출발해서 신학을 이끌어내는데, 그 요점은 자연적 실체의 생성 원인이 자연 밖에 있다는 데 있다. 거기서 핵심적인 것이 능동인이다. 물론 제일 질료도 피조물이므로 이미 자연 밖의 창조주의 개입을 함축하고 있는 개념이고, 형상도 하나님 안에 있는 초월적 형상이 모든 형상의 근원이 되므로 역시 초월자를 전제로 하는 개념이지만, 질료와 형상은 생성된 사물의 부분을 이룬다.[17] 그러나 능동인은 생성된 사물 밖에 있는 것으로 하나님의 초월성을 잘 표현해 줄 수 있다. 그래서 그는 『신학대전』 첫 권에서 신의 존재를 증명하면

---

15 질료와 형상이 사물의 부분을 이룬다고 해서 내적 원인이라고 하고, 능동인은 생성된 사물 밖에 있다고 해서 외적 원인이라고 한다.

16 아우구스티누스도 생성 변화의 원인을 작용인 또는 능동인의 문제로 본다. 참조: 『신국론』, 성염 옮김(왜관: 분도출판사, 2004), 5, 9. 4, p.553.

17 예를 들어 사람의 이념 곧 참사람의 이데아는 하나님의 지성 안에 있지만, 현실적인 어떤 특정한 사람 안에도 사람의 성질과 형태가 있게 된다. 그렇지 않으면 사람이 아닐 것이다. 다만 참사람이 되는 것은 영원한 목표로 남아 있다.

서 첫째와 둘째 번의 증명으로 사물의 운동인과 능동인의 문제를 가지고 다룬다.[18] 하나님은 제일 동자(primum movens)요, 제일 능동인(prima causa efficiens)이다. 이 개념은 다른 것에 의해 움직여지는 것으로부터 다른 것을 움직이는 것을 추적하고, 결과물로부터 그 원인을 추적해 올라가서 내린 결론이다.

하나님은 제일 동자(第一動者)요 제일 능동인으로서 현재 사물의 생성에도 작용자로서 개입하고 있다고 보는 것이 아퀴나스의 견해라고 할 수 있다. 예를 들어 어떤 사람의 탄생을 보자. 아퀴나스를 따라 사람의 정자를 질료로 보고 혼을 형상으로 본다면, 사람의 생성이란 부모에게서 받은 정자에 영혼이 부여되면서 생기는 것이다. 사람의 영혼이야말로 사람을 사람이게 하는 것으로서, 그것은 하나님의 지혜 안에 있는 질료 없는 초월적 형상(참사람의 이념)을 근원적 형상으로 삼는 것이지만, 이미 부모에게도 있던 것이다. 형상은 사물에 내재한다는 말이 그 말이다. 그러나 아퀴나스의 형이상학적 사유로 볼 때, 한 인간에게 영혼이 부여되는 것은 하나님의 창조 행위의 연장이다. 왜냐하면 태어나는 아이가 사람으로 태어난다는 것은 참사람됨을 향한 운동의 결과이기 때문이다. 인간은 하나님의 생각 안에 있는 참사람의 이념을 완벽히 구현하고 있지는 못하지만, 그 이념을 재현(representatio)하려는 운동의 결과 한 인간이 자기 부모에게서 생성되는 것이다. 그리고 그 운동은 질료인 정자에 하나님이 영혼을 불어넣는 것으로 생각할 수 있다. 불어넣는 그 행위가 작용이요 운동이다. 그런 식으로 하나님은

18 신 존재 증명의 첫 번째는 운동인의 문제요, 두 번째는 능동인의 문제로 돼 있지만 『자연의 원리들』 p.47에서 보듯이 능동인과 능동인은 같이 말할 수 있다. 또한 오도넬(R. O'donell), 『쉽게 풀어 쓴 아퀴나스 철학』, p.49 참조.

모든 자연생성물의 원인이다. 마테오 리치는 성리학에서 근원이라고 일컫는 리(理)가 지금 작동해서 수레를 만들어내지 못한다고 지적하는데,[19] 성리학의 리와 달리 천주는 능동인이요 능동인으로서 지금도 일하시며 만물을 생성하고 있다는 것을 염두에 둔 발언이다. 다시 말해 마테오 리치는 아퀴나스를 따라, 현재의 생성 변화가 천주의 직접 개입에 의해 일어난다고 생각한 것이다.

그러나 보이지 않는 초월자의 개입을 말하는 것은 무리가 아닌가? 사람이 사람을 낳고 소가 소를 낳는 자연 실체의 생성은 그 부모를 원인으로 해서 이뤄지는 것이 아닌가? 그 문제는 첫 종자가 어떻게 생겼느냐의 문제로 환원된다. 아퀴나스의 신 존재 증명에 따르면, 첫 종자를 찾아 따져 올라가면 순수 현실태인 제일 동자(動者)에 도달하게 된다. 왜냐하면 무한히 소급해 올라갈 수는 없기 때문이다. 무한히 소급한다는 것은 원인이 없다는 것이요, 원인이 없으면 지금의 결과가 있을 수 없다. 신 존재 증명을 더 분석하는 것은 이 글의 목적이 아니다. 다만 순수 현실태로서 제일 동자인 하나님이 어떤 것에 의해서도 움직여지지 않고 오로지 다른 것을 움직여 줄 뿐인데, 제이 동자는 그렇게 힘을 받아 그 다음 존재자를 탄생케 할 것이다. 그런 식으로 다양한 자연 사물이 번성한다고 생각할 수 있다. 이때 제일 동자인 하나님이 제이 동자를 생겨나게 하는 것, 그것이 창조다. 아퀴나스에게서 하나님의 창조는 모든 작용과 운동(actio, motus) 중에서 가장 첫 번째 것으로서,[20] 만물의 보편적 작용인이 된다. 이런 식으로 생각하면 하나님의 운동력은 최초 운동, 곧 창조 이후 수많은 매개물을 통해 현재

---

19 "則今有車理 豈不動而生一乘車乎?", 『천주실의』, 상권 2-10, p.91.

20 토마스 아퀴나스, 『신학대전 6』, 1, 45, 1, 정의채 옮김(서울: 바오로딸, 1999), p.85.

의 생성에 그 운동력을 미치고 있는 것이라고 할 수 있다. 이 경우에도 어떤 사물을 낳는 사물은 스스로 움직이는 것이 아니라 어떤 무엇에 의해 움직여지며,[21] 결국은 하나님에 의해서 생성 변화된다고 할 수 있다. 하나님은 그런 식으로 생성에 개입하고 생성을 주관한다고 할 수 있다.

어떻게 설명하든 모두 하나님의 직접 섭리와 통치를 얘기한다. 아퀴나스는 "모든 것이 보편에 있어서뿐만 아니라 개별적인 것에서도 하나님의 섭리에 종속된다."[22]고 한다. 그가 말하는 하나님의 섭리는 모든 사물이 어떤 목적을 위해 생성되고 존재한다는 데 있는데,[23] 그처럼 목적을 향하도록 질서지어주는 힘이 작용인이요, 능동인이요, 능동인인 것이다. 하나님은 모든 사물에 목적을 부여하는 분으로서 첫 행동자(primum agens)가 되고, "첫 행동자인 하나님의 모든 원인성은 모든 유(有, omnia entia)에 이르는 것이니 그것은 종(種)의 근원적 구성 요소들에 관해서만 그런 것이 아니라 또한 개체적인 근원적 구성 요소들에 관해서도 그렇다."[24] 하나님은 사물의 형상(이념)을 통해서만 일하는 것이 아니라 개별적 사물들의 생성 변화에 직접 개입한다는 것이다. "하나님이 어떤 결과들에 어떤 원인들을 지정하든 하나님은 그것들에 그런 결과들을 산출하기 위한 능력을 준다."[25] 이념으로 통치할 뿐 아

21 사물은 "그 자체로서 움직여지며 움직여 주는 것(movens, quod per se movetur)"이다(『신학대전 10』, 1, 75, 1, 정의채 옮김, p.61). 부모가 자식 탄생의 능동인 곧 움직여 주는 것이 되는 것 같지만, 그 자체로서는 움직여지는 것이다. 다시 말해서 능동인이 될 수 없는 것이 그 본래 모습이라는 것이다.

22 『신학대전 3』, 1, 22, 2, 정의채 옮김, p.133.

23 같은 곳.

24 같은 곳.

25 『신학대전 3』, 1, 22, 3, 정의채 옮김, p.145.

니라 개별 현상에 직접 개입하고 통치한다는 얘기다. 자연 사물은 물론이고 자유 의지가 있는 인간이 일으키는 생성 변화의 경우도 마찬가지다. "자유 의지의 행위 자체는 원인으로서의 하나님께 환원되는 것"[26]이기 때문이다. 이렇게 보면 하나님은 먼저 만물에 목적을 부여해 만물이 있을 까닭이 되는 분으로 목적인이요, 그 다음에 힘을 부여해 만물의 생성 변화를 그런 목적으로 이끄는 능동인이다.[27] 여하튼 아퀴나스는 하나님의 직접 섭리를 주장하는데, 그것은 하나님이 만물의 생성 변화에 목적을 부여하고 목적 달성의 능력을 부여하는 점에서 그렇다. 물론 현재의 생성 변화를 일으키는 가까운 원인을 찾을 수 있지만, 그런 원인들은 하나님의 섭리를 위한 매개물로서, 그 매개물들은 하나님의 직접 섭리를 부정할 수 있는 존재가 아니고, 오히려 "원인성의 품위를 피조물들에게 나눠주기 위한"[28] 하나님의 풍성한 은총의 결과다.

우리가 아퀴나스 신학의 능동인에 주목하는 까닭은, 그 점에서 성리학과 미묘한 차이가 나기 때문이다. 도덕 형이상학인 성리학에서 리는 인간이 도달할 이념으로서 목적인이라고 할 수 있다. 그러나 그 이념에 도달하는 능력까지 인간에게 부여하는가? 그렇게 되면 인간의 주재가 사라질 수 있다. 그러므로 마테오 리치가 가져온 아퀴나스 신학이 성리학과 첨예하게 대립되는 점은 능동인에 있다고 할 수 있다. 퇴계

26 『신학대전 3』, 1, 22, 2, 정의채 옮김, p.139.

27 이 문제를 『자연의 원리들』에서는, 능동자는 생성의 방식에서 앞서고 목적은 실체와 완성의 방식에서 앞선다고 한다. 목적이 없는 운동은 없다. 형상과 질료의 관계에서도 마찬가지여서, 형상은 질료보다 완성에서 앞서고, 질료는 형상보다 생성과 시간에서 앞선다고 말한다. 『자연의 원리들』, p.75.

28 『신학대전 3』, 1, 22 ,3, 정의채 옮김, p.145.

의 경우는 리의 능동성을 매우 발전시켰다. 인간의 주재와 리의 주재가 양립한다. 그러나 인간의 주재를 신의 주재에 종속시키려고 하는 그리스도교 신학과는 거리가 있다.

우리는 앞에서 하나님이 현재 사물의 능동인이 되는 방식을 두 가지로 설명했다. 그런데 제일 원인인 하나님의 첫 작용이 매개물들을 통해 지금의 생성 변화에 도달하는 것으로 설명하는 경우에도 하나님이 다른 원인들을 통해 간접적으로 작용하는 것이 아니라 직접 작용한다고 본다. 그러므로 하나님인 제일 원인의 위치는, 수평선상에 배열된 매개 원인들의 첫 자리이기보다는 수직적인 것으로 보아야 한다. 수평적으로 이해하면 하나님의 원인됨은 과거가 되고 수직적으로 이해하면 현재 사건이 된다. 결과에서 원인으로 추적해 올라가는 구도는 아퀴나스가 아리스토텔레스를 따른 것이다. 그것은 현실 세계를 사유의 출발점으로 삼는다는 점에서 하나님의 존재를 현실 세계의 존재에 묶어두는 측면이 있다. 플라톤과 달리 아리스토텔레스에게 실체라면 우선적으로 눈에 보이는 현실 실체를 의미한다. 그것은 아퀴나스 신학에서 초월자 하나님과 현실 세계를 좀 더 밀착시키는 효과를 가져온다. 이 세상과 하나님의 세계가 어느 정도 연속성이 있게 되고 그 결과 나타난 표현이 '유출'이라는 것이다. 아퀴나스는 세상 만물의 생겨남을 하나님으로부터의 유출(emanatio)이라고 표현하는데, 물론 피조물 세상과 하나님 사이의 거리를 두지 않은 것은 아니지만, 어느 정도 연속성을 염두에 둔 개념이다. 이것은 하나님을 인간 세상의 '원형적 모형'이라고 보는 데서도 드러난다. 그 문제는 뒤에서 좀 더 자세히 보기로 하는데, 여하튼 아퀴나스 신학에서는 하나님이나 이데아의 세계만 현실이 아니라 세상은 세상대로 현실이고, 세상 질서와 제도는 단순히 악이 아니고, 또는 단순히 악을 막는 소극적 역할만 하는 것이 아니며, 공동선이라는 적극적 선을 이루는 사명을 담당하게 된다. 이것은 아퀴나스가 중세 신학자로서 국가와 교회를 종합해야 하는 필요성을 반영한 신학이라고 할 수 있다. 연결 고리를 따라 제일 원인 또는 만물의 근원을 찾는 방식에는 그런 의미가 있다. 그러나 아리스토텔레스가 그렇듯이 아퀴나스에게도 플라톤적인 구도가 없는 것이 아니며 오히려 생생하게 살아 있다. 그래서 이상적 인간이란 이 세상에서 찾을 수 있는 것이 아니라 하나님 안에 있는 초월적 형상, 곧 원형적 모형에서 찾아지는 것이다. 제일 원인과 제이 원인 사이, 다시 말해서 조물주와 피조물 사이의 무한한 거리 때문에 결국은 수직적 구도가 된다.

모든 사물이 어떤 다른 원인으로부터 원인된 것(causatum)이라는 명제의 근거를 아퀴나스는 사물의 존재가 참여(participatio)로 말미암아서만 존재일 수 있다는 데서 찾는다.[29] 이것은 아리스토텔레스적인 원인의 개념이 결국은 플라톤적인 참여의 개념 안에서만 그 의미를 지닌다는 것을 보여준다. 개별 사물이 이념(이데아) 또는 형상에 참여하는 플라톤의 학설에서 유래한 참여 개념을 가지고 피조물의 조물주와의 관계를 표현하는 것은, 제일 원인과 결과물들의 관계를 수직적으로 파악하는 것이라고 할 수 있다. 이념이나 형상은 모든 생성 변화의 본이기 때문이다. 물론 플라톤에게서 형상이 개별 사물에 나타나는 파루지아(parōusia)는 능동인의 개념으로 발전하지 않는데, 아퀴나스는 아리스토텔레스에게서 능동인의 개념을 가지고 와서 하나님의 직접 통치를 말하고자 한 것 같다. 피조물은 하나님에 참여하지만, 그런 수직적

29 『신학대전 6』, 1, 44, 1, 정의채 옮김, p.55.

구도 안에서 하나님은 보편적 능동인으로서 직접 섭리를 통해 피조물 하나하나를 섭리하고 통치하는 것이다.[30]

아퀴나스에게서 모든 사물은 스스로 생성되지 않는다. 자연의 생성 변화에 자연 밖의 존재자가 능동인으로 목적인으로, 그리고 형상인으로 작용한다. 그런 면에서 아퀴나스의 하나님이나 마테오 리치의 천주는 만물과 자연 밖에 있는 초월자다.

2. 원인(causa)과 소이연(所以然)

마테오 리치가 천주를 소이연의 소이연으로 보는 것은, 리와 달리 천주가 초월자임을 얘기하는 것이다. 마테오 리치는 성리학의 리가 인간의 마음과 사물 안에 있으므로 근원이 될 수 없다고 하는데,[31] 이것은 역으로 그리스도교의 천주가 사물이나 사람의 마음 바깥의 존재임을 말하는 것이다. 마테오 리치가 볼 때는 천주처럼 만물 바깥의 존재라

---

30 직접 통치에 대한 설명으로는 장욱, 『토마스 아퀴나스의 철학』(서울: 동과서, 2003), p.89 참조. 물론 여기서는 하나님의 목적에 맞지 않는 사물의 생성 변화를 어떻게 판단할 것인지의 문제가 발생된다. 주로 자유 의지를 가진 인간이 일으키는 문제이지만, 사자가 양을 잡아먹는 약육강식의 자연 현상도 논란거리가 된다. 그런 폭력은 하나님의 선성에 맞지 않는 것처럼 보이기 때문이다. 이런 것들은 악의 문제와 관련된 신정론의 문제다. 여기서는 상세하게 논하지 않고, 다만 아퀴나스는 개별적인 악들이 있지만 전체적으로 보면 하나님의 목적에 이바지하는 아름다움이 있다고 믿는다는 점만 지적해 두기로 하자. 다시 말해 그 악도 전체적으로 보면 선에 이바지한다고 하는 식으로 하나님의 직접 개입을 주장하려고 한다. 그래서 결함을 허락한다는 것이다. 『신학대전 3』, 1, 22, 2, 정의채 옮김, p.137.

31 "중국의 문인들이나 학자들이 '리'를 따져서 말할 때에는… '리는 마음 속에 있음'. 혹은 '리는 사물 속에 있음'을 말합니다(中國文人學士講論理者… 惑 '在人心', 惑 '在事物').", 마테오 리치, 『천주실의』 상권, 2-8, p.87.

야 주재할 수 있다. 이는 주재라고 하는 개념을 아퀴나스적인 제일 능동인 또는 제일 능동인 개념으로 이해하고 있기 때문이다. 능동인이야말로 천주의 창조주됨과 통치를 잘 표현하는 개념이기도 하다. 천주는 만물 바깥의 능동인이며 제일 능동인으로서 창조주이고, 그 창조 행위는 지금도 계속되는 것으로서 만물의 생성 변화를 주재한다. 천주의 주재란 계속된 창조라고 할 수 있다. 마테오 리치가 창조주와 주재자란 서로 다른 것이 아니라고 하는 까닭도 거기에 있다.[32] 그렇다면 창조 없이는 주재도 없는 것이다. 그리스도교 신학에서 주재라는 말은 창조라는 말에 종속된 것이라고 할 수 있다. 천주의 능동인 또는 능동인됨은 만물의 첫 시조를 창조한 창조주로서 직접 섭리와 통치를 통해 현재 일어나고 있는 생성 변화에 운동력을 부여하는 것이다.

천주를 사물 밖의 초월자로 볼 때, 그것은 천주를 특히 만물의 능동인과 목적인으로 보는 것이다. 마테오 리치는 분명하게 말한다. "능동인과 목적인, 이 둘은 그 사물 밖에, 그 사물에서 초월해 먼저 존재하고 있는 것"[33]이다. 앞에서도 보았듯이, 아퀴나스 신학의 가장 커다란 전제는 모든 사물은 스스로 그러하지 아니하다는 것이다. 그래서 마테오 리치는 말한다. "모든 사물은 스스로 이룰 수 없고(不能自成) 밖에서 하는 자(外爲者)가 있어 이뤄진다."[34] 동양적인 자연을 부인하고, 근대적인 인간 주체도 부인하는 것이다. 자유 의지가 있는 인간조차도 그

32 "대체적으로 이 세상의 여러 정황을 살펴보면, 만물을 주재하는 것과 만들어내는 것은 도리가 두 가지인 것처럼 보입니다." 마테오 리치, 『천주실의』 상권 1-4, p.49. 두 가지 도리가 아니라는 말이다.

33 "作者爲者, 此二在物之外, 超於物之先者也", 『천주실의』 상권, 1-6, p.60.

34 "凡物不能自成, 必須外爲者, 以成之", 『천주실의』 상권, 1-4, p.50. 외위자를 번역자는 '외재적인 능동인'이라고 번역한다.

자유 의지의 행위는 원인으로서의 하나님께 환원되는 것이다. 마테오 리치는 그것을 "높은 분이 세상 사람의 마음을 주재"[35]하는 것으로 표현한다. 어떻든 마테오 리치는 아퀴나스를 따라 사물과 현상을 그러하게 하는 원인을 찾는데, 원인 중에서 능동인 또는 작용인을 가장 중요하게 말한다. 그것 역시 아퀴나스를 따른 것이다. 아퀴나스는 말했다. "하나님이 제일 근원이라는 것은…능동인의 영역에서다."[36] 이것은 목적인과의 관계에서도 생각해 볼 점이 있는 대목이다. 사실 근원이 된다는 것은 뒤에서 보듯이 동서양의 형이상학에서 만물의 보편적이고 궁극적인 목적이 되는 것을 가리키는 측면이 있을 수 있기 때문이다. 그러나 아퀴나스 형이상학에서는 선(bonitas)보다 존재(ens)가 '개념적으로' 앞선다.[37] 존재가 선보다 개념적으로 앞선다는 것은 아퀴나스의 형이상학이 존재의 목적보다 존재의 생성 문제에서 출발한다는 것을 의미한다. 그것은 지성이 먼저 인식하는 것에서 출발한다는 얘기도 되고, 플라톤과 달리 아리스토텔레스를 따라 개별 실체, 곧 제일 실체로부터 출발해서 보편 원인을 찾는다는 얘기도 된다. 그것은 아퀴나스의 형이상학이 능동인의 문제에서 시작한다는 말과 같다. 생성에서는 능동인이 목적인보다 앞서기 때문이다.[38] 그 결과 성리학과 달리 아퀴나스의 도덕론은 우주론에 흡수돼 있다.

'스스로 그러하다'고 할 때의 스스로는 무엇보다도 '저절로' 또는 '자기 힘으로'의 뜻으로 볼 수 있다. 그러므로 '스스로'를 부인하면 능동인

---

35 "此達尊主宰世間人心", 『천주실의』 상권, 1-3, p.46.
36 『신학대전 1』, 1, 4, 1, 정의채 옮김, p.85.
37 『신학대전 1』, 1, 5, 2, 정의채 옮김, p.98.
38 주 28 참조.

또는 능동인을 밖에서 찾게 되고, '그러함'에 초점을 맞춰 '스스로 그러함'을 부인하면 형상인을 밖에서 찾게 되는 것이다.[39] 형상인은 사물에 내재하는 측면도 있으므로 마테오 리치는 아퀴나스의 신 존재 증명을 따라 작용인 또는 능동인 문제를 제일 먼저 거론한다. 앞에서 보았듯이 능동인이야말로 사물 밖, 다시 말해 자연 밖의 것으로 천주의 초월성을 말하는 데 핵심적이기 때문이다. 마테오 리치가 수레 제작의 예를 들어 네 가지 원인을 말할 때,[40] 작용인이나 능동인은 수레 제작자에 해당하니, 능동인이야말로 생성 변화를 주관하는 창조자인 하나님을 표현하기에 가장 적합하다고 할 수 있다. 마테오 리치는 사물이 스스로 자기를 만들어낼 수 없다는 것을 말하기 위해, "만약 어떤 사물이 스스로 '자기 자신'을 만들어낼 수 있다면, 의당히 하나의 자기가 먼저 존재하고 있어야만, 자기를 만들어낸다고 하겠습니다."[41]라고 한다. "하나의 자기가 먼저 존재하고 있어야만 한다(必宜先有一己)"란, 현실태가 잠재태에 앞서야 함을 말한다. 사람이 있어야 거기서 사람

---

39 그러므로 마테오 리치가 천주의 소이연됨을 형상인과는 무관한 것으로 말한 것(『천주실의』 상권 1-6, p.60)은 잘못으로 보인다. 마테오 리치는 형상인이 사물에 내재하고 있다고 하는데, 그것은 아퀴나스도 말하고 있다(아퀴나스, 『자연의 원리들』, p.53). 다시 말해 사물의 형태와 성질이 바로 형상인의 현실화인 것이다. 그러나 그 사물의 완전한 성질로서의 형상인은 하나님 속에 원형으로 있는 것이다. 형상인이라는 것은 "하나님의 정신 안에 존재하는 모형적 혹은 원형적 형상들이다"(『신학대전 6』, 1, 44, 3, 정의채 옮김, p.71). 피조물은 그 본성을 따라 "하나님의 지성 안에 있는 이념을 표현하는 데 근거해 하나님과의 유사성에 도달한다"(같은 곳). 피조물이 하나님 안에 있는 원형적 형상에 참여함으로 표현하지만, 그래서 형상인이 사물에 내재한다는 표현을 쓸 수 있지만, 하나님이 형상인이 아닌 것은 아니다. 다만 하나님이 사물 바깥이라는 점을 표현하기에 가장 좋은 것은 능동인 또는 능동인이라고 할 수 있다. 아퀴나스에게서 능동인과 목적인은 분명히 사물 밖이기 때문이다.

40 『천주실의』 상권, 1-6, p.59.

41 "如有一物能自作己, 必宜先有一己, 以爲之作", 『천주실의』 상권, 1-4, p.51.

이 생겨나고, 불이 있어야 어디에 불을 붙여 불이 생겨나는 것과 같다. 그러면 최초 사람 그리고 최초의 불은 어디서 생겼는가? 그것은 창조된 것이요, 창조자는 모든 것의 운동 원인이 되는 현실태로서 순수 현실태다.

그 문제를 놓고 중국 선비가 이렇게 말한다. "그러나 사람은 사람에게서 태어나고, 가축은 가축에게서 생겨나고, 모든 것이 모두 이렇지 않은 것이 없음을 관찰해 보면, 만물이 스스로 만물이 되는 것이지, 천주와는 아무 관계가 없는 것 같아 보입니다."[42] 만물이 자기 부모에게서 생겨나면, 만물이 부모에게서 난다고 해야지 왜 스스로 생겨난다고 했을까? 중국 선비의 질문은, 사람이 사람에게서 생겨나고 소는 소에서 생겨나는 것이어서 생명 탄생의 동력을 만물이 스스로 안에 간직하고 있는 것이지 만물 밖에서 찾을 것이 아니라는 말이다. 이 문제는 부모의 부모를 거슬러 올라가 제일 처음 사람 또는 제일 처음의 소가 어떻게 생겼을까 하는 문제가 될 수 있다. 말하자면 시조의 문제다. 다시 말하면 맨 처음에 세상과 만물이 어떻게 생겼을까 하는 문제다. 마테오 리치는 "천주께서 만물을 만들어내어, 이에 모든 종류의 시조들을 처음으로 변화 생성시키신 것입니다. 일단 시조들이 있고 나면, 이 시조에서 스스로 생명이 생겨 나옵니다."[43]라고 한다. 시조들 이후 만물은 모두 자기 부모에게서 생겨나니 그렇다면 가까운 원인이 있고, 그러한 가까운 원인을 거슬러 올라가면 천주에 닿는다는 것이다. 가깝고 개별적인 소이연이 있고, 지극히 보편적이고 지극히 큰(至公至大) 소이

42 "然今觀人從人生, 畜從畜生, 凡物莫不皆然, 則似物自爲物, 於天主無關者", 『천주실의』 상권, 1-6, p.57.

43 『천주실의』 상권, 1-6, p.57.

연이 있는데, 그것이 바로 천주다.[44] 그 지극히 큰 소이연인 천주는 천지를 장악하고 있으며, 만물의 생육은 그런 천주의 장악 하에서 일어나는 것이다.[45] 우리가 앞에서 본대로 아퀴나스처럼 마테오 리치도 시조의 창조자인 제일 원인으로서의 천주가 수직적으로 만물의 생성을 직접 섭리하고 통치하고 있음을 말하는 것이다. "위에 있는 것이 없는 지극히 위대한 소이연(無上至大之所以然)"[46]이라는 말도 천주의 수직적 통치를 표현하고 있다. 다시 말해 천주가 만물의 생성 변화에 직접 개입하고 통치한다는 것은 만물의 시조를 따져 올라가더라도 증명될 수 있는 것이다.

이 문제를 놓고 성리학의 기본적 견해는 다르다. 주희는 음양의 기가 '저절로' 응결해 암수의 종자가 생기고 그 이후에는 그 종자에서 만물이 생겨 나간다고 한다.[47] 또는 현재의 많은 사람은 처음 사람에게서 생겨난 것인데, 처음에 사람의 종자가 생긴 것은 기의 '자연 변화(自然變化)'에 의한 것이라고 한다.[48] 다시 말해, 자연은 자력으로 자기 원인적으로 저절로 그러하다. 중국 선비의 질문은 그런 성리학의 자연관을 반영한 질문이다. 그리스도교의 성서 창세기에서 하나님이 인간과 천지 만물을 만들어냈다고 보는 것과 달리, 성리학에서는 기의 자연 변화에 의한 만물의 자연 발생을 본다. 그것은 순수 현실태가 잠재태를 현실태로 이끌어 만물이 변화 생성한다는 마테오 리치의 생성론과 다르다.

---

44 같은 책, p.60.

45 "만약 천주가 이 천지를 주관(장악)하지 않고 있다면 천지가 어떻게 만물을 낳고 기를 수가 있겠습니까?", 같은 책, p.61.

46 같은 곳.

47 한형조, 『주희에서 정약용으로』(서울: 세계사, 2002), p.64의 인용문 참조.

48 같은 곳, 인용문 참조.

마테오 리치 식으로 생각하면 태초란 아무것도 없던 무에서 만물이 생겨난 시간이다. 하나님은 먼저 제일 질료를 창조하고 그 다음에 순수 잠재태로서의 제일 질료에 형상을 부여하고 운동의 힘을 주어 만물의 종자가 생기게 된다. 좀 더 자세히 말하면, 하나님 안에 있는 형상을 따라 제일 질료로부터 원소(elementum)들이 형성되고, 첫 합성물(compositio formae)인 그 원소들이 질료로서 하나님 안에 있는 종(種)의 형상들을 따라 사물의 합성물(compositio rei)을 구성해 만물의 시조가 생겨나는 것이다. 물론 그 운동력은 하나님에게서 나온다. 그것이 창세기의 정신을 따라 아리스토텔레스의 철학적 사유를 바탕으로 꾸민 아퀴나스의 천지 창조 이론이다. 거기에는 순수 현실태인 하나님의 동력이 작용하기 때문에 자연발생설과는 거리가 멀다. 아퀴나스에게서 첫 시조의 탄생은 '특수한 유출'로서, 첫 사람은 사람에게서 나지 않고 첫 소는 소에게서 나지 않는다. 첫 시조라는 현실태는 그보다 앞선 현실태에서 생기고,[49] 그 현실태는 사람이 아니라 하나님이고, 하나님 안의 이념 또는 마테오 리치가 모자(模者)라고 부르는 형상인이다. 사람은 참사람의 본성을 품고 있는 천주에게서 생기고, 천주가 자기 생각 속의 사람의 본성을 질료에 부여해 생긴다. 그것이 자연 생성이 아닌 창조의 원리다. 생성하는 자연의 기원은 자연이 아닌 하나님의 창조다.

---

49 다시 한 번 말하지만 이것은 아퀴나스의 가장 큰 전제 가운데 하나다. "우리에게 불완전한 것으로 발견되는 질료적 근원은 단적으로 첫째 것이 아니며 그것에 다른 어떤 완전한 것이 선행하는 것이다. 즉, 배종(胚種)은 배종에서 출생하는 동물의 근원일지라도 배종은 자기가 그것에서 나오는 동물이나 식물을 자기보다 앞서 갖고 있다. 사실 가능태 안에 있는 것 전에 현실적으로 있는 어떤 것이 있어야 한다. 그 이유는 가능태에 있는 유(有)는 현실태에 있는 어떤 유에 의해서가 아니면 현실태로 이끌어지지 않기 때문이다.", 『신학대전 1』, 1, 4, 1, 정의채 옮김, p.86.

무로부터의 창조도 그렇다. 말하자면 하나님만 있고 그 밖의 아무 것도 없던 상태에서 첫 사람과 첫 사물이 생겨난 것이다. 아퀴나스는 말한다. "제1 근원으로부터 유(有) 전체의 보편적인 유출이 고찰될 때 이런 유출에 어떤 유(有)가 먼저 전제될 수는 없다."[50] 그러므로 "전존재의 유출인 창조는 유 아닌 것, 곧 무로부터(ex non ente quod est nihil) 있게 된다."[51] 물론 여기서 무(無, nihil)라는 것은 하나님 외에는 어떤 피조물도 없는 상태를 가리킨다. 주희가 말하는 기(氣)도 없는 상태다. 그것은 유(有)를 마루로 삼는 유학과 달라 보인다. 물론 마테오 리치는 유학자들처럼 불교나 도교의 무를 부인하는데, 그 까닭은 세상의 존재 원인으로 하나님의 영원한 존재를 생각하기 때문이다.[52] 창조주를 생각하지 않는 불교나 도교가 무를 근원으로 본다면 무에서 유가 생성되는 것이다. 그러나 마테오 리치가 볼 때 무에서 유가 '창조'되는 것이지, 무에서 유가 '생성'될 수 없다. 창조란 순수 현실태에서 현실태가 생기는 것이며, 만물의 참된 성질(형상인)과 덕성(목적인)으로부터 그런 것을 표현하는(representatio) 성질을 가진 존재가 생기는 것이다. 하나님은 생각 속에 그런 성질들을 그 참의 상태에서 오롯이 가지고 있으므로, 거기로부터 다양한 성질과 형태를 가진 만물이 유출될 수 있다. 그래서 마테오 리치는 말한다. "어느 것은 아랫것의 덕성을 빼어나게 자기 속에 가지고 있습니다. 천주께서 만물의 본성을 자기 속에 가지고 계신 것과 같습니다."[53]

---

50 『신학대전 6』, 1, 45, 1, 정의채 옮김, p.87.

51 같은 곳.

52 『천주실의』 상권, 2-1, p.73.

53 "惑粹然包下之德, 如天主含萬物之性是也", 2-12, p.96. 만물의 참 성질이란 결국 만물의 선한 덕을 말한다. 참 덕으로서의 참 성질은 하나님 안에 있다. 그래서 형상인과 목적인

주희도 세상의 소이연을 생각하기 위해 첫 시조를 생각했지만 그런 시조가 없던 무의 세계를 생각한 것은 아니다. 무에서 처음 생긴 첫 시조란 생각할 수 없다. 시간 안에서 생각한 것이지, 시간 밖의 초시간적인 존재를 존재 자체로 여기는 상상력이 주희에게는 없다. 말하자면 성리학에는 창조란 없고 오직 생성 변화만 있기 때문에 동인(動因)이 밖에서 주어지지 않는다. 그래서 그것은 시조를 거슬러 올라가는 직선적 사유 방식이 아니고, 원인과 결과의 인과적 사유 방식이 아니다. 그런 점에서도 아퀴나스나 마테오 리치의 '원인'과 성리학의 '소이연'은 다르다. 성리학에는 무라는 개념이 없으며, 그러므로 무에서 유가 생기는 첫 시작이라는 개념도 없다. 세상은 시작도 끝도 없다. 주희는 말한다. "음양은 시작이 없고 동정은 끄트머리가 없다."[54] 생성 변화의 동인을 만물 안에서 찾는 주희로서는 무에서 유가 생기는 맨 처음을 생각하지 않는다. 그리스도교 신학자 마테오 리치가 볼 때 시작도 끝도 없는 것은 오로지 천주에게 해당되는 말이다.[55] 아우구스티누스 이후 하나님은 시간을 초월한 초시간적 존재로서, 시작도 있고 끝도 있는 세상의 피조물과 구분된다. 그런 식으로 피조물의 한계를 시간과 존재론의 언어로 생각했다.

그러나 성리학에서 인간의 한계는 그런 시간과 존재의 문제가 아니다. 오로지 마음에서 한계를 보았다고 하는 것이 옳을 것이다. 마음은

이 같아진다. 사람이 참사람이 된다는 것은 하나님의 선함을 닮는 것이다. 참조: 아퀴나스, 『신학대전 1』, 1, 4, 2. p.88. "하나님은 사물을 산출하는 제일 원인이므로 하나님 안에는 만물의 모든 완전성이 우월한 양태로 있어야 한다."

54 "陰陽無始 動靜無端", 한형조, 위의 책, p.56.

55 천주를 가리켜 무시자(無始者), 또는 무시지물(無始之物)이라고 표현한다. 『천주실의』 상권, 2-4, p.78.

덕의 원천이면서 동시에 외물(外物)에 끌려 천명을 따르지 못하는 한계의 원천이다. 한계는 도덕적인 것이지 시간과 존재의 문제가 아니었다. 그처럼 시간과 존재의 소멸에서 한계를 보지 않은 것은 성리학이 실체론적 사고를 하지 않았기 때문이라고 할 수 있다. 무의 관념이 성리학에 없는 까닭도 거기에 있는 것 같다. 무는 실체들의 없음을 가리키는데, 서양적인 실체 관념이 없는 성리학에서는 그런 실체가 없는 무의 관념도 없다. 아퀴나스는 아리스토텔레스를 따라 개별화된 제일 실체를 중시했다. 무를 표시하는 논 엔스(non ens, 비존재자)의 엔스(ens, 존재자)는 개별화된 실체다. 무란 어떤 개별화된 실체도 없는 상태를 가리킨다. 그리스도교가 그런 실체의 유무를 중심으로 생각했다면, 성리학은 만물이 연결 고리 속에서 순환되는 것을 보았다. 아퀴나스나 마테오 리치가 말하는 개체는 성리학에서 볼 때 기(氣)가 뭉친 것이며, 개체의 소멸은 다시 원래의 기로 돌아가는 것이다. 개체는 기가 뭉쳤다가 흩어지는 과정 중에 있는 것일 뿐이다. "운동이 실체의 한 양상이 아니라 실체가 운동의 한 양상이다."[56]라고 할 수 있다. 그러므로 개별화나 개체성의 아이덴티티가 그리 강하지 않다. 성리학에서는 개체의 관념이 약했기 때문에 무의 관념도 없었다고 할 수 있다.

전체적으로 볼 때, 성리학의 소이연과 아퀴나스 철학의 원인은 비슷하지만 서로 다른 사유 방식에서 생긴 개념이라고 할 수 있다. 기본적으로 소이연은 내재적이지만 원인은 바깥이다. 어떤 생성된 존재자의 원인은 생성된 존재자와는 별개의 존재다. 원인이란 "그것의 존재로부터 '다른 것'이 따라 나오는(ex cujus esse sequitur aliud)"[57] 바로 그러한

56 한형조, 위의 책, p.66.

57 토마스 아퀴나스, 『자연의 원리들』, p.56.

것이다. 그러므로 원인과 원인의 결과물(causatum)은 서로 다른 존재자다. 하나님은 모든 것들의 제일 원인이요 보편적 원인으로서 모든 것을 내는데, 하나님과 거기서 나온 모든 사물은 서로 다른 존재자(ens)다. 서로 다른 존재자라는 것은, 개별화된 존재자끼리 사용할 수 있는 말이다. 하나님은 모든 존재자의 공통된 원인으로서 존재 자체(esse ipsum)이지만, 동시에 존재자(ens)라는 표현을 쓸 수 있을 만큼 개별화된 실체다. 물론 사물의 개별화의 원리는 질료이지만, 하나님은 그 존재에 관해 질료에 종속되지 않는 것으로서 일반 사물보다 더 완전한 하나다.[58] 그렇게 해서 하나님은 피조물과 다른 존재자다. 그러므로 성리학의 리는 제일 원인으로서의 천주와는 범주가 다른 개념임을 알 수 있다. 리와 기는 구분되지만 분리되지 않는다. 태극에서 음양이 생기고 음양에서 오행이 생겨 만물이 생겨나는 우주 생성론에서, 태극은 거기서 나오는 세상 만물과 다른 존재자라고 할 수 없다. 그것은 개별화될 수 없으며, 아퀴나스 신학에서 말하는 실체(존재자)가 아니다. 물론 사물의 속성은 더욱 아니다. 그렇다고 해서 만물의 근원이라고 할 수 없는가? 그 문제는 별개의 문제다. 만물의 근원에 대한 사고방식의 차이일 뿐이며, 마테오 리치가 아퀴나스의 신학에 따라 말하는 대로 꼭 제일 원인이라야 만물의 근원이 되는 것은 아니다. 인문주의인 성리학 전통 안에서 리는 만물의 이념으로서 또는 표준으로서 만물의 근원이다. 아퀴나스의 네 가지 원인에 맞춰 말하자면, 리는 만물의 목적인과 형상인이라고 할 수 있을 것이다. 펑유란(馮友蘭)도 그의 책 『중국철학사』에서 리를 목적인과 형상인으로 보고 있다.[59] 그것은 성

58 『신학대전 1』, 1, 11, 3, p.184.

59 펑유란, 『중국철학사 하』(서울: 까치, 1999), p.541 주 26. 그는 질료인과 능동인을 기에

리학이 철저하게 인간 주재를 지키면서 만물의 근원을 찾는 철학임을 보여준다.

이제, 리를 속성으로 보는 마테오 리치의 견해를 비판해 보자.

3. 리는 실체도 아니고 속성도 아니다

마테오 리치는 리가 만물의 근원일 수 없는 까닭을, 그것이 허상무실(虛象無實)하다는 데서 찾는다. 그러나 퇴계는 태극 곧 리를 가리켜 "지극히 허하면서도 지극히 실하고, 지극히 무하면서도 지극히 유하며…"라고 한다. 허하지만 지극히 실하다[60]고 할 때 그 '실(實)'은 어떻게 이해해야 하나? 다시 말해 마테오 리치는 태극이나 리의 실(實)함을 부인했지만, 주희나 퇴계는 리가 허(虛)하나 실(實)하다고 했다. 그리고 『천주실의』에서 중국 선비도 유학은 태극의 유와 실(實)을 마루로 삼는다면서 무와 허를 말하는 불교나 도교와 다름을 주장하고 있다.[61] 주희는 성리학을 가리켜 실학(實學)이라고 했다. 이렇게 보면 성리학에서는 태극이나 리를 실하다고 보고, 그런 점에서 공이나 무를 근원으로 보는 노자나 불교와 다르다고 생각했다. 그렇다면 마테오 리치가 리를 가리켜 허상무실하다고 한 것과는 어떤 차이가 있는가? 마테오 리치가 『천주실의』에서 사용한 '실'의 개념과 성리학에서 말한 '실'은 서로 다른 의미를 지니고 있는 것이 아닐까?

해당하는 것으로 본다.

60 "至虛而至實 至無而至有…", 『국역 퇴계전서 5』(서울: 퇴계학연구원, 2003), p.187.

61 『천주실의』, 2-1, p.73.

그것은 만물의 근원을 생각하는 사고 방식의 차이에서 비롯된 것이라고 할 수 있다. 마테오 리치는 만물의 근원은 만물을 창조하고 생성 변화를 주재하는 자라고 본다. 그러나 성리학에서의 근원인 태극은 창조주가 아니며, 따라서 근원의 의미도 달라질 수밖에 없다.

마테오 리치의 리 비판은 리가 자립자(自立者)가 아니라는 데 초점이 맞춰져 있다. 그는, 만물의 근원이라는 성리학의 리는 자립자(自立者)가 아니며 자립자에 붙어 있는 의뢰자(依賴者)라고 했다. 마테오 리치가 '자립자'와 '의뢰자'라고 하는 한문 표현으로 가리킨 것은 아퀴나스가 아리스토텔레스를 따라 사용한 실체(substantia)와 속성(accidens)의 범주와 같다. 실체와 속성은 두 가지 존재 방식을 가리키는 것으로, 마테오 리치의 예를 따라 흰 말을 두고 말하면, 말은 실체이고 흰 빛깔은 속성이다. 그것을 아퀴나스는 각각 실체적 존재(esse substantiale)와 우유적 존재(esse accidentale)라고 하고, 실체적 존재를 단적인 있음(esse simpliciter)이라고 한다. 우리가 지시 대명사로 가리킬 수 있는 단수적인 개별자를 가리킨다. 이것, 저것, 이 사람, 저 사람이라고 가리킬 수 있는 것이 실체다. 실체란 실제로 존재하는 것으로서, 아퀴나스에게서 실체라면 우선 우리가 보고 느낄 수 있는 개별적 실체들을 가리킨다. 아리스토텔레스가 말하는 제일 실체가 그것이며 자연학의 연구 대상이었다. 그런데 사물의 본성, 다시 말해서 그 사물을 그 사물이게 하는 것에 초점을 맞춰 연구하면 형상(形相)에 관한 연구가 된다. 앞에서 말한 대로 사물에 대한 정의와 인식을 이루는 것은 그 사물의 형상이기 때문이다. 그것이 아리스토텔레스의 형이상학이 되는 것인데, 거기서는 형상이 자립적 실체로 등장하고, 그것이 이른바 지성으로서만 또는 플라톤이 말하는 누우스(nōus)로서만 인식할 수 있는 이념(이데아) 또는 형상이라는 실체다. 그것을 제이 실체라고 한다. 그런데 아리스토텔레스나 아퀴나스에게서는 완전도와 존재의 정도가 일치하는 것이어서, 완전한 형상 곧 하나님 안의 초월적 형상들 역시 존재라고 파악됐다. 어떤 완전한 존재가 먼저 현실로 있어, 현상 사물의 존재가 가능해진다고 본다. 형상을 그처럼 존재로 보는 것은 사물의 본성(natura) 또는 본질(essentia)이 그 사물의 존재를 결정하는 것으로 생각했기 때문이다. 말하자면 제이 실체가 제일 실체의 존재를 결정하는 플라톤적인 도식이 남아 있기 때문이다.

아퀴나스에게서는 제일 실체의 형상은 초월적인 것으로 하나님의 지성 안에 있고, 그것은 하나님과 일치한다. 그리고 하나님은 모든 형상을 품고 있는 분으로서 그 완전성으로 말미암아 존재 자체요, 개별화된다. 물론 하나님에게 실체란 표현은 잘 쓰지 않는다. 왜냐하면 실체란 일차적으로 이 세상의 구체적 사물들을 가리키는 것이요, 어떤 새로운 성질 또는 속성을 가질 수 있는 기체(subjectum)의 의미로 많이 쓰이기 때문이다. 실체란 개별화되고 자립적이며, 자기 동일성을 가지고 있어야 한다.[62] 그러나 세상의 사물은 어느 정도만 개별화되고 어느 정도만 자립적이고 어느 정도만 자기동일성이 있다. 질료와 형상의 합성물인 사물은 그 질료로 말미암아 개별화되지만, 그 질료 때문에 언제나 어느 정도 형상의 결여가 있어 잠재태로 존재한다. 그래서 생성 변화를 일으키게 돼 있다. 그뿐만 아니라 그 존재를 가져온 동인을 스스로 갖지 못하기 때문에 완전한 자립자일 수 없다. 그러나 하나님은 질료가 없는 순수 현실태요, 제일 능동인이요, "질료로 말미암아 개별화되

62 토마스 아퀴나스, 『자연의 원리들』, 역자 해제, p.114.

지 않고 형상 자체들이 개체화되는"[63] 존재요, 스스로 자립하는 존재 자체(ipsum esse per se subsistens)로서 자기 실체(sua substantia)요,[64] 그 자립성(subsistantia) 때문에 보통명사를 사용한다.[65]

만일 마테오 리치가 말하는 대로 태극이나 리가 사물의 속성에 불과하다면 만물의 근원이 될 수 없는 것은 당연하다. 속성이 그 많은 실체들을 낳을 수는 없기 때문이다. 그런데 마테오 리치가 리를 사물의 속성이라고 판단하는 근거는, 성리학에서 리가 "마음속에 있다(在人心)" 혹은 "사물 속에 있다(在事物)"고 하기 때문이다.[66] 성리학에서는 그처럼 리의 내재성을 말하면서도, 세상이 있기 전에 리가 있다고 함으로써 리의 선재성을 말하기도 하고, 리가 만물의 근원이라고 하기도 한다. 그리고 리의 보편적 섭리와 주재를 말하기도 한다. 그것은 적어도 태극이나 리가 마테오 리치가 말하는 실체와 속성의 범주로 파악할 수 있는 것이 아님을 암시하고 있다. 리는 분명히 속성이 아니다. 그렇다고 해서 아퀴나스 식의 실체인 것도 아니다.

먼저, 속성이 아니라는 점을 보자. 나중에 마테오 리치의 견해를 따라 성리학의 리의 존재를 부정하는 정약용은 리의 어원을 따져서 리가 원래 옥석의 결(脈理)을 뜻하는 것이며, 그 결을 알아 다스리는 것에서 문리(文理)나 지리(地理)나 윤리(倫理) 또는 치리(治理), 옥리(玉理) 같은 말이 나왔다고 본다.[67] 그래서 그는 기는 실체(自由之物)이지만 리

---

63 『신학대전 1』, 1, 3, 4, p.68.

64 『신학대전 1』, 1, 8, 3, p.143.

65 하나님은 그 단순성 때문에 추상명사(생명, 사랑 등)를 사용하고, 그 자립성 때문에 보통명사를 사용한다. 『신학대전 1』, 1, 3, 4, p.69. 하나님이라는 명사는 실체를 가리키는 보통명사이면서 동시에 고유명사다.

66 『천주실의』, 상권, 2-8, p.87.

는 속성(依附之品)이라고 마테오 리치의 용어를 사용해서 말한다.[68] 사실 정약용의 초점은 인간론에 있었으며, 인간의 본성이 객관적인 우주의 리로 설명되는 것을 반대하는 것이었다. 다시 말해서 성리학에서 인간의 도덕 행위의 근거를 우주의 생성 변화를 섭리하는 리에서 찾고, 리라고 하는 체(體)가 인간의 마음 씀씀이 곧 용(用)을 지배하는 것으로 보려고 한 것에 대한 반대인 것이다. 그것은 알고 보면 중세적 형이상학에서 벗어나 인간을 가치 창조의 주체로 내세우는 의미가 있었다. 그런 점에서 보면 정약용의 사상은 마테오 리치의 천주학과는 매우 다르다고 할 수 있으며, 그것은 정약용이 말하는 상제와 마테오 리치의 천주의 역할이 매우 다르다는 것을 봐도 알 수 있다. 정약용은 마테오 리치의 천주에 관한 논의에서 유교적 이상 곧 도덕적 자기 완성을 실현하는 데 도움이 되는 최소한의 부분만 가져왔다고 할 수 있다. 그런데 그 과정에서 중세 성리학의 리를 해체한 것이었다. 그러므로 마테오 리치의 중세 신학이 정약용에게 전달됐다기보다는, 그리스도교 신학에 들어 있던 인간 중심의 사고[69]가 전달돼 성리학의 형이상학을 무너뜨렸다고 보는 것이 옳을 것 같다.

---

67 정약용, 『역주 다산 맹자요의』, 이호형 역주(서울: 현대실학사, 1994), p.337.

68 송영배, 『동서 철학의 교섭과 동서양 사유방식의 차이』, p.157.

69 인간 중심이라면 신학과 안 어울리게 보일 수 있으나, 그리스도교에서는 하나님의 주재를 말하면서도 선악에서 인간의 자유 의지를 매우 강조한다. 마테오 리치 역시 『천주실의』에서 덕이 미리 주어져 있지 않고 인간의 자유 의지에 달려 있다는 점을 매우 강조하고 있다. "무릇 세상의 사물이 일단 자기의 의지를 가지고 있고, 또한 그 의지를 따를 수도 그만둘 수도 있어야 그다음에 덕도 부덕도, 선도 악도 있게 됩니다"(하권 6-3, p.282). 이하에서 자유 의지에 대한 논증이 이어진다. 송영배는 정약용이 『천주실의』의 영향을 받아 "'명상적 관념적인 성리학'의 패러다임을 '실천적 윤리 중심'의 새로운 패러다임으로 전환시킬 수 있었다."고 한다. 송영배, 위의 책, p.169.

리를 맥락이나 조리(條理)로 이해하면 리는 속성이라고 할 수도 있다. 맥락이나 조리는 사물을 통해 존재하는 것이며 사물의 흐름 안에 존재하는 것이기 때문이다. 아마도 마테오 리치는 리를 보편 원리로 보고, 보편 원리의 실재성을 부인한 것일 수도 있다. 보편적인 것은 구체적 사물로부터 추상해낸 원리에 지나지 않을 수 있다. 그런 점에서 보면, 사물이 없으면 원리도 존재할 수 없다는 논리로 간다. 마테오 리치는 리가 마음의 리(心之理) 또는 사물에 있는 리(在物之理)임을 언급하며, 리가 의뢰자(依賴者)라고 한다. 이는 사물이 있어야 리가 있을 수 있음을 말한다. 그와 같은 종속성 때문에 리는 만물의 근원이 될 수 없다고 한다.[70] 그 종속성은 시간적으로 표현되면 사물이 먼저이고 리는 나중인 것으로 이야기되기도 한다. 그래서 마테오 리치는 말한다. "두 경우 모두 사물이 있은 뒤에 [나중에 '리'가] 있음을 말한 것인데 어떻게 나중 것이 먼저 것의 근원이 되겠습니까?"[71] 마테오 리치가 생각하는 만물의 근원은 만물을 초월해서 만물에 앞선 존재여야 한다. 천주는 만물이 없음에도 있는 존재요, 무에서 유를 내는 존재다. 그런데 리는 스스로 존립할 수 없기 때문에 아무것도 없는 무의 세계에 존재한다고 할 수 없다. 그래서 말한다. "원래 아무것도 없었던 원초에, '리'가 어떻게 필연적으로 존재하였다고 말할 수 있겠습니까?"[72] 한편 종속성은 목적이라는 개념을 매개로 표현되기도 한다. 마테오 리치는 말하기를 "'리'가 사물을 위한 것이지, 사물이 '리'를 위한 것이 아닙니다."[73]고 한다.

---

70 "이 두 경우에 의거한다면 '리'는 진실로 속성(의뢰자)입니다. 어떻게 사물의 근원이 되겠습니까?", 『천주실의』 상권, 2-8, p.87.

71 『천주실의』 상권, 2-8, p.88.

72 같은 곳.

73 『천주실의』 상권, 2-12, p.97.

마테오 리치는 사물이 있어야 리가 있다는 논리를 가지고 리가 사물의 속성에 지나지 않는다고 본다. 그 주장의 타당성을 검토하기 위해 성리학에서 말하는 리와 기의 관계를 볼 필요가 있다. 마테오 리치가 말하는 실체, 곧 형체와 성질이 있는 현실적 존재자는 성리학에서는 리와 기의 합이기 때문이다. 리와 기의 관계를 두고 성리학에서는 리와 기의 불상리 불상잡(不相離不相雜)을 말한다. 그래서 주희는 말한다. "세상에는 리 없는 기도 없고 기 없는 리도 없다. 기로 형체가 이뤄지면 리도 거기에 부여된다."[74] 그러므로 기가 없으면 리도 없다고 할 수 있다. 주희는 또 말한다. "가령 음양과 오행이 어지럽게 뒤섞이면서도 조리를 잃지 않는 것이 바로 리이다. 만약 기가 모여서 응결되지 않을 때는 리 또한 붙어 있을 곳이 없다."[75] 이렇게 보면 형체가 있는 사물이 없으면 리가 없다는 마테오 리치의 말이 맞는 것 같다.

그러나 기 없는 리가 없듯이, 리 없는 기도 없다. 리가 속성이려면 앞의 명제만 있어야 하는데, 뒷 명제가 앞 명제에 반드시 따라온다면, 리는 마테오 리치가 말하는 속성이 아니다. 성리학에서는 리 없는 기는 없다는 명제를 매우 강조하고 있으며, 그래서 리와 기 중에서 리가 먼저라고 강조하기까지 한다. 리가 먼저냐 기가 먼저냐는 물음에 대해 주희는 말한다. "리는 기와 떨어진 적이 없다. 그러나 리는 형이상의 것이고 기는 형이하의 것이다. 형이상과 형이하로 말한다면 어찌 선후가 없겠는가?"[76] 또 말한다. "리와 기는 본래 선후를 나눠 말할 수 없다.

---

74 "天下未有無理之氣, 亦未有無氣之理. 氣以成形, 而理亦賦焉", 『주자어류』, 이주행 외 옮김(서울: 소나무, 2001), 1-6, p.44.

75 "如陰陽五行錯綜不失條緖, 便是理. 若氣不結聚時, 理亦無所附著", 『주자어류』, 1-12, p.47.

76 『주자어류』, 1-10, p.46.

그러나 근원을 따져 올라가면 리가 먼저이고 기는 나중인 것 같다."[77] 그러므로 리가 없이 세상 만물이 있을 수 없으며, 나아가 리는 만물에 앞서 있다. 주희는 주돈이의 『태극도설』을 가져와 이렇게까지 말한다. "천지가 생기기 이전에 틀림없이 리가 먼저 있었다. 움직여서 양의 기를 낳는 것도 리일 뿐이며, 고요하여 음의 기를 낳는 것도 리일 뿐이다."[78] "천지가 생기기 이전에는 틀림없이 리만 있었다. 리가 있으면 천지가 있게 된다. 만약 리가 없었다면 역시 천지도 없었을 것이고 사람도 사물도 없었을 것이니, 실을 것이 전혀 없었을 것이다. 리가 있으면 곧 기가 유행하여 만물을 길러준다."[79] 이것은 만물이 생기기에 앞서 리가 있었다는 것이다. 그렇다면 리는 만물을 낳는 근원이요, 현재 만물의 생성 변화를 주장하는 주재자라고 할 수 있을 것이다. 『천주실의』에서 중국 선비가 질문하는 것도 그런 뜻이다. "그것의 '리'가 없으면 그런 사물은 없습니다. 그러므로 우리의 주자(주돈이)는 '리'가 만물의 근원이라고 믿었습니다."[80]

그렇게 보면 성리학에서 말하는 리가 결코 마테오 리치가 말하는 의뢰자이거나 실체의 속성일 수 없음을 알 수 있다. 리가 없으면 천지 만물이 없고, 사물이 생기기 전에 리가 있었으며, 리가 기보다 앞선다면, 리는 사물의 속성이 아니다. 오히려 천지 만물을 낳는 근원으로 얘기된다. 만일 "천지가 생기기 전에 리가 있었다."는 주희의 말을 문자 그대로 받아들이면, 태초에 리가 있었다는 말이 된다. 태극은 리인데, 주

77 『주자어류』, 1-12, p.47.

78 『주자어류』, 1-1, p.42.

79 『주자어류』, 1-2, p.43.

80 "無其理則無其物, 是故我周子信理爲物之原也", 『천주실의』 상권, 2-9, p.89.

돈이 이래로 성리학자들이 받아들인 태극도에 따르면 태극에서 음양이 생기고, 음양에서 오행이 생기며 오행에서 천지 만물이 생긴 것으로 말하니, 리는 화생(化生)의 근원인 셈이다.

마테오 리치가 리가 사물 뒤에 온다고 하며 리를 실체의 속성이라고 본 것은 잘못이다. 리가 사물이나 인간의 마음에 있다고 한 것은 성리학의 견해와 일치하지만, 그렇다고 리가 아리스토텔레스가 말한 속성의 범주에 들어오는 것은 아니다.

그렇다면 리를 실체로 볼 수 있을까? 아퀴나스 신학에서는 존재의 두 양식이 실체 아니면 속성이므로, 리가 속성임을 부인하면 리가 실체가 아닌가 하는 생각을 하게 한다. 앞에서 보았듯이 태극 또는 리를 실(實)로 얘기했으니 더욱 그런 생각을 할 만하다. 만일 리를 서구 개념의 실체로 본다면, 리는 천주와 같은 '자기 실체'가 돼야 한다. 세상 사물과 같은 실체는 이미 리와는 맞지 않는다. 왜냐하면 세상 사물로서의 실체는 질료와 형상의 합성물인데, 그것은 성리학 용어로 말하면 만물이 기와 리의 합으로 이뤄졌다고 하는 것과 유사하기 때문이다. 그러므로 리만 따로 떼어 실체라고 할 수 없다. 성리학에서는 무극(無極)이라는 개념을 통해 태극이 일물(一物)이 아님을 표현하고자 했다. 그것은 아퀴나스의 하나님이 물체(corpus)가 아니어서 위치와 장소는 하나님에게 적합하지 않은 것과 같다.[81] 성리학이 무극을 통해서 말하려는 것도 결국 리를 가리켜 실(實)이라고 하거나 체(體)라고 해도 세상 사물과 같은 실체일 수는 없음을 의미하는 것이다. 따라서 적어도 리가 기보다 먼저 있었다는 성리학의 표현을 염두에 둔다면, 리를 아퀴나

81 『신학대전 1』, 1, 3, 1, pp.61-63.

스의 하나님 또는 마테오 리치가 말하는 천주처럼 근원적 실체로 볼 수 있을까?

그러나 리를 마테오 리치가 말하는 자립자라고 보기가 어렵다. 그것은 리와 기가 불상잡(不相雜)이지만, 또한 불상리(不相離)이기 때문이다. 리는 기와 독립한 존재가 아니다. 여기서 다시 한 번 『주자어류(朱子語類)』의 말을 인용해 보자.

> 그것은 본래 선후를 나누어 말할 수 없다. 그러나 그 근원을 따지고자 한다면, 반드시 리가 먼저 있다고 말해야 한다. 그러나 리 또한 별개의 어떤 것이 아니라, 바로 기 가운데 존재한다. 기가 없다면 리가 붙어 있을 곳이 없다. 기는 금과 목과 수와 화가 되고, 리는 인, 의, 예, 지가 된다.[82]

리의 선재성을 말하더라도, 본래 선후를 말할 수 없다는 전제가 항상 따라다닌다. 이것은 성리학이 리라고 하는 개념을 가지고 어떤 초월성을 표현하고 있지만, 그 초월성이 만물 밖의 어떤 존재자를 생각하는 것이 아님을 말해준다. 그래서 리가 먼저 있다고 한 후에도, "리 또한 별개의 어떤 것이 아니라, 바로 기 가운데 존재한다."고 한다. 이것은 또 태극을 가리켜서 한 말과 같다. "태극은 다만 천지 만물의 리일 뿐이다. 천지로 말하면 천지 가운데 태극이 있고, 만물로 말하면 만물 가운데 각기 태극이 있다."[83] 그러므로 리는 사물 가운데 있는 것이며, 사물과 별개로 존재하는 것일 수 없다. 리가 천주와 같은 근원적 실체라면 만물과 별개의 존재여야 하며, 개별화되고 스스로 자립하는 것이

---

82 『주자어류』, 1-11, p.46.

83 『주자어류』, 1-1, p.42.

어야 한다. 그런데 오히려 리가 사물 가운데 있다고 한다. 마테오 리치가 리를 속성이라고 본 것도 그 점에 기인한다. 물론 앞에서 보았듯이 리는 만물보다 앞서 있는 것이므로 속성이라고 할 수 없다. 그러므로 사물 가운데 있다고 해서 리가 아퀴나스의 '우유적 존재'는 아님을 알 수 있다. 오히려 일반적인 실체들을 초월한 무엇일 수 있는 것이다. 그런데 그것이 사물들과 별개의 무엇이 아니라고 하는 점에서, 아퀴나스가 말하는 제일 원인으로서의 하나님도 아님을 알 수 있다. 성리학이 태극을 실(實)이라고 할 때, 그 실(實)은 아퀴나스나 마테오 리치가 말한 실체(實體, substantia)가 아니요, 스스로 자립하는 존재(ens per se subsistens)가 아니다. 그것은 순수 현실태로서의 존재 자체가 아니다.

리를 아퀴나스의 실체로 볼 수 없다는 것은 그것이 개별화될 수 없다는 점에서도 알 수 있다. 아퀴나스에게서는 모든 실체는 하나로 표현될 수 있다. 실체란 다른 실체와 구분되는 하나의 존재자로서 실체인 것이다. 그리고 그 실체와 실체를 구분하는 것은 종(種)이 달라서이기도 하지만 궁극적으로는 같은 종 안에서도 질료의 차이 때문이다. 말하자면 같은 사람이라도 이 사람과 저 사람은 태어날 때부터 다르다. 똑같이 인간성이라고 하는 형상을 입고 있지만 그 생김새와 개별적 성질이 다르다. 인간을 소와 구분케 하는 성질, 곧 종차(種差)에서는 이 사람이나 저 사람이나 같지만, 같은 사람이면서도 그들의 질료의 차이[84] 때문에 이 사람과 저 사람은 구분되는 것이다. 그처럼 개별적 모양과 성질의 차이 때문에 이 사람과 저 사람은 각각 개별화된다. 각각 한 사람이다. 실체는 그처럼 하나로 개별화된다. 형상과 질료를 가지

84 각 개인에게 지정된 질료는 서로 다르다. 토마스 아퀴나스, 『존재자와 본질에 대하여』, p.51. 오늘날의 말로 하면 유전형질의 차이라고 할 수 있을 것이다.

고 말하면 질료가 개별화한다. 여하튼 아퀴나스는 개별적인 제일 실체를 중시했음은 앞에서 말한 것과 같다. 실체는 개별화된 하나로서의 실체다. "어떠한 사물도 그것이 하나인 것은 실체에 의한 것이다."[85] 그런데 하나라고 하는 것은 또 다른 의미가 있는데, 그것은 나뉘지 않는다는 것이다. 실체는 다양한 부분의 합성물이지만, 더 이상 나눠지지 않고 하나임을 지키고 있는 한에서 실체다. 아퀴나스는 말한다. "어떤 사물의 존재도 불분할(不分割, in divisione)에 성립되는 것이 명백하다. 그러므로 어떤 것이든 자기 존재를 지키는 것과 같이 자기 일체성을 지키는 것이다."[86] 그러므로 개별화란 것은 다른 존재와 달라서 성립되는 것이면서,[87] 또한 그것이 분할되지 않는다는 점에서(in divisione) 성립된다. 분할되면 다른 실체가 되는 것이다.

아퀴나스에게서 하나님은 피조물과 분리된 "별개의 실체(separata substantia)"다. 그는 존재요 스스로 자립하는 존재자로서, 제일 능동인인 순수 현실태로서, 다른 존재자들과 구분되는 실체다. 하나님의 존재는 곧 본질이다. "하나님은 하나님인 것에 의해 하나님인 것이다."[88] 존재와 본질이 일치하는 존재자는 하나일 수밖에 없다. 그 하나는 개별화하는 질료로 말미암은 하나가 아니다. 수학에서 양(量)을 가지고 말하는 하나의 하나가 아니다. 수학적인 하나는 일반적인 실체, 곧 질료 안의 존재(esse in materia)에는 적용할 수 있지만 하나님에게는 적용되지 않는다. "수학적인 것(mathematica)은 질료 안에 존재를 가지며

85 『신학대전 1』, 1, 11, 1, p.177.

86 같은 책, p.176.

87 "개별적인 어떤 것(aliquid singulare)이 이 어떤 것(hoc aliquid)인 것은 어떤 모양으로도 그것이 다수자에 공통되지 않기 때문이다.", 『신학대전 1』, 1, 11, 3, p.182.

88 같은 곳.

그것은 질료에서 개념적으로 추상된 것이기 때문이다. 그런데 '유(有)와 전환되는 하나'는 어떤 형이상적인 것(metaphysicum)이며 그것은 존재에 관해 질료에 종속되지 않는 것이다."[89] "유와 전환되는 하나"란 존재가 곧 하나라는 말이다. 이것은 하나님을 가리킨다. 사람과 사물은 하나를 유지하고 있지만 합성물이므로 언제든 분할돼 다른 실체가 될 수 있는데, 하나님은 어떤 분열도 없는 분이라는 말이다. 하나님의 존재는 질료에 종속되지 않는 것으로서, 질료와 형상의 합성물이 아니고, 현실태와 잠재태의 합성물도 아니며, 속성과 실체의 합성물도 아니라는 점에서 분할되지 않는 하나다. 최대의 존재자(maxime ens)이면서 최고로 분할되지 않는 것(maxime individium) 곧 최고의 개별자다.[90]

성리학자들은 태극 곧 리가 일물(一物)이 아님을 강조한다. 일물(一物)의 일(一)은 아퀴나스의 표현대로라면, 수학적인 하나 곧 질료에서 개념적으로 추상된 하나다. 하나 둘 셋, 이렇게 셀 수 있는 수(數)로서의 하나를 말한다. 그러면 태극이나 리는 아퀴나스가 말하는 형이상학적인 하나, 곧 '유와 전환되는 하나'인가? 리는 최고로 분할되지 않는 하나, 곧 최고 개별자(maxime individium)인가? 그렇지 않다. 왜냐하면 태극은 하나이지만 여럿이기 때문이다. 리일분수(理一分殊)라는 것은 리가 하나이지만, 각 사물에 하나씩의 리가 또 들어 있음을 의미한다. 마테오 리치의 천주에게는 '하나이지만 여럿'이라는 말이 성립되지 않

89 같은 책, p.184.

90 이미 아우구스티누스가 만물 안에 들어 있는 삼위일체의 흔적으로서 하나임 곧 개체성을 들고 있다. 모든 사물은 "그것이 하나라는 것과, 고유한 형상에 의해서 타자들로부터 구분된다는 것과, 우주의 질서를 벗어나지 않는다는 것"에 의해 삼위일체를 모형으로 하고 있다. 아우구스티누스, 『참된 종교』, 8, 14, 성염 역주(분도출판사, 1989), p.51.

는다. 하나는 하나이고, 여럿은 여럿이다. 이것은 근본적으로 하나가 여럿에 개입하는 방식의 차이 곧 초월자가 사물에 내재하는 방식의 차이다. 내재의 문제에 관해서는 뒤에 또 보기로 하겠다. 만일 유출이라는 낱말을 성리학의 우주발생론에 사용한다면, 태극이나 리는 어떤 보편적인 것으로서 모든 사물의 유출의 근본이 되는 것으로 이해된다. 그런데 그 유출은, 질료를 가진 사물들로 유출되면서 하나의 완전성이 옅어지는 신플라톤주의적인 유출이 아니다. 하나의 리가 수많은 사물 속에 훼손됨 없이 내재해 있는 것이 성리학의 유출이다. 만물은 인간이나 짐승이나 식물이나 똑같은 리를 부여받았다. 그러나 그들을 구성하는 기의 차이로 말미암아 리가 방통(旁通)하든지, 혹통(惑通)하든지, 불통(不通)하든지 차이가 난다. 성리학자들이 월인천강(月印千江)의 비유를 들어 말하는 것도 그것이다. 하늘의 달이 천 개의 강에 천 개의 달로 떠 있다. 그 비유에서 강위의 달은 하늘의 달의 그림자에 지나지 않는 것이 아니라, 하늘의 달과 똑같은 달로 이해된다. 그래서 태극이나 리는 보편적 소이연이지만, 수많은 구체적 사물 안에 들어 있다. 보편과 구체가 모순 없이 일치돼 있다. 보편적 원인이란 자칫 추상물이 되기 쉬운데, 성리학은 그런 추상적 세계에는 관심이 없다. 그러므로 각 사물에 내재해 있는 리에 더 관심을 가지고 있다. 우주 사물을 관통할 수 있는 보편 원리에 관심을 갖고 그것을 태극이나 리의 이름으로 하나라고 했지만, 그러나 사물 밖의 리가 아니라 사물 안의 리에 관심을 뒀으므로, 하나의 리는 동시에 여럿의 리일 수밖에 없다. 그래서 리는 하나면서 여럿이다. 사실 주희는 리일분수(理一分殊)에서 리일보다는 분수를 강조한 면이 있다.

> 성인이 일찍이 리일을 말한 적이 없지만 분수에 대해서는 여러 번 말하였다. 분수 가운데의 구체적 사물에서 일마다에 있는 그 당연의 리를 이해할 수 있어야만 비로소 리의 근본이 하나로 관통함을 알게 될 것이다. 만 가지 다른 것들에 각기 하나의 리가 있다는 것을 알지 못하고 오로지 리일만을 말한다면 리일이 어디 있는지 알지 못할 것이다.[91]

리일분수에서 분수를 알지 못하면 리일이 무언지 알 수 없다는 것이다. 이것은 만 가지 사태를 겪으면서 그 만 가지 사태에 하나의 도리가 관통하고 있음을 깨달아야 한다는 의미다.[92] 여기서 성리학의 관심은 사물(事物)의 물(物)보다는 사(事), 즉 인간사(人間事)에 더 관심이 있었음을 알 수 있다. 아퀴나스와 달리 도덕론이 존재론에 흡수되지 않고, 성리학이 도덕 형이상학의 모습을 뚜렷이 드러내는 까닭도 거기에 있다. 아퀴나스와 달리 자연학을 통해 형이상학으로 가지 않는다. 인간사의 도리에 대한 관심에서 우주를 움직이는 도와 리에 대한 관심이 생겨난 것이 성리학이다. 여하튼 사태든 물체이든 분수(分殊)에서 리일(理一)을 생각한다는 것은, 리의 내재를 강조하는 것이라고 할 수 있다. 우주론을 마련한 성리학에서 리나 태극이라는 개념을 통해 어떤 보편적 원리의 초월성을 말하고자 한 것이라면, 그 초월은 내재를 떠나서는 생각할 수 없다. 그 내재는 그리스도교에서 '하나님이 우리와 함

---

91 "聖人未嘗言理一, 多只言分殊. 蓋能於分殊中事事物物, 頭頭項項, 理會得其當然, 然後方知理本一貫. 不知萬殊各有一理, 而徒言理一, 不知理一在何處", 『朱子語類』(黎靖德 編, 王星賢 點校, 中華書局, 北京, 1994), 27-41.

92 송영배 교수는 서구 형이상학과 달리 성리학에서 리가 기에 내재한다고 하며, 개체 생명의 의미를 현장에서 따지는 것이라고 한다. 송영배, 『동서철학의 교섭과 동서양 사유방식의 차이』, p.41.

께하신다'는 임마누엘의 내재와 다르다. 마테오 리치의 천주는 만물과 함께하지만, 성리학의 리는 만물 안에 들어 있다. 그리스도교는 좀처럼 하나님이 우리 안에 있다는 표현을 쓰지 않는다. 그것은 그리스도교의 하나님의 초월과 내재가 기본적으로 초월이면서 내재이지만, 성리학의 리의 초월은 기본적으로 내재이면서 초월임을 말해준다.

그래서 성리학의 우주발생론 곧 천지개벽설에는 그리스도교에서처럼 창조론이 있을 수 없다. 플라톤 이후 아퀴나스 신학까지도, 만물은 최고 존재인 하나님에 참여하는 한 존재한다. 그리고 그 참여(participatio)라는 개념을 통해 피조물과 별개의 초월자인 하나님을 이어놓으려고 했다. 하나님은 원인으로서 결과에 들어 있기보다는, 원인으로서 결과에 영향을 미칠 뿐이다. 원인과 결과는 섞이지 않는다. 그리스도교 신학에서 볼 때, 원인과 결과의 연속성은 자칫 하나님의 초월성을 없앨 수 있다. 그러므로 아퀴나스에게서 제일 원인과 그것의 결과인 제이 원인은 제일 원인의 자유로운 창조 행위로 연관돼 있기 때문에, 제일 원인은 결과에 들어 있지 않다. 제이 원인은 그 결과에 들어 있다고 할 수 있으나 제일 원인과 제이 원인의 관계는 그렇지 않다. 그러므로 만물을 창조한 하나님은 만물과 섞이지 않는다. 섞이지 않는다는 것은 성리학에서의 리가 기와 섞이지 않는 것과도 다르다. 월인천강의 비유에서 하나의 달이 하늘에 떠 있는 것은 리가 기와 섞이지 않는다는 것을 표현한다. 그러나 섞이지 않으면서도 들어 있다. 섞이지 않음으로 말미암아 생기는 리의 초월은 들어 있음으로 말미암아 이미 기에 내재해 있다. 그 점에서 아퀴나스의 신학과 다르다.

우주 발생과 관련해서 그리스도교에는 "구분되나 분리되지 않는다(distinctio inseparabilis)"는 말이 있다. 성리학에도 앞에서 본 대로 "섞이지 않으나 분리되지도 않는다."는 말을 쓴다. 두 말은 모두 우주 발생과 관련해서 중요한 의미를 가지는 말이다. 그런데 그 쓰이는 위치가 다르다. 성리학에서는 태극이 음양을 낳고 음양에서 오행이 생겨 만물이 생겼다고 한다. 음양은 기(氣)이고 오행은 질(質)이고 만물의 구성 요소다. 목화수금토의 오행이 뭉쳐서 만물이 되는 것이다. 그러나 오행에는 기가 유행하고 있으며, 오행 밖에 따로 음양이 있는 것이 아니다.[93] 태극과 음양의 관계도 그렇다. 태극에서 음양이 생겼지만, 음양의 기 밖에 태극이 따로 있어 음양을 낳은 것이 아니다.[94] 그러므로 태극과 음양과 오행은 이어져 있다. 따라서 리와 기는 분리되지 않는다는 것은 우주 발생에도 적용된다. 태극이라는 만물의 근원과 세상 만물은 이어져 있다. 그러나 다른 한편으로는 앞에서도 보았듯이 리는 기에 선재한다는 명제가 있다. 그래서 리와 기는 섞이지 않고 구분되는 것이다. 그렇게 함으로써 만물의 현상을 초월하는 어떤 보편 원리를 생각하려고 한 것이다. 주역(周易)에 있고 주돈이가 풀이한 태극생양의(太極生兩儀)도 그 문제와 관련이 있다. 다시 말해서 태극이 움직여 음과 양을 낳았다고 하면, 태극의 무위성과 모순되기도 하지만, 무엇보다도 태극과 음양의 기가 동일물이 된다. 왜냐하면 '낳다'는 것은 낳아진 것과 낳은 것이 같은 종(種)이요 같은 본질의 것임을 상징하는 용어로 사용될 수 있기 때문이다. 사람이 사람을 낳고, 소가 소를 낳듯이 말이다. 리와 기가 구분된다는 것을 지킴으로써 리의 초월성을 유지하려면, '태극생양의'의 '생'을 자동사로 봐 태극에서 음양이 생겼다

93 『주자어류』, 1-48, p.60.

94 주희, 여조겸, 『근사록 집해』, 이광호 역주(서울: 아카넷, 2004), p.65.

고 해야 한다. 태극은 만물의 생성 변화에 직접 개입하지 않는다.[95] 퇴계의 경우에는 리의 능동성을 말하기 위해 '생'을 타동사로 보면서, 동시에 리와 기가 동일해지는 것을 막기 위해 리에 체(體)와 용(用)을 인정했다.[96] 그리하여 음양의 기를 낳는 것은 태극의 용이고, 태극의 체는 그로부터 초월해 있다. 그렇게 보면 무극이태극(無極而太極)에서 무극은 태극의 체의 역할을 함으로 허(虛)한 초월성을 가리키고, 태극은 모든 사물의 리를 다 포함한 것으로서 만물을 낳아 만물과 이어지며 만물 속에 있는 측면을 가리킨다고 할 수 있다. 말하자면 무극과 태극은 만물의 근원으로 여겨지는 태극이 초월적이면서도 만물과 분리되지 않고 이어져 있음을 표현하는 것이다. 그렇게 해서 만물의 근원인 태극, 곧 리는 기로 이뤄진 이 세상 만물을 초월하면서도 이어져 있다. 태극 또는 리의 초월과 내재는 그런 식으로 표현된다.

그러나 그리스도교에서 "구분되지만 분리되지 않는다"는 것은 삼위일체 논쟁에서 성부와 성자의 관계를 가리킨다. 다시 말해서 같은 용어가 성리학에서는 세상의 근원과 세상의 관계를 표현하는 데 쓰이지만, 그리스도교에서는 세상의 근원 안에서 그 위격(位格)들 사이의 관계를 표현하는 데 쓰인다. 성부 하나님은 성자 하나님을 낳았다. '낳았다'는 표현이 성부와 성자 사이의 관계에 쓰인다. '낳았다'는 표현을 통해 동질성(homo ōusios)을 나타내고자 한 것이다. 그래서 성부와 성자는 서로 구분되지만 같은 존재라고 한다. 그리스도교 신학에서는 동질성의 의미를 함축할 위험이 있는 '낳다'는 용어를 우주 발생에 사용하

---

95 참조: 윤사순, 「퇴계의 태극생양의관」, 『아세아 연구』, 12권 3호(서울: 고려대학교 아세아문제연구소, 1969), pp.14-15.

96 같은 곳.

지 않는다.[97] 하나님은 세상을 '만들었다.' 이것은 세상과 세상의 근원을 분리시키는 것이다. 성리학에서는 세상의 근원인 태극과 세상이 분리될 수 없어서 '불상리(不相離)'라고 표현하지만, 그리스도교 신학에서는 창조를 말함으로써 근원인 하나님과 세상을 분리시킨다.

그런데, 성리학의 무극과 태극을 염두에 두고 생각해 보면, 성부와 성자가 구분되는 것 역시 하나님과 세상의 관계를 말해준다. 성자와 성령은 하나님과 세상의 접촉점인 하나님이다. 다시 말해 성부는 성자와 성령을 통해 성자와 성령으로 말미암아 세상을 창조했다.[98] '통해' 또는 '말미암아'를 표현하기 위해 아퀴나스는 'per'라는 전치사를 사용하는데, 이것은 중간 원인을 가리킨다.[99] 그러므로 성부와 성자의 관계에 질서가 있다. 성자는 성부 안의 지성 혹은 지혜와 동일시된다. 그 지혜로 세상을 만들었다. 흔히 그리스 철학의 로고스로 표현되는 말씀으로서의 성자는 그처럼 하나님의 지성으로 이해된다. 물론 하나님의 지성은 하나님과 동일한 신성을 지닌 것으로 설명되지만, 성부 하나님과 성자 하나님의 위격의 차이가 엿보인다. 이것은 세상의 창조에 개입된 하나님으로서 그만큼 세상과 접촉점이 있는 하나님을 성자 하나님으로 보고, 성부와 위격의 차이를 두려는 것이다. 성령은 세상 만물의 통치와 생명 부여의 역할이 부여된 하나님으로서, 성부가 낳은 것이

97 아우구스티누스의 『고백록』에는 다음과 같은 구절이 있다. "하늘과 땅은 당신의 본체로부터 유출해 나온 것이 아닙니다. 만일 그랬다면 하늘과 땅은 당신이 독생자와 동등한 존재가 되고 따라서 당신과 동등한 존재가 됩니다"(『고백록』, 12, 7, 7, p.426). 플로티누스의 유출이란 말을 성자 하나님에게만 적용하고, 세상에는 적용하지 않음으로써 하나님의 창조설을 통해 하나님을 세상과 별개의 초월자로 두려는 것이다.

98 아퀴나스는 성자를 하나님의 지성 안의 말씀으로 성령을 사랑으로 본다. 『신학대전 6』, 1, 45, 6, p.129.

99 같은 책, p.131.

아니라 성부에게서 발출되었다고 함으로써 성자의 위격보다도 한 수 낮은 느낌을 갖게 한다. 이것은 성령이 성자보다도 더 세상과 깊이 접촉하고 있는 하나님을 표현하는 개념이기 때문임을 알 수 있다. 결국 퇴계의 무극과 태극의 관계처럼 성부는 성자보다 더욱 초월적인 하나님의 모습을 나타내고, 성자와 성령은 세상과 접촉하는 측면을 나타낸다고 할 수 있다. 그러나 기본적으로 성자나 성령 역시 세상 사물로부터 초월하면서 내재하는 존재요, 그래서 그리스도교의 하나님은 세상과 함께하지만 세상 안에 들어 있지는 않다. 성리학에서는 리가 기 안에 들어 있다는 표현을 쓰지만, 그리스도교의 하나님은 만물 안에 들어 있지 않다. "구분되나 분리되지 않는다"는 것은 하나님 내부의 위격들 사이에 적용되는 개념이며, 하나님과 세상 사이에 적용되지 않는다.

처음에 물었던 물음으로 돌아가 보자. 태극이나 리가 아퀴나스적인 실체가 아니므로 허하지만, 그럼에도 불구하고 실(實)하다는 것은 무엇인가? 성리학에서 불교의 무를 부인하고 태극이나 리를 실하다고 할 때, 그 실은 덕의 실재성이다. 정약용은 성리학을 가리켜 덕이 마음 안에 알맹이처럼 있다고 한다고 비판했다.[100] 덕의 실재성 문제는 인간의 본성론에서 나온 문제라고 봐야 한다. 사람이 도덕적인 선을 행할 가능성을 가졌다는 것에 만족하지 못하고, 그러한 선이 이미 사람 안에 들어 있다고 말하고자 하는 데서 덕의 실재성과 리의 실재성 문제가 생긴 것이다. 이 문제는 성선설을 어떻게 볼 것인가의 문제이기도 하다. 본래 인간은 덕을 행하기를 좋아하며 악을 싫어한다는 점에서 인간의 본성을 선하다고 볼 것인가? 양명학은 맹자의 양지(良知) 양능(良

100 정약용, 『역주 다산 맹자요의』, 이지형 역주(서울: 현대실학사, 1994), p.91.

能)을 바탕으로 그렇게 주장했다. 정약용은 성(性) 기호설(嗜好說)로 그 문제에 대한 자기 생각을 분명하게 주장했다. 정약용에 따르면, 사람의 본성은 선을 좋아한다는 점에서 성선설일 뿐, 선한 덕의 덩어리가 인간 안에 이미 주어져 있는 것이 아니라는 얘기다. 그런데 주희에 따르면 인의예지(仁義禮智)의 덕이 본성으로 이미 인간 안에 있으며, 인간은 그 본성이 발하도록 자기 마음을 비우는 것이 중요하다. 인의예지의 덕은 우주의 생성 변화의 근원적 원리로서 이미 있다. 그리고 그것이 인간 마음 안에 본성으로 주어져 있다. 그러므로 덕은 인간이 실현하는 것이기보다, 이미 존재하는 덕이 발휘되는 걸 막지 않는 역할이 인간에게 주어진 것처럼 보인다.

이것은 1장에서 살펴본 대로 도덕론에서 매우 중요한 의미가 있다. 무엇보다도 인간의 악함을 심각하게 인식했을 때, 선의 실현을 우주의 근원적인 힘의 현실에서 찾으려고 할 때 덕의 실재성 문제가 발생하는 것이다. 인간 현실이 매우 악하다고 인식할 때, 그럼에도 불구하고 선을 행하며 살라고 설득할 수 있는 근거를 우주의 근원적인 힘이 선하다고 하는 데서 찾으려고 하는 것이다. 반면에 정약용 같은 경우는 현실적으로 선을 이루는 것이 어려움에도 불구하고, 우주의 근원을 끌어올 정도로 인간의 타락을 심각하게 생각하지 않았다. 그는 인간이 선을 행할 수도 있고 악을 행할 수도 있다는 자유의지론에 섰다. 그리고 선이란 선을 행할 수 있는 인간이 선을 행할 때 발생하는 것이지, 미리 선이 우주적 힘으로 인간 안에 주어져 있다고 보지 않았다. 다산(茶山)에게 성리학적 관점은 인간의 주체성을 무너뜨리는 것으로 보였다. 다만 그는 악은 쉽고 선은 어려운 현실을 고려해서, 인간은 본래 선을 행하기를 좋아한다는 주장으로서 선의 실현을 독려하려고 했다. 그에게서 성선설은 인간이 이미 덕을 지니고 있다는 의미가 아니라, 인간이 선을 행하기를 좋아한다는 의미에서 사용된다. 선을 좋아하지만 실제로 선을 행해야 덕이 발생하는 것이다. 덕은 이미 존재하는 게 아니라 인간에 의해 생기는 것이다. 그러므로 정약용이 볼 때 덕의 실재성이란 전혀 무의미한 것이요, 인간의 주체성을 무너뜨리는 것이다.

덕의 실재성은 마테오 리치의 그리스도교 신학에도 있다. 다만 인간 안에 있는 게 아니라 세상을 통치하는 우주적 차원의 존재론적 실체라는 점에서 성리학과 다르다. 플라톤은 선의 이념을 존재 자체로 이해한다. 순선은 이념이면서 동시에 존재론적 지위를 갖는다. 아퀴나스에게서는 순선이 순수 현실태다. 세상도 현실이지만 진짜 현실은 최고선이신 하나님이다. 하나님이 존재 자체요 순수 현실태라고 하는 것은 순수한 선이 진짜 현실이라는 말이다. 그처럼 선한 덕은 형이상학적 원리에 그치지 않고, 우주를 통치하는 존재론적 실체다. 그러나 성리학의 리는 이념으로 통치한다는 점에서 실(實)하지만, 존재론적 실체는 아니다. 성리학은 플라톤과 달리 세상을 이념의 그림자로 보지도 않고, 아우구스티누스나 아퀴나스와 달리 세상보다 '더 존재하는' 하나님을 말하지도 않는다. 아퀴나스의 하나님은 최고선으로서 가장 존재하며, 자기 실체로서 최고의 개체다. 앞에서 보았듯이 실체(實體)는 흔히 질료로 개별화되고, 체(體)라면 형질을 가리킬 수 있다. 그러나 하나님은 그런 형질이나 질료가 없는 유일한 존재로 개별화된다. '그 분'이라고 지시 대명사로 가리킬 수 있다. 내가 아닌 다른 분이다.

그러나 성리학에서 말하는 리의 실재는 다르다. 그것은 선한 마음을 먹고 선하게 마음을 쓰는 근원되는 덕이 인간에게 이미 주어져 있다는 의미에서의 실(實)이다. 성리학에서 리를 체(體)라고 보는 것도 마찬가지다. 그 체라는 것은 용(用)과 관련해서 마음씀씀이의 근원을 가리키는 것이며, 실체와 속성의 관계에서 실체를 가리키는 말이 아니다. 그래서 주희 역시 리를 체라고 하는 것은 억지로 붙인 이름이라고 인정한다.[101] 체라고 하면 자칫 존재론적 실체를 가리킬 수 있는데 주희는 그것을 부인한 것이다. 선한 마음씀씀이의 근원이 되는 선한 무엇이 있다. 그러나 '선한 무엇'이라고 할 때, 그 '무엇'은 '그 무엇' 또는 '그 분'이라고 지시 대명사로 지칭할 수 있는 존재자가 아니다. 천주와 달리 자립하는 존재가 아니므로 구체적 명사로 쓰일 수도 없다. 그것은 순전히 도덕적인 차원에서의 '실'이지, 존재론적 차원에서의 '실'이 아니다. 신후담(愼後聃)이 "태극이란 그 리(理)는 실하고 그 위(位)는 허하다."[102]고 한 것도 그 뜻이다. 태극은 덕의 실재라는 점에서 자기 수양의 보루요 근거가 될 뿐이지, 예배나 기도의 대상이 될 수 없다. 그것은 마테오 리치의 천주나 아퀴나스의 하나님이 선이면서 존재 자체인 반면에, 성리학의 태극이나 리는 인의예지의 선일 뿐 존재 자체 또는 스스로 자립하는 존재가 아닌데서 생긴 결과다.

물론 성리학이 덕의 실재를 믿는 까닭에 덕을 이루는 데 리가 주재하는 측면이 있으며, 그것은 마음의 주재에 모순되는 것으로 보이기도 한다. 다시 말해서, 맹자 이래 전통적인 유학의 인문주의에 어긋나 보인다. 그러나 성리학에서 말하는 리나 태극은 어디까지나 사람 마음속에 있는 것이니, 인간 외에 다른 주재자를 말하는 것이 아님은 두말할 나위 없다. 덕의 실재라는 것이 차지하는 위치가 그렇다. 그것은 우주

101 『주자어류』, 1-2, p.43.

102 안영상, 「천주교의 수용과정에 나타난 사상적 변용에 관한 연구」, 『동양철학연구』 제28집(서울: 동양철학연구회, 2002), p.87.

의 근원적인 힘이 도덕적이라는 점을 확인하는 것이다. 불교나 노장(老莊)의 무(無)나 공(空)의 세계로 가면, 악이 판을 치는 세상을 바로잡아 올바른 현실을 만들 힘을 마련할 길이 없다고 성리학자들은 생각한 것이다. 세상 만물의 근원은 도덕적이라는 점에서 성리학은 근원을 실하게 본다. 마음을 비워서 허하게 만들되, 그 허는 우주의 근원적인 선의 힘이 가득 찰 공간을 마음 속에 마련하는 것이다. 허이실(虛而實)이란 그것이다. 그 선함은 인의예지(仁義禮智)로 풀린다고 보았으니, 결국 실(實)이란 덕의 힘으로 세상사가 굴러감을 의미한다.

그 점에서, 세상 만물보다 더 존재하는 최고로 개별화된 실체 곧 인디비디움(individium)인 천주와 성리학의 리는 서로 다르다. 물론 천주도 우주의 근원적인 선의 힘이라는 점에서 도덕적 관심을 반영하고 있다. 그러나 천주는 인간과 구분되는 순수 현실태로서, 도덕적 관심을 넘어 예배의 대상이 된다. 아퀴나스 신학에서는 도덕론이 존재론에 흡수돼 있다. 그러나 태극이나 리의 실(實)은 서양의 존재론으로 연결되지 않는 순수 도덕론의 산물이라는 점에서 아퀴나스나 마테오 리치의 실체와 다르다. 도덕적인 어떤 존재의 실재를 말한 것이 아니다.[103] 마테오 리치는 말하기를, "천주는 도가 아니라 도의 근원이라고 했다."[104] 이것은 천주가 도덕론과 존재론의 결합체임을 말한다. 그래서 자칫 선은 천주의 속성으로 이해될 수 있을 정도다. 물론 아퀴나스 신학에서 하나님의 선하심은 곧 하나님 자신과 일치된다고 말함으로써 하나님

103 이승환 교수는 성리학을 가리켜 '윤리적 실재론(ethical realism)'이라는 표현을 쓴다. 이승환, 『유가사상의 사회철학적 재조명』(서울: 고려대학교출판부, 1998), p.267. 존재론과 결합되지 않는 덕의 실재성이라는 것이 서양 신학 쪽에서 보면 매우 모호하지만, 그것이 성리학의 특성이다.

104 "非所謂'道''德'也, 而爲'道''德'之源也", 『천주실의』, 1-9, p.68.

의 실체성이 무엇을 결여한 기체(基體, subjectium)로 이해되지 않도록 하고 있지만 말이다.

마테오 리치는 아퀴나스 신학의 '원인'이라는 개념을 성리학의 '소이연'이라는 개념을 빌려 제일 원인인 천주가 '소이연의 소이연'이라고 했다. 그러나 그는 성리학의 리는 천주가 아님을 주장하고 리를 속성이라고 보았다. 소이연이라는 개념을 가져와서 성리학과 연결 고리를 찾았으나, 태극이나 리가 만물의 근원이 될 수 없음을 분명히 함으로써 성리학으로는 인간의 구원을 이룰 수 없음을 보이려고 했다. 그 불가능성은 유학이 이루려고 하는 자기 완성의 목표가 성리학의 사유로는 불가능하다는 데 있다.

그것은 인간관의 차이에서 비롯된 것이다. 성리학은 인간의 본성이 선하며 덕이 인간 안에 들어 있다고 봤지만, 그리스도교 신학은 인간의 타락을 강조했다. 그 결과 선의 실현의 주재자가 달라진다. 천주나 리는 모두 형상인 또는 목적인이 된다는 점에서 같을 수 있지만, 능동인에서는 달라진다. 천주가 목적인이면서 능동인이라는 것은 그리스도교의 하나님은 인생의 목적이지만 동시에 그 목적을 수행할 능력을 우리 안에서 행사한다는 것을 의미한다. 선의 실현은 사람이 하는 것 같지만 하나님의 은총임을 그리스도교는 분명히 하고자 했다. 그렇게 함으로써 초월자 하나님의 주권을 확립하고 하나님은 리와 달리 경배의 대상이 된다.

성리학의 리의 주재는 기본적으로 표준과 이념으로서의 주재이며 철저하게 도덕 형이상학에 머물러 있다. 아퀴나스의 신학은 존재론에 도덕론이 흡수돼 있지만, 성리학에서는 존재론이 도덕론에 흡수돼 있다. 그리스도교의 신은 실체요 존재 자체로서 직접 통치하지만, 성리학의 리는 이념이요, 천명으로 통치한다. 그것은 그리스도교와 다른 방식의 초월성을 말하는 것이다. 그렇다고 리가 마테오 리치가 말하는 대로 사물의 속성으로 전락하는 것은 아니다. 리는 속성이 아니며 아퀴나스의 하나님처럼 존재론적 실체일 수도 없다. 리는 도덕적 이념으로 통치하는 면에서 근원이요, 따라서 리의 주재를 말할 수 있지만, 인간의 예배를 받을 인간 밖의 존재자가 될 수 없다. 리는 기보다 먼저일 수는 있지만 언제나 기와 함께하는 것이요, 사물 안에 있는 것으로서, 사물 밖의 존재자인 천주와 다르다. 성리학이 인문주의로 머물 수 있는 까닭도 거기에 있다.

물론 퇴계 같은 학자는 리의 능동성을 매우 확신함으로 종교에 가까워졌다. 그래서 조선 시대 내내 논쟁을 불러일으킨 것이다. 그러나 퇴계의 경우에도 그리스도교의 하나님처럼 존재론적 실체로 리를 생각한 것 같지는 않다. 그는 자기 수양을 강조하는 인문주의자이기 때문이다. 그럼에도 불구하고 퇴계가 말년에 갈수록 종교성에 다가간 것은, 그가 성리학자로서 독특한 지위에 있음을 보여주는 것이다.

제6장

아퀴나스 신학에 비춰본 리(理)의 능동성 문제

아퀴나스는 아리스토텔레스를 따라 네 가지를 사물의 생성 변화의 원인으로 본다. 그 원인이란 질료인(質料因, causa materialis), 형상인(形相因, causa formalis), 능동인(能動因, causa efficiens), 목적인(目的因, causa finalis)이다. 그런데, 우리말에서 '원인'이라고 하면 '까닭'이 먼저 생각난다. 생성의 원인이라고 할 때, 무엇보다 먼저 생성되는 까닭을 생각하게 된다. 생성의 '까닭'이란 생겨나 사는 이유 또는 '목적'을 의미하는 것이다. 아퀴나스는 원인들 중에서 목적인이 가장 우선한다고 보는데, 존재하는 것은 모두 존재하는 까닭이 있고 목적이 있다는 얘기다. 목적이 있어서 존재한다는 말이다. 그런 명제는 아퀴나스 신학의 기본 구조를 잘 보여준다.

마테오 리치는 아퀴나스 신학에 바탕을 두고 그리스도교의 천주를 중국인에게 설득하려고 했다. 그는 『천주실의』에서 천주가 모든 피조물의 덕성을 빼어나게 자기 속에 가지고 있는 분이요, 가장 완전하고 돈독해서 비교할 수 없다고 한다.[1] 이는 만물의 덕성이 하나님에게서 나간 것이고, 그리스도교의 하나님이 '최고선'으로 이해되는 존재임을 보여주고 있다. 신 개념과 선이라는 도덕적 개념은 뗄 수 없는 관계에 있다. 사실 하나님은 선의 완전성 때문에 하나님이다. 최고 선이신 하나님은 우주의 기원이고 만물이 바라보는 목적이요, 존재 이유다. 한편 마테오 리치는 만반의 이치가 하나님의 덕성 안에 포함돼 있다고 함으로써,[2] 세상의 조화와 운행이 선하신 하나님의 뜻에 의해 이뤄지고 있음을 말하고 있다. 하나님이 선의 기원으로서 만물의 생성 변화와 조화를 주재한다. 목적이 주재하는 것이다.

성리학의 리(理) 역시 순수하게 선한 덕성이다. 리는 우주의 선한 기원으로서 인간과 만물의 존재 이유요 목적이다. 인간은 순수한 선을 이루고자 하는 바람과 그 실현을 위해 존재하며, 태극은 그러한 인간의 자기 완성을 위한 궁극적 표준으로서 자기 완성의 이념이다. 그래서 성리학적 인간은 태극을 바라보며 태극을 위해 존재한다고 할 수 있다. 그리스도인은 하나님을 바라보며 하나님을 위해 존재한다. 인간됨의 완성 문제는 하나님을 위하는 가운데 이뤄질 일이다. 그런데, 목적인이 세상의 생성 변화를 주재한다. 정이(程頤)는 주재하는 태극을 가리켜 상제라고 한다고 정리했다. 그 이후에 주희나 퇴계 같은 조선 성리

1 "어느 것은 아랫것의 덕성을 빼어나게 자기 속에 가지고 있습니다. 천주께서 만물의 본성을 자기 속에 자지고 계시는 것과 같은 것이 그것입니다.", 마테오 리치, 『천주실의』, 2-12, 송영배 외 옮김(서울: 서울대학교출판부, 1999), p.96.

2 "천주의 본성은… 그 정묘한 덕성 안에 만반의 이치를 내포하고 모든 만물의 성질을 가지고 있음으로써 그 능력은 온갖 것을 갖추지 않은 바가 없습니다(天主性…以其精德 包萬般之理 含衆物之性 其能無所不備也).", 『천주실의』, 2-12, p.96.

학자들은 태극이나 리가 주재(主宰)한다는 표현를 받아들인다.[3] 생성 변화를 주도하고 주재는 힘을 가리켜 능동인이라고 한다. 그렇다면 태극은 목적인이면서 능동인이 되는 것이다. 만물의 목적이 만물로 하여금 그 목적을 향해 변화해 가도록 움직이는 힘까지 제공하는 것이다. 그렇다면 성리학의 태극이나 리를 정말 능동인이라고 볼 수 있을까? 논란이 많은 리의 능동성 문제도 결국 그 문제다. 리를 능동인으로 본다는 것은, 인간의 자기 완성을 향한 변화의 동력을 이념 자체에서 얻을 수 있다는 말이다. 이것은 칸트에게서 볼 수 있는 설명이다. 칸트처럼 보면 리를 능동인으로 본다고 해서 꼭 활물(活物)로 봐야 하는 것은 아니다.

아퀴나스 신학이나 성리학이나 모두 삶의 의미를 찾으려고 하는 철학적 노력으로서 목적론적인 사고 방식이라고 할 수 있다. 여기서 목적론이란 헤겔식의 역사적이고 수평적인 텔로스를 향하는 것이 아니라, 도덕적인 자기 완성의 목적을 의미한다. 인생에는 자기 완성의 목적이 있다는 것이다. 아퀴나스 신학에서 하나님은 만물의 목적인으로 설명되고, 성리학의 리(理)나 태극도 만물의 궁극적 표준으로서 목적의 역할을 한다고 할 수 있다. 물론 뒤에서 보듯이 리는 목적이기보다는 목표라고 할 수도 있다. 그래서 성리학은 아퀴나스의 목적론적 세계관과 완전히 같지는 않다. 리에 목적인의 모습이 있다고 할 때, 그 목적인이 동시에 능동인이 되느냐는 문제에서 아퀴나스 신학과 성리학의 가장 근본적인 차이가 있다. 아퀴나스의 하나님과 마테오 리치의 천주는 살아 있는 실체이지만, 성리학의 리는 이념이다. 다만 마음을 가진 이념이다. 이념뿐이라면 칸트적인 차원에서 이해하면 된다. 그러

3 참조: 이광호, 「상제관을 중심으로 본 유학과 그리스도교의 만남」, 『유학사상연구』 제19집(서울: 한국유교학회, 2003).

나 리나 태극은 우주를 섭리하는 어떤 마음이기도 하기 때문에 문제가 복잡해진다. 중국과 한국의 유학자들 사이에서 리의 능동성을 인정하기도 하고 부인하기도 하는 등 견해가 갈린다. 퇴계 사상을 놓고도 한국의 유학자들의 주장이 갈린다. 성리학의 리를 이념으로 볼 것인가, 우주적 마음으로까지 볼 것인가, 더 나아가 인격적 실체로 볼 수 있는 것인가. 성리학에서 태극은 분명히 우주적 마음이기도 한데, 그래서 문제를 어렵게 만든다. 우주적 마음이라 함은 인문주의적 이념을 넘어서 있는 것 같기도 하고, 그렇다고 그리스도교의 하나님처럼 살아 있는 의지를 가진 인격체로 볼 수는 없기 때문이다. 그리스도교에서 하나님은 분명히 목적인이면서 의지를 가진 능동인이다. 그러나 성리학의 태극은 그 문제에서 모호하다. 그런데, 퇴계의 경우에는 말년에 가서 리에 의지가 있는 것으로 말해 문제가 됐던 것이다.

이제 신학과 성리학의 차이를 목적인과 능동인, 그리고 형상인의 연관 관계에서 찾아보자.

1. 목적인의 우선성

아퀴나스 신학에서 목적인이란 모든 사물의 존재 이유를 가리킨다. 다시 말하면, '왜 존재하는가'의 문제다. 존재 이유는 존재의 원인 중에서 가장 높은 위치에 속한다. 이미 『자연의 원리』에서 아퀴나스는 목적인(causa finalis)을 원인 중의 원인이라고 했다.[4] 작용자(operans) 또는

---

4 토마스 아퀴나스, 『자연의 원리들』, 김율 옮김(서울: 철학과 현실사, 2005), p.71.

능동자(efficiens)는 목적 없이 행위 하지 않는다고 보았다. 그 점은 『신학대전』에서 다시 확인된다. "목적인의 원인성은 제일 먼저 것(prima)이다. 그 이유는 능동자가 작용하는 것은 목적 때문이 아니면 작용하지 않으며, 능동자에 의해 질료는 형상에로 움직여지기 때문이다. 따라서 목적은 원인들의 원인(causa causarum)이라고 불린다."[5] 모든 존재자는 존재 이유로서의 목적을 지니고 있다. 그런데 그 목적이란 무엇인가? 그것은 '선'이다. 아퀴나스에게서 목적이란 모든 사물이 욕구하는 것인데, 그것은 선이라고 하는 말로 표현할 수밖에 없다. 선이란 좋음을 말하는데, 모든 사물은 좋은 것을 바라게 돼 있다. 좋은 것은 쾌락을 주는 것(delectabilia)이 있고, 유익한 것(utile)이 있고, 그 자체로 선한 것(honestum)이 있다.[6]

쾌락도 좋은 것이지만, 쾌락을 좇는다고 인간의 선의 욕구가 만족되지 않는다. 유익한 것도 좋지만, 유익한 실용적 가치만으로도 인간의 욕구를 충족할 수 없다. 모든 욕구 운동의 종점은 '그 자체로 선한 것'이며, 거기서 욕구는 쉼(quies)을 얻는다. 그 자체로 선한 것이란 덕이라는 개념으로 표현되는 것이다.[7] 다시 말해서 도덕적 선을 이룰 때 좋은 것을 찾는 인간의 욕구가 충족되는 것이다. 이것을 아퀴나스는 '완전'이라는 개념으로 표현한다. 도덕이란 하나님의 선하심을 닮아 자기 완전을 이루는 것, 다른 말로 하면 참사람이 되는 것이다. 참사람이 되는 것이 사람의 목적이다.

---

5 토마스 아퀴나스, 『신학대전 1』, 1, 5, 2, 정의채 옮김(서울: 성바오로출판사, 1989), p.99. 『신학대전 1』은 한국어 번역본의 권수를 가리킨다.

6 『신학대전 1』, 1, 5, 6, p.110.

7 아우구스티누스도 이렇게 말한다. "덕이란…인간적 선 가운데 절정을 이룬다"(『신국론』, 19, 4, 3. 성염 옮김, 분도출판사, 2004, p.2151).

그리하여 아퀴나스의 신학은 기본적으로 도덕론에 관심이 있음을 보여준다. 선이 존재의 목적이다. 창조자인 하나님은 자신의 선하심을 전달할 목적으로 만물을 창조했다.[8] 그리고 천지 만물의 목적은 하나님의 선성(善性)이다.[9] 하나님은 최고선으로서 만물의 목적이다. 만물은 하나님의 선하신 완전성을 목적으로 삼음으로써 하나님을 닮은(similitudo) 자기 완전성에 도달하려고 의도한다.[10] 인간의 목적이 자기 완성에 있다고 할 수도 있는데, 중세의 신학자 아퀴나스에게는 하나님을 목적으로 삼아야 자기 완성의 목적을 이룰 수 있다. "모든 것은 자기의 고유한 완성을 욕구함으로써 결국 하나님 자신을 욕구한다."[11] 아퀴나스는 하나님을 인식하지 못하는 자연 사물들도 하나님을 목적으로 해서 욕구한다고 본다.[12] 물론 하나님을 목적으로 삼는다고 해서 하나님처럼 되는 것은 아니다. 목적이란 도달할 목표가 아니라 존재의 이유로서, 모든 사물이 그것을 위해 있는 그런 것이다. 마테오 리치가 『천주실의』에서 목적인을 위자(爲者)로 표현한 것[13]도 그 때문으로 보인다. 하나님은 인간의 목적이요, 참인간이 되는 것은 인간의 목표다.[14] 하나님

8 토마스 아퀴나스, 『신학대전 6』, 1, 44, 4, 정의채 옮김(서울: 바오로딸, 1999), p.79.

9 같은 곳.

10 같은 곳.

11 『신학대전 1』, 1, 6, 1, p.113.

12 참조: 『신학대전 6』, 1, 44, 4, pp.75, 79. 『신학대전 16』, 2, 1, 2, 정의채 옮김(서울: 바오로딸, 2000), p.69.

13 『천주실의』, 1-6, p.58.

14 아퀴나스는 『신학대전』 2-1부에서 인생의 목적을 행복으로 말하기도 한다. 그런데 행복은 덕에서 나오는 것이므로 자기 완성의 문제로 연결된다. 그런 논리는 아리스토텔레스 전통에서 유래한다. "행복에 결정적인 것은 탁월성(덕)에 따르는 활동이고, 그 반대의 활동은 불행에 결정적이다.", 아리스토텔레스, 『니코마코스 윤리학』, 이창우 외 옮김(서울: 이제이북스, 2008), p.40.

을 위하고 사랑하다 보면, 인간의 자기 완성도 그중에 이뤄진다. 직접 목표에 닿으려고 노력해서 도달하는 게 아니라, 하나님을 목적으로 삼고 자신은 그 종이 돼 살다보면, 참사람이라고 하는 목표에 다다르는 것이다.

아퀴나스의 형이상학이 도덕론에 관심이 있다는 것은, 그가 능동인을 선의 능동성으로 파악하는 데서 분명해진다. 그는 이렇게 말한다. "원인이 되는 데 있어서, 첫째로 능동자를 움직이는 선과 목적이 발견되고, 둘째로는 형상에로 움직여주는 능동자의 행동이 있으며, 그 결과 형상이 이루어진다."[15] 능동자를 움직이는 것은 선이라고 하는 목적이다. 이것은 만물의 목적인 선이 자기 운동력을 갖고 있다는 뜻이다. 그것을 가리켜 아퀴나스는 "목적이 움직여준다"[16]고 한다. 하나님은 최고선으로서 목적인이지만 동시에 제일 능동인이요 능동인으로서 세상 만물을 만들어냈고 운용한다. 선함을 확장하고자 하는 하나님의 뜻이 창조 행위를 일으켰다. 만물은 하나님의 선하심을 바라보며 그 선하심의 힘에 이끌려 운행되고 있다. 하나님은 모든 사물의 목적으로서 첫 행동자(primum agens)다. "목적이 움직여준다"는 것은 그 말이다. 그리하여, 존재하는 이유가 존재에 앞선다. 그것을 아퀴나스는 "원인이 되는 데 있어서(in causando) 선은 존재(有, ens)에 선행한다"[17]고 한다.

물론 개념으로는 존재가 선에 앞선다. 개념적으로 선은 존재의 속성처럼 보인다. 지성으로 먼저 알 수 있는 것은 존재다. 하나의 존재자는 질료와 형상의 결합을 이끄는 작용 또는 운동으로 생겨난다. 그렇게

---

15 『신학대전 1』, 1, 5, 4, pp.103-104.

16 『신학대전 1』, 1, 5, 5, p.104.

17 『신학대전 1』, 1, 5, 2, p. 99.

보면 작용인 또는 능동인이 목적인에 앞선다. 그것은 자연학의 영역에서 볼 때 그렇다.[18] 사물이 어떤 목적이 있어서 존재한다는 것은 신념일 뿐이다. 확실한 것은 우선 존재다. 세상 만물의 존재에 존재 이유가 있는지는 불확실하다. 그러나, 신학적 관점에서 보면 존재의 이유가 없는 사물은 없다. 그런 목적론은 인간의 존재 이유가 참사람이 되기 위해서라고 본 동서양의 고대 및 중세 인문주의의 경우에도 같다. 성리학도 마찬가지다. 그러므로 형이상학의 관점에서 보면 존재의 목적이 존재에 앞선다. 아퀴나스 신학은 중세의 목적론을 반영하고 있다. 아퀴나스나 성리학에서는 목적 없이 존재하는 것은 없으며, 만물은 선을 실현하기 위해 있고 인간은 자신의 형상 곧 참인간이 되기 위해 존재한다. 아퀴나스에게서 참사람의 실현은 하나님을 위할 때 가능하다. 선의 실현은 최고선을 바랄 때 가능하다.[19] 아퀴나스에게서 존재의 문제는 이 땅의 존재자들 곧 제일 실체로부터 시작되지만, 선의 문제는 궁극적인 것 곧 하나님으로부터 시작된다. 만물 곧 제일 실체는 단적으로 존재하기는 하지만 단적으로 선하지는 않다. "선은 욕구될 만한 것인 완전한 근원(ratio perfecti)을 말하는 것이며, 따라서 궁극적 근원(ratio ultimi)을 말하는 것이다. 궁극적으로 완전한 것이 단적으로 선(bonum simpliciter)이라 불린다."[20] 궁극적으로 완전한 것은 하나님이

18 이 문제를 『자연의 원리들』에서는, 능동자는 생성의 방식에서 앞서고 목적은 실체와 완성의 방식에서 앞선다고 한다. 목적이 없는 운동은 없다. 형상과 질료의 관계에서도 마찬가지여서, 형상은 질료보다 완성에서 앞서고, 질료는 형상보다 생성과 시간에서 앞선다고 말한다. 『자연의 원리들』, p.75.

19 송영배 교수는 아퀴나스의 목적론적 세계관이 오늘날 무슨 의미가 있을지 의구심을 품는다. 송영배, 『동서철학의 교섭과 동서양 사유방식의 차이』, p.28. 그러나 이는 아퀴나스 신학과 성리학이 비슷한 목적론적 세계관을 지니고 있음을 간과한 얘기다.

20 『신학대전 1』, 1, 5, 1, p.96.

니, 하나님으로부터 세상 만물이 생겼다고 함으로써 선에서 존재가 생긴 것으로 말하려는 것이다. 물론 하나님에게서는 존재와 선이 완벽히 일치하지만, 피조물의 존재는 그 존재 이유 곧 하나님의 선에 참여하는 것을 통해 존재한다. "존재하는 것은 모두 선하다."[21]는 유명한 선언도 그처럼 선에서 존재가 나왔다는 것 또는 만물은 존재의 목적인 최고선에 참여함으로써 존재하고 있음을 말한다. 다른 말로 하면 존재의 목적이 존재에 앞선다는 관념을 반영하는 명제다.

만물의 생성 변화를 일으키는 근원적인 힘을 생각한다면 능동인 또는 능동인을 찾게 된다. 그러나 형이상학은 변화의 운동을 관찰하는 데서 생긴 것이 아니다. 아퀴나스의 신학이나 성리학이나 인생의 의미와 존재의 까닭을 묻는 데서 생긴 것이다. 거기서는 목적인이 중요시 된다. 재미있는 것은 아퀴나스와 무관하게 퇴계 사상을 연구한 윤사순 교수가 태극의 근원됨을 두고 '원인'과 '이유'를 구분해서 생각한다는 점이다. 윤 교수의 의도를 볼 때 원인은 생성 원인과 관련된 우주론적 개념이고, 이유는 당위와 관련된 도덕론적 개념이다.[22] 그러한 구분을 아퀴나스가 사용하는 네 가지 원인과 관련시켜 보면, 능동인과 목적인의 문제라고 할 수 있다. 그런데 성리학의 태극은 궁극적인 것으로서, 운동의 '원인'이라기보다는 만물이 존재하는 의미를 정해주는 '이유'이며, 따라서 목적인의 역할을 한다고 할 수 있다.

---

21 "어떤 것이 유(有)인 한 그것은 선인 것이 명백하다." 『신학대전 1』, 1, 5, 1, p.95.

22 원인은 필연 법칙에 적용되는 개념이고, 이유는 당위에 적용되는 개념이라고 본다. 윤사순, 「퇴계의 태극생양의관」, 『아세아 연구』(서울: 고려대학교 아세아문제연구소, 1969), 12권 3호, p.231 주 11. 태극이나 리는 우주론적이고 도덕적인 두 측면을 지니고 있는데, 윤사순 교수가 말하는 원인은 우주론적인 근원을 가리키고 이유는 가치론적이고 도덕적인 근원을 가리키는 것이라고 볼 수 있다.

주희나 퇴계가, 이치로 볼 때 사물이 없어도 사물의 리는 있었다고 하는 것이나, 리가 기보다 먼저 있었다는 것은 존재보다 존재의 이유가 먼저 있었다는 목적론적이고 가치론적인 사유 방식을 표현하는 것으로 봐야 한다. 리는 순선(純善)이요 완전한 선으로 여겨지고 있으며, 결국 아퀴나스의 하나님이 최고선으로서 사물의 목적이 되듯이, 리 역시 최고선으로 사물의 목적인의 역할을 한다고 할 수 있다. 주희나 퇴계가 리를 인의예지의 덕이라고 볼 때, 만물은 인의예지의 덕을 실현하기 위해 있다. 그런데 인(仁)이란 생의(生意)이니, 리가 만물의 목적이라는 것은 만물이 생생하게 살기 위해 있다는 말도 될 것이다. 물론 성리학의 리는 자연 만물 안에 들어 있는 측면이 있어서, 그 자연주의적 성격 때문에 서양 신학만큼 목적론적 성격이 강하지는 않다. 꼭 무엇을 위해 살기보다는 의미를 넘어서 생의 리듬에 충실하게 사는 측면이 있다.[23] 그러나 태극이 표준으로서 만물이 바라보는 궁극이며 기준점이 된다는 점에서 목적이라는 개념을 사용할 수 있다. 인간은 참사람이 되기 위해서 태어났다고 볼 수 있는 것이요, 참사람이 되기 위한 자기 수양의 기준점이 태극이요, 리인 것이다.

언뜻 보면 아퀴나스의 목적인은 욕구의 대상으로 설명되고, 성리학의 목적인인 리는 천명(天命) 또는 당위 법칙으로 보인다. 그러나 그것은 한 측면만 본 것이다. 물론 아퀴나스의 신학이 개신교 신학에 비하면 인간의 완전 타락을 얘기하지 않으며, 그래서 사람은 최고선인 하나님을 목적으로 욕구한다고 본다. 그러나 아퀴나스에게서 하나님은 자연스러운 욕구의 대상은 아니고 의무감으로 다가오는 당위적 성격도

23 양명수, 『성명에서 생명으로: 서구의 그리스교적 인문주의와 동아시아의 자연주의적 인문주의』(서울: 이화여자대학교출판부, 2013), 4장.

지닌다. 한편 성리학에서도 태극은 당위이지만 동시에 욕구의 대상이다. 다시 말해서 아퀴나스의 하나님과 성리학의 리는 모두 인간이 바라는 것이지만 도달하지 못해 당위의 형태로 남아 있는 것이다.

한편 윤사순 교수는 사물에 갖춰져 있는 태극(各具一極) 또는 사물에 갖춰져 있는 리(所具事物之理)는 표준으로서 사물의 생성 형식 또는 본질을 뜻한다고 본다.[24] 생성 형식이나 본질은 정확히 아퀴나스가 말하는 형상인과 일치하는 것으로서, 리는 곧 형상인이라고도 볼 수 있겠다. 그렇다면 리는 목적인이면서 형상인이라고 할 수 있다. 태극이나 리는 궁극적이고 완전한 선으로서 돼야 할 바의 기준이요, 도덕적 행위와 마음씀씀이의 표준이 된다. 사실 이데아론을 말한 플라톤 이후 사물 형상의 궁극은 선의 형상이므로, 그렇게 봐도 형상인과 목적인은 일치한다. 펑유란(馮友蘭) 역시 리를 형상인과 목적인으로 본다.[25] 성리학은 도덕 형이상학으로서 존재의 의미와 이유를 중심으로 우주론을 전개한 사상임을 알 수 있다. 태극이나 리는 목적인이나 형상인으로서 만물의 근원이 된다.

2. 목적인이 동시에 능동인인가?

리를 목적인과 형상인으로 보더라도 능동인이 될 수 있는가에 대해서는 논란이 많다. 그런 점에서 태극과 그리스도교의 신의 차이를 볼

---

24 윤사순, 위의 글, p.232.

25 펑유란, 『중국철학사 하』,(서울: 까치, 1999), p.541. 주 26. 그는 질료인과 능동인을 기에 해당하는 것으로 본다.

수 있다. 목적인이 동시에 능동인이 된다면 목적인이 선의 실현의 주체가 된다. 인간의 목적이 인간으로 하여금 그 목적을 달성할 수 있도록 인간을 움직여준다. 흔히 능동인을 우주론적인 생성의 문제와 관련해서 생각하지만, 실제로는 선의 실현과 관련해서 생각해야 그리스도교 신학이나 성리학의 의미가 더 분명하게 드러난다고 할 수 있다.

아퀴나스 신학에서 하나님은 능동인으로서 만물의 생성과 변화에 직접 관여한다. 아퀴나스에게서 생성 변화란 질료가 형상을 입고 잠재태가 현실태가 되는 것인데, "잠재태로 있는 것은 그 스스로 현실태로 옮겨갈 수 없다."[26] 잠재태에서 현실태로 된다는 것은 사물이 자신의 본질과 형상을 찾아가는 것을 말하고, 인간이 참으로 인간이 되는 것을 가리킨다. 인간은 참사람이 될 가능성을 가지고 태어나는데, 그 가능성을 가리켜 잠재태라고 하고, 참사람이 되는 것을 현실태라고 한다. 그런데 잠재태가 현실태로 되는, 다시 말해 가능성이 현실이 되는 과정이 자기 힘으로 안 된다는 것이다. 이것이 아퀴나스 자연학의 가장 큰 전제 가운데 하나다. 그래서 모든 사물의 생성 변화에는 잠재태를 현실태로 이끌어가는 작용자(operans)가 필요하다. 그 작용자는 사물 밖의 초월자 하나님으로서 모든 생성 변화의 작용자요 능동인이다. 능동인은 선의 실현을 이끌고 주도하는 힘이라는 의미에서 선의 원인이 된다. 인간의 목적이 되는 하나님이 동시에 능동적으로 사물에게서 선을 이룬다. 그것은 자유 의지를 지닌 인간에게도 해당된다. 인간은 자유 의지를 지니고 주체적으로 선을 실현하지만, 모든 선의 실현은 하나님의 직접 섭리에 따라 발생한다. "자유 의지의 행위 자체는 원인으로서

---

26 토마스 아퀴나스, 『자연의 원리들』, p.47.

의 하나님께 환원되는 것"[27]이다. 하나님의 주권 안에서의 인간의 주체성이다. 하나님의 의지 안에 있을 때 인간은 자유로운 의지를 행사해 선을 행하고 사람됨을 실현한다. 인간의 목적이 스스로 인간을 움직여 그 목적에 도달하도록 이끈다.

성리학의 리는 하나님 같은 초월자가 아니요, 운동은 기의 몫이라는 전제가 성리학에 있다. 그런 점에서 리는 목적인이지만 능동인은 아니라는 주장이 가능하다. 그러나 퇴계가 리의 능동성을 강조하는 듯해서 조선 시대 내내 논쟁의 대상이 됐던 것이다. 원래 성리학은 리의 무조작(無造作)과 무정의(無情意), 무위(無爲)를 주장함으로써 리가 직접 움직이는 것이 아님을 말했다. 물론 리를 소이연(所以然)이라고 할 때 리의 능동성을 완전히 배제하지는 않은 듯이 보이는 부분이 있어서 논란이 많다. 그러나 성리학에서 운동력은 기본적으로 기(氣)에게 맡겨져 있는 것이다. 물리적인 운동은 기가 하는 것이며, 그러므로 태극이나 리가 아퀴나스적인 의미의 능동인이 될 수 없다. 다만 소당연과 소이연이 일치한다고 함으로써 도덕적 당위를 우주의 운행 원리에서 끌어내려고 했으며, 그래서 우주론이 들어온 것이다. 우주론과 형이상학은 만물의 생성 조화와 세상사가 필연적인 도덕 법칙에 따라 움직인다고 함으로써 도덕의 실현을 격려하고 설득하려는 의도에서 나온 것이다. 퇴계 같은 경우에도 소이연(所以然)보다는 소당연(所當然)이 더 중요하다는 것을 분명하게 말한다.[28] 그것은 주역(周易)에 나오는 자연의

27 토마스 아퀴나스, 『신학대전 3』, 1, 22, 2, 정의채 옮김(서울: 바오로딸, 2000), p.139.

28 "궁극적으로 논한다면 소당연을 이치라고 하는 말이 보다 좋을 듯합니다(窮極論之 當然者 爲理之說 爲長).", 이황, 『국역 퇴계전서 7』(서울: 퇴계학연구원, 2003), p.82. 『退溪先生文集』 25, 7. 「鄭子中與奇明彦論學 有不合 以書來問 考訂前言以答如左」.

원리인 원형이정(元亨利貞)을 맹자의 인의예지로 본 주희도 마찬가지다. 성리학이 도덕 형이상학일 뿐, 실체를 가지고 논하는 아퀴나스적인 존재론에 관심이 있지 않음을 분명하게 보여주는 것이다. 성리학의 '소이연'은 아퀴나스 신학의 '원인(causa)'과 다르다.

퇴계는 리의 능동성을 말하는 듯한 리동(理動)에 앞서 고봉과의 논쟁에서 리발(理發)을 말했다는 점을 염두에 둬야 한다. 리발은 도덕 실현에서 인간의 주재를 약화시키고 리의 능동성을 주장하는 듯이 보여서 조선 시대 성리학의 가장 큰 논쟁거리를 제공했다. 퇴계의 리발은 결국 율곡이 말한 대로 리의 무위(無爲)를 깨는 것으로 여겨질 수 있고, 고봉이 말한 대로 리가 정의(情意)가 있고 조작(造作)이 있는 것처럼 여겨질 수 있다. 그럴 경우의 문제점은 성리학이 초월적 실체를 인정하는 신학에 가까워질 수 있다는 점이다. 실제로 퇴계는 도덕론에서의 리발 이후에 우주 발생에서의 리동(理動), 그리고 일종의 인식론에서의 리도(理到)를 말함으로써 리의 능동성을 일관되게 주장해 나갔다. 리의 능동성은 목적의 능동성이다. 다시 말해 인간의 목적이 되는 자기 완성 또는 순선(純善)의 태극이 인간의 의지를 움직이고(理發), 만물을 낳는 움직임을 가지고 있으며(理動), 진리 인식을 주도하는 움직임을 가지고 있다는 것(理到)으로 이해돼야 한다. 그런데, 퇴계에게서 리의 능동성 문제의 출발은 리발 곧 심성론과 도덕론이다. 리의 능동성이 도덕론에서 이해되면, 인간 안의 도덕 명령이 그 명령을 실현하도록 인간의 의지를 이끌어가는 듯 보인다. 그것은 인간의 악의 성향을 심각하게 인식할 때, 선을 이루는 것이 마치 자기가 하는 것이 아닌 것처럼 여기는 것으로서, 칸트가 『실천이성비판』에서 도덕법이 마치 인간을 끌고 가는 것처럼 말한 것과 비슷하다. 퇴계나 칸트에게서 도덕

법은 인간 안의 것이며 바깥의 초월적 실체가 아님이 분명하다. 그래서 칸트는 선의 실현을 이성의 자기 동의라고 했고,[29] 퇴계는 리발을 통해 인간의 마음이 도덕 행위를 주재하는 것으로 이해했다. 퇴계의 관심은 이념의 능동성을 통해 도덕 문제를 해결하려고 한 것이며, 우주 발생에서 아퀴나스의 하나님과 같은 초월적 실체의 능동성을 말하려고 한 것은 아니라고 할 수 있다. 물론 성리학의 리는 칸트의 도덕법에 그치지 않고 우주적 마음이기도 하다. 그리고 퇴계는 리가 스스로 움직일 수 있음을 강조한다. 그러나 태극이나 리가 사물 밖의 초월적 실체가 아니므로 그 능동성에는 한계가 있다. 아퀴나스적인 의미에서의 능동인은 아니라는 얘기다.

성리학이나 퇴계는 인문주의로서 선의 실현의 주체를 결국 인간에게서 찾는다. 퇴계의 리발이나 리동은 선의 실현이 인간 자신을 넘어선 우주적 선의 힘에 의해 이뤄지는 측면을 말하고자 하는 것이지만, 결국 선의 실현의 주체는 인간으로 귀결된다. 물론 리도에 이르러 리의 주재가 강화되고 종교적 차원에 이르는 모습을 보이기는 한다. 기존 성리학에 비하면 신학에 가까운 모습이지만, 퇴계의 리의 주재는 어디까지나 도덕적 인식과 실천에 관한 것이다. 우주론은 도덕 실천에 봉사하는 것 이상이 아니다. 그러므로 퇴계가 리의 초월성을 강조했더라도, 세상 밖의 개별자로서의 초월적 지위를 가지는 것이 아니다. 그 초월성은 언제든 내재에 의해 견제된다. 그러나 아퀴나스에게서 목적인인 하나님은 존재론적 실체요 초월자로서 모든 면에서 능동성을 가지고 주도한다. 도덕에서도 인간의 주재보다 하나님의 주재가 두드러

29 I. Kant, 『실천이성비판』, 백종현 옮김(서울: 아카넷, 2004), p.183.

진다. 목적인인 하나님이 그 목적 달성을 스스로 이끈다. 선의 실현을 하나님이 주도하고, 인간은 거기에 복종함으로써 선을 실현한다. 인간의 주체성을 말하더라도, 하나님의 주체성 안에서만 인간의 주체성을 말할 수 있다. 아퀴나스나 그리스도교 전통이 인간의 주체성을 부정하지 않지만, 결국 하나님의 주체성으로 돌아간다. 선의 실현에서 하나님의 은총을 찬양하게 되는 것이다. 제일 능동인이 제이 능동인을 창조하는 창조론도 결국 인간의 선의 의지를 하나님이 주관하고 있음을 말하는 것으로 해석된다.

퇴계의 경우를 두고 우리나라 학자들 사이에서 견해는 갈린다. 퇴계가 리를 능동인으로 봤다는 주장과, 리가 능동인일 수 없다는 주장이 팽팽하게 갈린다. 그런데 성리학 자체를 두고 현대의 중국 학자들도 견해가 갈린다. 『중국철학사』로 유명한 펑유란의 경우에는 성리학의 리가 목적인이요 형상인이지만 능동인은 아니라고 보고, 성리학 연구자인 몽배원(蒙培元) 같은 학자는 성리학의 리를 목적인이면서 능동인이라고 본다. 퇴계는 중국과 조선의 성리학자들 중에서 리의 능동성을 가장 확실하고 분명하게 말한 분이다. 그런 점에서 늘 논의의 대상이 되는 것이다. 리를 그리스교의 하나님처럼 존재론적 실체로 볼 수 없는데, 리의 능동성을 그처럼 확실하게 말하는 게 어떤 의미가 있는지를 살필 과제가 후학들에게 주어진 것이다.

3. 내재(內在)의 차이

목적인과 능동인의 관계의 차이는 그리스도교의 하나님과 성리학의 리의 초월성의 차이를 말하는 것이며, 그것은 곧바로 내재의 차이를 가져온다. 초월을 말하면 반드시 내재를 말해야 하는데, 어떤 모습으로든 내재 없는 초월자는 인간과 아무런 관련이 없는 존재가 되기 때문이다. 내재의 문제는 천주나 리라고 하는 초월자가 어떻게 만물과 함께하는지 또는 어떤 방식으로 만물 속에 있는지의 문제다.

『천주실의』 4권에는 이와 관련해서 중국 선비와 마테오 리치의 깊이 있는 토론이 나온다. 중국 선비는 유학자로서 성리학의 이론을 대변한다. 초월자가 내재하고 있다는 것을 어떻게 설명할 수 있을까? 중국 선비는 중국의 옛날 선비들이 "우주 만물의 본성은 모두 선하며 큰 이치를 가지고 있어서 다시는 바꿀 수 없음을 분명하게 살폈습니다."라고 한다.[30] 이것은 인간뿐 아니라 모든 사물이 선한 본성을 갖고 있고 그것을 리(理)라고 한다는 얘기다. 즉, 리는 만물이 자기 속에 가지고 있는 선한 본성이다. 그리고 말하기를 "사물들이 크거나 극미한 차이는 있어도, 그 본성은 하나이다."라고 한다.[31] 수많은 사물에 각각 들어 있는 성(性)은 동일해 하나라는 것이다. 이것은 여럿이면서 하나인 리를 가리켜 말한 것이다. 여럿은 하나고, 거꾸로 그 하나가 여럿을 낳는다고 말하기도 한다. 태극의 관점에서 보면 하나가 여럿을 품고 있는 것이지만, 각구일극(各具一極)의 관점에서 보면 그 여럿의 극이 각각 하나의 태극이다.

여럿이 하나라고 하는 것은 인간이나 자연 사물이나 같은 리를 품고 있다는 것으로서, 서양 신학자 마테오 리치가 주장하는 존재의 위계질서를 사실상 부인하는 것이다. 아퀴나스 신학에서 피조물들은 그 종에

30 『천주실의』, 4-7, p.190.

31 "物有巨微 其性一體", 같은 곳.

따라 각기 다른 형상을 지니고 있기 때문에 모든 사물이 같은 성(性)을 지니고 있을 수 없다. 마테오 리치는 아퀴나스를 따라 식물과 동물을 각각 생혼(生魂)과 각혼(覺魂)이라고 하고, 사람은 그들과 달리 추리하는 이성을 가진 존재로서 영혼(靈魂)이라고 분류했다.[32] 그러한 존재의 계층은 모든 피조물이 같은 리를 지니고 있다고 보는 성리학에서는 찾아볼 수 없다. 성리학도 인문주의로서 존재의 계층이 없지 않지만, 아퀴나스 신학과 달리 모두 피조물이 동일한 리를 지니고 있는데 서로 기질이 달라 리가 통하는 정도가 다를 뿐이다. 그것은 동식물과 인간의 본질(essentia)의 차이를 인정하지 않는 것으로서, 아퀴나스 신학과 다르다. 성리학에서 모든 피조물이 같은 본질을 가지고 있다고 보는 것은 리가 하나이면서 동시에 여럿이기 때문에 가능하다. 그것은 사실 앞에서 말했듯이 여럿에서 하나를 본 것이라고 할 수 있다. 여러 사물에 들어 있는 본성이 모두 같다고 하면서 하나의 본성론이 나오는 것이고, 그 하나의 본성이 수많은 사물 속에 들어가 사물을 주재한다고 보는 것이다. 그것은 분수(分殊)에서 리일(理一)을 보는 것이요, 하나의 리라는 보편자 또는 초월자를 말하더라도 그 초월자가 철저하게 내재에 기반을 둔 것이라는 말이다. 그 점이 아퀴나스나 마테오 리치의 그리스도교 신학과 다르다.

리가 하나이면서 여럿인 것은 성리학의 특징이며 그리스도교의 천주와는 어울리지 않는 표현이다. 그래서 중국 선비는 이렇게 말한다. "천주이신 상제는 바로 개개의 사물에 내재해, 만물들과 더불어 하나가 된다."[33] 이것은 그리스도교의 천주를 천인합일(天人合一)을 말하는

32 『천주실의』, 5-4, p.240.

33 "天主上帝 卽在各物之內, 以與物爲一", 『천주실의』, 4-7, p.190.

유학 식으로 이해한 것이다. 만일 천주라는 초월자를 인정한다 하더라도, 그것은 철저하게 사물 안에서 그 사물과 하나가 되는 존재일 수밖에 없다는 생각이다. 이러한 주장은 그리스도교의 하나님을 성리학의 상제처럼 이해한 것이다. 성리학은 상제라는 개념을 통해 주재하는 초월자를 말했는데, 내재를 근거로 해서 초월을 보았다. 내 안에 들어 있는 선한 덕성, 그 덕성이 나를 주재하고 세상사를 주재해 나가는 것이요, 그 덕성은 나뿐 아니라 만물에 똑같이 들어 있는 덕성이요, 나 밖의 만물에 들어 있는 같은 덕성이므로 하나의 보편적인 덕성이 되는 것이고, 그래서 나라고 하는 개별자를 넘어선 초월자로 인식되는 것이다. 그리고 그 하나의 덕성이 온 우주를 지배하고 주재한다는 생각을 하게 된 것이다. 중국 선비는 천주를 그런 식으로 이해하면 상당한 교육적 효과가 있다고 생각한 것 같다. 그래서 이어 말하길, 타자를 해하는 것은 그 안에 있는 하나님을 모독하는 것이라고 한다.[34] 만일 마테오 리치를 따라 인격신을 인정하되 그 초월성을 삭감하고 그것이 만물 안에 들어 있다고 하면, 타자를 귀하게 여기고 선을 베풀도록 권면하는 데 도움을 줄 것이다. 그러나 천주의 초월성이 사라진다는 것은, 선을 베푸는 일이 여전히 인간의 당위로 남아 인간이 수행해야 할 일로 남아 있을 뿐이고 선의 실행에 천주는 아무런 도움도 주지 못하는 존재가 된다. 그것은 마테오 리치의 천주와는 완전히 다르게 된다. 초월자의 내재를 어떻게 이해하느냐는 것은 초월자의 초월을 어떻게 이해하느냐의 문제로 직결되고, 초월은 인간 위에서 적극적이고 능동적으로 인간의 도덕 실천을 주재하는 문제다.

---

34 "勿害物 以侮其內心之上帝焉", 같은 곳.

그래서 마테오 리치는 중국 선비의 주장을 반박한다. 천주가 사물에 내재해서 사물과 하나가 된다는 것은 조물주와 사물을 동등하게 보는 것으로서 교만이라고 본다. 땅위의 백성을 하늘의 상제와 동등하게 볼 수 없다는 것이다.[35] 그는 천주와 사람이 한몸이 아니라고 못을 박는다.[36] 천주와 사물이 같지 않음을 말하기 위해, 그는 천주의 본성과 사물의 본성이 다르다고 본다.[37] 마테오 리치로서는 만물이 존재한다는 것은 그 만물보다 뛰어난 초월자가 있었음을 의미한다. 피조물의 선한 본성은 조물주에게서 나온 것이지만 피조물은 또한 서로 해치고 죽이는 일도 있다. 그러나 천주에게는 해치는 이치가 없으니,[38] 피조물의 덕과 천주의 덕을 비교할 수 없다. 아퀴나스 식으로 말하자면 본성은 형상을 가리키는 것으로서, 천주의 본성은 '본질에 의해(per essentiam)' 있는 것이고, 사물의 본성은 그 본질에 참여함으로 있는 '참여된 형상(forma participata)'이다.[39] 본질과 그 본질에 참여하는 자는 조물주와 피조물의 거리가 있다. 완전함과 불완전함의 거리가 있다. 그런 점에서 마테오 리치는 천주와 사물이 한몸일 수 없다고 한 것이요, 천주의 성과 사물의 성은 다르다고 한 것이다.

그뿐만 아니라 마테오 리치가 볼 때, 만일 천주가 사람 속에 있어 한몸이 되었다면 악이 없어야 한다. 사람이 천주와 한몸이라면, 천주가 온전히 '한 몸의 주인(一身之主)'이 됐으니 모든 것이 선하신 천주의 뜻대로 돼야 하는데, 여전히 사람이 사욕(私欲)에 빠져 사행(邪行)을 저

35 『천주실의』, 4-7, p.192.

36 "吾於天主 非共爲一體", 『천주실의』, 4-9, p.201.

37 같은 책, p.202.

38 같은 책, p.203.

39 『신학대전 1』, 1, 3, 8, p.82.

지르는 까닭을 설명할 수 없다는 것이다.[40] 그처럼 한몸이 됐다고 하면, 현실적으로 발생하는 인간의 악에 대해 그 책임을 물을 수 없게 된다. 왜냐하면 "만물의 행동은 그 사물들에 달려 있지 않고 모두 천주가 한 일들"[41]이 되기 때문이다. 그는 묻는다. "소인들이 벽을 뚫고 담을 뛰어넘고 들에서 행인들을 못 가게 막는 것도 그들의 죄가 아니고, 또한 천주들로 하여금 그러한 죄를 짓게 한 것입니까?"[42]

이 문제는 인간의 자유 의지와 하나님의 직접 섭리를 어떻게 양립시키느냐는 문제로서 그리스도교 신학에서도 논의가 있는 것이다. 하나님이 모든 생성 변화와 인간 의지의 능동인이라면, 악한 행위까지도 하나님이 한 것이 된다. 그러나 그런 식의 주장은 고대 이래의 범신론이나 헤겔(Georg W. F. Hegel)의 정신 현상학에 이르기까지 내재주의의 위험으로 여겨져 왔다. 그리스도교에서는 선은 하나님의 주도로 이뤄지고, 악은 인간의 왜곡된 의지에서 비롯되었다고 본다. 그것이 아우구스티누스 이후 그리스도교 신학의 일반적 공식이다. 아퀴나스는 인간이 하나님의 보편적 통치에는 저항할 수 없으나 특수한 것에 의한 하나님의 통치에는 저항할 수 있다고 함으로써 악의 문제를 정리했다.[43] 그러므로 개인의 악은 개인의 책임이다. 이런 문제는 더 크게 보면 악의 문제에 대한 신정론(神正論, theodicy)의 주제이기도 하지만, 여하튼 하나님이 사물 안에 들어 있다는 내재주의의 표현을 꺼려온 것이 그리스도교 전통이다.

---

40 『천주실의』, 4-9, p.204.

41 같은 책, p.205.

42 같은 책, p.206.

43 장욱, 『토마스 아퀴나스의 철학』(서울: 동과서, 2003), p.89.

그리스도교 신학에서 내재주의를 꺼려한 것은, 근본적으로 하나님과 사물이 모두 실체로 이해됐기 때문이기도 하다. 하나의 실체가 다른 하나의 실체 속에 들어 있다면 둘 중의 하나는 그 실체성을 잃게 된다. 하나의 실체는 다른 실체와 거리를 두고 그 마음이 하나가 될 수는 있어도, 실체적으로 한몸이 된다는 것은 있을 수 없다. 천주가 사물 속에 들어 있어 사물과 한몸이 되면 천주가 사물의 성분이 되든지, 아니면 사물이 그 실체성을 잃고 천주의 실체성만 살아 있든지 하게 될 것이다. 마테오 리치에 따르면 전자의 경우는 천주의 개념상 모순이다. 만물의 주인이 만물의 구성 성분이 될 수는 없기 때문이다. 두 번째 경우에 천주의 실체성만 살아 있다는 것은 천주가 만물 속에서 "높으신 주님이 되어 한몸의 권력을 마음대로 장악하고 있다"[44]거나 또는 "만물은 껍데기와 같은 것이며 천주가 그것들을 사용하는데, 마치 장인이 자기의 도구를 사용하는 것"[45]과 같이 된다. 이처럼 천주와 사물의 관계를 장인과 도구의 관계로 보면 천주의 주인됨을 한껏 높이는 것 같지만, 앞에서 본 대로 사람이 저지르는 악도 모두 하나님이 하는 것이 돼 선하신 하나님의 본성과 모순이 된다. 인간의 자유 의지까지도 섭리하는 보편적 능동인으로서의 하나님이라고 해서 인간의 자유 의지를 훼손하는 것은 아니다. 인간의 자유 의지를 부정했을 때 무엇보다도 악의 문제를 설명할 수 없다. 마테오 리치의 주장을 보건대 대체로 그런 각도에서 설명을 펼치는 것 같다.

그렇다면 그리스도교 신학은 하나님의 내재를 부인하는가? 앞에서 말한 대로 내재가 없는 초월자는 인간과 아무런 관련이 없다. 그렇다

---

44 "如爲尊主而專握一身之柄", 『천주실의』, 4-9, p.204.

45 "物如軀殼, 天主使用之, 若匠者使用其器械", 같은 책, p.205.

면 성리학과 달리 하나님의 초월성을 강조하는 그리스도교에서 하나님의 내재성은 어떤 식으로 설명되는가? 마테오 리치는 먼저 하나님은 사물 밖의 존재임을 강조한다. 성리학에서 말하는 음양은 사물 속에 있는 소이연이지만(在物之內分), 천주는 무엇보다도 만물을 만든 능동인(causa efficiens)으로서 사물 밖에 있는 것(在物之外分)이다.[46] 앞에서 우리는 목적인과 능동인은 사물 밖에 있는 것으로서 천주의 초월성을 밝히는 데 사용된 개념임을 보았다. 그러므로 초월자 천주가 사물에 내재한다는 것은 사람이 자기 집에 있는 것처럼 사물의 장소에 있는 것일 수 없고, 손발이 몸에 붙어 있는 것처럼 천주가 사물의 부분일 수도 없으며, 흰 말 속의 흰색처럼 천주가 실체의 속성으로 존재할 수도 없다.[47] 그렇다면 천주는 어떤 방식으로 사물과 관계를 맺는가? 마테오 리치는 이렇게 말한다. "(천주께서) 사물 속에 계신다는 것은 원인이 그 결과 속에 있는 것과 같습니다. 그것은 마치 햇빛이 그것에 의해 비추어진 수정 속에 있음이나, 불이 그것에 의해 달구어진 발간 쇠 속에 있는 것과 같습니다."[48] 아퀴나스는 불과 불타는 것의 비유를 들어 원인이 결과에 내재하는 예로 삼았다.[49] 원인이 결과에 내재한다는 말은 천주가 "모든 것을 있게 하는 원인으로서 만물 안에 존재한다"[50]는 뜻이다. 만물의 존재와 행위는 하나님의 작용이며, 하나님은 존재와 행위의 원인으로서 만물 안에 존재한다. 아퀴나스는 말한다. "만물에 대해 직접적으로 작용한다는 것은 하나님의 가장 큰 능력에 속한다. 따

---

46 "天主作物 爲其公作者 則在物之外分矣", 같은 책, p.209.

47 같은 곳.

48 "惑在物 如所以然之在其已然 若日光之在其所照水晶焉 火在其所燒紅鐵焉", 같은 곳.

49 『신학대전 1』, 1, 8, 1, p.135.

50 같은 책, p.136.

라서 자체 안에 하나님을 갖지 않을 만큼 하나님에게서 떨어져 있는 것이란 아무것도 없다."[51] 그러므로 하나님은 "다른 것 속의 작용의 근원"[52]이라는 의미에서 "그 능력으로" 만물 안에 있다. "능동자는 능력에 의해 다른 것 안에 있다고 할 수 있다."[53]

앞에서 우리는 아퀴나스가 말하는 능동인이 사물 밖의 것이라고 했다. 성리학의 소이연은 기본적으로 내재이지만, 아퀴나스 신학에서 말하는 원인은 기본적으로 사물 밖이라는 점에서 서로 다르다. 그것은 만물이 스스로 생성 변화하지 않고 무에서 유를 만든 하나님의 영원한 창조 행위에 의해 이뤄지는 것이라는 뜻에서 그리스도교 신학의 특징을 이루는 것이다. 그러나 이제 다시 능동인이 사물 안에 있다고 말하는 것은 무슨 까닭인가? 그것은, 만물의 능동인으로서의 하나님이 사물 안에서 모든 작용의 근원이 된다는 뜻이다. 초월자는 내재한다. 그러나 '초월자'가 내재하는 것이다. 존재 자체는 원인으로서 모든 존재에 공통되는 것(communissium)이다. 그런 점에서 초월자는 사물에 내재하는데, 그것은 원인으로서 그렇다. 피조물 밖의 존재가 피조물 안까지 영향과 작용을 미치는 것이다. 그것이 작용인 또는 능동인이다. 그것을 가리켜 아퀴나스는 '능력에 의해 다른 것 안에 있다'고 한다. 그것은 하나님의 능력이 사물들 속속들이 미친다는 의미다. 하나님은 자신의 지성과 의지에 의해 피조물에게 내적으로 관여한다.[54] 그래서 피조물들 맘대로 되는 것은 없다. 그러므로 하나님의 내재란 하나님의

---

51 『신학대전 1』, 1, 8, 1, p.136.

52 『신학대전 1』, 1, 8, 3, p.143.

53 같은 곳.

54 장욱, 위의 책, p.88.

전능함을 의미하는 것이다.

사실, 능동자가 능력으로 다른 것 '안에' 있다는 것은 하나님의 선한 능력이 밖에서 떠밀어 생성 변화를 일으키는 것은 아니라는 뜻이 있다. 인간의 자율을 희생시키지 않고 하나님의 작용이 일어난다는 말이다. 또는 거꾸로 말하면 인간이 자율적으로 하는 선한 일도 알고 보면 하나님이 하는 일이라는 것이다.[55]

한편 능동자가 '능력으로' 안에 있다는 것은, 다른 것 안에 있다고 서로 실체가 섞여 하나가 되는 것은 아니라는 말이다. 하나님은 '자기 실체(sua substantia)'로서 만물 안에 있다.[56] 아퀴나스는 하나님이 사물 안에 현존(praesentia)함을 가리키기 위해, "국왕이 실제로 모든 곳에 현존하지 않을지라도 그 능력에 의해 전국에 있다고 한다."[57]는 예를 든다. 마테오 리치 역시 빛나는 수정이나 불붙은 쇠의 비유를 통해서 그 점을 말한다고 봐야 한다. 빛과 빛을 받아 빛나는 수정은 별개의 실체다. 그리고 불과 그 불이 달군 붉은 쇠는 별개의 실체다. 마테오 리치가 이 비유를 통해 말하려고 한 것은, 천주가 사물 속에 있다고 하더라도 천주와 사물은 별개라는 것이다. 내재를 말하더라도 천주와 사물 각각의 실체성은 유지돼야 한다. 각각의 실체성이 유지돼야 하므로 각각의 본성도 따로따로다. 그래서 마테오 리치도 말한다. "빛이 비록 수정에 있고 불이 비록 쇠 속에 있다고 하지만, 그러나 각 사물이나 각 물체는 본성이 뒤섞이지 않는 것과 같습니다."[58]

---

55 마테오 리치는 이렇게 말한다. "사람을 사랑하는 선의 원인을 찾자면, 그것은 천주의 좋으심에 있는 것이지, 사람의 선함에 있는 것이 아닙니다(愛人之善緣 在天主之善 非在人之善).", 『천주실의』, 7-11, p.372.

56 『신학대전 1』, 1, 8, 3, p.143.

57 같은 책, p.142.

이처럼 천주와 사물의 각각의 실체성을 유지함으로써 각각의 본성을 유지하는 까닭은 하나님의 선한 본성과 현실의 악을 만드는 피조물의 본성을 구분하려는 것이다. 이러한 문제는 사실 인간에게 집중돼 있는 문제다. 그리스도교 신학에서는 인간의 본성이 하나님을 닮아 본래 선하다고 하지만, 현재 상태에서는 그 본래성을 잃고 타락했다고 보며, 아우구스티누스는 그것을 가리켜 제2의 본성이라고 한다. 본래 하나님이 만든 인간의 모습과 완전히 바뀌었다는 것이다. 그럼으로써 하나님과 인간의 본성의 차이를 확대시켰는데, 그런 신학은 약간 변형되기는 했지만 아퀴나스와 마테오 리치에게 어느 정도 이어진 면이 있다.[59] 그래서 마테오 리치는 인간이 물질성(形性)과 정신성(神性)이라는 두 가지 본성을 지니고 있으며, 수심(獸心)과 인심(人心) 두 마음을 지닌다고 한다.[60] 신성은 하나님을 닮은 본래의 선한 모습이지만, 수성은 타락해 또 하나의 본성을 이루고 있는 것이다. 또한 마테오 리치는 아우구스티누스를 따라 사람이 "물려받은 잘못에 따라서 본성의 온전함을 계승할 수 없고 태어나면서 결함을 지닌 것"[61]이라고 한다. 그것을 제2의 본성이라고 한다.[62]

---

58 "如: 光雖在水晶 火雖在鐵 然而各物各體 本性不雜", 『천주실의』, 4-9, p.210.

59 인간의 타락에 관해 아퀴나스는 아우구스티누스와 달리 완전한 타락을 말하지 않는다. 그럼에도 불구하고 성리학보다는 타락의 심각성을 인정한다고 봐야 한다.

60 "그렇다면 사람은 또한 두 가지 본성을 지닌 것입니다. 그 하나는 물질성이고 다른 하나는 정신성입니다(則亦有二性 一乃形性 一乃神性也).", 『천주실의』, 3-5, p.130.

61 "則爲其子孫者 沿其遺累 不淂承性之全 生而帶疵", 『천주실의』, 8-6, p.421.

62 "人所已習 可謂第二性", 『천주실의』, 8-6, p.422. 물론 여기서 말하는 결함이 완전 타락을 가져온 것은 아니라는 점에서 아우구스티누스나 종교개혁 전통과 다르다. 그러나 결함이 없더라도 인간은 처음부터 하나님의 은총으로 선을 행하게 돼 있다. 태초에는 저절로 하나님의 은총에 의지했으나 이제는 은총을 입기 위해 믿음과 의지의 노력이 필요하게 됐다. 그것이 아퀴나스가 말하는 인간성의 결함이다.

인간의 본래의 모습과 현재의 모습의 차이에 대한 인식은 성리학에도 없지 않아 본연지성(本然之性)과 기질지성(氣質之性)을 구분한다. 마치 두 개의 본성이 있는 것처럼 말하는데, 그 점은 퇴계 같은 경우에 두드러진다. 그렇지만 성리학에서 인간의 본성이라면 역시 본연지성을 가리킬 뿐이고, 기질지성은 세상에 살면서 생긴 악습으로서 경계의 대상이 되지만 인간의 선한 본성을 완전히 대체할 정도는 아니다. 그래서 선한 초월자를 요청하지 않아도 되는 것이다. 『천주실의』에서 중국 선비가 하나님뿐만 아니라 사람들 역시 지극한 덕을 갖추고 있다고 한 것이나,[63] 성인관을 내세워 "하나님 혼자서 스스로 짓고 스스로 세워서 지극한 통치에 이르렀다는 말을 아직 듣지 못했습니다."[64]고 하면서 마테오 리치가 말하는 천주를 사람의 마음속에 있는 것으로 보려는 태도[65]는 그러한 성리학적 인간관에서 나온 것이다.

마테오 리치는 천주와 사물의 본성이 섞이지 않지만, 그렇다고 천주가 만물을 떠나 있을 수는 없다고 한다.[66] 여기서 말하는 천주와 사물간의 불상잡 불상리(不相雜不相離)는 성리학에서 말하는 리와 기의 불상잡 불상리와는 다르다. 리는 기본적으로 기를 떠나서 있을 수 없다는 것은 리가 기 속에 있을 수밖에 없기 때문이지만, 천주가 사물을 떠나서 있을 수 없다고 하는 것은 천주의 자유 의지에 의한 것이다. 리의 무정의 무조작(無情意無造作)은 천주에게서 부정된다. 하나님은 자유로운 의지로 사물을 내고 보존한다.[67] 그래서 은총이다. "은총만이 사

63 "하나님의 덕은 진실로 두텁습니다. 그러나 우리 사람들 역시 지극한 덕을 갖추고 있는 것입니다(上帝之德固厚 而吾人亦具有至德).", 『천주실의』, 4-8, p.193.

64 "未聞 蔑先聖 而上帝自作自樹 以臻至治", 같은 곳, p.193.

65 "方寸間 儼居天主", 같은 책, p.194.

66 "但光可離水晶 天主不可離物", 『천주실의』, 4-9, p.210.

물 안에 하나님을 존재케 하는 독특한 양식을 이룬다."[68] 천주는 무에서 유를 만든 창조주로 믿어지는 존재이기 때문이다. 그러므로 기본적으로 사물 밖의 천주가 사물을 떠나지 않는 것일 뿐이며, 사물이 없으면 존재할 수 없어 떠날 수 없는 것이 아니다. 그리고 리는 리일분수(理一分殊)로서 모든 사물에 들어 있는 본성이지만, 천주는 오직 한 분으로서 모든 사물의 본성이 아니며, 사물의 본성과 별개의 본성을 가진다. 다만 사물들이 천주의 본성에 참여할 뿐이다. 그 본성으로 말하면 하나님은 만물 안에 있다고 할 수 없다. "하나님은 그 본성의 탁월성으로 말미암아 만물 위에 있다."[69] "만물 위에 있음", 그것은 초월성을 가리킨다.

그러므로 하나님의 초월성이란 순수하게 선하신 하나님과 그렇지 못한 피조물, 특히 인간과의 차이를 염두에 둔 개념이라고 할 수 있다. 하나님을 존재 자체라고 해서 완전한 존재로 보는 까닭도, 그 덕의 완전성에서 비롯된 것이라고 볼 수 있다. 그리고 하나님을 최고의 개체(maximum individium)로 봄으로써,[70] 피조물과 별개의 실체로 보는 것

---

67 마테오 리치는 리에는 의지가 없고 하나님은 만물을 내고자 하는 의욕과 의지가 있다고 말한다(『천주실의』, 2-8, p.89). 천주의 주재는 그처럼 의지 문제와 연결된다. "발생하는 모든 일들의 작용인들치고 의지적 원인들로 귀결되지 않는 것이 없다.", 아우구스티누스, 『신국론』, 5, 9, 4, p.553.

68 『신학대전 1』, 1, 8, 3, p.143.

69 『신학대전 1』, 1, 8, 1, p.136.

70 『신학대전 1』, 1, 11, 4, p.185. 주희의 성리학은 아퀴나스의 신학과 유사한 점이 많이 있음에도 불구하고, 세밀한 차이를 말하지 않은 채 비슷함을 말하는 것은 매우 위험하다. 예를 들어 태극을 충만한 '존재'로 보는 것(소병선, 『주자학과 토미즘』, 서울: 동과서, 2006, p.102)은 옳지 않다. 아퀴나스에게서 신은 존재 자체요, 최고 개별자다. 그러나 성리학의 리는 그런 존재일 수 없고, 세상과 별개의 개별자일 수 없다. 아퀴나스의 형이상학은 존재론에 바탕을 두고 있지만, 주희는 도덕의 문제를 그런 존재론으로 발전시키지 않았다.

역시 마찬가지 발상이다. 하나님을 개체요 실체로 보는 것은 실체인 피조물과 근본적인 거리를 만드는 사고 방식이다. 그 거리란 바로 덕성의 거리다. 하나님의 능력이 피조물 속속들이 미친다는 점을 강조하면 하나님에게서 떨어져 있는 것이란 아무것도 없다. "그런데도 사물이 하나님에게서 떨어져 있다고 함은 본성과 은총의 비유사성 때문에 그런 것이다. 그것은 하나님 자신이 그 본성의 탁월성 때문에 만물 위에 있는 것과 같다."[71] 하나님과 피조물은 그 덕성이 다르고, 그 다름이 둘 사이의 떨어져 있음을 만들고, 떨어져 있음이 개체 곧 실체 개념을 만드는 것이다. 그리고 피조물에 대한 하나님의 다름과 떨어져 있음은 결국 위에 있음이다. 마테오 리치가 하나님이 사물 안에서 사물과 하나가 될 수 없다고 하는 까닭도 바로 그 하나님의 덕성의 탁월성에 있다.

마테오 리치는 만물의 본성이 선한 것을 가리켜 천주의 흔적이라고 한다.[72] 이것은 하나님의 선함의 확산으로 말미암아 만물이 생겼다고 보는 아퀴나스의 신학을 반영하는 것이다. 존재하고 있는 한 선하며, 모든 존재는 최고선으로 존재 자체인 하나님에게서 유출된 것이다. 그래서 아퀴나스 신학은 피조물과 하나님의 유사성(smilitudo)을 말한다. 피조물은 하나님을 닮았다는 것이다. 그런데 그 유사성은 유비(類比, analogia)에 따른 닮음이다. 유비라고 하는 것은 비슷함과 다름을 모두 지닌 개념이다. 비슷하지만 어떤 동등함이나 연속성을 거부하는 개념이다.

먼저 비슷한 점을 보자. 모든 사물은 존재하는 한, 존재 자체인 하나

71 『신학대전 1』, 1, 8, 1, p.136.
72 『천주실의』, 4-9, p.207.

님과 비슷하다.[73] 일단 이러한 유비를 인정하는 것은 존재하는 것에 대해 매우 높은 의미와 지위를 부여하는 것이다. 다시 말해서 존재하는 것들은 그것이 아무리 덧없는 피조물이라도 가치가 있다. 그것은 하나님의 선에 참여하는 것이고, 하나님의 모방이라는 말이다. 하나님은 피조물의 원형이다. 존재 자체는 모든 존재의 형상(forma)이다. 그처럼 피조물이 하나님의 완전함에 참여하고 있으며, 피조물이 "하나님을 모방한다는 점에서 하나님과 비슷하다."[74] 그 모방을 '참여'라고 하는 개념으로도 설명한다는 것은 앞에서도 보았다. 원래 형상인은 사물에 내재한다. 그런데 형상인으로서 내재한다는 것은 돼야 할 목표나 목적으로 내재하는 것이다. 참사람이라고 하는 형상은 인간이 도달할 목표이지만, 그 참사람이 되기 위해서는 하나님을 바라고 섬겨야 한다. 그러므로 참사람됨을 바라고 욕구하는 인간은 곧 하나님을 바라고 위하고 사랑하게 된다. 그것은 하나님을 목적으로 삼고 섬긴다는 말과 다르지 않다. 그런 점에서 하나님은 인간의 목적인이기도 하다. 참사람은 인간의 형상이지만 목적인이 아니다. 그러나 하나님은 목적인이자 형상인이다. 참사람이라는 형상도 하나님의 생각과 그 뜻 안에 있는 것이다. 그러므로 하나님을 위해 하나님의 뜻을 행할 때, 참사람됨의 형상도 실현된다. 하나님을 위하는 것이 나를 위하는 것이다. 나를 위하는 것이란 나를 완성하는 것이다. 그래서 마테오 리치는 위기지학(爲己之學), 곧 나를 위하는 학문인 유학의 이상은 자기 완성이고, 자기 완성은 천주를 위함으로써 달성할 수 있다고 본다.[75] 자기 완성이란 참

73 『신학대전 1』, 1, 4, 3, p.92.

74 같은 곳.

75 "어찌 자기 완성이 자기를 위함이 아니겠습니까? 천주를 위하는 것이 바로 사람이 자기

사람이 되는 것이요, 순선을 실현하는 것이다.

그렇게 볼 때 하나님은 목적인으로서 바깥이지만, 참사람이라는 형상을 통해 나의 모방인 곧 형상인이 됨으로써 내재한다. 마테오 리치는 하나님이야말로 사람이 자기 부모보다 더 가깝게 사랑하는 분으로서, 사람의 밖이 아니라고 한다. "사람들 중에 비록 부모처럼 가깝더라도 천주와 비교하면 오히려 '밖'이 됩니다. 하물며 천주는 항상 사물 속에 존재하고 계시기에, 스스로를 '밖'으로 보지 않습니다."[76] 리가 사물 속에 존재한다(在物內)고 해서 속성이라고 비판했는데, 여기서 같은 표현을 천주에게 적용하고 있다. 이것은 하나님이 형상인으로서 내재하는 것을 말하며, 원형으로서의 형상인은 사물에 내재하는 것이다.[77] 인간에게 형상인이란 참사람의 이념으로 인간 안에 내재한다. 다시 말해서 하나님의 내재는 하나님이 인간의 자기 완성의 원형이 된다고 하는 도덕적 차원에서 설명되는 것이고, 그런 도덕의 문제가 하나님의 초월과 내재 모두에 깔려 있는 것이다. 도덕적으로 보면 하나님은 목적인으로 초월적이고, 모방인이요 형상인으로서 내재한다. 여하튼 모방인의 내재를 통해 이처럼 피조물과 하나님의 유사성을 인정하는 것은 존재의 유비를 말하는 아퀴나스 신학의 특징이다. 이런 생각에는 그리스도교적인 세계 긍정으로 플라톤 학파의 이원론을 극복하려는 의도

를 완성하는 소이가 되는 것입니다(烏有成己而非爲己者乎? 其爲天主也 正其所以成也).", 『천주실의』, 7-7, p.357.

76 "人之中 雖親若父母 比于天主者 猶爲外焉. 況天主常在內物 自不當外", 『천주실의』, 7-7, p.358.

77 아퀴나스의 자연학에서 목적인과 능동인은 사물 밖이고, 형상인과 질료인은 사물에 내재한다. 형상인은 하나님의 생각인데, 원형으로서 그리고 이념으로서 사물 안에서 사물을 지배한다.

가 숨어 있다.

그렇지만 하나님은 여전히 초월자로서 완전하게 모방할 수 없는 존재다. 인간은 하나님에 미치지 못한다. 그런 점에서 인간은 하나님과 다르고, 유사하지 않다. 그렇게 보면 피조물은 "하나님과 유사하며 유사하지 않다."[78] 모방하더라도 미치지 못한다는 것은 "농도의 짙고 옅음을 말하는 것이 아니다. 그것은 오히려 종적(種的)으로도 유적(類的)으로도 상통할 수 없는 것을 의미한다."[79] 피조물과 하나님의 유사성은 같은 종인 사람과 사람끼리 닮았다거나, 같은 유(類)인 사람과 동물이 서로 닮았다거나 하는 식이 아니다. '상통(communicatio)'할 수 없는 유사성이란 '서로 닮았다'는 말을 쓸 수 없다는 것이다. 사람과 사람끼리의 유사성을 두고, 또는 사람과 동물의 유사성을 두고 서로 닮았다는 말을 할 수 있지만, 하나님과 피조물 사이에는 그런 표현을 쓸 수 없다. "어떤 의미로 피조물이 하나님과 비슷하다고 할 수 있지만, 하나님이 피조물과 비슷하다고는 할 수 없다."[80] 그것이 아퀴나스가 말하는 유비에 의한 유사성이다.

사실 인간의 타락을 심각하게 봐서 현재의 본성을 악하다고 보는 아우구스티누스와 개신교 전통에서는 아퀴나스가 말하는 존재의 유비라는 것이 큰 공격을 받을 수 있다. 그것은 유사성을 말하면서 그리스도의 속죄 없이도 존재하는 모든 것 또는 자연 인간의 선의 가능성을 말하고 있는 듯 보이기 때문이다. 그런 자연신학적인 경향을 마테오 리치가 물려받았다. "대개 사람들이 도리를 추론할 수 있으면 양능은 언

78 『신학대전 1』, 1, 4, 3, p.92.
79 같은 곳.
80 같은 책, p.93.

제나 존재하는 것입니다. 마음의 근본이 병들었음을 인정한다면, 그것을 다시 치료할 수 있습니다."[81] 양지(良知) 양능(良能)은 맹자가 말한 것으로 인간이 선을 알고 행할 수 있다는 것이다. 이것을 인정하는 것은 속죄의 신앙 없는 자연 상태에서도 선의 가능성이 어느 정도 있음을 암시하는 것으로, 아퀴나스의 자연신학을 반영하는 것이다. 마테오 리치의 사상적 기반이 된 예수회 토미즘에서도 양능을 강조했다.[82] 인간의 무지와 무능을 말하는 개신교 신학의 비판 대상이 되는 부분이다. 양지 양능을 말하면, 하나님을 모방의 대상으로 말함으로써 마치 하나님처럼 되는 것이 인간의 목표가 될 수 있는 것처럼 보이기 때문이다.[83] 아퀴나스가 말하는 형상인으로서의 하나님은 정확히 말하면 하나님의 생각을 가리키고, 그것은 로고스 곧 예수 그리스도를 가리킨다. 예수 그리스도는 참사람으로서 인간의 원형이고 본으로서 인간 안에 내재한다. 그렇게 되면 하나님이 참사람됨의 이념으로 내재하는 것이다. 그리하여 중세 신학에서는 그리스도를 본받는다거나 하나님을 본받는다는 말이 가능해진다. 근대의 칸트는 예수를 인간의 원형으로 본다. 신성이 실천이성의 이념으로서만 인간 안에 내재한다고 보는 것이다. 이것은 자유주의 신학의 기초가 된다. 인간의 죄성을 강조한 종교개혁자

81 "蓋其能推論理 則良能常存 可以認本病 而復治療之", 『천주실의』, 7-1, p.343.

82 김상근, 「마테오 리치의 『천주실의』에 나타난 16세기 후반 예수회 교과과정과 예수회 토미즘의 영향」, 『한국그리스도교신학논총』 40집(서울: 한국그리스도교학회, 2005), p.305.

83 이런 자연신학 때문에 마테오 리치는 『천주실의』에서 예수 그리스도를 얘기하지 않고 상제를 빌려 천주를 말할 수 있었다. 그래서 가톨릭 안에서도 마테오 리치의 천주는 그리스도교의 하나님과 같지 않다고 비판하는 사람들이 있었다. 참조. 황종렬, 「마테오 리치의 천-상제관에 대한 동아시아의 응답」, 『한국종교연구』 제6집(서울: 서강대학교 종교연구소, 1999), p.80.

들의 신학은 아퀴나스의 신학을 비판하고, 카를 바르트(Karl Barth) 같은 현대 신학자들은 칸트에 기초를 둔 자유주의 신학을 비판한다.

그러나 아퀴나스의 신학에서 하나님은 단순히 인간의 원형이라고 할 수 없다. 하나님은 초월자로서 만물의 목적이지만 목표가 될 수 없다. 아퀴나스의 유비는 피조물과 하나님의 유사성을 말하지만 동시에 하나님의 초월성을 강조한다.[84] 그는 하나님이 모든 피조물에 공통된다(communissio)는 것을 인정하지만, 하나님과 피조물의 상통(相通, communicatio), 곧 커뮤니케이션을 부정할 정도로 하나님의 초월성을 강조하고 있다. 그에게서 하나님은 최고선으로서 "유(類) 밖에 있으며 모든 유의 근원인 것을 의미한다. 이렇게 하나님은 그 초과로 인해(per excessum) 다른 것과 비교된다."[85] 하나님은 피조물과 비교 불가능하다는 말이다. 그래도 비교해 보는 것은 하나님이 피조물과 관계하는 분이기 때문이다. 하나님의 선한 의지에서 생겨난 피조물도 그 본성이 선하므로, 유사성을 말하고 그래서 비교하고 관계를 말하는 것이다. 그 관계는 하나님 쪽에서 볼 때 필연적인 것은 아니다. "피조물과의 관계에서 말해질 때 이런 관계(relatio)는 하나님 안에 실재적으로(realiter) 있는 것이 아니고, 다만 그것은 피조물 안에만 실재적으로 있는 것이다."[86] 하나님이 피조물을 닮은 게 아니라 피조물이 하나님을 닮은 것이듯이 관계도 일방적이다. 피조물은 하나님과 관계없이 있을 수 없지만, 하나님에게는 피조물과의 관계가 필연적이지 않다는 것을 말해주는 것으

---

84 아퀴나스가 하나님과 피조물 사이에 유비를 사용할 때 특정한 관계를 필수적으로 요구하는 것이 아니다. 참조: 박승찬, 「토마스 아퀴나스의 유비 개념에 대한 재조명」, 1집(서울: 서강대학교신학연구소, 1999), p.209.

85 『신학대전 1』, 1, 6, 2, p.116.

86 같은 책, p.115.

로서, 다시 말해서 세상 없이도 하나님은 존재한다. 이는 하나님의 자유롭고 주권적인 은총을 강조하는 것이다. 이러한 관계의 일방성은 현대 신학에서 비판의 대상이 될 수 있으나, 중세 신학자 아퀴나스는 하나님의 주권을 그런 식으로 설명했다.

아퀴나스의 하나님은 인간의 목적이지만 목표는 아니다. 다시 말해 단순히 이념이 아닌 초월적 실체인 것이다. 물론 아퀴나스는 하나님을 형상인으로 봄으로써 이념으로 내재하는 측면을 말하고 있고, 그런 면에서 성리학과 유사한 면이 있다. 그러나, 하나님은 초월자로서 창조주이고, 초월적 지위를 가지고 있는 개별적 실체요, 목적이면서 능동자다. 사람 밖에서 자기의지를 가지고 사람의 마음을 움직여 선을 이뤄가고 참사람을 향해 가도록 한다.

리의 능동성 문제도 목적인과 관련해서 생각해야 한다. 능동인의 문제는 도덕적 관점에서 보면 선의 목적을 달성할 힘을 목적 그 자체가 주느냐의 문제다. 그런데 성리학에서 목적인이 능동인이 되는 데에는 논란의 여지가 있을 수밖에 없다. 능동인을 인정하더라도 그 의미가 그리스도교의 하나님의 능동성과 다를 수밖에 없다. 리는 만물의 표준이요 이념으로 목적인이 돼서 초월성을 띠지만, 성리학에서 움직이는 힘은 원칙적으로 기의 몫이다. 선의 실현은 철저하게 마음의 주재 하에 일어나는 일이요, 리는 형상인으로서 이념으로 내재한다. 리는 마음 안의 본성 이외의 다른 것이 아니다. 또는 마음 밖 사물 안에 내재한다. 사물의 본성이 리다. 물론 성리학은 인간의 일상적 감정이 타락해 있음을 어느 정도 감안하고, 그러한 악의 가능성과 악의 현실 때문에 리라고 하는 초월적 원리에 주재를 맡기는 측면이 있다. 그러나 선한 본연의 성만 인간의 본성이라고 보기 때문에 그리스도교적인 제2의 본성론으로 가지 않고, 그래서 리의 주재는 다름 아닌 마음의 주재로 남는다. 그리고 수양론을 강조한다. 그러나 그리스도교는 인간의 악함을 심각하게 봐서 제2의 본성론을 말했다. 마테오 리치는 말한다. "백성의 착한 본성은 이미 사라졌고, 또한 추악한 것에 습관 들어 쉽게 악에 빠져들기 때문에 선을 세우기가 어려워졌다."[87] 그리하여 선의 목적을 달성하는 힘이 인간에게서 나올 수 없다. 수양론만으로는 불충분하고 은총, 곧 선한 우주적 힘인 하나님의 개입이 필요하다. 그래서 마테오 리치는 유학의 결함을 수양만 강조하는 데서 찾는다. 의지가 약해 수양을 할 수 없는 불능의 인간의 상태를 유학이 간과하고 있다고 비판한다.[88]

그 불능 때문에 하나님이 능동인이 되는 것이다. 그래서 그리스도교에서 선의 주재는 하나님의 몫이요, 하나님은 기본적으로 사람과 사물 밖의 초월자다. 하나님은 목적인인 동시에 능동인이다. 목적인으로서 사람과 사물 밖이지만 형상인으로 내재한다. 사람과 사물 밖의 능동인이지만, 사물 속속들이 능력을 미치는 능동인으로 만물 안에 내재한다. 그리스도교의 하나님은 기본적으로 초월자로서 내재한다. 리는 목적인과 형상인으로 주재하고, 리의 주재를 말함으로써 리의 능동성이 인정되기는 하지만, 그것은 인간 안에서 이념으로서 통치하는 것을 의미한다. 그게 본래 인문주의 형이상학의 구도다. 그리스도교의 하나님

87 "但民善性旣滅 又習乎醜 所以易溺于惡 難建于善耳", 『천주실의』, 8-6, p.422.

88 "제가 보기에는 선비님의 나라 선비들의 문제점은 바로 이런 것에 있습니다. 다만 밝은 덕의 수양만을 말합니다. 그러나 사람의 의지가 쉽게 지쳐서 자기 스스로를 독려해 나가며 수양해 나갈 수 없음을 모릅니다(吾竊視貴邦儒者病正在此 第言明德之修 而不知 人意易疲 不能自勉而修).", 『천주실의』, 7-12, p.376. 마테오 리치가 행위 논리에 초점을 맞춰 유학과 그리스도교를 연결하고 있으며, 신앙이라는 새로운 행위 논리를 제시했다는 주장도 같은 얘기다. 정태식, 「마테오 리치의 예수회적 유교 해석에 관한 일고찰: 천주실의를 중심으로」, 『철학연구』 95집(서울: 대한철학회, 2005), p.379.

은 형상인으로서 내재하지만, 기본적으로 목적인과 능동인으로서 생성 변화를 주재한다. 그리고 질료인의 창조자다. 성리학에도 우주론이 있어서, 리가 만물의 생성 변화를 주재한다고 하지만, 리가 기를 창조한 것은 아니다. 리가 기보다 먼저 있었다는 말은 하지만, 리가 기를 창조했다고 하지는 않는다. 성리학의 태극생양의(太極生兩儀)에서 기는 리에서 유출되는 인잉(因孕)의 관계이지만, 그리스도교의 세계관에서 물질과 세상은 하나님에게서 유출된 것이 아니라, 하나님이 창조한 것이다.

사실 성리학의 우주론은 도덕론으로 환원된다. 세상이 선해지기를 바라는 실천적 희망이 선의 이념이 세상을 지배한다고 한다고 하는 우주론으로 바뀐 것이다. 그러나 그리스도교의 창조론은 도덕론에 흡수되지 않고 우주의 생성 변화를 창조하고 주관하는 초월자 하나님을 말한다. 성리학의 리의 주재도 섭리라는 말을 쓸 수 있지만, 아퀴나스는 '직접 섭리'라는 말로 하나님이 사물 하나하나의 운동을 주관하고 있음을 표현하고자 했다. 이것은 이념이 아니라 의지를 가진 인격체로 세상에 관여하는 하나님을 말하는 것이다.

특별히 그리스도교는 도덕 실천에서 하나님의 주재를 강조한다. 그리스도교가 인간의 주재를 배제하지 않더라도 어디까지나 하나님의 주재 안에서 그 은총으로 인간의 주재를 말하게 된다. 그것은 성선설에 바탕을 둔 성리학과의 인간론의 차이에 기인하는 것으로서, 그리스도교는 인간의 죄를 강조한다. 그러므로 아퀴나스는 존재 자체인 하나님을 믿고 경배하는 신학을 말하고, 성리학은 도덕 형이상학으로서 인문주의에 충실했던 것이다.[89] 다만 퇴계는 기존의 성리학과 달리 신학

89 학자들은 유학자들이 도덕적 실천을 통해 궁극적인 것을 경험했다는 데 대개 일치한다. 다시 말해 성리학의 초월 경험은 내재적인 도덕성에 있었다. 문석윤, 「유교적 그리스도

에 접근하는 경향을 보이는데, 그것은 인간의 악의 성향을 심각하게 봤기 때문이다. 퇴계가 리발이나 리동, 그리고 리도를 통해 리의 능동성을 분명하게 말하게 되는 배경도 거기서 찾을 수 있다. 고봉과 벌인 사단칠정 논쟁은 인간의 악의 성향에 관한 논쟁이고, 어떻게 악을 이기고 선을 이룰 수 있는가의 논쟁이다.

아퀴나스나 주희는 존재의 이유가 존재보다 앞선다고 하는 중세의 사유 방식을 대변하고 있다. 그래서 우주의 근원으로 여겨지는 천주나 리는 모두 목적인이라고 할 수 있다. 그리스도교의 창조론이나 성리학의 태극생양의(太極生兩儀) 같은 우주발생론도 모두 도덕적 관심과 깊게 연결된 것이다.[90] 세상이 어떻게 생성 변화되느냐는 얘기는 악한 세상 한가운데서 인간의 변화가 어떻게 가능할 것인가의 물음에서 나온 것이다. 선이라는 목적을 실현할 힘이 어디서 나오느냐는 문제다. 목적을 실현할 힘은 능동인의 문제다. 그러므로 리의 능동성 문제는 목적인과의 관계에서 고찰돼야 한다. 목적이 그 목적을 실현할 힘까지 주느냐의 문제다. 그리스도교의 하나님은 목적인이자 능동인이다. 그러나 리가 목적인이자 능동인이라는 데에는 논란이 많다.

거기서 그리스도교와 성리학은 차이를 보인다. 천주는 이념으로 통치할 뿐 아니라 의지를 가지고 개별 현상에 직접 개입함으로써 통치한

교는 가능한가」, 『헤겔연구』 8집(서울: 한국헤겔학회, 1998), pp.723-724.

90 그리스도교와 유교의 대화의 지평을 인간의 양심의 소리에서 찾아야 한다는 얘기(송영배, 위의 책, p.68)도 결국 도덕의 문제가 핵심이 돼야 함을 의미한다.

다. 그처럼 능동인이 사물 밖의 초월자에게 주었기 때문에, 그리스도교의 천주는 기본적으로 초월자다. 초월자이지만 형상인으로 또는 능력으로 내재한다. 반면에 성리학에서 리는 보편적 표준으로 초월적이지만 각구일극(各具一極)으로 내재해 있으며, 운동은 리의 몫이 아니라 기의 몫이다. 그래서 리는 이념으로 또는 천명으로 통치할 뿐이며 신앙의 대상이 아니다. 천주는 목적이지만 목표가 될 수 없다면, 성리학의 리는 성인관(聖人觀)에 기초해서 목적이자 인간이 도달할 수 있는 목표가 된다. 그렇게 보면 성리학의 소이연(所以然)과 아퀴나스 신학의 원인(causa)은 서로 비슷하지만 다른 개념이다. 주희가 말한 형이상(形而上)과 아퀴나스의 메타 피지스(meta-physis)는 비슷하지만 다르다. 하나는 도덕 형이상학으로 인문주의에 머물고, 다른 하나는 신학으로 종교가 된다.

다만 퇴계의 경우에는 리동과 리도에서 리의 정의(情意)를 인정하고 리를 초월적 실체 비슷하게 보는 것 같아서 논란이 됐던 것이다. 그러나 그 경우에도 결국 리는 이념으로 통치하는 게 기본인데, 더 나아가 이념과 인격적 관계를 느낄 정도로 퇴계의 사상은 종교적 경향을 지닌 것 같다. 그렇게 되면 신학에 가까워지는데, 다만 여전히 리는 존재론적 실체가 아니고 존재론은 도덕론에 흡수되는 점에서 그리스도교의 하나님과 다르다. 다시 말해 퇴계의 종교성은 교리적으로 천주를 믿는 그리스도교와 달리 어디까지나 개인의 도덕 실천에서 비롯되는 종교성이다. 객관적으로 전달되는 종교성이 아니라 의롭게 살기 위해 애쓰는 자가 그 내면에서 주관적으로 경험하는 종교성인 것이다.

■ 나오는 말

성리학은 동아시아의 세련된 형이상학이다. 공맹의 선진(先秦) 유학과 달리 우주론을 발전시켜서 심성론과 연계시켰다. 덕스러운 우주의 마음을 생성 변화의 원리로 끌고 들어와서 인간 본성의 실현을 도우려고 한 것이다.

인간의 본성이 선한만큼 악의 성향도 깊어서 마음의 힘만으로 선의 실현을 기대하기 어렵다고 생각해서 등장한 것이 형이상학이다. 그래서 선의 이념이 초월적 실체성을 가지고 인간의 마음을 움직인다. 물론 선의 이념의 초월성과 그 실체성은 서구의 고대 형이상학과 동아시아의 중세 형이상학인 성리학이 서로 다르다. 고대의 플라톤과 아리스토텔레스는 존재론의 틀에서 선의 이념을 존재 자체로 보고 실체로 봤다. 그리스도교의 아우구스티누스는 플라톤의 개념을 빌려서 신을 '존재 자체'로 말하고, 아퀴나스는 아리스토텔레스의 형이상학적 개념을 빌려서 신을 최고의 실체(maxime substantia)로 봤다. 그 점에서 서구 형이상학이나 존재 신학에서 말하는 존재론적 진리는 성리학의 리(理)나 태극보다 그 실체성이 뚜렷하다.

더구나 그리스도교는 살아 있는 신을 말한다. 플라톤의 존재 자체나 아리스토텔레스의 부동(不動)의 동자(動者)를 신이라고 부른다고 해도, 그것은 모두 개념으로서의 신이다. 도덕성의 실현을 위해 요청되는 신이다. 그러나, 그리스도교는 사랑의 신을 말한다. 플라톤이 이념적 선을 말할 때, 그리스도교는 신의 사랑을 말했다. 그리스도교의 신은 살아 있으며 의지를 가지고 있다. 신은 최고로 독립적인 실체(maxium individium)이고 독립적인 의지를 가지고 판단하며 세상의 생성 변화를 주도한다. 신의 초월성과 능동성이 뚜렷하다. 아리스토텔레스의 네 가지 원인설의 용어를 빌리자면, 그리스도의 하나님은 목적인이자 형상인이고 또한 능동인이기도 하다. 목적인은 인간과 세상의 존재 이유 또는 의미의 근원을 가리킨다. 형상인은 이념적 성격을 가리킨다. 능동인은 우주의 생성 변화를 주도하고 인간의 마음을 움직이는 힘을 가리킨다.

성리학의 리(理)나 태극은 그 실체성이 뚜렷하지 않다. 성리학은 서구의 형이상학과 달리 존재론적 사유를 하지 않았기 때문이다. 리는 존재 자체라는 개념을 적용할 만큼 초월적인 실체가 되지 못한다. 그것은 성리학이 서구 형이상학에 비해 덜 이원론적이라는 뜻이다. 그리고 그만큼 자연주의와 내재주의의 성격이 강하다는 말이다. 말하자면 성리학은 자연주의적 인문주의라 할 수 있다. 리가 기(氣)보다 먼저 있었다고 함으로써 리의 초월성을 말하는 듯하지만, 기를 떠나서 리가 나타날 수 없다고 함으로써 리가 독립적인 존재론적 실체가 되는 것을 막는다. 성리학은 우주론적으로는 언제나 기(氣) 일원론이다. 다만 도덕론으로 또는 심성론으로만 이기(理氣) 이원론인 것이다.

리나 태극의 초월적 실체성이 떨어진다는 것은 리가 독자적 힘을 가지고 우주의 생성 변화를 주도하는 능동인은 아니라는 말이다. 성리학이 태극생양의(太極生兩儀)를 말하고, 리의 주재를 말하더라도, 오직 도덕 실천을 위한 이념의 주재를 말하는 선에서 그친다. 리는 도덕 이념으로서 주재하는 것이지 자신의 의지를 따로 가지고 주재하는 초월적 신이 아니다. 리의 초월을 말하더라도 그것은 이념으로서의 초월일 뿐이다. 리는 순선(純善)의 이념으로서 또는 참사람됨의 이념으로서 인간에게 당위를 명령하고, 거기서 생기는 의무감이 내 마음을 실천으로 이끈다. 그러나 이념의 명령은 내 마음의 명령이다. 그러므로 이념의 주재란 마음의 주재와 다른 것이 아니다. 마음의 주재를 확보하기 위해 이념의 주재를 말하는 것이다. 사람은 참사람이 되기 위해 있고, 참사람을 향해 있다고 할 수 있다. 전자는 리가 이념으로서 목적인임을 말하고, 후자는 리가 이념으로서 형상인임을 말한다. 일반적으로 성리학에서 말하는 리의 주재란 그처럼 이념의 주재라고 할 수 있다. 그래서 중국의 펑유란 같은 학자는 성리학의 리를 목적인이요 형상인이라고 말한다. 리의 능동성은 인정하지 않는다.

그런데 퇴계는 리의 초월성과 능동성을 상당히 강조한 학자다. 그래서 많은 학자가 퇴계의 독창성을 말하고, 퇴계가 리를 존재론적 실체로까지 인정했다고 보며, 인격적 실체로 봤다고 주장하는 학자도 있다. 그렇게 되면 퇴계 사상은 상당한 종교성을 띠고, 어쩌면 퇴계의 이학(理學)이 신학에 가깝다고 할 수도 있을 것이다. 조선 후기에 퇴계의 학통을 잇는 학자들이 서양의 천주교를 받아들이는데, 그것은 퇴계학이 그만큼 신학으로 발전할 가능성을 갖고 있었다는 것을 보여주는 것 같다.

퇴계는 고봉과의 논쟁에서 사단(四端)이라고 하는 도덕 감정을 리가 발해 생기는 것으로 보았다. 퇴계의 리발(理發)은 리의 주재를 말하는

데, 이것은 천명 또는 이념의 주재로 이해할 수 있다. 칸트는 도덕법과 최상선의 이념이 마음을 움직이는 동기가 될 때 순수한 선이 실현된다고 본다. 다시 말해 도덕법이 주인이 되고 인간의 의지는 도덕법의 종이 될 때 자유롭게 자기 의지로 도덕적 선을 실현한다는 말이다. 칸트의 실천이성 분석은 퇴계의 리발을 이해하는 데 큰 도움을 준다. 다시 말해서 퇴계의 리발은 칸트 식으로 이해해서 도덕법이나 이념의 주재로 볼 수 있다. 이념의 주재란 본마음의 주재이니 마음의 주재를 벗어나지 않는다. 리를 능동인으로까지 인정하지 않고도 리의 주재를 설명할 수 있다는 말이다.

그러나 태극생양의(太極生兩儀)를 해석하며 리동(理動)을 말할 때, 퇴계는 리에 정과 의지가 있는 것처럼 말한다. 리는 본체(體)인데 그 안에 작용(用)을 지니고 있어 생성 변화를 직접 일으키는 작용을 하는 것처럼 말한다. 리를 작용인이요, 능동인으로 볼 수 있게 되는 것이다. 그뿐만 아니라 퇴계는 리와 기가 같지 않음을 강조함으로써 리의 초월적 절대성을 강조한다. 한편 진리 인식론에 이르러서 퇴계는 리에 정과 의지가 있어서 죽은 물체가 아니라고 분명히 밝히고 있다. 정과 의지가 있는 실체라면 리를 하나의 초월적 인격체로 인정하고 있는 것처럼 보인다. 그렇다면 퇴계의 성리학은 그리스도교 신학에 접근할 수도 있다. 퇴계의 리도(理到)는 그리스도교 신학의 계시 인식론과 비슷하다. 이론적으로 리는 그리스도교의 하나님과 전혀 다르다. 그러나 도덕 실천에서 퇴계의 리는 초월적 실체성을 지닌다. 나아가 인격체로 느껴지기도 한다.

물론 퇴계의 관심은 오직 도덕 실천에 있다. 리동이라고 하는 우주론도 마음의 변화를 일으키는 힘에 초점을 두고 있는 것이지, 우주의 물리적 생성 변화에 대한 관심이 아니다. 우주적 기 일원론은 여전히 유지되기 때문에, 퇴계의 리가 그리스도교 신학의 하나님과 일치하는 것은 아니다. 그리스도교는 무로부터의 창조를 말하므로 신은 세상을 만든 초월적 실체이지만, 퇴계의 천지 개벽설은 리와 기가 인잉(因孕)의 관계에 있다. 일종의 유출설인 것이다. 인간론으로 보자면, 퇴계가 인간의 악의 성향을 깊이 인식하고 있지만 여전히 양지(良知) 양능(良能)을 말하는 맹자의 성선설에 기초를 두고 있다. 퇴계의 인간관은 선에 대한 인간의 무지(無知)와 무능(無能)을 말하는 그리스도교와 다르다. 이 모든 것이 그리스도의 하나님은 초월적이고 독립적인 인격적 실체가 되고, 퇴계의 리는 독립적 실체성이 약화되는 배경이다. 리에 정과 의지가 있는 것처럼 말했지만, 그것은 진리 인식에서 인간의 주재와 양립하는 리의 주재를 말할 수 있는 정도다. 그리스도교에서처럼 하나님의 주재 안에서 그 은혜로 인간의 주재를 말하는 것과는 다르다. 결국 퇴계의 리는 그리스도교의 하나님과 달리 인간과 별개의 초월적 실체는 아니며, 독립된 의지를 가지고 역사와 개인사를 주도하고 간섭하는 존재가 아니다.

그럼에도 불구하고, 도덕 실천과 관련해서 칸트적인 인문주의를 넘어서는 어떤 영성과 종교성이 퇴계 사상에 들어 있는 것은 확실하다. 퇴계는 리가 죽은 물건이 아니라고 분명히 말했다. 그 때문에 조선 시대 내내 논쟁의 대상이 되었다. 그리고 퇴계의 학문적 후예들이 그리스도교를 받아들인 최초의 신자들이 되었다. 이벽과 권철신, 정약용 등이 모두 기호 남인으로서 퇴계 학풍의 후계자들이다. 정약용은 처음에 기발일도설(氣發一途說)을 말한 율곡의 주장이 맞다고 여겼지만 이벽의 말을 듣고 퇴계의 리발이 옳다고 생각했다. 천주교인인 이벽이 리발을 받아들였다는 것은 퇴계의 리발이 그리스도교를 받아들이는 통로가 됐음을 의미한다. 한편 정약용은 천주교인인 권철신의 묘비명에서, 권철신이 퇴계학을 이은 것으로 말했다. 천주교인이 된 유학자들은 퇴계 사상의 연장에서 천주교를 받아들일 수 있었던 것 같다. 그만큼 퇴계의 사상은 그리스도교 신학에 근접하는 측면을 지니고 있다.

한국인의 종교성이라면 퇴계가 보여준 높은 수준의 인문주의적 영성도 꼽아야 한다. 인문주의에도 영성이 있다. 물론 조선 시대에 민중들은 샤머니즘의 종교성 속에서 살았지만, 조선에는 퇴계학이 보여주는 도덕적 자기 수양의 영성도 있었다. 서양의 그리스도교가 플라톤과 아리스토텔레스의 인문주의 형이상학을 빌려와서 신학을 구성했다면, 퇴계의 형이상학은 한국 그리스도교가 참고할 형이상학이다. 무엇보다도 조선 500년 동안 이 땅에서 번창한 인문주의 자산이고, 더구나 독창적 종교성을 지닌 인문주의이기 때문이다. 샤머니즘이 지난 날 민중들을 위해 기여한 면이 많지만, 조선 지식인들의 인문주의 종교성은 미래의 한국 그리스도교를 위한 중요한 자산이다. 그리스도교의 초대 교부들은 그리스 인문주의를 수용함으로써 종교가 미신이 되는 것을 막을 수 있었다. 그리스도교는 인문주의 이상이지만, 적어도 그 신학에는 인문주의의 영성을 수용해야 종교가 천박한 세속주의나 힘 숭배의 종교가 되는 걸 막을 수 있다.

퇴계학은 그리스도교 신앙을 해석하는 데 신선한 관점을 가져다주고 한국 신학을 풍부하게 할 것이다. 더구나 퇴계의 사상은 자연주의적 인문주의이기 때문에 자연친화적인 신학을 형성하는 데 큰 도움을 줄 것이다. 인간론과 죄론 그리고 창조론과 삼위일체론을 설명할 때 퇴계의 사상을 끌어들여서 새롭게 구성하는 것은 장차의 과제다. 그리고 초월과 내재의 문제도 퇴계가 다루고 있기 때문에 그리스도론과 성령론도 자연친화적인 관점에서 재구성될 여지가 많다. 우리나라의 성리학에 들어 있는 자기 수양의 영성과 자연주의적 영성이 한국 신학을 위한 중요한 자원이 될 것이다.

■ 책에 실린 글의 출처

제1장 사단칠정(四端七情) 논쟁: 인간 본성론
『퇴계학보』 122집(2007) 원제목: 「退溪의 七情論과 惡의 문제」

제2장 리발(理發): 도덕 행위의 주체 문제
『퇴계학보』 123집(2008) 원제목: 「칸트의 動機論에 비추어본 퇴계의 理發」

제3장 리동(理動): 우주발생론
『퇴계학보』 125집(2009) 원제목: 「퇴계의 太極生兩儀 해석의 신학적 의미」

제4장 리도(理到): 진리 인식론
『퇴계학보』 138집(2015) 원제목: 「퇴계 사상에서 理의 능동성의 의미」

제5장 그리스도교의 하나님과 성리학의 리(理)의 차이
『철학사상』 28권(2008) 원제목: 「『천주실의』에 나타난 아퀴나스 신학과 마테오 리치의 성리학 이해에 대한 비판. 리(理)와 천주의 개념을 중심으로」

제6장 아퀴나스 신학에 비춰본 리(理)의 능동성 문제
『철학사상』 31권(2009) 원제목: 「『천주실의』의 천주(天主)와 성리학의 리 (理)의 차이. 아퀴나스의 목적인과 능동인의 관계를 중심으로」

* 제5장과 제6장은 내용을 수정·보완했다.

■ 참고문헌

『국역 퇴계전서』, 퇴계학연구원(서울: 아세아문화사, 2003).
『退溪先生文集』(서울: 경인문화사, 1993).
『고봉집』(광주, 고봉학술원, 2002).
『주자어류』, 이주행 외 옮김(서울: 소나무, 2001).
『朱子語類』(黎靖德 編, 王星賢 點校, 中華書局, 北京, 1994).
주희, 여조겸, 『근사록 집해』, 이광호 역주(서울: 아카넷, 2004).
『맹자집주』, 성백효 역주(서울: 전통문화연구회, 2005).

강진석, 「북송 유가의 체용론 연구」, 『중국연구』 28권(서울: 한국외국어대학교 중국연구소, 2001).
금장태, 『한국 유학의 심설』(서울: 서울대학교출판부, 2003).
김기현, 「퇴계의 사단칠정론」, 『四端七情論』, 민족과 사상 연구회 편(서울: 서광사, 1992).
______, 「퇴계의 이발설이 갖는 의의에 대한 검토」, 『철학』 60집(서울: 한국철학회, 1999).
______, 「퇴계의 경 사상」, 『퇴계학보』 122집(서울: 퇴계학연구원, 2007).
김기주, 「心學, 退溪 心學 그리고 『心經附註』」, 『동양철학연구』 41집(서울: 동양철학연구회, 2005).
김문준, 「한국 도학사상의 선악관」, 『동양철학연구』 제17집(서울: 동양철학연구회, 1997).
김상근, 「마테오 리치의 천주실의에 나타난 16세기 후반 예수회 교과과정과 예수회 토미즘의 영향」, 『한국그리스도교신학논총』 40집(서울: 한국그리스도교학회, 2005).

김상현, 「이황의 격물론에 대한 새로운 이해」, 『철학논총』 75집(2014).
김영식, 「퇴계의 이기관과 신유학 전통상에서의 그 위치」, 『퇴계학보』 81집(서울: 퇴계학연구원, 1994).
김제란, 「중국 철학에서의 체용 개념의 변천 과정」, 『시대와 철학』 17권 4호(서울: 한국철학사상연구회, 2006).
김종석, 『퇴계학의 이해』(서울: 일송미디어, 2001).
김종인, 「현대과학에 대한 신유학자의 반응」, 『동양철학연구』 35집(서울: 동양철학연구회, 2003).
김태원, 「퇴계의 체용 제1의와 리의 적감: 물격설 리도의 재조명」, 『철학논집』 18집(2009).
김형찬, 「합리적 이해와 경건함 섬김: 백호 윤휴의 퇴계학 계승에 관한 고찰」, 『퇴계학보』 125집(2009).
두유명, 「주자학에 대한 퇴계의 독창적 해석」, 『퇴계학보』 80집(서울: 퇴계학연구원, 1982).
라이프니츠, 『라이프니츠가 만난 중국』, 이동희 편역(서울: 이학사, 2003).
류지황, 「선과 악의 주체는 누구인가: 토마스 아퀴나스와 임마누엘 칸트의 도덕론 비교분석」, 『신앙과 학문』 12권 1호(서울: 그리스도교학문연구소, 2007).
리치, 마테오, 『천주실의』, 송영배 외 옮김(서울: 서울대학교출판부, 1999).
목영해, 「퇴계와 Kant 도덕관의 교육론적 탐색」, 『퇴계학보』 66집(서울: 퇴계학연구원, 1990).
몽배원, 「퇴계의 심의 경지설과 그 현대적 의의」, 『퇴계학보』 87집(서울: 퇴계학연구원, 1995).
______, 『성리학의 개념들』, 홍원식 외 옮김(서울: 예문서원, 2008).
문석윤, 「유교적 그리스도교는 가능한가」, 『헤겔연구』 8집(1998).
______, 「퇴계에서 理發과 리동, 리도의 의미에 대하여: 리의 능동성 문제」, 『퇴계학보』 110집(서울: 퇴계학연구원, 2001).
박승찬, 「토마스 아퀴나스의 유비 개념에 대한 재조명」, 『신학과 철학』 1집(1999).
서병창, 『신 안에서 자립적인 인간』(서울: 동과서, 2002).
소병선, 『주자학과 토미즘』(서울: 동과서, 2006).
손영식, 「사단칠정 논변과 조선 유학의 흐름」, 『조선의 유학』(다카하시 도오루 지음, 조남호 옮김, 서울: 소나무, 1999) 보론.
______, 「존재물음에 내몰린 퇴계학, 겨우 존재하는 리」, 『오늘의 동양사상』 11호(서울: 예문사상연구원, 2004).

______,「이발과 기발의 논리적 구조」,『퇴계학보』 118집(서울: 퇴계학연구원, 2005).
송영배,『동서 철학의 교섭과 동서양 사유 방식의 차이』(서울: 논형, 2004).
스미스, 애덤,『도덕감정론』, 박세일 옮김(서울: 비봉출판사, 2010).
아리스토텔레스,『니코마코스윤리학』, 이창우 외 옮김(서울: 이제이북스, 2006).
아우구스티누스,『참된 종교』, 성염 역주(왜관: 분도출판사, 1989).
______,『신국론』, 성염 옮김(왜관: 분도출판사, 2004).
______,『고백록』, 선한용 옮김(서울: 대한기독교서회, 2007).
아퀴나스, 토마스,『신학대전 1』, 정의채 옮김(서울: 성바오로출판사, 1993).
______,『신학대전 6』, 정의채 옮김(서울: 바오로딸, 1999).
______,『신학대전 3』, 정의채 옮김(서울: 바오로딸, 2000).
______,『신학대전 16』, 정의채 옮김(서울: 바오로딸, 2000).
______,『신학대전 10』, 정의채 옮김(서울: 바오로딸, 2003).
______,『존재자와 본질에 대하여』, 정의채 옮김(서울: 바오로딸, 2005).
______,『자연의 원리들』, 김율 옮김(서울: 철학과 현실사, 2005).
안영상,「천주교의 수용 과정에 나타난 사상적 변용에 관한 연구」,『동양철학연구』 제28집(서울: 동양철학연구회, 2002).
양명수,「리쾨르가 본 칸트: 악의 문제를 중심으로」,『신학사상』 155집(2011).
______,「칸트의 이성종교 이해: 바람의 대상과 두 가지 이율배반을 중심으로」,『신학사상』 158집(2012).
______,『성명에서 생명으로: 서구의 그리스교적 인문주의와 동아시아의 자연주의적 인문주의』(서울: 이화여자대학교출판부, 2013).
______,「퇴계와 칸트 그리고 아담 스미스의 감정론: 인문주의와 자본주의」,『신학사상』 161집(2013).
______,『토마스 아퀴나스의 신학대전 읽기』(서울: 세창출판사, 2014).
______,「고백록 11권에 나타난 아우구스티누스의 현상학적 시간론」,『신학사상』 169집(2015).
양태범,「토마스 아퀴나스의 신 존재 증명에서 다섯 가지 길과 그것의 형이상학적 구조」,『철학과 현상학 연구』 35집(2007).
오도넬, 로버트,『쉽게 쓴 토마스 아퀴나스 철학』, 이재형 옮김(서울: 가톨릭대학교출판부, 2000).
유명종,『퇴계와 율곡의 철학』(부산: 동아대학교출판부, 1987).
윤사순,「퇴계의 태극생양의관」,『아세아 연구』 12권 3호(서울: 고려대학교 아세아문제연구소, 1969).

______, 「퇴계의 성선관」, 『퇴계학보』 제45집(서울: 퇴계학연구소, 1985).
______, 『퇴계철학의 연구』(서울: 고려대학교출판부, 1993).
______, 「존재와 당위에 관한 퇴계의 일치시」, 『퇴계 이황』(서울: 예문서원, 2005).
______, 『퇴계 이황의 철학』(서울: 예문서원, 2013).
이광호, 「이의 자발성과 인간의 수양 문제: 퇴계 철학을 중심으로」, 『대동문화연구』 25집(서울: 대동문화연구원, 1990).
______, 「이퇴계의 철학사상이 정다산의 경학사상 형성에 미친 영향에 관한 고찰」, 『퇴계학보』 제90집(서울: 퇴계학연구원, 1996).
______, 「상제관을 중심으로 본 유학과 기독교의 만남」, 『유학사상연구』 19집(서울: 한국유교학회, 2003).
이동희, 「화이트헤드의 형이상학적 신관에서 본 퇴계의 독특한 이 관념, 존리설」, 『퇴계학보』 116집(서울: 퇴계학연구원, 2004).
이상은, 「사칠논변과 대설 인설의 의의」, 『퇴계 이황』, 윤사순 편저(서울: 예문서원, 2005).
이승환, 『유가사상의 사회철학적 재조명』(서울: 고려대학교출판부, 1998).
______, 「퇴계 미발설 리청」, 『퇴계학보』 116집(서울: 퇴계학연구원, 2004).
이은상, 「퇴계사상의 결정체: 天命圖說」, 『퇴계학연구논총』 1권(경북대 퇴계연구소, 1997) 퇴계학연구원, 2004).
이종우, 「퇴계 이황의 리와 상제에 관한 연구」, 『철학』 82집(서울: 한국철학학회, 2005).
장욱, 『토마스 아퀴나스의 철학』(서울: 동과서, 2003).
장윤수, 「퇴계철학에서 리의 능동성 이론과 그 연원」, 『퇴계학과 유교문화』 51호(2012).
전병욱, 「퇴계철학에서 理到의 문제」, 『동양철학』 38집(2012).
전두하, 「퇴계와 관련시켜 본 고봉인성론」, 『아세아연구』 49호(서울: 고려대학교 아세아문제연구소, 1973).
정도원, 「퇴계 이 철학의 주자학적 근거와 특징에 대하여」, 『한국사상사학』 24집(서울: 한국사상사학회, 2005).
정약용, 『역주 다산 맹자요의』, 이호형 역주(서울: 현대실학사, 1994).
정태식, 「마테오 리치의 예수회적 유교 해석에 관한 일고찰: 천주실의를 중심으로」, 『철학연구』(서울: 대한철학회, 2005) 95집.
최영진, 「퇴계 체용론의 타당성 문제」, 『수선론집』 5집 1호(1980).
최영진, 「퇴계에 있어서 리의 능동성에 관한 논리적 접근」, 『현담 유정동 박사 회갑기념논총』(서울: 유정동 박사 회갑기념논총 간행위원회, 1981).
칸트, 임마누엘, 『이성의 한계 안에서의 종교』, 신옥희 옮김(서울: 이화여자대학교출판부, 1984).
_____, 『실천이성비판』, 백종현 옮김(서울: 아카넷, 2004).
_____, 『윤리형이상학 정초』, 백종현 역(서울: 아카넷, 2005).
평유란, 『중국철학사 하』, 박성규 옮김(서울: 까치, 1999).
플라톤, 『국가』, 박종현 역주(서울: 서광사, 1997).
_____, 『티마이오스』, 박종현 역주(서울: 서광사, 2000) .
한형조, 『주희에서 정약용으로』(서울: 세계사, 2002).
홍원식, 「퇴계학, 그 존재를 묻는다」, 『오늘의 동양사상』 4호(서울: 예문동양사상연구원, 2001).
_____, 「퇴계학, 그 존재를 다시 묻는다」, 『오늘의 동양사상』 10호(서울: 예문동양사상연구원, 2004).
_____, 「퇴계 이황의 이기호발설과 그 독창성」, 『오늘의 동양사상』 11호(서울: 예문사상연구원, 2004).
황종렬, 「마테오 리치의 천: 상제관에 대한 동아시아의 응답」, 『한국종교연구』 제6집(서울: 서강대학교 종교연구소, 1999).

Schaff, Philip ed., *The Greek and Latin Creeds, The Creeds of Christendom, with a history and critical notes* Vol.2 (Grand Rapids: Baker, 1985, c1931).
Tu, Wei Ming, "Yi T'oegye's Perception of Human Nature: A preliminary Inquiry into the Four-Seven Debate in Korean Neo-Confucianism", in *The rise of Neo-Confucianism in Korea*, W. Theodore de Bary and Jaehyun Kim ed. (N.Y.: Columbia University).
Tillich, Paul, *Systematic Theology* Vol 1(Chicago; University of Chicago Press, 1957).

■ 찾아보기

퇴계 사상의 **신학적 이해**

펴낸날 초판 1쇄 2016년 2월 25일
지은이 양명수
펴낸이 김훈순
펴낸곳 이화여자대학교출판부
주소 서울특별시 서대문구 이화여대길 52(우03760)
등록 1954년 7월 6일 제9-61호
전화 02) 3277-2965(편집), 362-6076(마케팅)
팩스 02) 312-4312
전자우편 press@ewha.ac.kr
홈페이지 www.ewhapress.com
찍은곳 (주)현문자현

ISBN 979-11-5890-154-7 94230
979-11-5890-153-0 (세트)
값 22,000원

* 잘못된 책은 바꾸어 드립니다.

이 도서의 국립중앙도서관 출판예정도서목록(CIP)은 서지정보유통지원시스템 홈페이지 (http://seoji.nl.go.kr)와 국가자료공동목록시스템(http://www.nl.go.kr/kolisnet)에서 이용하실 수 있습니다. (CIP제어번호: CIP2016003363)